Elle van Rijn
Für Angst blieb keine Zeit

ELLE VAN RIJN

Für Angst blieb keine Zeit

Roman

Aus dem Niederländischen
von Gaby van Dam

PIPER

Mehr über unsere Autorinnen, Autoren und Bücher:
www.piper.de

Wenn Ihnen dieser Roman gefallen hat, schreiben Sie uns unter Nennung des Titels »Für Angst blieb keine Zeit« an *empfehlungen@piper.de*, und wir empfehlen Ihnen gerne vergleichbare Bücher.

Diese Übersetzung wurde gefördert von der Dutch Foundation for Literature. Wir bedanken uns herzlich!

Nederlands
letterenfonds
dutch foundation
for literature

Inhalte fremder Webseiten, auf die in diesem Buch (etwa durch Links) hingewiesen wird, macht sich der Verlag nicht zu eigen. Eine Haftung dafür übernimmt der Verlag nicht. Wir behalten uns eine Nutzung des Werks für Text und Data Mining im Sinne von § 44b UrhG vor.

ISBN 978-3-492-06620-4
© Elle van Rijn 2020
Titel der niederländischen Originalausgabe:
»De Crèche«, Hollands Diep, Amsterdam 2020
© der deutschsprachigen Ausgabe 2025:
Piper Verlag GmbH, Georgenstraße 4, 80799 München,
www.piper.de
Für einen direkten Kontakt und Fragen zum Produkt
wenden Sie sich bitte an: *info@piper.de*
Redaktion: Kerstin Kubitz
Satz auf Grundlage eines CSS-Layouts von digital
publishing competence (München) mit abavo vlow
(Buchloe)
Druck und Bindung: CPI Books GmbH, Leck
Printed in the EU

*Für Bettys Kinderhaus-Kinder,
jene, die leben durften, und die, die ermordet wurden.*

Prolog

In der Eingangshalle laufe ich vorbei an Kindergartenkindern, die Hand in Hand bereitstehen, um auf die andere Seite zu gehen. Mit kleinen Rucksäcken auf dem Rücken und Kuscheltieren unter dem Arm. Mirjam begleitet die Gruppe.

»Solltest du nicht beim Aufräumen helfen?«, flüstert sie mir zu.

»Bin schon unterwegs.«

Die Schlange setzt sich in Bewegung. Ich versuche, die Gesichter nicht in mich aufzunehmen. In meinem Kopf gibt es schon zu viele Bilder von Kindern, die abgeführt wurden. Zu viele Fragen, die mich aufgrund ihrer möglichen Antworten in die Tiefe zerren wollen. Nur nicht nachdenken über die Umstände, unter denen sie jetzt existieren, falls sie überhaupt noch am Leben sind. Weg damit! Aus, vorbei, es ist nichts passiert.

Durch die geöffnete Tür sehe ich Virrie zu, wie sie die Bettwäsche von den bereits fortgeschafften Feldbetten zusammenfaltet.

»Hast du schon jemanden für unser neues Bündel aufgetrieben?«, frage ich, während ich den Raum betrete. Ich spreche von dem Baby, das im letzten Moment noch bei uns abgegeben worden ist.

»Sie haben momentan alle Hände voll zu tun mit der Gruppe, die noch in der Plantage Parklaan ist.« Sie meint die zwölf Kinder, die wir gestern eilig haben abholen lassen. Die meisten waren schon ein bisschen älter und bereits seit Monaten hier versteckt.

»Sonst nehme ich es einfach selber mit.«

Das Staunen in Virries Miene ist nicht zu übersehen. »Wohin?«

Ich zucke mit den Schultern. Ich denke seit Wochen darüber nach, zu wem ich gehen kann, wenn es so weit ist. Freunde und Bekannte haben mir angeboten, bei ihnen unterzutauchen, doch ob das Angebot in dieser Phase der deutschen Besatzung noch gilt, weiß ich nicht. Es wird immer schwieriger, wirklich zu erkennen, ob jemand gut oder schlecht ist. Die Menschen trauen sich nicht mehr, offen zu reden, aus Angst, ihre Worte könnten sie verraten. Oder schlimmer noch: ihre Taten.

»Virrie, diesen kleinen Jungen dürfen sie nicht mitnehmen. Du solltest ihn einmal sehen.«

»Ich weiß, aber wahrscheinlich haben wir keine andere Wahl.« Sie bemerkt meinen Zweifel. »Oder willst du uns alle in Gefahr bringen?«

Ich schüttle den Kopf. »Natürlich nicht.«

»Wenn es dir zu schwer fällt, kann ich ihn hinüberbringen.«

»Nein, das ist nicht nötig. Ich sorge dafür, dass er heute gut versteckt bleibt. Morgen gibt es dann möglicherweise doch noch eine Chance, dass wir ihn hier wegkriegen, oder?«

»Vielleicht«, gibt sie, wenig überzeugt, zurück.

Donnerstag, 4. September 1941

1906 wurde auf der Rapenburgerstraat in Amsterdam ein Kinderhaus für jüdische Mütter errichtet. Wie die meisten Bewohner in diesem Viertel mussten sie hart arbeiten, um über die Runden zu kommen, und konnten deshalb oft nicht zu Hause bei ihrem Nachwuchs bleiben. Das Betreuungsangebot der Vereeniging Zuigelingen-Inrichting en Kinderhuis, *in der auch die jüdischen Traditionen und Gebräuche vermittelt wurden, kam ihnen daher sehr gelegen.*

Die Gebühr für die Betreuung betrug fünfundzwanzig Cent pro Tag und Kind. Das deckte natürlich keineswegs die Kosten, und um nicht allein von Spenden abhängig zu sein, legte man die Kindertagesstätte mit der Kinderpflegerinnenausbildung zusammen, sodass die Betreuung durch die Einkünfte aus der Ausbildung finanziert wurde. 1924 zog das Kinderhaus in das imposante Gebäude an der Plantage Middenlaan Nummer 31, wo früher in der kleinen Thora-Schule im Obergeschoss der Religionsunterricht von der Talmud-Thora-Gemeinde organisiert wurde. Nach dem Umzug stand das Kinderhaus auch nichtjüdischen Kindern offen und wurde zu der größten und modernsten Kinderbetreuungseinrichtung des ganzen Landes. Dazu beigetragen hatten umfangreiche Renovierungen: Das Gebäude bekam Zentralheizung, fließend Wasser in jedem Zimmer und richtige Kindertoiletten.

In Schwesterntracht mit dazu passendem Mantel steige ich mit geradem Rücken in die blaue Straßenbahn. Ich bin nicht nur deshalb stolz auf die Tracht, weil sie mich offiziell zur Kinderpflegerin macht, sondern auch, weil die Kleider und Schürzen des Betriebs seit Jahren von *Oudkerk Manifacturen* gefertigt werden, unserem eigenen Textilwarenladen. Dass ich jetzt selbst solch ein hellblaues Schwesternkleid trage, das ich als Kind immer im Laden habe hängen sehen, macht mich mit einem Schlag zu einer Erwachsenen. Obwohl ich erst siebzehn Jahre alt bin, kommt es mir so vor, als würde mich ganz Amsterdam nun mit einem Mal wie eine Dame behandeln. Eine Dame in Schwesterntracht. Ich spüre die Respekt einflößende Wirkung. Ein Radfahrer lässt mich auf dem Bürgersteig vorbei, während er mich noch am Vortag sozusagen aus den Latschen gefahren hätte.

In der Straßenbahn steht ein hübscher junger Mann mit schwarzen Locken für mich auf. »Setzen Sie sich doch, Schwester.« Freundlich biete ich wiederum einem alten Rabbiner, den ich entfernt aus der Synagoge kenne, meinen Sitzplatz an. Ich bemerke die verstohlenen Blicke des jungen Mannes, während wir uns an derselben Metalllehne festhalten. Ich richte den Blick starr nach unten, auf unsere Hände, die sich nicht berühren. Weil er keinen Ehering trägt, werfe ich ihm beim Aussteigen an der Plantage Middenlaan über die Schulter ein zurückhaltendes Lächeln zu. Vieldeutig schaut er zurück. Wer weiß, vielleicht treffe ich ihn ja noch mal.

Soweit ich weiß, ist die Vordertür ausschließlich Besuchern vorbehalten. Sämtliche Eltern benutzen mit ihren Kindern den Seiteneingang, wo die Kleinen durch eine schmale Tür hineingereicht werden. Es ist erst Viertel vor acht, trotzdem herrscht am Eingang chaotisches Gedränge von Eltern und Kindern. »Entschuldigen Sie, dürfte ich bitte vorbei? Pardon.« Ich schlängle mich durch die Menschen hinein. Im Empfangsraum sehe ich, wie sich noch nicht mal Zweijährige selbst Schuhe und Jacke ausziehen und diese dann in einen mit ihrem Namen versehenen Beutel stecken. Anschließend hängen sie ihn an eine der Garderoben, die an sämtliche Wände montiert wurden. Es sieht hier wirklich fröhlich aus. Aus dem Empfangsraum gelange ich auf einen langen Flur, an dessen Ende linker Hand die Vordertür und rechter Hand die Hintertür ist, welche in den Garten führt. An beiden Seiten stehen Kinderbänke aus Holz. In der Mitte des Gangs winden sich zwei breite Treppen nach oben, die schließlich auf eine Balustrade im ersten Stockwerk münden.

»Kann ich dir helfen?«, erkundigt sich eine kleine Kinderpflegerin mit braunen Locken und Nickelbrille.

»Ich äh ... suche das Personalzimmer«, antworte ich leise.

Der Raum ist vollgestopft mit Tischen und nachlässig abgestellten Stühlen. Am Ende, gleich beim Fenster, stehen ein hellrosa Sofa und ein Sessel mit demselben Stoff. Die Möbel geben dem Zimmer etwas Wohnliches. Die Wände hängen voll mit gerahmten Zeichnungen und Fotos. Auf einigen posiert eine große Gruppe Pflegerinnen; lachend blicken sie in die Kamera. Offenbar wird hier jedes Jahr ein solches Gruppenporträt gemacht, denn es steht immer ein anderes Datum darauf. Bei dem Gedanken, dass demnächst ich hier abgelichtet bin, inmitten einer solchen Gruppe, kribbelt es in meinem Bauch. In einer anderen Fotoserie sind alle verkleidet. 12. MÄRZ 1932, 25 JAHRE SÄUGLINGSPFLEGE, steht darunter geschrieben. Außerdem hängen an der Wand noch einige Diplome mit verschiedenen Namen darauf.

Es erinnert mich an meine Ausbildung an der Haushaltsschule. Ich kann es immer noch nicht fassen, dass ich einfach so mein Diplom erhalten habe. Letzten Juli, kurz vor den Sommerferien, wurde ich aus der Klasse gerufen. Ich musste mich bei der Schulleitung melden und fragte mich, wofür ich bestraft werden sollte. Es hätte dafür durchaus ein paar Gründe gegeben; ganz sicher war ich nicht das bravste Mädchen der Klasse.

Nachdem ich das Zimmer der Schulleitung betreten hatte, schloss ich mich der Gruppe von Mädchen an, die bereits im Raum warteten.

»Meine Damen, ihr bekommt heute euer Diplom«, teilte uns

die Rektorin unumwunden mit. Vor lauter Staunen wurden wir ganz still.

»Aber wir haben noch nicht mal unsere Prüfung bestanden!«, rief ich aus. Offiziell müsste ich noch anderthalb Jahre zur Schule gehen. Die Schulleiterin entgegnete darauf, dass es dafür einen »bestimmten Grund« gebe, den sie uns aber nicht näher erläutern könne. Ich sah mich im Raum um. In diesem Moment fiel bei mir der Groschen: Wir alle waren Jüdinnen. Das war der »bestimmte Grund« dafür, warum wir auf der Christlichen Haushaltsschule nicht mehr erwünscht waren. Ich hatte verstanden und wandte mich zur Tür, doch die Rektorin rief mich zurück und händigte mir mein Diplom aus.

»Du wirst es brauchen, Elisabeth«, meinte sie. »Es tut mir leid. Das ist das Einzige, was ich für euch tun kann.« Ich hatte mich schon langsam daran gewöhnt, dass ständig von *euch* die Rede war.

Obwohl ich das Diplom am liebsten vor ihren Augen in Stücke gerissen hätte, hielt ich die Luft an und lief hinaus.

Als ich noch am selben Vormittag hörte, dass im jüdischen Kinderhaus Mädchen für die Ausbildung zur Kinderpflegerin gesucht wurden, nahm der Tag erneut eine radikale Wendung. Ich hatte immer schon vorgehabt, etwas mit Kindern zu machen, also meldete ich mich sofort an.

In den Personalraum strömen immer mehr Mädchen. Einige von ihnen kenne ich gut, weil sie ebenfalls von der Haushaltsschule kommen, wie zum Beispiel meine Freundin Sieny Kattenburg. Es herrscht eine ausgelassene und zwanglose Atmosphäre. Vielleicht, weil wir jüdischen Mädchen nur unter uns sind und nicht das Gefühl haben, uns schämen, verteidigen oder gar verleugnen zu müssen. Das angeregte Geplapper der Mädchen zeigt mir, dass ich nicht die Einzige bin, die sich wieder frei fühlt. Direktorin Pimentel betritt den Raum. Sie ist eine untersetzte ältere Dame in weißem Kittel mit kurzem, silbergrauem Haar, das ihr wie eine kleine Meereswelle auf dem

Kopf liegt. Mit ihr schlüpft auch ein weißes Hündchen herein und setzt sich, wie ein richtiger Wachhund, würdevoll neben ihre Füße. Als Pimentel in die Hände klatscht, verstummen die Gespräche abrupt.

»Willkommen alle miteinander. Wie ihr inzwischen gemerkt habt, ist das Kinderhaus Bildungsstätte und Wohltätigkeitsorganisation in einem«, beginnt sie ihren Vortrag. »Tagsüber lernt ihr in der Praxis, und an drei Abenden pro Woche werdet ihr in kreativem Gestalten nach Fröbel, in der Ernährungskunde, allgemeiner Kinderpflege, Kinderkrankheiten, Hygiene, Musik, Bewegungskunde und Religion unterrichtet. Vor einigen Jahren habe ich die Leitung übernommen und konnte der Art und Weise, wie wir hier arbeiten, meinen Stempel aufdrücken. Ich glaube an das Gedankengut des Pädagogen Friedrich Fröbel, der davon ausgeht, dass die Entwicklung eines Kindes dann bestmöglich verläuft, wenn es sowohl zum Spiel als auch zum selbsttätigen Handeln stimuliert wird. Daneben sind natürlich die drei ›R‹ von essenzieller Bedeutung: Ruhe, Reinheit und Regelmäßigkeit ...«

Während ich ihr zuhöre, steigt meine Begeisterung. Was für ein Massel, dass ich hierher geraten bin!

»Wenn die Kinder hereinkommen, werden sie zunächst auf Krankheiten wie Mumps, Masern, Röteln untersucht.«

Das Hündchen neben ihr fängt plötzlich an zu bellen.

»Bruni, aus«, weist Pimentel es zurecht. »Wo war ich? Ach ja, wir untersuchen die Kinder auf Krankheiten und natürlich auch auf Ungeziefer wie Flöhe oder Läuse. Es ist wichtig, das sehr sorgfältig zu machen, denn sonst stecken die Kinder sich untereinander an, und bevor man es merkt, ist das Gebäude ein einziger großer Krankheitsherd. Babys und Kleinkindern wird ein weißer Strampler des Kinderhauses angezogen, Kindern zwischen zweieinhalb und sechs Jahren binden wir nur eine Schürze um.«

Das Hündchen springt ihr an den Beinen hoch. Dieses Mal weist sie es nicht zurecht, sondern nimmt es auf den Arm.

»Obwohl wir damals als jüdische Einrichtung angefangen haben, haben wir unsere Türen auch nichtjüdischen Kindern geöffnet. Dass wir wegen der Deutschen nun wieder zu einem rein jüdischen Kinderhaus zurückmüssen, ist nicht nur ärgerlich für alle nichtjüdischen Kinder, die wir aufgenommen hatten, sondern auch für all die nichtjüdischen Kinderpflegerinnen, die jeden Tag hier gearbeitet haben.«

Ihre Stimme verrät deutliche Empörung. Dann fasst sie sich wieder. »Der Zuwachs an Kindern ist deshalb nicht weniger geworden, ich bin also froh, dass ihr mir zu Hilfe ...«

»Entschuldigen Sie bitte, Direktorin ...« Eine Pflegerin steht in der Tür. Es ist das nette Mädchen, das mir vorhin den Weg gezeigt hat. »Es stockt beim *Pieten*.«

»Gutes Thema, danke, Mirjam.« Pimentel wendet sich uns wieder zu. »Jeden Morgen wird hier *piet*-gekämmt. Weiß jemand, was das bedeutet?«

Sieny reckt die Hand. »Läuse auskämmen?«

»Sehr gut.«

Hinter uns wird gekichert, und ich merke, wie Sieny rot anläuft. Ich zwinkere ihr kurz zu. Einfach nicht darum kümmern. Die Kattenburgs sind die ordentlichsten und gläubigsten Menschen, die ich kenne. Dort würden sich sogar die Läuse die Füße auf der Matte abstreifen und eine *Bracha* sprechen, falls sie sich überhaupt hineintrauen.

»Läuse sind eine hartnäckige Plage«, fährt Pimentel fort. »Wir haben hier genügend Mäuler zu stopfen, da können wir keine Parasiten brauchen, die davon profitieren.« Lautes Gelächter. Ein Lachen, das uns etwas Erleichterung verschafft. Es gibt hier nicht wenige, die nervös sind, an diesem ersten Tag.

»Jeden Morgen werden wir daher als Erstes die Läuse auskämmen. Hat ein Kind viele dieser kleinen Blutsauger, muss die Mutter das Kind wieder mitnehmen. Wie ihr von Mirjam gehört habt, ist es zu einem kleinen Stau an der Tür gekommen, also, wer von euch bietet seine Hilfe an?«

Mit einer Schürze über meinem blauen Kleid und einer weißen Haube auf dem Kopf stehe ich kurz darauf beim Entlausen der Kinder und befolge genauestens die detaillierten Instruktionen. Ich war die einzige Freiwillige, die den Finger gehoben hat. Nach mir rief die Direktorin noch drei weitere Mädchen auf. Sieny musste seltsamerweise nicht. Vielleicht weil sie sich zuvor getraut hatte zu antworten. »Was sein muss, muss sein«, sagt meine Mutter immer. Und so bearbeite ich jetzt mit so einem Kamm die Köpfe der Kleinen. Das ist gar nicht so einfach, denn bei den Mädchen mit langen Haaren brauche ich erst einmal mindestens zehn Minuten, um die Haare durchzubürsten. Sind die Haare dann entwirrt, fahre ich mit den Fingern hindurch, um nach Nissen zu suchen, die leicht mit Schuppen und anderem Schmutz verwechselt werden können. Wenn ich mir sicher bin, dass im Haar Nissen sind, kommt der Läusekamm zum Einsatz. Im Waschbecken säubere ich nach jeder Strähne den Kamm und zähle die Beute. Die gefüllten Nissen platzen, wenn man sie zwischen den Nägeln zerquetscht. Das ist noch witzig. Aber vor dem Zerdrücken der Läuse ekelt es mich, besonders bei den dick vollgesogenen Exemplaren, die eine rote Blutspur auf dem weißen Porzellan hinterlassen. In einem Dokument wird genau festgehalten, wie viele Läuse ein Kind hat. Bei mehr als zwanzig lebendigen Tierchen werden die Kinder wieder mit den Müttern nach Hause geschickt.

»Nicht schön, aber es geht nicht anders«, meinte die diplomierte Kinderpflegerin Mirjam dabei.

Meine letzte Patientin ist ein süßes Mädchen mit goldblonden Locken. Ich sehe sofort, dass es auf ihrem Kopf nur so vor Läusen wimmelt. Die Mutter des Mädchens beobachtet mich ängstlich. Meine eigene Mutter hatte mich schon gewarnt, dass es meist die Armen sind, die ihre Kinder in die Betreuung geben müssen. Der Beweis steht hier vor mir. Die Frau hat ihr Möglichstes getan, um ihr Töchterchen noch einigermaßen ordentlich zu kleiden, mit dem bordeauxroten Kleidchen, das ihr lose um den Leib hängt. Die Mutter selbst trägt ein schmuddeliges Kleid, das an mindestens vier Stellen geflickt ist. Trotz ihres eingefallenen Gesichts kann ich erkennen, dass sie einmal eine sehr schöne Frau gewesen sein muss, doch mit den faulen Zähnen ist davon nicht mehr viel übrig.

»Ist sie fertig? Ich muss zur Arbeit«, erkundigt sie sich beinahe flehend.

»Ich tue mein Bestes. Entlausen Sie sie zu Hause auch?«

»Schon, aber ich habe noch zwei Söhne. Mit denen habe ich alle Hände voll zu tun. Mein Mann ist auf großer Fahrt.« Sie blickt ängstlich an mir vorbei auf das Blatt Papier, auf das ich bereits sechzehn Striche gesetzt habe. Sie hofft natürlich, weg zu sein, bevor ich bei zwanzig angelangt bin, sodass ich sie nicht mehr zurückrufen kann.

»Wo arbeiten Sie?«, frage ich, um sie abzulenken.

»Auf dem Markt.«

»Hier auf dem Daniël Meijerplein?«

»Auf dem Albert-Cuyp-Markt, Schwester. Wir verkaufen Kartoffeln, Möhren und Zwiebeln.«

»Die kann wohl jeder gut gebrauchen, nicht wahr?« Inzwischen habe ich drei weitere Läuse aus den Haaren geholt. Die Wahrscheinlichkeit, dass ich noch mehr finde, ist groß, und dann muss ich dieses Kind den ganzen Tag lang mit der Mutter auf den Markt schicken.

»Fertig!«, verkünde ich, während ich mein Gefiesle abrupt beende. »Gerade noch unter zwanzig, aber Sie müssen heute Abend auch selber noch mal ran, denn sonst können wir sie morgen nicht hierbehalten.«

Die Frau sieht mich dankbar an. »Das mache ich ganz bestimmt, danke schön, Fräulein ... Ich meine, Schwester.« Schnell verlässt sie das Kinderhaus.

»So, und du gehst jetzt mit mir zu deinen Freundinnen«, sage ich, während ich das Mädchen auf dem Boden absetze und ihre Hand nehme. »Wie heißt du?«

»Greetje«, antwortet sie mit heiserem Stimmchen.

»Das ist aber ein schöner Name!«

»Mama arbeiten.« Schielend blickt sie zu mir hoch.

»Ja, deine Mama geht arbeiten. Aber weißt du was, Greetje, du und ich, wir werden hier eine tolle Zeit haben.«

»Mama abeiten, Greetje bielen«, erwidert sie mit einem breiten Lächeln.

»So ist es.« Ich nehme sie mit in die Kinderkrippe, die im Erdgeschoss liegt und an den Garten angrenzt. Ich wusste bereits, dass ich für diesen Saal eingeteilt worden war. Pimentel hat die neuen Mädchen auf die verschiedenen Abteilungen verteilt.

Sobald wir bei den Kleinkindern ankommen, kratzt Greetje sich am Kopf. Vielleicht hätte ich sie der Mutter doch wieder mitgeben sollen. Wie, um Himmels willen, kann ich verhindern, dass ich hier, an meinem allerersten Tag, eine Läuseplage auslöse? Während ich noch darüber nachdenke, fängt es auf meinem Kopf auch schon fürchterlich an zu jucken.

Den restlichen Tag lasse ich Greetje nicht mehr aus den Augen. Sobald sie sich anderen Kindern zu sehr nähert, greife ich ein. Ich lenke sie mit einem Spielzeug ab oder lese mit ihr ein Buch. Immer wieder sagt sie: »Mama abeiten, Greetje bielen.«

Direktorin Pimentel, die ab und zu hereinschaut, kommt auf mich zu und erkundigt sich, wie es geht.

Ich sitze mit der sich wie verrückt kratzenden Greetje auf dem Schoß da und halte einen nervösen Vortrag von wegen, dass es so schön ist mit den Kleinen und dass ich so froh bin, jetzt mit der Ausbildung beginnen zu dürfen, weil ich Kinder so sehr mag. Immer schon gemocht habe. Auch schon, als ich selbst noch ein Kind gewesen bin. Ich quassle immer weiter, bis sie mich unterbricht. »Du bist Elisabeth, oder?«

»Alle nennen mich Betty, Frau Pimentel.«

»Fräulein Pimentel, aber nenn mich einfach Direktorin.« Sie sieht mich streng an. »Betty, mir fällt auf, dass du dich sehr auf ein Kind fixierst. Wir gestatten es nicht, dass du Lieblinge hast. Hier sind alle Kinder gleich viel wert, und keins wird anderen vorgezogen.«

»Nein, natürlich nicht, Frau ... Ich meine, Direktorin.«

»Mama abeiten, Greetje bielen«, plappert das Mädchen auf meinem Schoß zum soundsovielten Mal.

»Du hast sie hoffentlich gut gekämmt. Dieses Kind ist immer völlig verlaust.«

»Natürlich«, schwindle ich.

Pimentel streicht ihr über das blonde Köpfchen. »Schön, denn wir wollen nicht, dass hier eine Epidemie ausbricht.«

»Verstehe ich vollkommen, wer würde das schon wollen?« Ich lache nervös und ignoriere den Juckreiz auf meinem Kopf. »Geh und mach mal ein Puzzle«, fordere ich das Mädchen auf und lasse es von meinem Schoß gleiten. Das Kind blickt mich verständnislos an.

»Da in der Ecke sind die Bauklötzchen«, erklärt Pimentel, während sie Greetje in die richtige Richtung dreht. Das versteht sie und hopst in die Ecke. »Greetje ist geistig behindert, das hast du gemerkt, oder?«

Ich fühle mich fürchterlich getadelt und ziehe die Schultern hoch. »Ein bisschen.«

»Sie ist klein für ihr Alter. Eigentlich gehört sie schon in die Kindergartengruppe, aber das würde sie geistig überfordern. Kurzum, ich möchte, dass du alle Kinder gleich behandelst, auch wenn manche von ihnen verletzlicher sind. Die Stärkeren haben auch ein Recht auf Aufmerksamkeit und Pflege. Schau, da laufen zwei mit Tropfkerzen. Die müssen geputzt werden.«

»Tropfkerzen?«

»Die Rotzglocken unter ihren Nasen.«

Ich steige an der Haltestelle Tweede Jan van der Heijdenstraat aus, um das letzte Stück zu Fuß zurückzulegen, und komme am Gemüsehändler vorbei, bei dem wir zurzeit immer einkaufen. Das Plantageviertel, wo sich auch das Kinderhaus befindet, war von jeher ein jüdisches Viertel, doch ausgerechnet bei uns in De Pijp wohnen mehr Nichtjuden als Juden. Wir gingen immer zum Krämerladen gegenüber unserem Haus, aber seit sie dort – wie auch beim Schuhgeschäft Zwartjes und beim Citytheater – ein Schild »FÜR JUDEN VERBOTEN« aufgehängt haben, ist das vorbei. Ich mochte die Menschen vorher schon nicht und hatte nichts anderes erwartet. Mutter hatte kaum mit so etwas gerechnet, es warf sie völlig aus der Bahn. Diese Leute waren übrigens einst gute Kunden von uns. Erschüttert von dieser Ungerechtigkeit wollte ich ihnen mit einem Stein die Fensterscheibe einwerfen, was mir mein Bruder Gerrit entschieden verbot. Ich sei wohl komplett meschugge geworden. Erst als ich die Tränen meiner Mutter bemerkte, erkannte ich, dass es sich hier nicht um eine Situation à la Auge um Auge, Zahn um Zahn handelte. Ich konnte damit umgehen, wenn sie die Stimme erhob, einen böse anfunkelte oder mit scharfen Worten bedachte, darauf ließ ich mich gerne ein. Doch wenn sie weinte, wusste ich mir keinen Rat mehr. Am nächsten Tag schien es, als wäre die Szene eine melodramatische Verwirrung ihres Geistes gewesen, und erhobenen Hauptes ließ sie uns wissen, dass wir von nun an unsere Einkäufe in der Tweede Jan van der Heijdenstraat erledigen würden.

Der Gemüsehändler winkt mir aus seinem Laden zu. Ich grüße zurück, und erst dann fällt mir auf, dass neben den Eingang mit weißer Farbe ein Hakenkreuz an die Wand gemalt wurde. Sollte er das noch nicht bemerkt haben?

Der Mann kommt eilig auf mich zu. »Betty, warte! Deine Mutter hat nach Trauben gefragt, ich habe gerade welche hereinbekommen«, sagt er freundlich. Mein Blick wandert auf die noch nasse Farbe an der Mauer.

»Ach das«, meint der Gemüsehändler wegwerfend. »Heute Abend überstreiche ich das wieder. Wir dürfen den Idioten auf dieser Welt keine Aufmerksamkeit schenken. Sonst kostet es uns noch viel mehr.«

Ich weiß, worauf er anspielt: auf die rund vierhundert jüdischen Jungs, die nach dem Widerstand gegen antijüdische Gesetze nach Mauthausen geschickt worden waren und von denen noch nicht einer wieder zurückgekommen ist. Eigentlich unvorstellbar, dass all diese Dinge passieren, während das tägliche Leben einfach weitergeht.

»Wie war dein Tag?«, fragt mich Mutter, als ich kurz darauf unser Geschäft betrete. Der vertraute Geruch nach frisch gefärbten Stoffrollen strömt mir entgegen, ein Duft, den ich aus Tausenden herauskennen würde. Mutter ist gerade dabei, noch ein paar Dinge zu erledigen, bevor sie den Laden abschließt.

»Schön«, antworte ich, während ich ihr die Tüte mit den blauen Trauben aushändige. Ich erstatte ihr lebhaft Bericht über meine Erlebnisse. Die Geschichte mit den Läusen lasse ich lieber unter den Tisch fallen. Mutter hätte sonst die ganze Nacht kein Auge zugetan vor eingebildetem Juckreiz. »Sie haben übrigens auch ein Klavier«, erzähle ich begeistert.

Mutter hebt den Blick von der Buchhaltung. »Kind, wie schön, dann kannst du beim Klavierspielen ein bisschen in Übung bleiben.« Meine Mutter wäre lieber Pianistin geworden als Stoffladenbesitzerin. »Du hast doch hoffentlich erzählt, dass du spielst?«

»Ja, denn im kommenden halben Jahr werde ich im roten Saal bei den Kleinkindern sein und darf ihnen Lieder beibringen. Oh, die Kleinen sind wirklich zum Fressen.«

»Lass das bloß bleiben.« Überrascht schaue ich auf. Ich hatte Gerrit überhaupt nicht bemerkt. Er steigt hinten im Laden von der Leiter und klopft mir freundschaftlich auf die Schulter.

»Hey, Schwester Betty, Heilige der Kinder«, neckt er mich. »Pass bloß auf, dass du nicht vor deinem zwanzigsten Geburtstag noch selber welche bekommst.«

Der Mann, den ich später einmal heirate, muss genauso gut aussehen wie Gerrit; breite Schultern, nach hinten gekämmtes dunkles Haar, markantes Kinn, sanfte Augen.

»Also, jetzt hör bloß auf«, greift meine Mutter mit gespieltem Ernst ein.

»Weißt du, wen ich vorhin getroffen habe?«, fährt Gerrit schelmisch fort. »Unsere alte Amme. Sie hat nur noch zwei Zähne und ist nicht mehr ganz richtig im Oberstübchen.« Er deutet mit dem Finger auf seinen Kopf. »Aber sie ließ mich wissen, dass wir sie immer noch als Amme anheuern könnten. Wenn du also ein Kind kriegst, Betty, ist das zumindest geregelt.«

»Bäh, nein. Du kannst sie selber anheuern.« Mutter hatte uns nie gestillt, weil sie ihre gute Figur behalten wollte. Sie war immer stolz auf ihre schlanke Linie, und die hat sie immer noch. Nimmt man da noch feine Gesichtszüge und welliges dunkelblondes Haar hinzu, hat man meine Mutter. Wahrscheinlich hoffte sie, irgendwann wieder als Pianistin auf der Bühne zu sein. Nach dem Konservatorium hatte sie einige Male im Concertgebouw gespielt, doch nach unserer Geburt war sie nur noch als Klavier- und Gesangslehrerin tätig. Es gibt nicht wenige Rabbiner, die dank meiner Mutter Kantor, *Chasan*, geworden sind. Manche verstanden wirklich nur Bahnhof, da war es vergebene Liebesmüh. Ich saß manchmal heimlich im Gang und hörte zu, wie meine Mutter versuchte, den krächzenden Herren ein paar gerade Töne zu entlocken.

Eine Karriere als aktive Musikerin wird ihr wohl künftig verwehrt bleiben. Weil der Stoffhandel meines Vaters immer erfolgreicher wurde, hat meine Mutter immer häufiger mitgeholfen. Zunächst kümmerte sie sich nur um die Anstellung der Verkäuferinnen und Näherinnen, doch nach dem Tod meines Vaters hat sie mit Gerrit den Betrieb komplett übernommen.

Die Ladenglocke geht, und die Tür schwingt auf. Alle drei blicken wir auf. Japie, mein dreizehnjähriger Bruder, kommt herein. Er ist ein typischer Halbwüchsiger, mit Pickeln im Gesicht und einem Körper, der, wie es scheint, noch nicht in die Höhe streben will, aber dennoch bereits mit sehr großen Händen und Füßen ausgestattet ist.

»Oh, ihr seid noch da«, bemerkt er knapp.

Die heitere Stimmung meiner Mutter schlägt plötzlich um.

»Ja, was dachtest du denn? Dass du dich unbemerkt nach oben schleichen könntest?«

»Nein, wieso?« Er zieht ein Gesicht, das seine Unschuld beweisen soll, aber das Gegenteil bewirkt.

»Verdammt, Jaap, sag mir, dass das nicht wahr ist!«

»Ich weiß nicht, wovon du sprichst, Mutter.«

Sie geht auf ihn zu und fährt ihm mit der Hand durch die Haare. Mein Bruder duckt sich weg.

»Nass!« Für den ultimativen Beweis riecht sie noch kurz an seinem Kopf. »Jaap, wenn du noch einmal ins Schwimmbad gehst, bekommst du drei Monate Hausarrest.«

»Warum darf ich nicht schwimmen gehen? Ich finde es lachhaft, dass andere ins Freibad dürfen und ich nicht!«

»Das ist ja auch gemein, aber wenn du erwischt wirst, wird alles noch viel schlimmer.«

»Warum sollen sie mich erwischen? Es kann doch niemand sehen, dass ich Jude bin.«

»Wenn sie dir die Badehose runterziehen, schon!«, gießt Gerrit noch mal extra Öl ins Feuer.

»Halt du mal bloß die Schnauze!« Und weg ist er, auf dem Weg nach oben.

Ich versuche, Blickkontakt zu meiner Mutter aufzunehmen, aber sie wendet sich an Gerrit. »Musst du jetzt auch noch Witze darüber machen?«

»Wenn ich keine Witze mehr darüber machen darf, kann ich mich genauso gut gleich aufhängen, wie die Leute ein paar Häuser weiter.« Er geht nach hinten, klappt die Leiter zusammen und begibt sich pfeifend nach oben.

Meine Mutter seufzt. »Wir dürfen nicht mehr schwimmen, nicht mehr Radio hören, wir müssen unser Geld bei der Bank einzahlen, und vor Kurzem habe ich im *Het Joodsche Weekblad* gelesen, dass wir ab kommender Woche auch in Parks, Hotels, Museen und was weiß ich noch wo nicht mehr willkommen sind. Wie erklär ich das einem dreizehnjährigen Kind?«

»Hast du das Geld bei der Bank eingezahlt?«, hake ich nach, um sicherzugehen, dass ich das richtig verstanden habe.

»Das hätten sie wohl gerne. Lippmann-Rosenthal ist schon lange keine jüdische Bank mehr. Da bringe ich keinen Groschen hin. Komm, mein Schatz, ich mache das Geschäft zu.« Sie verschließt die Ladentür und legt einen Arm um mich. »Es ist gut, dass du eine Ausbildung machst, Betje. Was auch immer sein wird, Kinderpflegerinnen werden immer gebraucht.« Gemeinsam steigen wir die Stufen hoch zu unserer Wohnung.

Als ich später im Bett liege, höre ich den Klang von Mutters Klavierspiel aus dem Wohnzimmer, das neben meinem Schlafzimmer ist. Die kostbaren Minuten, in denen sie sich allein wähnt und in ihrem Spiel aufgeht, sind ihr heilig, und mir auch. Als Kind schlüpfte ich oft aus dem Bett, um vom Flur aus durch die geöffnete Tür heimlich zuzuhören. Um zuzusehen, wie sich ihr Oberkörper zur Melodie mitwiegte, während ihre Finger in rasendem Tempo über die Tasten tanzten. Heute spielt sie mein Lieblingsstück, *Lieder ohne Worte* von Mendelssohn. Musik, in der ich völlig aufgehen kann. Ich falle in einen traumlosen Schlaf.

Freitag, 5. September 1941

Anfang dieses Jahres, kurz nachdem Vater an einer Gehirnblutung gestorben war, standen die Cafés rund um den Rembrandtplein ihren jüdischen Gästen einfach weiterhin offen, obwohl das inzwischen verboten war. Die WA, die sogenannte Wehrabteilung der Nationalsozialistischen Bewegung der Niederlande, NSB, hatte deshalb ein paar Tage später, während eines Auftritts jüdischer Künstler in einem Café am Thorbeckeplein, besonders hart zugeschlagen. Als die WA anschließend entschlossen auf das nächste Ziel zumarschierte, standen die Kommunisten für unser Volk auf. Der Kampf dauerte nicht lange, und die WA zog mit eingezogenem Schwanz ab. Allerdings wurde ein Mitglied der WA, Hendrik Koot, ein richtiger Judenhasser, leblos am Wegesrand aufgefunden. Die Gerüchte, welche über seine Todesursache verbreitet wurden, waren grotesk. Juden sollen ihm Nase und Ohren abgebissen und danach das Blut von den Lippen geleckt und schließlich noch den Kehlkopf durchgebissen haben. Dabei war Koot nur durch einen einzigen Schlag auf den Kopf zu Boden gegangen. So erklärte es der Polizeikommissar, der ihn gefunden hatte. Mein Bruder Gerrit glaubt, dass alles inszeniert war und Koot von den Deutschen ermordet wurde, um seinen Tod als Propagandamittel einsetzen zu können. Denn der Ort, an dem Koot gefunden wurde, liegt ein ganzes Stück von dem entfernt, wo der Kampf stattgefunden hatte.
Es erwies sich als der Anfang allen Elends, das da noch kommen sollte. Nicht lange nach dem Tode Koots wurden bei mehreren Personen Zettel in die Briefkästen gesteckt mit dem Text: FÜR JEDEN ERMORDETEN NSBler ZEHN JUDEN. Ein bekannter jüdischer

Bildhauer, der abends einen Brief einwerfen wollte, bekam drei Messerstiche in den Rücken. Ein paar Tage später traf es uns in der Van Woustraat, bei Koco, wo es das beste Eis von Amsterdam gab. Die Eisdiele wurde von ebenso vielen Juden wie Nichtjuden besucht und war daher häufiger Zielscheibe der Nazis. Die beiden Besitzer hatten mit einigen Kunden einen Schlägertrupp gebildet, um sich dagegen zu wehren. Nun, das hat kein sehr gutes Ende genommen. Ich weiß noch, dass ich am Tag nach dem Zusammenstoß am Laden vorbeilief und den Trümmerhaufen sah. Als Vergeltungsmaßnahme wurden über vierhundert x-beliebige jüdische Männer festgenommen und auf dem Jonas Daniël Meijerplein zu einem Haufen zusammengetrieben. Dort wurden sie getreten und niedergeschlagen und schließlich in Lastwagen nach Mauthausen, einem Straflager in Österreich, abtransportiert. Dies war Anlass für Zehntausende von Arbeitern und Studenten aus Amsterdam und Umgebung, ab dem 25. Februar zu streiken; eine große Solidaritätsbekundung gegen die Judenverfolgung. Leider hielt sich der Streik nur zwei Tage lang und wurde von den Deutschen mit harter Hand niedergeschlagen.

Von den gefangen genommenen jungen Männern ist noch nicht einer aus Mauthausen zurückgekehrt. Hingegen kommen immer mehr Briefe mit einer Todesnachricht an.

Einen der Besitzer, Herrn Cahn, der mir oft eine extra Kugel Eis schenkte, haben sie im April erschossen.

Der Himmel ist strahlend blau. Doch nach einer Nacht, in der ich versucht habe, die Eindrücke des ersten Tages zu verarbeiten, herrscht in meinem Kopf Nebel. Mit der Handtasche über der Schulter steige ich in die Straßenbahn und winde mich zwischen den vielen Menschen hindurch nach hinten, um mich auf die offene Plattform zu stellen. Ich erschrecke, als mir zu spät auffällt, dass dort zwei uniformierte deutsche Soldaten stehen.

»*Kein Problem, Fräulein, hier ist Platz für drei*«, sagt der Größere der beiden auf Deutsch, während er mir freundlich zulächelt. Wenn ich eines in der letzten Zeit gelernt habe, dann das, möglichst nicht aufzufallen und sich einfach mit dem Wind zu biegen. Alles andere kann einen in Schwierigkeiten bringen. Also nicke ich höflich und stelle mich dazu. Ich schaue absichtlich in eine andere Richtung und versuche, ihren Gesprächen nicht zuzuhören. In Momenten wie diesem wünschte ich, ich verstünde kein Deutsch, aber wir haben die Sprache dank der deutschen Dienstmädchen, die bei uns wohnten, perfekt gelernt. Die evangelisch-reformierte Annie war die letzte. Dieses Mädchen war so hübsch, dass jeder sich ein Stückchen ihrer Schönheit stibitzen wollte. Ich durfte ihr manchmal die Haare bürsten, meine ältere Schwester Leni lernte von ihr, wie man Make-up aufträgt, und mein schlaksiger Bruder Nol spielte den ganzen Tag mit ihr Karten. Nicht, weil er das so wahnsinnig gerne tat, sondern weil er total verknallt in Annie war. Selbst Vater wollte sie fragen, ob sie nicht Anprobemodell für die Kleidung werden wollte, die wir anfertigen ließen. Aber Mutter fand, dass das doch zu weit ginge. Es hatte sich dann allerdings erübrigt, denn sie musste nach Deutschland zurück. Es war nicht länger gestattet, dass Nichtjuden für Juden arbeiteten.

»Wir können von Glück sagen, dass wir nicht an der Ostfront sind«, höre ich einen der beiden Soldaten sagen.

»Allerdings. Vor allem jetzt, wo der Winter kommt«, antwortet der andere mit einer derart hohen Stimme, dass ich mich versehentlich umdrehe, um nachzusehen, ob es sich wirklich um einen Mann handelt. »Ich habe gehört, dass einem die Glieder in dieser extremen Kälte einfrieren.« Es ist durchaus ein Mann. Mit seiner schrillen Stimmlage macht er einen clownesken Eindruck. Obendrein trägt er eine kurze Militärhose, aus der zwei haarige Storchenbeine ragen.

Ich bemühe mich, nicht loszuprusten, und richte den Blick wieder auf die Straße.

»Das muss echt schmerzhaft sein«, höre ich den anderen entgegnen. »Vor allem, wenn dir der Schniedel abfriert.«

»Hör auf, Kurt. Ich will gar nicht daran denken«, gibt der mit der hohen Stimme zurück.

Offenbar gehen sie davon aus, dass ich ihre Unterhaltung nicht verstehe, denn sie plaudern unbeirrt weiter.

»In Polen und Russland leben viel mehr Juden als hier, da muss man noch härter arbeiten«, meint der Lange.

»Weißt du eigentlich, dass sie die da einfach abknallen?«, fragt der mit der hohen Stimme. »Sie lassen sie erst eine Grube graben, dann müssen sie sich am Rand aufstellen und werden, so ra-ta-ta-ta, alle niedergemäht.« Bei dem schallenden Gelächter, das darauf folgt, wird mir plötzlich so übel, dass ich mich fast übergeben muss. Ich klammere mich an den metallenen Handgriff, um mich auf den Beinen zu halten.

»Pardon, Fräulein, dürfen wir kurz vorbei?« Die Straßenbahn hält an.

Ich trete einen Schritt zurück und versuche, eine unbewegte Miene zu machen.

»Schönen Tag noch, Fräulein.« Mir wird höflich zugenickt.

Fassungslos komme ich im Kinderhaus an, wo ich im Personalraum als Erstes auf Mirjam treffe.

»Oje, du bist aber blass. Alles in Ordnung?«, erkundigt sie sich mit besorgtem Blick.

»Alles prima«, antworte ich. »Ein bisschen schwül heute.« Ich stelle meine Tasche in den Schrank und nehme mir eine saubere Schürze vom Stapel, als Sieny hereinkommt.

»Guten Morgen! Was für ein herrliches Wetter heute.« Dann sieht sie mich an. »Betty, geht es dir nicht gut? Du bist so weiß wie die Wand.«

»Das habe ich auch schon gesagt«, pflichtet Mirjam ihr bei.

Meine Freundin kann ich nicht anlügen. »Ich habe gerade etwas so Schreckliches in der Straßenbahn gehört ...« Sie stellen sich ganz nah vor mich hin. Stockend berichte ich, was sich die beiden Deutschen erzählt haben.

»Sie wussten bestimmt, dass du Jüdin bist«, meint Mirjam

mitfühlend. »Sie haben ganz bewusst versucht, dich zu ärgern.«

»Oder vielleicht haben sie über ein Straflager gesprochen«, vermutet Sieny. »Ich habe gehört, dass sie dort Juden niederschießen, aber das machen sie nur im Osten, ganz bestimmt nicht hier. Das ist gegen das Gesetz.«

»Das Gesetz? Beschützt uns das noch?«, frage ich einfältiger, als ich es wollte.

»Aber natürlich«, gibt Mirjam mit einer Bestimmtheit zurück, wie ich sie bei ihr noch nie zuvor gehört habe. »Mein Vater hat den Jüdischen Rat gegründet, um uns zu vereinen, denn einzeln sind wir vielleicht ohnmächtig, doch zusammen sind wir stark.«

»Ist dein Vater Vorsitzender des Jüdischen Rats?«, frage ich erstaunt. Sieny stößt mich unmerklich an.

»Mit Abraham Asscher, ja. Mein Vater hat sich immer schon für jüdische Flüchtlinge aus Deutschland und Polen eingesetzt.« In ihrer Stimme schwingt Stolz mit.

Direktorin Pimentel betritt den Raum. »Darf ich fragen, warum wir nicht beim Entlausen sind?« Sie wartet die Antwort nicht ab. »Das ist hier kein Kaffeekränzchen. Es steht schon wieder eine ganze Reihe von Kindern an.«

Das Kämmen und Zählen hat eine beruhigende Wirkung auf mich. Zudem hört man nichts von einer Läuseepidemie unter den Kindern, auch das entspannt mich. Ich habe mir zwar gestern Abend selber eine Laus aus dem Haar gefischt, doch ich verzichte darauf, das zu melden. Konzentriert arbeite ich alle Kinder ab, bis genau dreiundsechzig Kinderköpfe durch unsere Hände gegangen sind. Gerade als wir die Kämme weggeräumt haben, wird noch ein Kind hereingebracht. Ein kleiner Junge mit millimeterkurzem blondem Haar.

»Das ist schon in Ordnung, da bleibt keine Laus kleben. Wie ist sein Name?« Dann erst blicke ich auf und erkenne die Mutter.

»Greetje«, erwidert sie. »Kann ich gehen?«

»Äh ... ja.« Während die Mutter wegeilt, schaue ich Greetje an, die ich zunächst für einen Jungen gehalten habe. Sie wurde von ihrer Mutter mit einer Haarschneidemaschine bearbeitet. Mit ihrem schorfigen Kopf und dem scheelen Blick hat sie alles Niedliche verloren.

»Komm, Greetje, du darfst spielen gehen.«

»Ja, bielen, bielen!«, ruft sie vergnügt.

Auch wenn Direktorin Pimentel es nicht erlaubt, habe ich das Gefühl, dieses Mädchen besonders beschützen zu müssen.

Freitag, 20. Februar 1942

Ich habe einen Personalausweis bekommen, auf dem ein großes J steht. Der Jüdische Rat musste sämtliche jüdischen Personen, die in den Niederlanden leben, registrieren lassen. Auch jene, die nach den traditionellen jüdischen Gesetzen – welche vorschreiben, dass das Jüdischsein nur über die Linie der Mutter weitergegeben werden kann – überhaupt keine Juden sind. Aber die Deutschen sind darüber anderer Ansicht. Ein Junge aus meiner Klasse hatte keinen blassen Schimmer davon, dass er ein Jude war. Er schien tatsächlich einen jüdischen Großvater gehabt zu haben, der irgendwann mal bei einer jüdischen Gemeinde eingetragen gewesen war. Dass dieser Mann den Glauben überhaupt nicht praktizierte und dass mein Schulfreund, ebenso wie der Rest seiner Familie, getauft war, spielt nach Ansicht der Deutschen keine Rolle. Jüdisch ist jüdisch. Die Kennkarten wurden auf Basis der Judenkartei ausgegeben. Durch die detaillierte Registrierung lässt sich leicht nachhalten, wie viele Juden es hier gibt und wo sie wohnen. Oder besser, wo sie wohnten, denn mit Ausnahme der Juden in den wenigen großen Städten müssen sämtliche Juden nach Amsterdam umziehen.

Obwohl es seit ein paar Tagen noch hell ist, wenn ich Feierabend habe, ist vom Frühling weit und breit noch nichts zu sehen. Dunkelgraue Wolken ziehen über die Stadt, und nasse Schneeflocken fallen vom Himmel. Unangenehm, denn ich habe keinen Regenschirm dabei. Zum Glück hält die dunkelblaue Straßenbahn schräg gegenüber der Tür zum Kinderhaus, und als ich sie durch das Fenster herannahen sehe, lege ich einen kurzen Sprint ein, um sie zu erwischen. Gerade noch rechtzeitig kann ich meinen Fuß auf das Trittbrett stellen und mich hochziehen, bevor sich das Fahrzeug wieder in Bewegung setzt.

Geschafft. Ich grüße den Fahrer, den ich durch meine täglichen Fahrten inzwischen kenne.

»He, Schwester, hatten wir nicht besprochen, dass du keinen Schnee mitbringen sollst?«

»Oje, das habe ich völlig vergessen«, lasse ich mich auf sein Spiel ein. Dann zieht er plötzlich die Bremse, weil ein Mann mit seinem Fahrrad vor die Straßenbahn schießt. Wir bleiben so abrupt stehen, dass ich fast gegen die Frontscheibe fliege.

»Du dämlicher Idiot, hast du keine Augen im Kopf?«, schreit der Straßenbahnfahrer. Nicht, dass der Radfahrer das hören könnte, aber die Handbewegungen, die er dabei macht, sind deutlich genug.

»Blödmann!« Dann wendet er sich mir zu. »Alles in Ordnung, Mädel?«

»Na klar, so ein kleiner Stoß haut mich nicht um.«

»Es ist zum Verrücktwerden mit all diesen Provinzlern hier. Sie kennen die Regeln nicht, die meisten haben noch nie eine Straßenbahn gesehen.«

»Sie lernen es schon noch«, versuche ich die Stimmung zu heben.

»Du vielleicht schon, aber gestern ist mir einer unter die Räder geraten. Wollte auch noch kurz über die Straße. Nun, der blieb mit dem Vorderrad in der Schiene hängen. Sie mussten ihn ins Krankenhaus bringen.«

»Wie schrecklich!«

»Er hatte Glück, dass es ganz in der Nähe vom NIZ passiert ist. In einem normalen Krankenhaus hätten sie den armen Kerl gar nicht aufgenommen.«

Das Niederländische Israelitische Krankenhaus an der Keizersgracht behandelt momentan nur noch Juden. Wir dürfen in keine andere Klinik mehr, auch nicht im Notfall.

»Ich verstehe wirklich nicht, warum sie all die Leute in diesem Viertel zusammenpferchen«, fährt der Fahrer in Plauderstimmung fort. »In Amsterdam ist doch Platz genug.« Er sieht mich bedeutungsvoll an. So von wegen: Du verstehst doch, auf welcher Seite ich stehe? Natürlich ist ihm klar, dass ich Jüdin bin. Ich steige jeden Tag am jüdischen Kinderhaus aus. Ebenso, wie mir klar ist, dass er kein Jude ist – einfach dadurch, wie er über uns spricht.

Es stimmt, dass in den letzten Wochen viel mehr Menschen auf der Straße sind. Vorher musste ich in der Straßenbahn fast nie stehen, es gab immer genügend Sitzplätze. Aber seitdem die Juden aus dem ganzen Land hierherziehen müssen, ist doch ein bisschen mehr los. Auch das Kinderhaus platzt aus allen Nähten; fast hundert Kinder sind gerade hier, und Pimentel denkt an einen Aufnahmestopp.

Dennoch hat es auch Vorteile, dass wir momentan in diesem Viertel alle auf einem Haufen sitzen. Es ist lebendig und gesellig. Die *Hollandsche Schouwburg*, gleich gegenüber dem Kinderhaus, wurde in *Joodsche Schouwburg* umbenannt und präsentiert eine Premiere nach der anderen. Vor Kurzem war ich mit ein paar Mädels aus der Arbeit dort. Ich bin verrückt nach Theateraufführungen. Meine Eltern nahmen mich früher immer mit ins Theater Carré, wo die größten Künstler des Landes auftraten. Nach der Vorstellung ahmte ich stets die Darstellerinnen nach. Sie nannten mich zu Hause eine geborene Schauspielerin, und so fühlte ich mich auch. Ich träumte davon, irgendwann selbst mit großem Erfolg auf der Bühne zu stehen. Doch als ich irgendwann vorsichtig meine Absicht äußerte, das später beruflich zu machen, prustete meine Familie vor Lachen. Künstler waren nach Ansicht meiner Eltern viel zu *achenebbisch*, zu armselig, nichts für Menschen wie uns. Damit war das Thema erledigt und mein Traum zerplatzt.

Das Carré darf von Juden heute nicht mehr besucht werden. Zum Glück treten die berühmtesten jüdischen Künstler nun hier in der Schouwburg auf. In der Vorstellung, die ich mir mit den Kolleginnen angesehen habe, waren die skurrile Heintje Davids, die ich sehr bewundere, der hübsche Siem Vos und die wunderbare deutsch-jüdische Schauspielerin Silvia Grohs. Die Vorstellung bestand aus verschiedenen Szenen aus Kassenschlagern wie *De Jantjes*, *Fortissimo* oder *Naar de Artis*. Es war eine derart lustige Aufführung, dass wir swingend aus dem Saal gingen. Als ich zu Hause davon erzählte, meinte Gerrit, dass er sich dort niemals freiwillig einsperren lassen würde, wie ein Satz aufeinandergestapelter Sardinendosen.

»Wenn sie uns schnappen wollen, bekommen sie damit gleich fünfhundert auf einen Schlag«, erklärte er. Darauf war ich nicht weiter eingegangen und wurde böse auf Gerrit, weil er so negativ war. Worauf mich Gerrit beiseitenahm und mir anvertraute, dass er gerade Fluchtpläne schmiedete. Er wusste noch nicht wie und wollte zuerst noch Lous, seine hübsche Freundin, heiraten – auf die ich im Stillen eifersüchtig war, weil sie von ihm immer so viel Aufmerksamkeit beanspruchte –, aber dass er nicht hier sitzen und abwarten würde, stand für ihn fest.

Durch einen Vorhang aus weißen Flocken laufe ich das letzte Stück nach Hause. Ich habe mich den ganzen Tag auf das Hühnchen mit Honig gefreut, das Mama freitags traditionell macht. Früher ließ sie es immer vom Geflügelhändler zubereiten, aber seit ein paar Jahren weiß sie selber, wie man es kocht. Normalerweise gehe ich durch den Laden nach oben, doch die Tür ist bereits verschlossen. So spät ist es doch noch nicht? Ich hole den Schlüssel aus der Tasche und versuche mit kalten Fingern, ihn im Schloss zu drehen, aber es klappt nicht. Vielleicht wegen der Kälte. Oder könnte es sein, dass mein Schlüssel nicht mehr passt, weil ich ihn fast nie benutze? Was ich auch versuche, ich schaffe es nicht, ihn umzudrehen. Ich trete ein paar Schritte zurück und sehe, dass oben in der Küche Licht brennt. Meine Mutter macht immer sämtliche Lichter aus, wenn sie weggeht, da ist sie sehr penibel. Dennoch beschleicht mich das unheimliche Gefühl, dass etwas nicht in

Ordnung ist. Dann bemerke ich, dass das Tor zur Veranda offen steht. Über den kleinen Pfad komme ich zum Seiteneingang, durch den man direkt in unsere Wohnung im Obergeschoss gelangt. Ich klopfe mir den Schnee von der Jacke und ziehe die nassen Schuhe im Flur aus. Auf Socken laufe ich die Stufen hoch in unsere Wohnung. Das Erste, was mir beim Reingehen auffällt, ist, dass ich kein Hühnchen rieche. Im Flur stoße ich auf meine Schwester Leni, die gerade aus dem Schlafzimmer meiner Mutter kommt.

»Sch, sei still!«, zischt sie mir zu. »Mutter ist gerade eingeschlafen.« Sie zieht mich in die Küche.

»Ist sie krank?« Wenn meine Mutter sich tagsüber ins Bett legt, stimmt etwas nicht. Dann muss es sehr schlecht um sie stehen.

Meine Schwester schüttelt den Kopf. »Sie haben unseren Laden übernommen.«

»Übernommen? Wieso?«

Leni rollt mit den Augen, als ob es an mir läge, dass ich es nicht begreife. »Du weißt doch, dass wir einen *Verwalter* bekommen haben?«

»Ja, so eine Art Aufseher. Und jetzt wollen sie mehr Steuern, oder so?« Ich verstehe immer noch nicht ganz, was eigentlich los ist. Jüdische Betriebe stehen derzeit unter deutscher Aufsicht, angeblich um sicherzustellen, dass alles nach Recht und Gesetz abläuft.

»Der Laden wurde uns komplett weggenommen. Sie haben die Schlösser unten bereits ausgetauscht, und morgen kommt der neue Besitzer.«

Die Nachricht will nicht zu mir durchdringen. Unser Familienbetrieb, in dem mein Vater tagaus, tagein arbeitete, den er so immer größer und erfolgreicher machte und der in ganz Amsterdam und Umgebung bekannt ist, wurde von jemand anders übernommen? »Mutter hat den Laden also verkauft?«

»Nein, natürlich nicht. Keinen Cent haben wir dafür gekriegt. Witwe Koot bekommt das alles, als Entschädigung für den Tod ihres Mannes.« Die Frau des WAlers ist jetzt Chefin in unserem Geschäft? Ich sacke auf einen Stuhl.

Mein Bruder Japie kommt in die Küche. Er stürzt sich sogleich auf den Brotkorb und bricht sich ein Stück ab.

»Finger weg«, weist ihn Leni zurecht.

Japie zieht die Schultern hoch. »Wenn ihr nichts kocht, darf ich mir doch wohl etwas nehmen.«

»Ich fange jetzt an«, gibt meine Schwester zurück. »Hühnersuppe ist schnell gemacht. Schneidest du den Lauch, Betty?« Sie legt ein Brett und zwei Stangen Lauch vor mich auf den Tisch.

Sofort schiebe ich alles von mir weg. »Es ist Sabbat, das Essen hätte schon fertig sein müssen«, murre ich störrisch.

»Sei nicht so kindisch«, erwidert sie matt.

»Wo sind die anderen?«, frage ich.

»Grootje und Engel sind gerade zur Synagoge in der Gerard Doustraat aufgebrochen, und Gerrit und Nol haben sich sofort nach dem Besuch der Witwe Koot zur Linnaeusstraat aufgemacht, um mit dem Volksrebbe zu sprechen. Sie sind schon seit Stunden weg.« Sie dreht sich um und wendet sich wieder dem Topf auf dem Herd zu.

Mir wird klar, dass ich niemandem mit meinem Verhalten helfe. Besser ist es, mir ein Beispiel an meiner Schwester zu nehmen und einen kühlen Kopf zu bewahren. Ich greife zum Messer und fange an, den Lauch zu schneiden.

»Geht Grootje heute noch Hühnchen verteilen?« Meine Großmutter wohnt mit Engel, ihrem alten Dienstmädchen, bei uns. Jeden Freitag begibt sie sich aus reiner Wohltätigkeit, mit zwei Hühnern in jeder Hand, zu armen Juden in der Umgebung. Ihre Perlenkette versteckt sie unter einem Schal, sie nimmt sie nie ab. »Perlen muss man auf der Haut tragen«, behauptet sie. »Sonst verlieren sie ihren Glanz.«

»Herrje, Betty, woher soll ich das wissen?«, versetzt meine Schwester gereizt. »Ich habe auch den ganzen Tag gearbeitet. Warum ist das wichtig?«

»Grootje war gerade erst nach Hause gekommen, als Witwe Koot mit ihrem neuen Freund angefahren kam«, berichtet Japie.

»Neuer Freund? So groß war also die Liebe zu ihrem Mann«, merke ich zynisch an.

»Derselbe Typ Mann«, kommentiert mein Bruder schulterzuckend. »Genauso ein Prolet wie Hendrik Koot, dabei haben sie sich benommen, als wären sie König und Königin. Er mit so 'nem hohen Hut und sie in einem dicken Pelzmantel.«

»Den hat sie bestimmt auch jemandem gestohlen«, bemerke ich höhnisch.

»Ich hätte kein Problem damit, sie umzulegen«, erklärt Japie seelenruhig. »Ich weiß, wo ich mir eine Pistole ausleihen kann.«

»Dann sind wir danach auch alle tot! Willst du das etwa?!« Plötzlich geht meine Schwester an die Decke. Drohend hebt sie das Messer, an dem noch etwas Hühnchenfleisch hängt. »Und jetzt Schluss!«

Die ganze Situation erscheint mir so unwirklich, dass ich nichts fühle.

Ich klopfe leise an Mutters Schlafzimmertür. Als ich nichts höre, gehe ich vorsichtig hinein. In dem Doppelbett liegt Mutter auf der Seite, mit dem Rücken zum Fenster, ihre langen Haare zu einem Zopf geflochten, der der Krümmung ihres Rückens folgt. Sie sieht so klein aus. Wie ein Baby in einer Riesenkrippe.

»Mama, ich habe Hühnersuppe für dich …« Ich laufe um das Bett, damit ich ihr Gesicht sehen kann. Sie hat die Augen geschlossen, aber ich merke, dass sie nicht schläft. Ich bin inzwischen geübt darin herauszufinden, ob ein Kind sich schlafend stellt oder wirklich schläft. Nicht nur die flache Atmung, auch die angespannten Augenlider verraten, dass jemand wach ist. Ich stelle die Suppe auf das Nachttischchen und setze mich neben sie auf das Bett. Sanft streiche ich mit der Hand über das dicke, blonde Haar, in das sich immer mehr graue Locken mischen.

»Mama, ich habe gehört, was passiert ist, und das ist wirklich schlimm, aber irgendwann werden wir den Laden zurückbekommen.«

Jetzt öffnet sie die Augen und blickt mich matt an.

»Ich weiß es nicht, Betje ...«, flüstert sie heiser.

»Alles, was schiefläuft, kommt irgendwann wieder in Ordnung, das hat Vater immer gesagt. Und daran glaube ich auch, Mama.«

Sie richtet sich halb auf. »Weißt du, dass sie auch sämtliche Mitarbeiter nach Hause geschickt haben?«

»Alle?« Es stehen mehr als zehn Personen auf unserer Gehaltsliste. Wie sollen sie in der nächsten Zeit überleben? »Die könnten sie doch übernehmen?«

Mutter schüttelt den Kopf. »Nur Gerrit darf als Betriebsleiter bleiben, bis sie einen neuen gefunden haben.«

Meine tröstenden Worte von vorhin klingen auf einmal hoffnungslos naiv.

»Aber Mama, irgendwann wird das wieder aufhören. An der Ostfront erleiden sie große Verluste. Bei Moskau werden sie von den Russen zurückgedrängt. Das hat eine Kollegin erzählt, sie hat es in einem englischen Radiosender gehört.«

Mutter nimmt meine Hand und küsst sie. »Papa hat Glück gehabt, dass er das nicht mehr mitmachen muss.« Dann lässt sie meine Hand wieder los und sinkt kraftlos zurück. Den Blick zur Decke gerichtet, sagt sie: »Für euch bleibe ich am Leben und um für meine Mutter zu sorgen, aber für mich wäre es nicht mehr nötig.«

Am nächsten Tag geht wie immer die Sonne wieder auf. Die Dächer sind weiß vom Frost und die Bürgersteige glatt. Trotzdem entschließe ich mich, nicht mit der Straßenbahn, sondern mit dem Rad zur Arbeit zu fahren. Ich ertrage gerade keine Menschen um mich herum. Ich werfe einen letzten Blick über die Schulter auf die schön dekorierte Auslage unseres Geschäfts. Dann radle ich, so schnell ich kann, die Straße hinunter.

In meiner Tasche habe ich alle meine Kinderkleider von früher, für Greetje. Sie ist in den letzten Monaten plötzlich in die Höhe geschossen, und ich kann nicht mehr mitansehen, wie ihre verwaschenen Kleidchen jeden Tag ein Stück mehr von ihren gestopften Strumpfhosen preisgeben. Als ich ihrer Mutter die Tasche mit den Kleidern zustecke, schaut sie mich erschrocken an.

»Ich kann das niemals bezahlen.«

»Das ist auch nicht nötig, sie sind für euch.« Danach läuft sie, ohne sich zu bedanken, aus dem Kinderhaus. Wahrscheinlich ist sie zu überrumpelt, um noch höflich zu sein.

Ein Kleid habe ich zurückbehalten, um es Greetje heute anzuziehen. Es ist ein moosgrünes Winterkleid aus fester Wolle, mit gerade geschnittenem Oberteil und Faltenrock. In den letzten Jahren lässt Mutter all unsere Kleidung aus Stoffen unseres Geschäfts machen, doch als Kinder wurden wir von Maison de Bonneterie eingekleidet. Ich hatte so viele Kleidungsstücke, dass das meiste davon nicht wirklich abgetragen ist. Zum Glück habe ich die Größe richtig eingeschätzt, denn das Kleid passt Greetje perfekt. Wie eine Prinzessin dreht sie sich im Kreis. Sie fängt sogar ein wenig an zu sabbern, so schön findet sie es. Als Pimentel den Raum betritt, tue ich so, als wäre es ihre eigene Garderobe, und fordere Greetje in deutlich distanzierterem Ton auf, in ihre Gruppe zu gehen. Dennoch hat Pimentel alles durchschaut, denn sie kneift mich kurz in den Arm. »Wenn die anderen Mütter nur nicht dahinterkommen, ja?«

Ich nicke dankbar.

Heute ist mein letzter Tag bei den Kleinkindern. Natürlich finde ich das schade, aber ich freue mich auch darauf, zu den Säuglingen zu gehen. Mirjam hat dort die Leitung, sie kenne ich zumindest schon. In letzter Zeit kommen immer mehr junge Frauen, aber auch Kinder dazu, sodass es echt schwierig ist, sich alle Namen zu merken. Sieny und ich haben darum gebeten, dass wir das kommende halbe Jahr in derselben Abteilung sein dürfen, und die Direktorin war damit einverstanden.

Ich habe inzwischen kapiert, dass man Pimentel am besten mit Humor ködert. Sie erklärt dann meist, dass sie meine Witze ziemlich albern findet, doch kann sie sich ein Schmunzeln dabei nicht verkneifen. Vor allem über die Witze, die ich von Gerrit und Nol habe, muss sie herzhaft lachen. Für sie ist es in Ordnung, solange die Kinder es nicht hören. Für die denke ich mir oft Märchen aus, die ich wie eine Art Theaterstück aufführe. Ich kann es kaum erwarten, bis ich bei den Kindergartenkindern arbeiten darf; mit ihnen sind der Fantasie wirklich keine Grenzen gesetzt.

Der Tag ist noch nicht zur Hälfte vorbei, da ruft Pimentel in den Krippenraum: »Betty, deine Großmutter war am Telefon. Du musst sofort nach Hause kommen.« Ich erschrecke; Grootje ruft nie an. Ich glaube, sie weiß nicht einmal, wie ein Telefon funktioniert. Ich ziehe Haube und Schürze aus und eile zum Ausgang.

Während ich noch mit fahrigen Fingern versuche, die Jacke zuzumachen, stellt sich Pimentel neben mich.

»Betty, ich weiß nicht, was los ist, aber wenn du ein paar Tage frei brauchst, ist das kein Problem. Sag einfach Bescheid.«

»Danke, Fräulein Pimentel«, stammle ich. Vor Aufregung falle ich ihr spontan um den Hals, worauf ihr Hündchen Bruni sofort zu bellen anfängt.

»Oh, Entschuldigung ...«, murmle ich, während ich sie loslasse.

»Bruni, aus.« Pimentel klopft mir auf die Schulter. »Du sagst mir, wenn ich helfen kann, ja?«

Als ich mit dem Rad in die Van Woustraat fahre, sehe ich von Weitem schon das Schild vor unserem Schaufenster: FÜR JU-

DEN VERBOTEN. Ich schmeiße das Rad an die Hauswand und renne zum Seiteneingang. Oben treffe ich als Erstes auf Gerrit, der mit einem Wasserkrug in Mutters Schlafzimmer läuft.

»Mutter hatte einen Nervenzusammenbruch. Grootje will dich sprechen.«

In der Küche sitzt meine stattliche Großmutter, mit herausgestreckter Brust, zusammengepressten Lippen und hochgezogenen Augenlidern. Neben ihr ihre Bedienstete, Engel, eine Frau mit wirrem, schneeweißem Haar, die kaum noch als Hilfe betrachtet werden kann, da sie halb blind ist und hinkt und doch von unschätzbarem Wert für Grootje ist. Ihnen gegenüber sitzt mein Bruder Nol über den Tisch gebeugt, Leni steht angelehnt an der Anrichte, und Japie sieht aus dem Fenster.

»Grootje, was ist los?«

»Kind, setz dich erst mal hin und atme durch.« Die Ruhe, die Grootje ausstrahlt, verstärkt meine Sorge noch. »Deine Mutter hatte heute ... einen Moment der Schwäche.«

»Was meinst du damit?«

»Dass sie sich das Leben ...«, will Engel verdeutlichen.

»Halt den Mund, Engel! Ich erzähle es Betty.«

Mir wird plötzlich schwindelig.

»Deine Mutter hat Schlaftabletten genommen. Nol fand sie mit Erbrochenem um den Mund.«

Mir ist so schwummerig, dass ich mich setzen muss. Mit zittrigen Händen schiebe ich den Küchenstuhl nach hinten.

»Sie hatte so viel Wasser dazu getrunken, dass sie sich im Schlaf übergeben hat. Der Doktor war schon da, und er sagt, dass sie wohl nichts davon zurückbehalten wird. Außer dass sie zusehen muss, die Nerven wieder unter Kontrolle zu bekommen. Wir müssen ihr alle dabei helfen.«

Gestern sprach sie noch davon. Sie sagte, sie würde es tun, wenn sie uns nicht hätte, aber es gibt uns doch noch. Wie kann es dann sein, dass sie trotzdem ... Ich kneife mich in den Oberschenkel. »Wegen des Geschäfts?«

»Schlimmer noch. Sie haben Grootje die Häuser weggenommen«, erklärt Leni.

»Alle vier?«, quietsche ich. Grootje hatte zwei dieser Häuser von ihren Eltern geerbt, mit den Mieteinkünften und durch ihren sparsamen Lebensstil konnte sie noch zwei Wohnungen dazukaufen. Die Häuser waren für uns bestimmt, für dann, wenn wir das elterliche Nest verlassen würden.

»Der SD war heute Morgen auf Antrag der Witwe Koot im Laden«, fährt meine Oma fort. »Sie haben die achttausend Gulden gefunden, die deine Mutter im Geschäft versteckt hatte, aber noch nicht holen konnte. Das war dieser *Malveillante*, dieser boshaften Person, anscheinend noch nicht genug, denn danach haben sie hier das ganze Obergeschoss durchsucht und noch zehntausend Gulden gefunden.«

»Wir haben nix mehr.« Japie schluchzt plötzlich los. »Ich hasse sie, ich hasse sie so sehr, dass ich sie alle mit bloßen Händen umbringen will.« Mit abgespreizten langen, dünnen Kinderfingern schaut er uns an.

Ich stehe auf und lege den Arm um Japie. Solange ich meinen kleinen Bruder trösten kann, schaffe ich es, die Panik in mir zu unterdrücken.

»Japie, wir hatten das bereits besprochen«, bemerkt Grootje scharf. »Wir dürfen jetzt nicht den Kopf verlieren. Deine Mutter nicht und du auch nicht.« Sie sieht uns einen nach dem anderen streng an. »Was Mutter heute getan hat, ist verständlich, aber verboten. So etwas tun wir Juden nicht. Allein Gottes Wille geschehe!« Die darauffolgende Stille ist derart drückend, dass ich kaum mehr atmen kann.

Aus dem Zimmer meiner Mutter erklingt plötzlich Musik. Es ist Gerrit, der für Mutter auf der Geige spielt. Niemand sagt etwas, alle lauschen nur den ineinanderfließenden hohen Tönen. Dann kann ich nicht mehr an mich halten und fange an zu schreien, dass das alles aufhören muss, dass das nicht mehr so weitergehen kann. Das alles. Ich halte mir die Ohren zu und renne in mein Zimmer.

Nach zwei Tagen Bettruhe erscheint Mutter wieder angezogen in der Küche und schnauzt uns an, dass wir uns doch um die Wäsche hätten kümmern können. Als ob es in diesem Leben, dem sie ein paar Tage zuvor noch den Rücken kehren wollte, nichts Wichtigeres als saubere Wäsche gäbe. Offensichtlich ist der menschliche Geist so flexibel, dass er uns befähigt, großes Leid zu vergessen und gegen kleineres Leid einzutauschen. Doch ich bin längst froh; Ärmel hochzukrempeln bringt immer mehr als Gegrübel.

Unter den wachsamen Augen von Grootje machen meine Schwester und ich uns mit Feuereifer daran, den Berg schmutziger Unterwäsche, Oberhemden und Laken zu waschen. Wir halten uns so genau wie möglich an ihre Anweisungen, wobei es eigentlich nie zu ihrer Zufriedenheit ist. Grootjes Standards liegen über dem menschlich Machbaren. Zum Glück verstehe ich nur die Hälfte der Kommentare, die sie größtenteils auf Französisch von sich gibt, und hinterher belohnt sie uns immer mit frischem Butterkuchen oder Zuckerschnecken, die sie bei Blom, der Konditorei in der Rijnstraat, holt.

Auch meine Mutter nimmt ihr Leben langsam wieder auf. Sie füllt ihre Tage wie ehedem mit Klavier- und Gesangsstunden, als ob sie mit der Musik ihre beinahe tödliche Aktion ausbügeln wollte. Wir haben unsere Gefühle wieder unter Kontrolle und sprechen nicht mehr über das Geschehene. Die Welt dreht noch immer ihre üblichen Runden, und eigentlich ist das das Wichtigste.

Montag, 4. Mai 1942

Juden und Nichtjuden dürfen nicht mehr heiraten, jüdische Metzgereien müssen schließen, und Juden ist es verboten, Möbel aus dem eigenen Hausrat zu verkaufen. Letzteres soll verhindern, dass Juden ihre Sachen, schon bevor sie ihre Häuser verlassen müssen, verkauft haben, sodass die Deutschen diese nicht mehr plündern können. Seit gestern sind wir verpflichtet, einen sechseckigen Stern mit den hebräisch anmutenden Lettern JUDE zu tragen. Die baumwollenen Sterne waren vorgestern erst erhältlich, und Nol hat eine Stunde lang in der Schlange gestanden, um sie für uns zu besorgen. Pro Person hat man ein Anrecht auf vier Sterne, für die man eine Textilmarke und vier Cent hinblättern muss. Der Stern soll stets gut sichtbar auf der Kleidung getragen werden.

Mit fachkundiger Präzision hat Grootje ein paar Stunden lang Sterne auf Mäntel, Jacken, Jacketts und Westen genäht, bis sie schließlich Blasen an den Fingern bekam und uns aufforderte, den Rest selber zu machen. Ich habe einen solchen Widerwillen gegen diesen hässlichen gelben Lappen, dass ich den ganzen Sonntag drinnen geblieben bin und erst heute, kurz bevor ich zur Arbeit musste, zu Nadel und Faden gegriffen habe, um das grässliche Ding auf meinen Mantel zu heften. Als ich kurz darauf damit aus dem Haus gehe, geniere ich mich zu Tode. In der vollen Straßenbahn sind sämtliche Sitzplätze belegt, sodass ich mich nicht hinter den Bänken verstecken kann. Während ich im Durchgang stehen bleibe, habe ich das Gefühl, von allen angestarrt zu werden. Ich richte den Blick nach draußen, wo der Frühling unübersehbar an Boden gewinnt. Die Bäume sind mit hellgrünen Blättern geschmückt, die Vögel singen fröhlich ihre Lieder. Sie bilden einen deutlichen Kontrast zur bedrückten Stimmung in der Straßenbahn. Erst kurz bevor wir in die Plantage Middenlaan biegen, traue ich mich, mich umzuschauen, und merke, dass ich nicht die Einzige bin, die den gelben Davidstern auf der Kleidung trägt. Ich erhasche den Blick einer älteren Frau, die mir zunickt, als ob sie sagen wollte: Willkommen im Club.

In der Arbeit redet zunächst niemand darüber. Was soll man dazu auch sagen? Als die Verordnung in der Zeitung stand, haben wir uns untereinander darüber beklagt. Ich schrie sogar, dass ich mich weigern würde, aber wie bei allen neuen Regeln, die uns am ersten Tag völlig unangemessen und absurd erscheinen, dauert es nur wenige Tage, bis wir sie als ganz normal empfinden. Von meinem Rebellentum bleibt meist wenig übrig. Doch scheint das nicht bei jedem so zu sein. Mirjam beobachtet aus dem Fenster an der Vorderseite des Gebäudes, wie der gelbe Stern bei einem Hündchen am Schwanz hängt. Der Mann, der den Hund Gassi führt und selbst keinen Stern trägt, blickt sich freundlich lachend um. Kurz darauf kommt eine schwangere Frau vorbei, welcher der Stern mitten auf dem dicken Bauch prangt. Ein älterer Herr hat ihn an seinem Hut befestigt, sodass er aussieht wie ein englischer Polizist. All diese Sterne an verrückten Orten verursachen große Heiterkeit, nicht nur bei uns. Die Schauspieler aus der Schouwburg laufen hinaus und klatschen Beifall für jeden Nichtjuden, der mit einem nachgemachten Proteststern vorbeiläuft. Ich ziehe Sieny mit mir mit. »Komm, wir gehen auch klatschen!« Ein paar Kinder tragen den Stern als Rückennummern auf ihren Jacken. Ein Straßenkehrer hat ihn an seinen Karren geklebt. Eine Gruppe von etwa zehn jungen Männern geht heldenhaft vorbei, mit nachgemachten Sternen auf ihren Büchertaschen.

»Wer hat sich das ausgedacht?«, frage ich einen von ihnen.

Ein großer blonder Junge grinst mich an: »Das ist eine Aktion von Amsterdamer Bürgern, die sich mit den Juden solidarisch erklären.«

»Das ist echt toll«, erwidere ich, beeindruckt nicht nur von seinen Worten, sondern auch von seinen hellblauen Augen.

Er greift in seine Hosentasche: »Schau, vor ein paar Tagen haben sie Tausende dieser Pamphlete vom Dach des Bijenkorf auf den Dam hinunterflattern lassen.« Er händigt mir eines aus, auf dem ein gelber Stern abgebildet ist, unter dem geschrieben steht: *Juden und Nichtjuden im Kampf vereint!*

»Und wer seid *ihr*?«, erkundigt sich Sieny mit kritischer Miene.

»Wir studieren an der Vrije Universiteit und sind der Ansicht, dass wir die deutschen Maßnahmen gegen die jüdische Bevölkerung nicht länger ignorieren können«, gibt der Junge in einem Ton zurück, der erkennen lässt, dass er diesen Satz bereits häufiger gesagt hat. »Juden auszuschließen und auf diese Weise zu brandmarken, das verstößt gegen jede Konvention.«

Seine Worte haben mich unerwartet tief berührt, und ich muss innehalten, um ihm nicht jubelnd um den Hals zu fallen.

»Wir müssen wieder«, erklärt der Junge, während er auf seine Kommilitonen deutet, die bereits weitergelaufen sind.

»Klar. Danke!« Ich sehe ihm nach und schäume über vor purer Dankbarkeit. Diesen hübschen Jungen hätte ich ansonsten gerne etwas näher kennengelernt.

Sieny stupst mich an. »Betty, starr nicht so!«

Hinter uns wird ans Fenster geklopft. Es ist Mirjam; die Arbeit ruft.

Inzwischen geht unser Leben im Kinderhaus mit Spielen, Essen, Schlafen, Spielen und Baden einfach weiter seinen gewohnten Gang. Ich lausche den Babys, die ihre ersten Worte zu formen versuchen, den Kleinkindern und ihren kurzen, oft unzusammenhängenden Sätzen, den Kindergartenkindern mit ihren Weisheiten. Der Krieg bleibt vor der Tür, und scheinbar ist alles in Ordnung. Und doch sickert auch hier die Realität langsam durch. Alles, was Kinder von sich geben, ist noch ungefiltert und eine Reflexion dessen, was sich tatsächlich in ihrem jungen Leben abspielt. Dessen, was nicht ausgesprochen werden darf und dennoch gesagt wird.

»Mein Vater findet, dass die Deutschen sehr schlecht sind.«

»Ich habe im Schlaf einen Moffen totgeschossen!«

»Meine Mama weint öfter als ich, komisch, oder?«

»Meine Mutter sagt, dass der Stern schön ist, aber ich mache ihn mir nicht dran, wenn ich sechs werde.«

»Mein Opa und meine Oma haben eine Tablette geschluckt, und jetzt sind sie tot.«

Zu Hause verliert niemand ein Wort darüber, wie der erste Tag mit dem Stern war. Als ob es ihn nicht gäbe. Ich vermisse Gerrit; er hätte bestimmt darüber gesprochen. Er hätte sich sogar so darüber aufgeregt, dass ihm der Schweiß auf die Stirn getreten wäre und sich seine Wangen rot gefärbt hätten. Aber Gerrit wohnt nicht mehr hier. Gleich nach seiner Hochzeit am 1. April ist er zur Familie seiner Frau Lous gezogen. Obwohl ich mir keine bessere Schwägerin hätte wünschen können, hätte ich es lieber gesehen, wenn sie aus ärmeren Verhältnissen käme und Gerrit nicht stehenden Fußes in das stattliche Haus seiner Schwiegerelltern gezogen wäre. Ich verstehe Gerrit schon. Als ältester Sohn hat er von Kindheit an den Vater auf Reisen für den Einkauf der Waren begleitet. Und wenn sie nicht gerade durch das Land reisten, stand er neben Vater hinter dem Ladentisch. Nachdem Vater gestorben war, hat Gerrit hart gearbeitet, damit unsere Einkünfte gesichert sind, was ihm, trotz des Krieges, ziemlich gut gelang. Jetzt ist er von einem Tag auf den anderen den Arbeitsplatz los, und er darf nicht mehr zurück an den Ort, an dem er den überwiegenden Teil seines Lebens zugebracht hat. Logisch, dass er nicht mit uns über dem Geschäft wohnen will, wo er Tag für Tag jede Sekunde mit dem Pöbel von unten konfrontiert wäre, der Witwe Koot.

Statt am Abendbrottisch miteinander zu diskutieren, nehmen wir unsere Mahlzeit aus gekochten Kartoffeln und Gemüse schweigend zu uns. Mit sieben Leuten – Leni, Nol, Mutter, Grootje, Engel, Japie und ich – sind wir immer noch eine große Runde, trotzdem fühlt es sich einsam an ohne Vater und Gerrit.

»Habt ihr noch etwas von Gerrits Emigrationsplänen gehört?«

Ich frage nicht nur, um die Stille zu durchbrechen, sondern auch, um allen bewusst zu machen, dass es zumindest ein Familienmitglied gibt, das versucht, gegen den Strom zu schwimmen.

»Daraus wird nichts«, antwortet Mutter und spießt lustlos ein paar Bohnen mit der Gabel auf.

»Warum nicht? Sie hatten doch fast alles unter Dach und Fach?«

»Es gibt seit Kurzem ein Auswanderungsverbot für Juden ins Ausland«, klärt mein Bruder Nol auf. »Ich hatte bereits gehört, dass das kommen würde, aber jetzt ist es offiziell.«

Nol, der momentan bei der Lebensmittelbeschaffung des Jüdischen Rats arbeitet, tut immer häufiger so, als ob er mehr wüsste als wir. Bei Gerrit hätte mir ein solches Verhalten nichts ausgemacht, aber bei Nol ärgert es mich.

»Wenn du das schon vorher gewusst hast, hättest du es Gerrit doch wohl sagen können«, stelle ich anklagend fest.

»Das habe ich getan, aber er hat nicht rechtzeitig geschafft, alles zu organisieren. Außerdem wollte er meine Hochzeit abwarten.«

Engel verschluckt sich beim Essen.

»*Allez* Nol, das könntest du uns auch etwas behutsamer mitteilen«, bemerkt Grootje, während sie ihrer alten Bediensteten auf den Rücken klopft.

»Ich dachte, ihr wüsstet, dass wir heiraten wollen«, gibt Nol zurück.

»Wir schon«, erwidert Grootje, »aber ich hatte noch nicht die Zeit, es Engel zu erzählen.«

»Mir offensichtlich auch nicht«, bemerkt Japie trocken.

»Und mir auch nicht«, ergänzt Leni.

»Und mir«, falle ich abschließend ein.

»Mutter?«, Nol wendet sich an die Einzige, die noch nichts gesagt hat. »Du wusstest es aber, oder?«

»Aber klar, mein Schatz«, antwortet Mutter matt.

Ich bezweifle, dass das stimmt.

»Ist es Jetty?«, erkundige ich mich, um ihn noch ein wenig auf die Palme zu bringen.

»Ja, Jetty.« Er rollt die Augen und steht vom Tisch auf. »Ich gehe zu ihr.« Seinen Teller lässt er stehen.

Nach dem Essen suche ich mit Japie nach einem besseren Versteck für die Nahrungsmittelvorräte, die Mutter angelegt hat, sortiere die Bezugsscheine, die zur Stammkarte eines jeden gehören, und übe ein wenig Klavier. Danach falle ich ins Bett und schlafe auf der Stelle ein.

Freitag, 10. Juli 1942

Schon seit Anfang des Jahres beruft der Rijksdienst voor de Werkverruiming *in den Nord- und Ostniederlanden arbeitslose jüdische Männer ein. Sie müssen in verschiedenen Dörfern wie zum Beispiel Nunspeet, Ochten, Putten, Ede, Hummelo, Ruurlo, Lievelde und so weiter arbeiten, etwa Land urbar machen und Waldarbeiten verrichten. Weil immer weniger Juden Handel treiben dürfen, da sie keine Arbeitserlaubnis mehr erhalten, kommen immer mehr Arbeitslose hinzu, sodass diese Arbeitslager täglich voller werden.*

Heute ist so schönes Wetter, dass wir beschließen, das Planschbecken vom Speicher zu holen und mit Wasser zu füllen. Der Reihe nach dürfen die Kindergartenkinder in Sechsergruppen hinein. Nach zwanzig Minuten ertönt ein Pfiff, und sie müssen wieder raus. Für uns ist das viel Arbeit. Wir helfen beim Abtrocknen und Anziehen, sorgen dafür, dass sich kein Dreck mehr an ihren Füßen oder Sand zwischen ihren Pobacken versteckt. Und dann geht es mit der nächsten Gruppe wieder von vorne los. Wenn man sieht, welchen Spaß die Kinder bei dem Geplansche haben, vergisst man tatsächlich beinahe, dass es auch noch eine Welt außerhalb des Gebäudes gibt.

Ein kleiner Junge, der die anderen gerne zum Lachen bringt, steigt, als er gerade wieder komplett angezogen ist, zur großen Belustigung der anderen erneut ins Wasser. Sieny machen solche Kinder, die ständig Unfug treiben, nervös, aber ich mag diese Charaktere. Es ist der Anfang zivilen Ungehorsams, und wenn wir alle zivil ungehorsam wären, würden all die Verordnungen nicht geschluckt werden. Nicht wahr? Ich halte Gleichgültigkeit und eine abwartende Haltung auf Dauer für deutlich schädlicher als Aufstand. Mit Nol liefere ich mir darüber immer heftige Diskussionen. Er meint, dass es besser ist, sich anzupassen, weil sich das Blatt irgendwann von selbst wenden wird.

Am späten Vormittag, als die Sonne ihren höchsten Punkt erreicht hat, habe ich mich bei den Wasserspielen derart verausgabt, dass ich bis auf die Unterwäsche durchgeweicht bin.

»Vielleicht sollte ich mich auch in das Planschbecken setzen«, schlage ich vor.

»Das erscheint mir keine gute Idee«, gibt Sieny lachend zurück. »Ich glaube nicht, dass sie dich nackt sehen wollen.«

Ihre Worte werden sofort von ein paar Kinderohren aufgeschnappt. »Ja! Betty geht nackig schwimmen!«, rufen sie, woraufhin der ganze Hof in kürzester Zeit skandiert: »Betty nackig! Betty nackig!«

Ich spiele das Spiel mit. »Sch! Ich verspreche, dass ich nackig schwimme, wenn ihr euch fünf Minuten nicht bewegt. Nicht einmal ein kleines bisschen.«

Sieny wirft mir einen missbilligenden Blick zu. Sie ist so prüde, dass sie entblößte Fußgelenke bereits als nackt empfindet und es an warmen Tagen wie diesem vorzieht, trotzdem noch Socken zu tragen.

Natürlich ist es nicht so, dass ich mich hier großartig ausziehen würde, denn ich weiß ja, dass die Kinder gar nicht stillhalten können, selbst wenn sie es unbedingt wollten. Das liegt einfach an ihrer Muskelspannung.

Dennoch unternehmen sie ein paar tapfere Versuche, und jedes Mal, wenn es schiefläuft, fangen alle an zu brüllen: »Noch einmal!«

Als ich Pimentel in der Tür stehen sehe, erschrecke ich. Sie winkt mich her.

Mit schlammigen Schuhen gehe ich auf sie zu.

»Was machst du denn da?«

Weil mir keine passende Antwort einfällt, bringe ich nur ein

Achselzucken zustande. Normalerweise bin ich nicht auf den Mund gefallen, doch bei Pimentel weiß ich nie, wie ich reagieren soll. Sieny sehe ich öfter mit ihr plaudern, aber es ist, als würde es mir in ihrer Gegenwart die Sprache verschlagen.

»Es ist nicht Sinn der Sache, dass es hier wie im Affenstall zugeht. Verstehst du das?«

»Natürlich, Frau Direktorin.« Ich gebe mir Mühe, den Blick nicht abzuwenden und ihr weiterhin in die hellen Augen zu schauen. Wir sind beide klein, aber ihre Persönlichkeit ist so viel größer. Ganz zu schweigen von ihrer Autorität.

Dann schüttelt sie den Kopf und zieht die Augenbrauen hoch. »Junge, Junge, wo du nur immer diese Albernheiten herholst.«

»Meine Großmutter meint immer, ich hätte eine zu große Fantasie«, erkläre ich, wonach ich entschuldigend die Schultern hebe.

Nun erscheint doch noch ein kleines Lächeln um ihren Mund. »Das kann schon sein, aber innerhalb dieser Mauern geht es nicht an, dass die Kinder dadurch beeinträchtigt werden.«

»Dafür werde ich sorgen, Frau Direktorin!« Ich salutiere, in der Hoffnung, dass die Sache damit erledigt ist.

»Aber sie werden dadurch sehr wohl beeinträchtigt, junges Fräulein«, sagt sie erneut streng. »Das hier habe ich gefunden.« Sie holt einen Zettel aus ihrer Schürzentasche und entfaltet ihn vor meinen Augen. Ich erkenne sofort meine Handschrift.

Wenn du mein kleines Schweinchen wärst, würd' ich dich stets hegen.
Ich würd' dich in einen Käfig stecken und dich täglich pflegen.
Ich würd' dich kacken lehren auf der Schüssel
Und dir schön säubern den deutschen Rüssel.
Ich würd dich regelmäßig mit dem Stöckchen treiben.
Dir die Schnauze ausspülen, sodass du das Grunzen lässt bleiben.

»Hast du das geschrieben?«

Abzustreiten, dass das von mir kommt, wäre sinnlos. »Ja,

einfach ein kleines Gedicht. Das ist doch nicht so schlimm?«, gebe ich scheinbar unschuldig zurück. »Bis auf das Wort ›kacken‹ natürlich.«

»Du bist nicht dumm, Betty. Du weißt ganz genau, was daran nicht in Ordnung ist. Hier steht nicht nur ›Rüssel‹, sondern ›deutscher Rüssel‹. Das ist eine eindeutige Schmähung der Besatzer.«

Ich hebe das Kinn und schaue ihr ins Gesicht. Nicht mehr verlegen oder schuldbewusst, sondern keck. Ein Blick, wie er meine Mutter immer zur Weißglut bringt. »Ja und? Sie dürfen alles, und wir sollen immer nur gehorchen.«

»Du bringst die Kinder in Gefahr!«, stellt sie in einem Ton fest, der keine Widerrede duldet. »Wenn sie nachplappern, was du ihnen beigebracht hast, können sie sofort verhaftet werden. Das verstehst du doch wohl! Du schreibst jetzt hundert Mal: ICH, BETTY OUDKERK, WERDE MIR KEINE ALBERNEN VERSE MEHR AUSDENKEN.«

So weit hatte ich nicht gedacht. »Ich bitte aufrichtig um Entschuldigung ...«, stammle ich beschämt.

»Reue kommt immer zu spät«, erwidert sie und läuft eiligen Schrittes davon.

Nach dem Sabbat kommt Gerrit mit zu uns nach Hause. Ich hänge die ganze Zeit an seinem Hals, weil ich ihn so vermisst habe. Dann wendet er sich an Mutter und sagt, dass er etwas unter vier Augen mit ihr besprechen will. Mutter, die gerade dabei war, den Einkaufszettel zu schreiben, blickt sofort auf.

»Worum geht es?«, will ich neugierig wissen.

»Das geht dich nichts an, Betty, raus mit dir.«

Widerwillig verlasse ich die Küche. Hinter der Tür, die ich absichtlich einen Spalt offen gelassen habe, versuche ich, etwas von ihrer Unterhaltung mitzukriegen, aber ich kann nichts verstehen. Das Einzige, was ich aufschnappe, ist Mutters Schrecken, mit dem sie ausruft: »O Gott ... Warum hast du mir das nicht früher erzählt?«

Mit einem scharfen »sch« veranlasst Gerrit sie, die Stimme wieder zu dämpfen. Danach höre ich nur noch aufgeregtes Flüstern, kann aber keine Worte mehr erkennen. Und dann fängt Mutter an zu schluchzen. Ich bin unschlüssig, ob ich einfach reinstürmen oder die Treppe hochstampfen und in mein Zimmer gehen soll. Vielleicht wäre es gerade das Beste, gar nicht erst zu erfahren, was besprochen wurde; ich habe schon genug schlechte Nachrichten hören müssen.

»Was machst du denn da?« Es ist die Stimme von Leni, die mich, nach vorne gebeugt, das Ohr an der Tür, erwischt hat.

»Nix«, stammle ich, aber Gerrit hat uns schon bemerkt und ruft uns in die Küche. Auch Nol, Japie und Grootje werden dazugeholt.

Am Küchentisch sitzt Mutter mit fleckigem Gesicht und feuchten Augen. In den Händen hält sie einen Brief.

»Ich wollte Mutter als Erste informieren«, erklärt Gerrit, »deshalb hatte ich darum gebeten, uns kurz allein zu lassen.« Er wirft mir einen vorwurfsvollen Blick zu, dann spricht er weiter.

»Vor ein paar Tagen habe ich, wie viele andere auch, die Aufforderung erhalten, mich in ein Arbeitslager zu begeben ...«

»Verdammt, warum hast du das nicht gesagt?«, unterbricht ihn Nol. »Ich kann dir bestimmt eine Arbeit beim Jüdischen Rat besorgen.«

»Ich will keine Arbeit bei den Heuchlern.«

»Beruhige dich, du«, weist ihn meine Oma zurecht. »Diesen David Cohen kenne ich nicht, aber Asscher ist zufälligerweise ein sehr netter Mann.« Ich merke, dass Gerrit anders darüber denkt, aber Grootje wird nun mal nicht widersprochen.

»Die Tochter von Herrn Cohen arbeitet bei mir im Kinderhaus. Ich kann fragen, ob sie etwas für dich tun kann.«

Gerrit kümmert sich nicht um meine Worte. »Lous und ich haben es bereits mit ihrer Familie besprochen«, fährt er fort. »Wir wollen über Frankreich in die Schweiz fliehen. Eigentlich hätten wir bereits weg sein sollen, aber ich wollte Nols Hochzeit abwarten. Das hier verändert jedoch die Sachlage.« Gerrit nimmt Mutter den Brief aus der Hand und legt ihn vor uns hin.

AUFRUF, AN GERRIT OUDKERK.

»Sie müssen sich zum Zwecke einer eventuellen Teilnahme an einer unter Polizeiaufsicht stehenden Werksvergrößerung in Deutschland zur personenkundlichen und medizinischen Musterung in das Durchgangslager Westerbork, Bahnhof Hooghalen begeben«, lese ich laut vor.

»Wo liegt denn das? Hooghalen?«, fragt Japie.

»Irgendwo in Groningen«, antwortet Nol.

»Drenthe«, korrigiert ihn Leni.

Der Brief stammt von der Zentralstelle für Jüdische Auswanderung und enthält ein Datum und einen Zeitpunkt, an dem Gerrit sich melden muss. Unter dem Brief steht eine Liste von Dingen, die er mitnehmen darf; ein Paar Arbeitsstiefel, Trinkbecher, einen Napf zum Essen, Bettwäsche, eine Wolldecke und so weiter.

»Ich habe im Kinderhaus gehört, dass viele da gar nicht hingehen«, berichte ich. »Der Vater und die Schwester einer Kollegin ...«

»Betty, jetzt halte bitte kurz mal den Mund«, schnauzt mich Gerrit gereizt an. »Es geht hier nicht darum, wen du kennst oder was du gehört hast. Es geht um einen Aufruf, dem ich Folge leisten muss, ansonsten lande ich in einem Straflager.«

»In Mauthausen, meinst du«, präzisiert Leni.

Gerrit ignoriert Lenis Anmerkung und erklärt mit ernster Miene: »Ich komme, um mich zu verabschieden. Tut mir leid, Nol, ich kann nicht bei deiner Hochzeit dabei sein.«

Japie läuft auf ihn zu und umklammert seine Hüften. Weinend ruft er, dass Gerrit nicht weggehen darf. Er tut das, was auch ich am liebsten gemacht hätte, aber ich bin erwachsen.

Kurz darauf bricht mein Bruder mitsamt seiner Geige auf, die er bisher noch zu Hause hatte liegen lassen, weil er seinen Schwiegereltern nicht mit dem Gekratze auf die Nerven gehen wollte.

Dienstag, 14. Juli 1942

Jedes Mal, wenn wir denken, dass jetzt die letzte Verordnung verkündet wurde, kommt wieder etwas Neues. Es trifft alle. Mein kleiner Bruder Japie ist stocksauer, weil wir seit Ende Mai nicht mehr angeln dürfen. Er konnte stundenlang mit einem Freund an der Amstel sitzen und fischen. Meine Großmutter ist fassungslos, als sie liest, dass wir sämtliche Kunstwerke und Edelmetalle bei Lippmann, Rosenthal & Co, auch Raubbank genannt, abgeben müssen. Sie hat sofort ihren Schmuck, prachtvolle Erbstücke, die bereits seit Generationen in der Familie sind, versteckt, auch ihre Perlen. Ich finde es vor allem höchst ärgerlich, dass der öffentliche Nahverkehr nun für Juden verboten ist und ich nicht mehr mit der Straßenbahn fahren darf.

Als ich durch die Sarphatistraat zur Arbeit gehe, höre ich das Geschrei bereits von Weitem. Ich bin sofort alarmiert. Es wäre klüger, jetzt umzukehren, aber meine Neugier ist zu groß. Als ich näher komme, erkenne ich, dass die Ordnungspolizei Leute aus ihren Häusern zerrt und sie zu der draußen wartenden Menschenmasse mitnimmt. Es sind fünfzig, vielleicht sogar an die hundert, die da zusammengetrieben werden; alle tragen sie einen Judenstern auf der Jacke oder Weste. Die Polizei hat sie mit Gewehren im Anschlag umzingelt, als ob es sich um ein Rudel wilder Tiere handelte.

Ich stelle mich zu einer kleinen Gruppe, die sich das Schauspiel aus einem gewissen Abstand ansieht, und frage, ob sie wissen, was genau los ist. Eine kleine, mollige Frau blickt mich an und bemerkt, in Richtung meiner Brust nickend: »Tu das Ding weg, sie nehmen dich sonst sofort mit.«

Schnell ziehe ich mir den Mantel aus, auf den der Stern aufgenäht ist, und hänge ihn mir über den Arm.

»Du wirst ohne Pardon von den Grünen mitgenommen«, unterstreicht sie noch einmal. Die deutschen Vertreter der Ordnungspolizei werden aufgrund der Farbe ihrer Uniform im Volksmund »die Grünen« genannt. Ich bedanke mich für ihre Warnung, aber ihre Aufmerksamkeit wird bereits wieder davon beansprucht, was sich weiter oben auf der Straße abspielt. Ein alter Mann stolpert und fällt auf das Kopfsteinpflaster, sein Hut rollt noch ein Stückchen weiter. Ich verspüre den Drang hinzustürmen, um ihm aufzuhelfen und seinen Hut abzuklopfen, doch einer der Grünen steht bereits neben ihm. »Aufstehen!«, brüllt er. Der alte Jude rappelt sich langsam hoch, aber kurz bevor er aufrecht steht, tritt ihm der Polizist in den Magen. »Schneller, Idiot, schneller!«

Eine Frau schreit aus dem Fenster: »Mein Mann ist kein Jude, er ist mit mir verheiratet. Lasst ihn frei!« Ihre sich überschlagende Stimme verhallt zwischen den Dächern. Niemand reagiert. Ich frage mich, wer von diesen Personen ihr Mann ist und warum er sich nicht zu erkennen gibt.

Plötzlich sieht sich ein Polizist nach dem Grüppchen an Zuschauern um, bei dem ich stehe. Ich muss mich zwingen, den Blick nicht abzuwenden, dazu, einfach weiter zuzusehen, als ob mich dies nicht auch etwas anginge. Am liebsten würde ich mich aus der Schlange lösen und in eine Seitenstraße rennen. Weg von diesem grauenhaften Schauspiel. Aber aus Angst, dass meine Flucht mich verraten würde, bleibe ich wie festgefroren stehen.

Der Polizist wird von einem Kind abgelenkt, das plötzlich aus der Masse ausreißt und wegrennt. Ein Hund wird losgelassen, der die Verfolgung des Jungen aufnimmt.

»Lex, pass auf!«, kreischt eine Frau. Sie bekommt sofort einen Stoß mit dem Gewehrkolben. Weiter oben in der Straße hat sich das aggressive Biest bereits in die Jacke des Jungen verbissen. Doch der gibt sich nicht geschlagen. Im Kampf entledigt er sich der Jacke und schießt in eine Gasse.

Noch mehr deutsches Gefluche, es entsteht Aufregung unter den Festgenommenen. Qualvolles Gewimmer der Frau, und dann schreit sie plötzlich mit wiedergewonnener Kraft: »Wie könnt ihr es wagen! Gegen ein Kind!«

Ein Mann pflichtet ihr bei: »Ihr kriegt ihn ja doch nicht.« Dann tröstet er die Frau.

Ein gellender Befehl, ruhig zu bleiben.

Warnschüsse in die Luft.

Plötzlich ist es still.

»Dreckige Moffen. Wenn ich die Chance kriege, kratze ich ihnen die Augen aus«, zischt die mollige Frau neben mir. Dann sieht sie mich prüfend an. »Was tust du eigentlich noch hier? Wenn ich du wäre, würde ich machen, dass ich wegkomme.«

Ohne etwas zu erwidern, drehe ich mich um und entferne mich schnellen Schrittes vom Unglücksort.

Ich bin spät dran, als ich das Kinderhaus erreiche. Nicht einmal der lange Umweg, den ich gegangen bin, hat gereicht, damit ich mich nach dem gerade Gesehenen beruhige. Ich hoffe, dass ich Sieny treffe, um meine Geschichte loszuwerden. Aber im Personalraum haben die Mädchen einen Kreis um eine neue Kollegin gebildet, die in Tränen aufgelöst ist. Ihre Schwester wurde festgenommen. Als Sieny mich sieht, bemerkt sie: »Ihre Schwester hatte übrigens eine Freistellung, das hätte sie doch vor einer Einberufung schützen müssen? Aber jetzt wurde sie trotzdem verhaftet.«

Die Willkür einer Einberufung ist uns vollkommen schleierhaft, sie entbehrt jeder Logik. Eines der Mädels meint, dass es einfach vom Viertel abhängt, und ich merke an, dass es möglicherweise nur nach den Nachnamen geht, sich also nach dem Alphabet richtet.

»Unser Nachbar arbeitet für den Jüdischen Rat«, berichtet

wieder eine andere. »Seine erwachsenen Söhne haben keine Einberufung bekommen. Es geht also nur darum, gute Verbindungen zu diesem Rat zu haben. Reine Vetternwirtschaft.«

Die Meinungen und Spekulationen überschlagen sich. Nur Mirjam bleibt schweigsam. Ich weiß nicht, ob es den anderen auffällt, aber ich sehe, dass sie die gefalteten Hände im Schoß verbirgt und hinter den Brillengläsern häufig mit den Augen blinzelt.

Dann betritt Pimentel den Raum und macht unserer Runde ein Ende. »Meine Damen, an die Arbeit! Die Kinder warten, und sie haben mit dem Leid, das sich außerhalb dieses Gebäudes abspielt, nichts zu tun.«

Das wage ich zu bezweifeln. Meiner Ansicht nach haben die Kinder damit tagtäglich zu tun, aber mir ist klar, dass das nicht der Moment ist, vorlaut zu sein.

Während ich als eine der Letzten den Personalraum verlasse, sehe ich, dass Pimentel die junge Kollegin kurz beiseitenimmt.

Im Babyraum stelle ich mich absichtlich neben Mirjam, und wir machen gleichzeitig zwei Babys auf dem großen Wickeltisch sauber. »Hörst du denn manchmal etwas von deinem Vater über diese Art von Aktionen?«, erkundige ich mich so beiläufig wie möglich.

Mit einem Ruck wendet sie mir das Gesicht zu. »Darüber darf ich nichts sagen«, verteidigt sie sich.

»Verstehe. Ist bestimmt nicht leicht für dich. Ich glaube, ich würde meinem Vater den ganzen Tag in den Ohren liegen, um mehr zu erfahren«, füge ich in einem Ton hinzu, der nicht zu dem Ernst des heute Mitangesehenen passt.

»Mein Vater ist ein gläubiger und guter Mensch. Er hat stets alles getan, um anderen zu helfen.« Sie wirft die volle Windel in den Korb und schiebt ein sauberes Tuch unter den Po des Mädchens.

»Das ist gut. Anderen helfen, meine ich. Mein Vater ist tot.«

Ich merke, dass der Junge, den ich wickle, nur in die Windel gepieselt hat.

»Das tut mir leid«, meint Mirjam. Dann ist unser Gespräch beendet, und wir konzentrieren uns auf unsere Arbeit.

Mit starrer Miene schiebt mir Mutter eine Extraausgabe vom *Het Joodsche Weekblad* über den Tisch zu.

»Das musst du lesen.«

»Heute wurden siebenhundert Juden verhaftet«, lese ich auf der Titelseite. »Wenn sich in dieser Woche die viertausend dazu angewiesenen Juden nicht für die Arbeitslager in Deutschland melden, werden alle siebenhundert Festgenommenen in ein Konzentrationslager gebracht. Gezeichnet, die Vorsitzenden des Jüdischen Rats, A. Asscher und D. Cohen.«

Mir wird sofort klar, dass die Gruppe von Menschen, die heute Morgen wie Vieh zusammengetrieben worden war, zu den siebenhundert Verhafteten gehört.

»Gerrit hat sich gerade noch rechtzeitig davongemacht«, bemerkt Mutter gefasst. Mit einem Tuch fegt sie die Essensreste vom Tisch, wobei sie gleichzeitig die Schuldfrage, ob nun andere für seinen Aufbruch büßen müssen, wegzukehren scheint.

»Er hätte verdammt noch mal mein Angebot annehmen sollen, für den Rat zu arbeiten«, wirft Nol frustriert ein.

»Beruhige dich!« Grootje verschränkt energisch die Arme unter den Brüsten. »Ob er nun für den Rat arbeitet oder nicht, sie würden unsere Familie trotzdem nicht von ihrem Ziel, der Ausrottung der Juden, verschonen.«

»Sch, die Kleinen sitzen dabei«, versucht Engel sie zu beschwichtigen.

»Ich bin kein Baby mehr«, protestiert Japie beleidigt.

»Sie spielen uns alle gegeneinander aus.« Leni stopft noch ein paar Lebensmittel in ihren Koffer, der aufgeklappt auf der Anrichte liegt. Sie bricht morgen ins Niederländisch-Israelitische Krankenhaus auf, in dem sie künftig wohnen wird.

»Betty, iss noch etwas«, fordert Mutter mich auf.

»Keinen Hunger«, gebe ich zurück. »Ich gehe schlafen, es war ein anstrengender Tag.«

Im Bett versuche ich, das Bild von all den verzweifelten Menschen wegzuschieben, die ich heute Morgen gesehen habe. Die Mutter, deren Kind entwischte, der alte Mann, der stolperte. Das Gebrüll der Frau, die aus dem Fenster rief, dass ihr Mann kein Jude sei, da er mit ihr verheiratet ist.

Donnerstag, 16. Juli 1942

Im Het Joodsche Weekblad *lesen wir, dass Juden keinen Sport mehr treiben dürfen. Fahrräder und andere Transportmittel müssen abgegeben werden. Fortan komme ich nur noch zu Fuß zum Kinderhaus. Von acht Uhr abends bis sechs Uhr morgens gilt eine Ausgangssperre. Wir dürfen nicht mehr telefonieren und nicht mehr zu Nichtjuden zu Besuch gehen. Die Fischmärkte sind verbotenes Terrain geworden. Und einkaufen dürfen wir nur noch zwischen sechzehn und achtzehn Uhr, wenn alle anderen schon dort waren und die Regale leer sind. Ich frage mich, wann in der Zeitung steht, dass wir nicht mehr atmen dürfen.*

Das Direktionszimmer ist eingerichtet wie ein gemütliches Wohnzimmer, auf der einen Seite eine Sitzecke mit zwei alten Ledersesseln und einem Zweisitzersofa aus dunkelgrünem Samt und auf der Fensterseite ein großer Schreibtisch, hinter dem Pimentel die Administration erledigt. Es macht fast den Eindruck, dass sie hier wohnt, denn wann immer ich da bin, befindet auch sie sich irgendwo im Gebäude. Sogar wenn ich bis zur Schließzeit Dienst habe, sitzt sie hier häufig mit ein paar Besuchern, darunter auch männlichen. Ich weiß, dass sie weiter oben in der Straße mit ihren beiden Schwestern zusammenwohnt, dennoch kommt es mir so vor, als wäre das hier ihr Haus und ich bei ihr zu Besuch.

»Einen Moment bitte, Betty, setz dich«, sagt Pimentel, während sie etwas auf einem Blatt Papier notiert, das vor ihr liegt.

Ich weiß nicht genau, wohin ich mich setzen soll: auf den Stuhl vor ihrem Schreibtisch oder in die Sitzecke.

Offenbar bemerkt sie mein Zögern. »Dort, auf das Sofa. Nur zu.«

Ich gehe zum Sofa und sinke tiefer ein, als erwartet, sodass ich mich anstrengen muss, den Rücken gerade zu halten. Pimentel legt ihren silbernen Füller beiseite und steht auf, um sich mir gegenüber in einen der Sessel zu setzen.

»Gut, Betty, an sich bin ich mit dir zufrieden. Auch aus der Besprechung mit den anderen Mitarbeiterinnen wurde deutlich, dass du eine sehr optimistische und fröhliche junge Dame bist, die stets mit anpackt. Noch dazu sind die Kinder verrückt nach dir, und das ist schön zu sehen. Aber ...« Sie macht eine lange Pause. »Mitunter lässt sich kaum unterscheiden, wer das Kind und wer die Erwachsene sein soll.«

»Oh, das ist nicht gut«, entgegne ich schuldbewusst.

»Nun ja, die Verspieltheit darfst du dir erhalten«, fährt Pimentel fort. »Achte dabei aber auch darauf, dass du genau weißt, wie weit du gehen kannst. Wir haben hier eine verantwortungsvolle Aufgabe; die Leute bringen uns das Kostbarste, das sie haben. Behalte das immer im Hinterkopf, verstanden?«

»Ja, Frau Direktorin, wird gemacht«, verspreche ich feierlich und schaffe es damit, ein Lächeln auf ihre Lippen zu zaubern.

»Gut, warum ich dich eigentlich habe kommen lassen ... Soviel ich gehört habe, arbeitet deine Schwester im Krankenhaus, richtig?«

»Ja, Leni. Seit Kurzem wohnt sie auch dort.« Auch wenn meine Schwester und ich nicht die beste Beziehung zueinander haben, finde ich es schade, dass sie von zu Hause weg ist. Nicht zuletzt, weil ich jetzt das einzige Mädchen bin, das noch im Haushalt hilft.

»Ich würde dich darum bitten, ab und zu ins Krankenhaus zu gehen. Um Medikamente zu holen oder wenn etwas mit einem Kind ist. Gestern ist zum Beispiel Mirjam mit einem Baby in das NIZ an der Nieuwe Keizersgracht gegangen. Mir ist es aber nicht so recht, dass sie als Leiterin die Abteilung verlässt.«

»Das verstehe ich«, erwidere ich vernünftig.

»Meinst du also, Betty, dass ich dir diese Aufgabe anvertrauen kann?«

»Selbstverständlich.«

Später am Nachmittag laufe ich stolz zum Krankenhaus. Das strahlende Wetter sorgt für geschäftiges Treiben auf den Straßen. Beim Café um die Ecke wurden die Stühle und Tische draußen aufgestellt. Vor der Schouwburg stehen ein paar Schauspieler, die Prospekte verteilen. Ich erkenne Silvia, die rothaarige deutsche Schauspielerin, die ich letztes Jahr habe spielen sehen, und hebe die Hand zum Gruß. Dumm, denn sie kennt mich natürlich nicht. Trotzdem winkt sie mir freundlich zurück.

An der Ecke der Plantage Kerklaan, wo ich die Tiere, die im Tiergarten Artis sind, hören und riechen kann, passiere ich eine Gruppe ausgelassener Kinder. Natürlich gehe ich hier öfter vorbei, aber nicht zu dieser Tageszeit. Dieser unerwartete Spaziergang fühlt sich an wie ein freier Tag. Wie damals, als ich selbst noch eine Jugendliche war und immer weiter von zu Hause weg durch Amsterdam streunte, auf der Suche nach Abenteuern. Auf der Brücke der Plantage Muidergracht bleibe ich kurz stehen und sehe den Booten zu. Danach biege ich rechts ab und gehe die Gracht entlang, wo das Wasser in der Sonne glitzert. Eine alte Dame nickt mir freundlich zu. »Was für ein herrliches Wetter, oder?« Vor der Brücke des NIZ werde ich mit einem Mal wieder mit dem Krieg konfrontiert. Ein großes Schild mit der Aufschrift JUDENVIERTEL zeigt an, für wen dieses öffentliche Gefängnis bestimmt ist. Die Stadt ist lange schon kein Ort mehr, an dem ich mich einfach frei treiben lassen kann.

In der Eingangshalle werde ich gebeten, kurz zu warten. Die meisten Menschen mögen den Geruch von Krankenhäusern nicht, aber mir gefällt diese typische Mischung aus Reinigungsmitteln und Medikamenten sehr. Ich schaue mich um, ob ich meine Schwester irgendwo entdecke.

»Betty Oudkerk, oder?« Neben mir steht ein Junge in weißem Arztkittel, der nicht viel älter sein kann als ich. Seine Augen sind von einem Blau, wie ich es noch nie gesehen habe, wie das Meer auf farbigen Ansichtskarten. Aus den nach hinten gekämmten Haaren hängen ihm ein paar lose Strähnen nonchalant in die Stirn.

»Äh, ja, meine Schwester arbeitet hier«, gebe ich, von seiner strahlenden Schönheit beeindruckt, ohne Umschweife zurück.

»Oh, und sie heißt ...?«

»Leni Oudkerk, aber wir sehen uns nicht ähnlich. Ich bin die Hübschere von uns beiden«, platze ich heraus. Ich strecke die Hand aus. »Betty, ach nein, das wusstest du ja bereits.«

»Ich bin Leo«, stellt sich der Junge lachend vor. »Leo de Leon, kein Witz.«

»Wirklich nicht?«, frage ich erstaunt.

»Nein, meine Eltern fanden das amüsant, und so habe ich jetzt immer einen guten Einstieg. Selbst wenn ich mit schlechten Neuigkeiten komme.« Er verzieht dermaßen das Gesicht, dass ich sofort lachen muss.

»Es sollen ein paar Medikamente für mich bereitliegen, für das Kinderhaus«, bringe ich heraus, als ich mich wieder gefasst habe.

»Das ist richtig, für Fräulein Pimentel, oder? Komm doch kurz mit.«

»Arbeitest du hier als Pfleger oder als auszubildender Arzt?«

»Letzteres«, antwortet er, während er mir die Tür aufhält, durch die wir in ein kleines Zimmer mit lauter Schränken an den Wänden gelangen.

»Aber ich habe gerade erst angefangen. Ich habe also noch einen langen Weg vor mir. Und du?«

»Kinderpflegerin in Ausbildung und kurz vor dem Abschluss«, gebe ich mit meinem schönsten Lächeln, das ich oft vor dem Spiegel geübt habe, zurück.

»Sieh an«, meint er und öffnet eine Schublade, wobei er neben mir steht und sein Arm kurz den meinen berührt. Als er eine weitere Schublade öffnet, berührt er mich absichtlich noch einmal. Da bin ich mir ganz sicher.

»Das ist alles«, erklärt er und überreicht mir eine braune Tüte mit Medikamenten. »Die Beipackzettel hat Fräulein Pimentel bereits.«

»Prima, und wenn nicht, komme ich einfach noch mal zurück«, gehe ich aufs Ganze.

»Tu das unbedingt.«

Als ich das Zimmer verlasse, könnte ich vor Aufregung jauchzen und springen. Das war der netteste und witzigste Junge, dem ich je begegnet bin.

Montag, 20. Juli 1942

Inzwischen haben sich vierhundertachtzig Personen freiwillig bei der Zentralstelle an der Euterpestraat gemeldet, wo die Deutschen die Judendeportationen verwalten. Aber weil immer noch zu wenige jüdische Männer den Aufrufen Folge leisten, halten die Razzien an. Die Jagd auf Juden ist nicht so schwer bei der hohen Dichte an gelben Sternen in Amsterdam.

Mit einer Kollegin stehe ich an einem Fenster des Kinderhauses, das zur Straße hinausgeht, und betrachte einen teuren Mercedes, der vor der Tür der Schouwburg parkt. Der schwarze Lack glänzt im Licht, und der deutsche Offizier hinter dem Steuer liegt mit abgenommener Mütze zurückgelehnt auf dem Sitz und genießt die warme Sonne im Gesicht. Von der Babyabteilung an der Vorderseite hat man einen guten Blick auf das pompöse, weiße Gebäude. Mirjam drückt ein Auge zu, wenn wir ab und zu hinüberspähen. »Zwei auf einmal!«, rügt sie streng. »Und stell dich in die Ecke hinter die Gardine.« An sich gibt es nicht viel zu sehen, aber die Tatsache, dass dieses elegante Auto eines hochrangigen Beamten sowie zwei weitere Armeefahrzeuge vor der Tür stehen, ist ungewöhnlich. Vor allem, da gerade eine Matinee gegeben wird und wir uns kaum vorstellen können, dass ein deutscher Kommandant herkommt, um jüdischen Schauspielern zuzusehen. Zu Beginn des Krieges kam es schon mal vor, dass wir deutsche Soldaten hineingehen sahen, die ein wenig Zerstreuung suchten, aber mittlerweile ziemt sich das nicht mehr. Heute kommt nur noch hin und wieder jemand zur Kontrolle, ob der Inhalt der Stücke nicht politisch oder provokant ist.

Die Spekulationen unter den Mädels darüber, was wohl vor sich geht, nehmen immer wildere Formen an. »Vielleicht ist der Kommandant in eine Schauspielerin verliebt.« »Sie bringen alle Schauspieler ins Lager Westerbork, um dort für bessere Stimmung zu sorgen.« »Sie haben ein Vorsprechen für eine Rolle.«

Endlich bewegt sich wieder etwas vor der Schouwburg. Deutsche in grauen SS-Uniformen verlassen das Gebäude, in der Tat gefolgt von einem hohen Tier, einem groß gewachsenen Mann mit schmalem Gesicht. Meine Kollegin vermutet, dass es Lages ist, der Leiter des SD. Doch Mirjam weiß, dass es sich um Hauptsturmführer aus der Fünten handelt, den Mann, der all die jungen Leute ins Arbeitslager schickt.

Der Chauffeur ist aufgesprungen und läuft einmal um das Auto, um seinem Vorgesetzten die Tür zu öffnen. Danach steigt er wieder ein und lenkt den protzigen Mercedes die Straße hinunter, gefolgt von den beiden anderen Wagen.

Am Nachmittag muss ich mit einem Kleinkind ins Krankenhaus. Der Junge hat eine fürchterliche Verstopfung, es kommt kein Kot mehr raus. Pimentel hat einen Termin mit dem Arzt im NIZ vereinbart, um ihn untersuchen zu lassen. Vielleicht braucht der Arme etwas, um den Durchgang wieder frei zu machen.

Ich habe den Kleinen in einen Kinderwagen gesetzt und fühle mich wie eine junge Mutter, als ich ihn über die Schwelle nach draußen schiebe. Auf der gegenüberliegenden Straßenseite stehen ein paar Schauspieler beim Rauchen. Das ist meine Chance, zu fragen, was die Deutschen dort heute wollten. Ich warte ab, bis ein Pferdewagen und zwei Autos vorbeigefahren sind, und überquere die Straße. Die rothaarige Schauspielerin, Silvia, ist auch dabei. Mit gespitzten Lippen zieht sie an ihrer Zigarette, während sie den Gesprächen ihrer Kolleginnen lauscht.

»Wir können nichts tun!«, stellt die eine fest. »Das ist gerade das Problem.«

»Und was ist mit den Vorstellungen?«, fragt die andere. »Die Karten sind bereits verkauft.«

Auf den Plakaten, die neben dem Eingang hängen, lese ich, dass diese Woche in der Matinee *Wiegenlied* von László Fodor gegeben wird.

»Findet die Vorstellung nicht statt?«, erkundige ich mich bei der hübschen Schauspielerin.

Sie schaut sich verärgert um, sodass mich das unangenehme Gefühl beschleicht, etwas Verkehrtes gesagt zu haben.

»Offensichtlich nicht.«

»Wurde sie gestrichen?«

Sie löst sich von der Gruppe und macht zwei Schritte in meine Richtung. Bevor sie spricht, wirft sie einen schnellen Blick über die Schulter, um sich zu vergewissern, dass niemand in der Nähe ist, der zuhört. »Wir haben ein Spielverbot bekommen«, teilt sie mir mit dramatischer Miene mit, wie sie für Schauspieler typisch ist. »Du hast es nicht von mir, aber Hauptsturmführer aus der Fünten ist mit seinen hohen Stiefeln auf die Bühne geklettert und hat das Theater beschlagnahmt.« Ich rieche ihr starkes Parfum, das sich mit dem Zigarettenrauch aus ihrem Mund vermischt. »Die Schouwburg soll ab sofort als Deportationszentrum dienen.«

Auf die Gefahr hin, naiv zu wirken, frage ich: »Was ist ein Deportationszentrum?«

»Sämtliche Juden, die für ein Arbeitslager einberufen werden, müssen sich hier melden. Mehr weiß ich auch nicht«, entgegnet sie schulterzuckend. »Es ist uns verboten, Fragen zu stellen. Wir dürfen nicht nach Hause oder mit unserer Familie oder Freunden Kontakt aufnehmen und müssen hier auf weitere Instruktionen warten.«

»Aber hier ist doch niemand, der dich gefangen hält?«, hake ich nach. »Ich würde einfach gehen.«

»Um dann in einem Straftransport zu landen? Wirklich nicht. Sie haben unsere Namen notiert, wir können also nirgendwohin.« Silvia wirft ihren Zigarettenstummel zu Boden und tritt ihn mit ihren eleganten Pumps aus. »Schade, dass man *Wiegenlied* jetzt nicht mehr sehen kann«, fügt sie mit traurigem Lächeln hinzu. »Es war eine schöne Vorstellung.«

Im Krankenhaus ist Leo, der nette Arzt in Ausbildung, nirgendwo zu entdecken. Nachdem der Knirps vom diensthabenden Arzt untersucht worden ist und ich die Medikamente gegen seine Darmprobleme bekommen habe, bewege ich mich wieder in Richtung Ausgang. Während ich mir bei der Suche nach Leo beinahe den Hals verrenke, der doch hier irgendwo herumlaufen muss, habe ich meine Schwester völlig übersehen. »Betty? Was machst du denn hier?«, ruft sie so laut, dass sich ein paar Leute umdrehen. Es ärgert mich, dass sie mich immer nur als kleine Schwester betrachtet.

»Ich musste mit diesem kleinen Mann zum Arzt. Und du?«, erkundige ich mich.

»Arbeiten, natürlich.«

»Das war ein Witz«, bemerke ich trocken. »Wie gefällt dir dein Zimmer hier?«

»Gut, das kam gerade recht«, meint sie, während sie ihre Schwesterntracht mit den Händen glatt streicht. »Zu Hause wird die Stimmung auch nicht besser.«

»Wem sagst du das. Aber immerhin kann ich jetzt endlich ohne deine Leselampe einschlafen.«

»Na dann, gut, dass ich weg bin«, gibt meine Schwester beleidigt zurück.

»So habe ich das nicht gemeint.« Meine Schwester und ich sprechen nicht dieselbe Sprache.

»Das muss deine Schwester sein!« Neben mir steht Leo, der Leni die Hand hinstreckt. »Leo, Arzt in Ausbildung.«

Seine Anwesenheit richtet Leni wieder auf. Kokett lächelt sie ihn an: »Meine Schwester hat mir gar nicht erzählt, dass sie hier einen jungen Mann kennt.«

»Nun, wir haben uns zuvor erst einmal getroffen«, antwortet Leo.

»Das wird sich schnell ändern«, spottet Leni. »Um einen süßen Jungen zu treffen, denkt sie sich zur Not eine Krankheit aus.«

Ich könnte vor Scham im Boden versinken.

»Das kann ich mir nicht vorstellen, nicht wahr, Betty?«, meint Leo, noch bevor ich mich verteidigen kann.

Obwohl vor Peinlichkeit hochrot im Gesicht, spiele ich den Ball zurück: »Sie geht zu sehr von sich selbst aus. Meine Schwester sucht verzweifelt nach einem Mann. Ich muss wieder weiter. Schönen Tag!«

Ich schiebe den Kinderwagen zwischen meiner Schwester und Leo durch und laufe, ohne mich umzusehen, zum Ausgang. Von hinten höre ich Leo noch sagen: »Nette Schwester hast du.« So, darauf fällt ihr nichts mehr ein. Leni findet, dass ich flirte, aber das stimmt nicht. Ich habe einfach einen besseren Sinn für Humor. Und einen größeren Busen, aber da kann ich ihr auch nicht helfen.

Mittwoch, 22. Juli 1942

Täglich fahren Züge mit vornehmlich jungen Männern ins Lager Westerbork in der Gemeinde Hooghalen, einem ehemaligen jüdischen Flüchtlingslager, das vor ein paar Jahren von der niederländischen Regierung angelegt wurde, um die jüdischen Flüchtlinge aus Deutschland und Österreich aufzufangen. Die Regierung forderte allerdings, dass das Komitee für jüdische Flüchtlinge die eine Million Gulden für den Bau in Raten zurückbezahlt.

Trotz der Razzien findet die Hochzeit von Nol und Jetty heute wie geplant statt. Unschlüssig stehe ich vor meinem Schrank. Kleidung ist rar geworden, aber als Kind einer Familie mit einem großen Stoffgeschäft komme ich nicht zu kurz. Dennoch finde ich, dass ich heute nichts zum Anziehen habe. Das Kleid, das mir Mutter bereitgelegt hat, sitzt mir um den Busen herum zu knapp, und jetzt ist es zu spät, es noch zu ändern. Das Kostüm, das ich auf Gerrits Hochzeit getragen habe, ist zu warm. Schließlich entscheide ich mich für eine hellblaue Bluse aus Seide mit kurzen Puffärmeln und einer dunkelblauen Schleife. Darunter den dunklen Rock, den ich bei der Bar Mitzwa von Japie getragen habe. Zum Glück habe ich an der Taille und den Oberschenkeln nicht zugenommen. Ich wüsste auch nicht, wie, denn es gibt immer weniger zu naschen. Dass ich größere Brüste bekommen habe, lag wohl in meinen Genen. Oder vielleicht hat das Betüddeln all dieser Babys meinen Körper dazu angeregt, schon jetzt eine Milchfabrik anzulegen.

Als ich nach unten komme, sehe ich, dass sich die Frauen ordentlich herausgeputzt haben. Mutter trägt ein Kleid mit eng anliegendem Oberteil und schwungvoll auslaufendem Rock aus einem reich mit Silberfäden verzierten Stoff. Grootje hat ein graugrünes A-Linien-Kleid an, das ihren vollen Leib einigermaßen verhüllt. Die Armbündchen sind mit weichem Pelz eingefasst, und um den Hals trägt sie fast ihre gesamte Schmuckkollektion. Auch Engeltje haben sie ein Festtagsgewand verpasst; eine Art Glitzerkleid, das nach Karneval aussieht. Ich wechsle einen Blick mit Japie, wonach er in Lachen ausbricht und glucksend in den Vorraum läuft. Mutter sieht mich irritiert an: »Was ist los?«

»Ich finde es seltsam«, antworte ich.

»Was findest du seltsam?«

»Dass ihr hier herumlauft, als hätte der König Geburtstag, und das in einer Zeit, in der wir wie Aussätzige behandelt werden. Dass wir eine jüdische Hochzeit feiern und darüber schweigen, dass es hier überhaupt nichts zu feiern gibt.«

»*Tais-toi!*«, greift Großmutter ein. »Du musst deinen Stern noch annähen.«

Eigentlich wollte ich weiterreden: Genau das meine ich! Warum sollen wir die Liebe ehren, wenn da so viel Hass ist? Wenn Gerrit nicht dabei sein kann, weil er geflüchtet ist? Was wir übrigens auch tun sollten, bevor es zu spät ist. Nein, wir klammern uns an unserem alltäglichen Leben fest, beziehungsweise an dem, was davon noch übrig ist, und geben unser Bestes, unser Gleichgewicht auf dem schmalen Grat der Freiheit zu wahren, der uns noch vergönnt ist.

Doch diese Worte denke ich mir nur, während ich den gelben Stern von meinem Mantel ablöse und mir Nadel und Faden hole, um ihn auf meiner Bluse zu befestigen.

Meine Niedergeschlagenheit rührt vor allem daher, dass wir noch nichts von Gerrit gehört haben. Er sollte doch inzwischen längst in der Schweiz angekommen sein. Wir dürfen kein Telefon mehr besitzen, hatten aber abgesprochen, dass er im Kinderhaus anrufen würde. Pimentel hat dafür gesorgt, dass wir dort noch einen Apparat benutzen dürfen, für Notfälle. Vielleicht hat er die Nummer verloren, oder er hat es in der Schweiz noch nicht geschafft, sich Zugang zu einem Telefon zu verschaffen. Eine Postkarte wäre in diesen Zeiten zu lange unterwegs, aber er hätte doch ein Telegramm schicken können. Ich finde es nicht in Ordnung von Gerrit, dass er am Hochzeitstag seines Bruders überhaupt nichts von sich hören lässt. Und niemand hier verliert ein Wort darüber, als ob es ihn überhaupt nicht gäbe.

»Können wir endlich gehen?« Nol, der seit einer Stunde im Vorzimmer an den Nägeln kaut, steckt ungeduldig den Kopf um die Ecke. Mutter widmet sich gemeinsam mit Grootje der komplizierten Aufgabe, sämtliche Schalen mit Speisen, die sie vorbereitet haben, im Kühlschrank unterzubringen. Als das einmal geschafft ist, rufen sie gleichzeitig: »Ja, wir können gehen!«

Weil Juden keine Kutschen mehr mieten dürfen, bleibt Nol nichts anderes übrig, als seine Braut zu Fuß abzuholen. Im grau gestreiften Hochzeitsanzug, der einst Gerrit gehört hat, geht er voraus. Obwohl Mutter das Gewand hat enger machen lassen, wirkt es noch immer zu groß um seine runden Schultern. Auf Nols Kopf prangt der hohe Hut, den Vater während der Hochzeit mit Mutter trug. Es ist viel zu warm für diese schwarze Kopfbedeckung, und ich sehe kleine Rinnsale aus Schweiß herunterfließen. Der Brautstrauß in seinen schmalen Händen lässt durch die starke Sonne immer mehr die Köpfe hängen. Japie, der noch nicht recht weiß, wie er mit seinem plötzlich hochgeschossenen Körper umgehen soll, läuft schlaksig hinter ihm her. Ihm folgen Arm in Arm Mutter und Grootje. Ihre kecken Hütchen wippen mit jedem Schritt auf und ab. Ich wurde beauftragt, Engel zu stützen, was mir wegen ihres muffigen Geruchs ziemlich widerstrebt, doch wenn ich sie nicht fest an mich gedrückt halte, fürchte ich, dass sie stolpert und nicht mehr hochkommt. Hinter uns haben sich einige Onkel, Tanten, Nichten und Neffen angeschlossen, sodass wir als ordentliche Karawane durch die Julisonne laufen. Ein groteskes Gefühl, und ich geniere mich vor den Leuten, die wir passieren. Im Amsterdamer Viertel De Pijp wohnen mittlerweile viel mehr Nichtjuden als Juden, was dem Ganzen noch mehr Symbolkraft verleiht, wie wir hier durch die Straße paradieren. Manche reagieren heiter mit »Herzlichen Glückwunsch!« und »Masel tov«. Ein hochgewachsener Jugendlicher ruft: »Bis Jerusalem ist es noch ein gutes Stück!«, worauf seine Freunde schallend lachen. Von einem Balkon hören wir: »Judenratten!« Ein kleines Mädchen zeigt auf uns und sagt: »Mama, schau, dreckige Juden.« Sie bekommt sofort eine Ohrfeige von ihrer Mutter verpasst, worauf sie heult: »Das sagt Papa auch immer.« Aber schlimmer als diese Bemerkungen sind die abschätzigen Blicke, die die Leute uns zuwerfen, wenn sie schweigend an uns vorbeigehen.

An der Nieuwe Achtergracht biegt Nol ab, um an der elterlichen Wohnung seiner Braut zu klingeln. Wir laufen weiter zur Rapenburgerstraat, zur Synagoge von Beis Jisroeil, dem Joodsch Ons Huis, wo auch Leni direkt vom Krankenhaus aus hinkommt. Seit dem Vorfall mit Leo habe ich sie nicht mehr gesehen und bin, ehrlich gesagt, auch nicht sonderlich erpicht darauf. Sie hat mich vor ihm total lächerlich gemacht. Als ob ich eine Art Backfisch wäre, die verzweifelt nach einem Freund sucht. Je länger ich darüber nachdenke, desto überzeugter bin ich, dass sie auf meine Kosten versucht hat, mit ihm zu flirten.

Ich sehe sie vor dem Eingang stehen. Das Kostüm, das sie trägt, steht ihr gut. Sie wirkt darin plötzlich wie eine erwachsene Frau. Ich verspüre ein stechendes Gefühl der Eifersucht.

Nachdem sie alle gegrüßt hat, quatscht sie mich an: »Hey, Schwesterchen, dieser Leo ist echt süß.«

»Glückwunsch. Du kannst ihn haben«, erwidere ich zynisch.

»Ich weiß schon, dass ich dich auf die Palme gebracht habe«, entgegnet sie lachend.

»Mich? Du spinnst. Das ist mir doch egal.«

»Nun, wenn es dir so egal ist, dann brauch ich dir auch nicht zu erzählen, was er über dich gesagt hat«, meint sie betont gleichgültig.

»Doch! Was hat er gesagt?«

Mutter unterbricht unser Gespräch; wir müssen hineingehen.

»Was hat er gesagt?«, flüstere ich, während wir von Mutter in die vorderste Stuhlreihe dirigiert werden.

Sie blickt mich vieldeutig an.

»Leni, ...«

»Mädels, gebt jetzt Ruhe«, rügt uns Mutter. Ich verschränke die Arme vor der Brust und funkle meine Schwester böse an. Sie scheint davon in keiner Weise beeindruckt und schneidet mir ihrerseits eine triumphierende Grimasse, was meine Wut nur noch weiter anfacht.

»Sie kommen!«, ruft Japie, der an der Tür stehen geblieben ist.

»Leni, jetzt sag schon!«

»Er meinte, dass du eine sehr hübsche Frau bist«, sagt meine Schwester, nachdem sie mich genügend geärgert hat. »Und auch noch geistreich. Natürlich habe ich Letzteres relativiert.«

»Das hast du nicht!«

Sie lacht geheimnisvoll. »Nur ein kleines bisschen. Aber keine Sorge, er ist doch nicht mehr vom Gegenteil zu überzeugen. Er wollte sogar wissen, ob du schon einen Freund hast.«

Mit meiner miesen Laune ist es schlagartig vorbei.

In diesem Moment singt der Chor *Baruch Haba* – gesegnet sei, wer hereinkommt –, und Nol tritt mit Jetty am Arm durch die Synagogenpforte. Mein Bruder strahlt vor Stolz neben seiner Braut, die sich nicht um den Krieg schert und eine Wolke von einem Brautkleid trägt, mit einem weiten Rock, enormen Puffärmeln und einem Tüllschleier. Der gelbe Stern ist kaum sichtbar an die Seite des Kleids verbannt.

Donnerstag, 6. August 1942

Inzwischen wurden etwa sechstausendsechshundert jüdische Männer von Amsterdam nach Westerbork deportiert. Westerbork ist ein Durchgangslager, das aus einigen Baracken besteht, die zusammen eine Art Dorf bilden. Sie sagen, dass man dort Kurse belegen kann, dass es auch kleine Geschäfte gibt, wo man mit speziellem Geld Dinge kaufen kann, es wird Sport getrieben, und es gibt sogar eine Fußballmeisterschaft. Kinder gehen ganz normal zur Schule, und da ist auch ein Krippe für die Kleinen, weil alle Eltern arbeiten müssen. Sie brauchen Lehrer für die Schulen und medizinisches Personal, wie zum Beispiel Ärzte und Pflegekräfte für das große Krankenhaus, das dort steht. Die Deutschen haben große Angst vor dem Ausbruch von Krankheiten. Wenn man auf einem Gebiet spezialisiert ist, das ihnen etwas bringt, hat man bessere Chancen, in Westerbork bleiben zu dürfen. Denn niemand möchte in den Osten weitergeschickt werden.

Mittlerweile steht vor der Tür der weißen Schouwburg permanent ein SS-Mann, der den Zustrom der Personen kontrolliert. Man könnte beinahe meinen, es gäbe eine Vorstellung, so viele Leute gehen hinein. Und nicht mehr länger nur junge Männer mit Seesäcken. Ich sehe eine schwangere Frau mit ihrem Mann, der einen großen Überseekoffer mit sich schleppt. Einen Vater mit vier erwachsenen Söhnen und gerade mal zwei kleinen Koffern. Zwei Freundinnen, die Hand in Hand durch die Drehtür gehen und mit ihrem Gepäck stecken bleiben. Der Wachmann kommt ihnen zu Hilfe. Eine Frau mit Pelzmantel über der sommerlichen Kleidung und einer Stehlampe in den Händen. Einen alten Opa mit Hündchen. Obwohl wir von Pimentel dringend angewiesen wurden, nicht hinzuschauen, ist es unmöglich, nicht ab und an einen Blick nach draußen zu werfen, um zu sehen, wer alles in dem Gebäude verschwindet. Zumal wir noch nie jemanden haben hinauskommen sehen.

Es ist zwei Uhr. Die meisten Kinder schlafen. Pimentel hat alle gebeten – sofern die Arbeit es zulässt –, in die Halle zu kommen. Innerhalb weniger Minuten ist der Raum gefüllt mit etwa dreißig Kinderpflegerinnen in Ausbildung, Pflegeleiterinnen und -lehrerinnen. Die Direktorin spricht zu uns von der Balustrade aus.

»Meine lieben Damen, es ist in letzter Zeit recht unruhig hier im Kinderhaus, da die Schouwburg plötzlich als Sammelplatz für Juden dient, die kurz vor ihrer Abreise stehen. Ich verstehe, dass euch das alle mitnimmt. Möglicherweise sind darunter auch Familienmitglieder von euch oder gute Freunde. Immerhin habe ich gehört, dass die Lebensbedingungen in Westerbork einigermaßen gut sind.«

»Aber was geschieht in Polen, wohin die Menschen anschließend gebracht werden?« Es ist Sieny, die diese Frage stellt.

Sofort entsteht Unruhe, und Gemurmel erfüllt den Raum.

»Ich kenne die Gerüchte auch, die mittlerweile verbreitet werden«, erhebt Pimentel die Stimme. »Von meiner Informationsquelle – die in direktem Kontakt zu England steht – habe ich erfahren, dass die Horrorgeschichten nicht der Wahrheit entsprechen. Im Konzentrationslager Auschwitz wird ebenfalls ganz normal gearbeitet, so wie in Westerbork. Nur die Versorgung ist dort ein ganzes Stück schlechter, das schon. Jeder weiß, dass Gerüchte in der mündlichen Überlieferung immer größer werden. Und ich denke nicht, dass wir uns an dieser Hysterie beteiligen sollten.«

Aus einem Impuls heraus hebe ich die Hand. Noch bevor ich an der Reihe bin, fange ich an zu sprechen: »Ich habe mal von zwei SS-Männern gehört, dass sie in Polen Juden vor einem Massengrab aufreihen und niederschießen.«

»Betty, ich habe gerade darum gebeten, keine Panik zu wecken und Gerüchte zu streuen.«

»Entschuldigung, aber ich erzähle nur, was ich höre ...«

»Dich will ich nachher kurz sprechen.«

Sieny nimmt meine Hand und kneift mich kurz, als Zeichen, dass ich es mir nicht zu Herzen nehmen soll.

»Warum sollten die Deutschen kostenlose Arbeitskräfte vergeuden? Sie brauchen uns viel zu sehr, um die Fabriken am Laufen zu halten. Schwarzmalerei macht also keinen Sinn. Wir müssen diese Zeit irgendwie überstehen, aber ich bin mir sicher, dass das irgendwann ein Ende hat. Die Alliierten gewinnen langsam an Boden, und die internationale Politik hat begriffen, dass hier Menschenrechte verletzt werden. Die Welt wird das nicht länger dulden!« Von der Gruppe ertönt Applaus.

Pimentel schließt mit einem Vortrag über Kinder und ihre psychische Flexibilität, die sie dazu befähigt, selbst schwierigste Umstände zu überstehen. »Sie verfügen weder über die physische noch über die verbale Stärke von Erwachsenen. Dennoch schaffen sie es dank ihres enormen Anpassungsvermögens, auf unauffällige Weise zu überleben. Eine Eigenschaft, die wir Erwachsenen uns von ihnen abschauen können, indem wir die jungen Geschöpfe, mit denen wir täglich arbeiten, immer gut beobachten.«

Mein Ärger hat sich gelegt, und ich frage mich, welchen Tadel ich gleich von Pimentel erhalten werde.

»Herein!«, ertönt es von der anderen Seite der Tür.

Ich hole tief Luft und drücke die Klinke herunter. »Ich sollte mich melden.«

»Setz dich, Betty.«

Pimentel deutet auf den Stuhl gegenüber ihrem Schreibtisch. Sie klappt die Mappe vor sich zusammen und lehnt sich zurück. »Du hast es also noch immer nicht begriffen.«

Beinahe entwischen mir die Worte »Was begriffen?«, doch ich presse die Lippen fest aufeinander.

»Lern endlich, dass es nichts hilft, immer nur zu sagen, was dir in den Sinn kommt. Du bist ein kluges Mädchen. So schwierig ist die Botschaft doch nicht, oder?« Die graue Locke auf ihrem Kopf bewegt sich mit jedem Akzent, den sie in den Satz legt. »Was meinst du wohl, wie es um uns stünde, wenn ich immer das aussprechen würde, was ich wirklich denke?«

Ich gehe davon aus, dass das eine rhetorische Frage ist, und antworte nicht.

»Nun?«, hakt Pimentel nach.

Ah, anscheinend soll ich etwas sagen. »Ich, äh ...«

Doch dann unterbricht sie mich schon wieder. »Unsere eigentlichen Gedanken in einer Zeit wie dieser kundzutun ist nicht nur töricht, es ist strohdumm.« Sie steht unvermittelt auf und blickt aus dem Fenster. »Das da!« Sie deutet auf die Schouwburg. »Das ist eine einzige große, skandalöse, menschenverachtende und ungeheuerliche Operation. Doch wir Juden sind bereits Staatsfeind Nummer eins. Egal, welche Kritik ich also vorbringe, sie würde sich nur gegen mich selbst richten.« Sie dreht sich brüsk zu mir um.

»Du, ich, wir alle können nur Zeit schinden, indem wir ihnen einen Schritt voraus bleiben. Und wie machen wir das?«

»Äh ... indem wir nachdenken?«

»Richtig. Indem man einen klaren Kopf bewahrt. Und das bedeutet, nicht nur für uns selbst zu denken, sondern auch für die Verletzlichen unter uns. Die Mädchen, die aus einer weniger guten Familie kommen als du. Die nicht so intelligent sind.«

Auf einmal kapiere ich es. Sie hat eine hohe Meinung von mir, die ganze Zeit schon, sie will bloß, dass ich mich verantwortungsvoller benehme. Dass ich erwachsen werde.

»Ich verstehe Sie vollkommen, Frau Direktorin Pimentel. Und ich verspreche, dass ich Sie nicht mehr enttäuschen werde.«

»Das hoffe ich. Du kannst gehen.«

Weil ich sie nicht umarmen kann, um ihr meine Dankbarkeit zu zeigen, mache ich eine lächerliche kleine Verbeugung.
»Ich danke Ihnen, Frau Direktorin.«

Mit dem Gefühl, etwas Besonderes zu sein, auserkoren, will ich ihr Büro verlassen, aber dann höre ich Pimentel hinter mir sagen: »Weißt du, an wem du dir ein Beispiel nehmen kannst? An deiner Freundin Sieny. Sie weiß, wie es funktioniert.«

Meine Hochstimmung ist verflogen.

»Werd ich machen.«

»Oh, warte mal.« Sie holt eine Liste aus ihrer Schublade und reicht sie mir.

»Diese Medikamente müssen beim NIZ geholt werden.«

Es regnet, und als ich das Krankenhaus betrete, schlägt mir der muffige Geruch von feuchtem Haar und ungewaschenen Textilien entgegen. Ich habe Leo seit dem einen Mal mit Leni nicht mehr gesehen, und ich hoffe inständig, dass ich ihn wieder bei der Apotheke treffe. Es ist viel mehr los als sonst, als ob alle diesen Ort gewählt hätten, um sich bei dem wechselhaften Wetter mitten im Sommer unterzustellen. Das Klinikpersonal laviert geschäftig zwischen den Besuchern hindurch. An die drei Mal werde ich von Patienten angesprochen und muss erklären, dass ich keine Krankenschwester bin. Dann gelange ich endlich zur Arzneimittelausgabe und sehe, dass Leo dort mit einem Kollegen arbeitet. Mein Herz klopft sofort ein paar Takte schneller. In den Tagen, die inzwischen vergangen sind, haben meine Tagträume von ihm märchenhafte Züge angenommen. Ich habe bereits mehrere Szenarien im Kopf durchgespielt, in denen ich nicht nur sehr schlagfertig auf seine Fragen reagiere, sondern ihn auch mit meinem eingeübten Augenaufschlag überwältige.

»Hallo, einen wunderschönen guten Tag«, rufe ich fröhlich. Leider ist es nicht Leo, sondern sein Kollege, der auf mich zukommt und sich erkundigt, was er für mich tun kann.

Übermütig sage ich: »Ihr Kollege hilft mir meistens. Er weiß bereits, was ich brauche.«

»Wenn Sie mir den Zettel geben, kann ich Ihnen auch wunderbar helfen.«

Mir bleibt nichts anderes übrig, als ihm Pimentels Bestellung zu überreichen. Während er zum Apothekerschrank geht, wende ich mich direkt an Leo, der über seine Arbeit gebeugt sitzt. »Wie geht es Doktor de Leon?«, erkundige ich mich so nonchalant wie möglich.

Leo sieht verstört auf, dann aber erblickt er mich. Er springt auf. »Betty, wie schön! Tschuldigung, ich war in die Bestellliste vertieft. Das ist eine ziemliche Präzisionsarbeit.«

»Ich dachte schon: Habe ich denn gar keinen Eindruck auf ihn gemacht?«

»Oh, nee, also ... Nee ...« Leo scheint von meiner Direktheit ziemlich überrumpelt. Übermut ist nicht nur meine größte Stärke, sie ist auch meine tiefste Fallgrube. Vor allem, wenn ich das unangenehme Schweigen, das ich verursache, selber wieder zu überbrücken suche.

»Macht nichts. Ich hab inzwischen schon gute Bande zu deinem Kollegen geknüpft.« Ich deute an ihm vorbei auf seinen Kollegen, der dabei ist, die Medikamente zusammenzusuchen.

»Oh, aber bei ihm bist du auch in sehr guten Händen«, erwidert Leo, während er sich mir gegenüber an die Theke stellt.

»Kann sein, aber er trägt einen Ehering, und du nicht.« Wo ich diese Unverfrorenheit herhole, weiß ich manchmal selber nicht.

»Das ist vollkommen richtig«, entgegnet Leo mit schiefem Grinsen. »Du und ich, wir tragen beide keinen.«

Der Kollege kommt dazu. »Darf ich mal«, sagt er zu Leo, der im Weg steht.

»Natürlich.« Leo tritt einen Schritt zurück und zieht hinter dem Rücken seines Kollegen Grimassen. Ich muss mich zusammennehmen, um nicht loszuprusten.

»Das ist alles, was auf dem Zettel steht. Wenn du hier noch kurz unterschreiben könntest.«

Ich setze ein schwungvolles Gekritzel darunter und denke, dass ich mich selbst nun zur Genüge feilgeboten habe. Wenn er jetzt nicht anbeißt, muss ich es einfach sein lassen.

»Herzlichen Dank«, sage ich zu dem Kollegen. »Einen schönen Tag! Ihnen auch, Herr de Leon.« Ich werfe ihm ein letztes Lächeln zu, drehe mich um und gehe weg. Nicht zu schnell, damit er mir hinterherkommen kann. Leider tut er das nicht. Am Ausgang hole ich tief Luft und trete über die Schwelle ins Freie, wo ich die aufreibende Begegnung vom anhaltenden Regen wegspülen lassen kann.

Ich spanne meinen Regenschirm auf und mache mich auf den Weg, als ich hinter mir höre: »Betty, willst du dich mit mir verabreden?« Ich drehe mich um.

Da steht Leo in seiner weißen Jacke im strömenden Regen. Hilflos schaut er mich an. »Entschuldige, ich habe mich vorher nicht getraut zu fragen.«

Samstag, 8. August 1942

Wieder erscheint eine Extraausgabe vom Het Joodsche Weekblad. *Darin steht, dass jeder, der eine Einberufung zum Arbeitseinsatz bekommen hat und sich nicht meldet, unwiderruflich nach Mauthausen geschickt wird. Ebenso wie die Juden, die keinen Stern tragen oder ohne Genehmigung den Wohnsitz wechseln. Weil die meisten Eltern von Jungen, die im letzten Jahr dort eingesperrt worden waren, inzwischen eine Todesnachricht erhalten haben – ihr Sohn soll auf der Flucht erschossen oder einer Krankheit erlegen sein –, ist alles besser, als nach Österreich deportiert zu werden.*

Aufgeregt warte ich auf Leo, der mich um vier Uhr abholen will. Seit heute Morgen sind die vielen Regenpfützen getrocknet, und es ist perfektes Wetter zum Spazierengehen. Ich trage mein Lieblingskleid aus mintgrüner Seide mit eingewebten dunkelgrünen Blättern. Das Kleid ist schon einige Jahre alt, aber es sitzt jetzt besser als früher, und ich fühle mich darin selbstsicher und hübsch. Mit einem kurzen Jäckchen darüber ist die Kleiderauswahl auch nicht zu auffällig. Ich will nicht den Argwohn meiner Mutter wecken. Ich habe ihr weisgemacht, dass ich mich mit meiner alten Freundin Tineke Baller aus Amstelveen verabredet habe. »Sie darf noch mit dem Fahrrad fahren und kommt in unsere Richtung, und dann gehen wir zusammen an der Amstel spazieren.« Mutter hat mich erstaunt angesehen. Ob ich also noch Kontakt zu Tineke hätte? Wie gehe es ihrer Familie? Und ob ich ihrem Vater herzliche Grüße ausrichten möge. Mir tat es leid, dass ich mir keine andere Ausrede hatte einfallen lassen. Eine, die weniger Fragen aufwarf.

Tineke war meine beste Freundin auf der Haushaltsschule gewesen und kam aus einer streng reformierten Familie. Ihr Vater arbeitete für eine Handelsgesellschaft in der Vijzelstraat, und als er Mitte der Dreißigerjahre in ein Tochterunternehmen nach Deutschland geschickt worden war, erschreckte ihn der öffentliche Antisemitismus dermaßen, dass er innerhalb eines halben Jahres beschloss, wieder in die Niederlande zurückzukehren. Damit wollte er nichts zu tun haben. Als ich das letzte Mal bei Tineke zu Hause war, nahm mich ihr Vater beiseite und sagte mir, mit einer Nachdrücklichkeit, wie ich sie nur von Lehrern und Rabbis kannte, dass ich immer zu ihnen kommen könne, falls es notwendig wäre. Das ist inzwischen wieder ein Jahr her. Ich weiß noch, dass ich das damals als eine etwas übertrieben besorgte Reaktion von Herr Baller empfand.

Es läutet. Ich rufe Mutter zu, dass sie da ist, und renne hinunter. Statt Leo steht eine Nichte von Mutter vor der Tür, eine unangenehme Person, die immer auf Sensationen aus ist. Das letzte Mal, als sie bei uns war, hatte sie erfahren, dass Frau Koot das Geschäft übernommen hat. Mutter erzählte ihrer Nichte, wie erniedrigend es für sie war, jeden Morgen die Post von Frau Koot unter der Ladentür durchzuschieben. Diese rief aus: »Wie schrecklich, was euch angetan worden ist. Von so reich zu so arm! Denn ihr habt doch jetzt nichts mehr?« Als Mutter das bestätigte, stürzte sie sich erneut in übertriebene Mitleidsbekundungen. Es wirkte nicht aufrichtig. Als ob diese Frau dank unseres Elends auflebte.

»Ist deine Mutter zu Hause, Betty?«

»Ja, geh ruhig nach oben, ich warte hier auf jemanden.«

»Ach ja, auf wen denn?«

»Eine Freundin. Nichts Besonderes.«

»Viel Spaß, Kind«, meint sie, während sie mich an einem Arm zu sich herzieht. »Genieß es ruhig, solange es noch möglich ist. Vor allem nach dem, was deinem ältesten Bruder zugestoßen ist.«

Ich erschrecke. »Gerrit? Was ist mit ihm?«

»Weißt du das denn nicht?«, fragt sie mit geschockter Miene. »Ist deine Mutter zu Hause?«

Ich nicke. Mein Mund ist plötzlich so trocken, dass ich nicht mehr schlucken kann.

»Komm mit.« Während sie die Treppe hochstapft, redet sie weiter. »Ich war mir nicht sicher, ob ich wirklich herkommen sollte, aber ich sagte mir: ›Angenommen, sie wissen nichts davon, dann würde ich mir das ewig vorwerfen ... Denn wenn ich eine Mutter wäre ...‹ Ich laufe hinter ihr nach oben und sehe unter ihrem Rock die wellige Haut ihrer dicken Oberschenkel, die schwabbelnd die Stufen erklimmen. Soll mir fortan dieses Bild vor Augen stehen, wenn es um Gerrits Schicksal geht?«

»Betty hat mir gerade erzählt, dass ihr noch nichts wisst«, fängt sie bei Mutter an, die in der Küche steht, die Hände im Teig.

»Was wisst?« Mutter hält die Teighände hoch, als würde sie sich ergeben.

»Gerrit und seine Frau wurden verraten und an der französischen Grenze festgenommen, gerade mal zwei Tage nach ihrer Abreise. Ich habe es über mehrere Ecken gehört. Jemand hat einen Brief von Leuten aus derselben Gruppe erhalten. Mit einem kleinen Boot sind sie über verschiedene kleine Flüsse zur französischen Grenze gefahren. Dort sollte eine Person aus dem Widerstand auf sie warten. Der Kerl erwies sich als falsch. Jetzt sitzen sie alle in einem Straflager in Drancy. Tut mir leid, Jetje.«

Meine Mutter hält immer noch die Arme hoch, während sich ihr Gesicht verkrampft und die Augen sich mit Tränen füllen. Ich balle die Hände zu Fäusten. Der Hass auf diese Nichte, die es für nötig befunden hat hierherzukommen, um das kundzutun, hat mich fest im Griff. Die Bedeutung dieser Nachricht scheint nicht durchzudringen.

»Ach, ach, wie furchtbar, du wusstest es nicht«, ruft die Nichte aus. »Jette, wasch dir kurz die Hände. Komm, ich helfe dir.« Sie schiebt Mutter zum Waschbecken, wo sie den Wasserhahn aufdreht. Meine vom Schluchzen geschüttelte Mutter lässt sich von ihrer Nichte die Hände waschen. Und ich kann es nicht fassen. Ich kann nicht fassen, dass das wirklich wahr ist. Es ist nur ein Gerücht. Etwas, das diese Nichte mit ihrer Klatschsucht aufgebauscht oder sich ausgedacht hat.

Die Türglocke lässt mich aus meinen Gedanken aufschrecken. Ich renne nach unten, wo ein fröhlich lachender Leo steht. Ich bin dermaßen verwirrt über das, was sich oben abspielt, dass ich meine übliche Maske fröhlicher Unverschämtheit noch nicht wieder aufgesetzt habe.

»Guten Tag, Frau Oudkerk, Lust auf einen Spaziergang?« Ich sehe ihn offenbar so erschrocken an, dass er unsicher wird. »Wir waren doch verabredet?« Ich rieche sein Rasierwasser, frisch und würzig.

»Äh ja, natürlich ...« Soll ich es ihm sagen? Soll ich erzählen, was ich gerade über meinem Lieblingsbruder erfahren habe?

»Wenn es nicht passt, kann ich auch ein andermal wiederkommen.«

Seinen üblichen Arztkittel hat er gegen ein sportliches Poloshirt eingetauscht, aus dem seine muskulösen Arme hervorgucken.

»Nein, es passt schon.« Ich ziehe die Tür mit einem Ruck hinter mir zu. »Kommst du mit?«

Ich gehe schon los. Schritte, in denen ich mich wieder aufraffe. Ich will wieder so unwissend sein wie noch eine Viertelstunde zuvor und meine ganze Aufmerksamkeit auf die erste offizielle Verabredung meines Lebens richten.

»Koot? Das war doch früher euer Geschäft?«, stellt Leo fest, während er mich einholt.

Ich erkläre, wie es dazu kam, dass Frau Koot uns den Laden weggenommen hat.

»Was für eine Geschichte«, bemerkt Leo mitfühlend. »Und

sie hat sich auch noch eure ganzen Vorräte unter den Nagel gerissen?«

»Den gesamten Vorrat im Laden schon, aber meine Mutter hatte von Beginn des Krieges an Hunderte Konservendosen gehamstert, die dann im Keller des Geschäfts lagen. Als wir erfuhren, dass Frau Koot Verwalterin wird, haben wir sämtliche Dosen nach oben in den Wohnbereich gebracht. Während wir gerade dabei waren, auch die vielen Toilettenpapierpackungen nach oben zu schaffen, wurden wir von Frau Koot erwischt. ›Ach‹, meinte meine Mutter, ›wenn ich es mir recht überlege, dürfen Sie die gerne behalten. Dann sehen Sie mal, wie es ist, sich den Hintern mit zu diesem Zweck bestimmtem Papier abzuwischen statt mit dem *Volk en Vaderland.*‹«

Leo lacht herzhaft über meine Anekdote.

Wir laufen vorbei am Eingang des Albert-Cuyp-Markt, wo inzwischen auch ein FÜR JUDEN VERBOTEN-Schild steht. Ich berichte ihm, dass hier noch vor einem Jahr ein Drittel aller Marktverkäufer Juden waren. Dass wir hier immer unser Brot und Fleisch gekauft haben, aber dass hier kein einziges koscheres Krümelchen mehr zu finden ist.

»Bei Nummer 54, bei *Café Bakker*, ist der Treffpunkt der NSB, der *Nationaal-Socialistische Beweging*, dann weißt du schon, was es geschlagen hat. Nur die Diamantschleiferei bei Nummer 2 fährt immer noch Überstunden, um die Deutschen mit Handelsware zu versorgen und die Waffenindustrie damit vollzupumpen.«

Während wir unseren Weg fortsetzen, schildere ich meine Jugend hier in De Pijp. Dass ich als Kind täglich über den Markt stromerte, immer auf der Suche nach Obst oder Gemüse, das vom Karren gefallen war. Ich klaubte es auf und ging, sobald die Tasche voll war, in die Geschäfte und schenkte dem Metzger einen Apfel, dem Geflügelhändler eine Birne, dem Zigarrenverkäufer ein paar Pflaumen und so weiter. Jedes Mal bekam ich für mein artiges Benehmen ein paar Cent, was mir schlussendlich mehr einbrachte, als wenn ich alles verkauft hätte. Wenn ich einen Bettler sah, der nicht betrunken war, gab ich ihm mitunter die ganze Tasche voller Lebensmittel. Oder ich gab ihm das Geld, das ich bekommen hatte, aber nur, wenn er versprach, keinen Alkohol damit zu kaufen.

Leo lächelt mich an. Er findet, ich bin ein apartes Mädchen; eine Bemerkung, von der ich nicht weiß, ob sie als Kompliment gedacht ist. Trotzdem bedanke ich mich. Lieber ein apartes als ein langweiliges Mädchen.

Ich erzähle ihm, dass ich auf dem Weg zur Arbeit immer die Judensterne in der Van Woustraat zähle, weshalb ich weiß, dass die Anzahl der Juden seit Einführung des Sterns um mehr als siebzig Prozent gesunken ist. Leo, der selbst in der Rivierenbuurt wohnt, ist ziemlich erschüttert über die Metamorphose, die unser Viertel durchlaufen hat. Für mich war es ein allmählicher Prozess, aber wenn ich meinen Stadtteil durch seine Augen betrachte, wird mir bewusst, dass er sich in kürzester Zeit zu einem Judenhasserviertel entwickelt hat. Ich weise Leo auf den Manufacturenhandel Pronker hin, an dem wir vorbeikommen. Auf dem Fenster steht: JUGENDSTURMUNIFORMEN ERHÄLTLICH. Sie stellen hier nicht nur die Uniformen für die Jugendbewegung her, sondern auch all die schwarzen Hemden, die die NSB und die WA tragen. Es gibt hier noch mehr kollaborierende Händler, wie zum Beispiel das Umzugsunternehmen von Abraham Puls, der mit seinen Lastwagen alle Häuser leer räumt, aus denen Juden geflüchtet sind oder deportiert wurden. Dass er mit der Polizei zusammenarbeitet, bezweifelt mittlerweile niemand mehr. Diese befindet sich schließlich auch hier in der Gegend. Das PBA, Politie Bataljon Amsterdam, hat das Kloster auf dem Cornelis Troostplein konfisziert. Alles scheint eine andere Bestimmung erhalten zu haben. Selbst einige Straßen wurden umbenannt, weil die Deutschen keine jüdischen Maler ehren wollen. So heißt die David Blesstraat jetzt Marius Bauerstraat und die Josef Israëlskade ab sofort Tooropkade.

Neben Leo zu gehen macht mich ruhiger. Die Gespräche, die

wir führen, sind deutlich ernsthafter als die, die ich mir im Kopf zurechtgelegt hatte, in denen solche Worte wie »deutsche Besatzung« nicht vorkamen. Dieses Thema hatte ich vermeiden wollen, aber es scheint nicht möglich, jemanden besser kennenzulernen, ohne über den Einfluss zu sprechen, den der Krieg auf unser Leben hat. Anders als bei uns zu Hause, wo lieber nicht darüber geredet wird. In der Arbeit flüstern wir uns zu, was gerade vor sich geht, doch mehr, als dass wir uns die neuesten Neuigkeiten und Klatsch weitererzählen, ist das nie.

Leo und ich haben das Schild JUDENVIERTEL passiert und gelangen auf den Waterlooplein, der zurzeit »Hollywood« genannt wird, weil es hier von gelben Sternen nur so wimmelt. So voll habe ich es hier noch nie erlebt. Jüdische Geschäfte dürfen nur noch zwei Stunden am Tag geöffnet sein, und jetzt ist hier gerade Stoßzeit. Marktstände sind verboten, aber zwischen den offenen Vordächern wird hier reger Handel getrieben. Mir fällt auf, dass viele Menschen in Lumpen herumlaufen. Dieses Viertel ist deutlich ärmer als De Pijp oder das Plantageviertel. Die Häuser sind in schlechtem Zustand, viele Fensterscheiben sind zerbrochen, die Fassaden sind schwarz. Vom penetranten Geruch nach fauligem Abfall wird mir übel. Unwillkürlich rücke ich beim Gehen näher an Leo heran, um mehr von ihm und weniger von der Umgebung zu riechen.

Leo erzählt von seinem Wunsch, später ein richtig guter Arzt zu werden, und wie sehr er damit hadert, dass er nicht mehr weiterstudieren darf. Als Zehnjähriger beschloss er, dass er später Menschen heilen wollte. Nicht mithilfe von Tabletten, sondern indem er sie operieren würde. Dieser Plan entstand nicht zufällig kurz nach dem Tod seiner kleinen Schwester. Er hörte den Vater zu der Mutter sagen, dass sie noch leben würde, hätte sie einen besseren Operateur gehabt. Dies führte ihn zu der Entscheidung, Chirurg zu werden, auch wenn er den Begriff damals noch nicht kannte. Ich nehme spontan seine Hand, die ich nach ein paar Minuten wieder loslasse, weil unsere Hände schweißnass geworden sind. Keine

Ahnung, ob er so stark schwitzt oder ich, doch beide Möglichkeiten machen mich nervös.

Der Duft gerösteter Kastanien steigt uns in die Nase.

»Hast du Lust auf Maronen?« Leo will schon eine Portion bestellen.

»Du würdest die ganze Tüte allein aufessen müssen, ich hasse die Dinger.«

»Jeder mag doch Maronen?«, entgegnet Leo erstaunt.

Ich zucke mit den Schultern. »Ich bin nicht jeder. Bei uns gab es die ziemlich oft zum Abendessen, und mein Vater hat darauf bestanden, dass ich sie aufesse.« Ich spüre noch immer die rauen Brocken im Hals, derentwegen ich mich würgend durch die Mahlzeit quälte. »Zum Glück stibitzte sich mein Bruder Gerrit heimlich ein paar Kastanien, wenn meine Eltern nicht hinsahen ...«

Nachdem ich seinen Namen ausgesprochen habe, schaffe ich es mit einem Mal nicht mehr, die neuesten Nachrichten auszublenden, und ich fange unvermittelt an zu weinen. Leo erschrickt vor meinem plötzlichen Kummer und legt mir den Arm um die bebenden Schultern. Er führt mich durch die vielen Leute zu einem Hauseingang, wo er ein gefaltetes Taschentuch aus seiner Hosentasche zieht, um meine Tränen zu trocknen. Ich schäme mich für mein verweintes Gesicht und meine zweifellos wenig charmante Art und versuche zu erklären, was ich, kurz bevor er gekommen ist, erfahren habe.

»Warum hast du das nicht gleich erzählt?«, fragt Leo. »Wenn ich eine solche Nachricht erhalten würde, wäre ich völlig fertig vor Kummer, dafür brauchst du dich doch nicht zu schämen.«

»Das ist es nicht ...« Ich suche nach Worten. »Ich wollte nicht daran denken.«

»Aber Betty, schreckliche Dinge verschwinden nicht, wenn du nicht an sie denkst.« Er tupft mir mit dem Taschentuch liebevoll die Wange ab.

Ich schaue in seine azurblauen Augen und beuge mich dann

langsam vor. Noch bevor meine Lippen die seinen berühren, ertönen eine Trillerpfeife und der Befehl: »Stehen bleiben!« Kinder fangen an zu weinen, eine Frau kreischt. Durch die Masse an Menschen sehe ich einen mageren Mann in unsere Richtung rennen, dicht gefolgt von zwei Polizisten. Eine letzte Warnung. Einer der Polizisten zieht seine Pistole und schießt zweimal. Der Flüchtende fällt gegen einen Karren mit Zwiebeln, die unter dem Geschimpfe seines Besitzers über den Boden rollen. Er rappelt sich hoch und versucht wegzuhumpeln, doch die Beamten sind schon bei ihm. Mit Knüppeln schlagen sie fürchterlich auf ihn ein. Danach binden sie ihm die Hände auf den Rücken und ziehen ihn hoch. »Du kannst von Glück sagen, dass wir dich nicht erschossen haben.« Die Menschenansammlung hat sich in zwei Teile gespalten. Aus dem lebendigen Szenario Hunderter sich durcheinanderbewegender Individuen ist ein nahezu starres Bild geworden. Die Geräusche sind beinahe komplett verstummt. Dann merke ich, wo die Leute hinschauen. Durch die Menge kommt eine Gruppe Juden mit Koffern in der Hand und Rucksäcken auf dem Rücken auf uns zu. Sie werden von vier holländischen Polizisten in Schach gehalten. Als ich mich umdrehe, sehe ich, wohin sie laufen. An der Ecke stehen Lastwagen, um sie mitzunehmen.

»Weitergehen. Hier gibt es nix zu sehen!«

»Verdammt, eine Razzia«, flüstert Leo. Wie ein in die Enge getriebenes Tier schaut er sich danach um, ob er irgendwohin fliehen kann.

»Aber du hast doch eine Freistellung für deine Arbeit.«

»Ich trage keinen Stern. Er war auf meinem Kittel. Aber es war so schönes Wetter, dass ich ihn im letzten Moment ausgezogen habe.«

Jetzt erst verstehe ich seine Reaktion. Mir war noch gar nicht aufgefallen, dass er keinen Stern trägt.

»Jeder, der ihn nicht trägt, wird nach Mauthausen gebracht, auch wenn man eine Freistellung hat.« Leo schiebt mich weiter in den Eingang hinein. »Schau nicht zu ihnen hin«, zischt er mir zu. Er drückt den Mund grob auf meinen. Mein erster Impuls ist, mich aus seinem Griff zu befreien, aber dann begreife ich. Solange wir aneinander gedrückt stehen, kann niemand sehen, dass ihm der Stern fehlt. Ich gebe mich ihm hin. Seinen Händen, die meinen Kopf umklammern, seinem Mund, der wild nach mir schnappt und mir kaum Zeit zum Atmen oder gar zum Erwidern seines Kusses lässt. Dann drückt er mir die Zunge in den Mund. Vor Schreck wende ich das Gesicht ab. »Betty, bitte«, flüstert er.

»Na gut, aber ruhig, ganz ruhig.«

Erneut drückt er seinen nassen Mund auf meinen. Diesmal bin ich darauf vorbereitet, als er mit der Zunge meine Lippen berührt. Ich öffne den Mund, und wie von selbst fließen unsere Bewegungen ineinander. Das ist es also, was meine Schwester mit »echten« Küssen meinte. Das ist es, worüber die Mädchen im Kinderhaus kicherten, wenn eine einen Jungen geküsst hatte. Dieses intime Zusammenspiel zweier Münder aufeinander, Zungen, die umeinander tanzen. Glibberig und dabei so schön!

Erst als wir die Lastwagen wegfahren hören, lösen wir uns aus diesem endlosen Kuss. Minuten, die Stunden hätten dauern mögen. Danach habe ich das Gefühl, eine andere geworden zu sein.

Ziemlich schweigsam machen wir uns auf den Weg zurück zur Van Woustraat, wo er sich mit ausgestreckter Hand förmlich von mir verabschiedet. Er bedankt sich für den schönen Nachmittag und entschuldigt sich noch mal für die »Notlösung«, wie er den Kuss nennt.

»Wer war das, Betty?«, will meine Mutter wissen, als ich eintrete. Anscheinend hat sie uns durch das Fenster gesehen.

»Einfach ein Freund«, antworte ich. Dann verschwinde ich in mein Zimmer. Als mich Mutter kurz darauf zum Essen ruft, erkläre ich, dass ich krank bin. Und das ist nicht gelogen. Mir ist so übel, dass ich mich übergeben könnte. Außer mir vor Freude und tieftraurig zugleich. Das ist es wohl, was Verliebtheit mit einem macht.

Freitag, 2. Oktober 1942

Eine Freistellung ist eine vorläufige Befreiung von Deportationen in die Arbeitslager, die auf der Argumentation basiert, dass diese Personen nicht zur Verfügung stehen, da sie über den Jüdischen Rat bereits indirekt für den deutschen Arbeitsmarkt eingesetzt werden. Pimentel hat für sämtliche Pflegerinnen des Kinderhauses eine solche Freistellung organisiert. Diese gilt allerdings nur für eine Person und nicht für ihre Familienmitglieder.

Zwei Mal habe ich schon versucht, Leo im Krankenhaus zu besuchen. Das erste Mal war er nicht da, beim zweiten Mal sollte er gleich kommen. Nachdem ich eine gute Stunde auf ihn gewartet hatte, habe ich ihm eine Nachricht hinterlassen. LIEBER LEO, KÖNNEN WIR UNS TREFFEN? DU FINDEST MICH IM KINDERHAUS. LIEBE GRÜSSE, BETTY. Etwas Besseres war mir nicht eingefallen. Das ist inzwischen drei Wochen her. Die Stille ist zum Verrücktwerden. Ich habe mit Sieny darüber gesprochen, die sagt, dass ich ihn mir aus dem Kopf schlagen muss. Wenn er so wenig Interesse zeigt, lässt das nur eine Schlussfolgerung zu. Aber ich kann mich doch nicht so in meinem Gefühl täuschen? Das war echt und kann nur beiderseitig sein, oder?

Wir feiern Jom Kippur, den Tag, an dem Juden sich vor Gott zu ihren Sünden bekennen und Versöhnung feiern. Obschon »feiern« ein großes Wort ist für einen Zeitraum von vierundzwanzig Stunden, in dem nicht gegessen werden darf und man offiziell den ganzen Tag keine Schuhe tragen darf. Eigentlich darf an diesem Tag auch nicht gearbeitet werden, aber das Kinderhaus war heute zum Glück ganz normal geöffnet.

Grootje war es wichtig, dass wir diesen Tag irgendwie begehen, aber sie ist die Einzige, die den ganzen Tag barfuß und in weißem Gewand umhergeht. Engel hat sie ein Laken umgehängt, sodass sie wie ein Gespenst aussieht. Mutter, die in der Regel um des lieben Friedens willen mitmacht, kümmert sich überhaupt nicht um die betende Mutter und isst ohne Skrupel neben ihr am Küchentisch vom Eintopf.

Es tut mir gut, dass sie die auferlegten Rituale lockert. Zugleich macht es mir Angst. Mutter ist nicht mehr sie selbst. Es ist, als wäre jemand anders in ihren Körper geschlüpft. Sie spielt nicht mehr Klavier und ist die ganze Zeit mit dem Haushalt beschäftigt, etwas, das sie früher eher anderen überließ. Den lieben langen Tag ist sie beim Waschen, Bügeln, Staubwischen, Kehren, Schrubben. Jeden Morgen macht sie sich noch früher daran, das Haus tipptopp in Ordnung zu bekommen, während es längst schon in Ordnung ist. Selbst in den leeren Zimmern von Gerrit, Nol und Leni wischt sie täglich mit einem Tuch über die Möbel. Einkäufe lässt sie von Japie erledigen oder von Grootje, die sofort die Gelegenheit ergreift, Engel an die frische Luft zu bringen, etwas, was sie früher unsinnig fand, doch selbst ihr wird es im Haus zu stickig. Ich bin froh, dass ich morgens das Haus verlassen kann, um in das Kinderhaus zu gehen, in dem mittlerweile viel weniger Kinder sind und immer weniger Betten, Tische und Stühle besetzt sind.

Die Leute erhalten nicht einmal mehr eine Aufforderung, wie es vor dem Sommer noch üblich war. Die meisten Juden haben ihre Tasche mit Kleidung, Essen, Schuhen und Toilettenartikeln seit Wochen an der Wohnungstür stehen. Man weiß nie, wann bei einem geklingelt wird, daher sollte man möglichst vorbereitet sein. Nol, Leni und ich haben dank unserer Arbeit einen Freistellungsstempel in unseren Ausweis bekommen, aber für Mutter, Grootje, Engel und Japie haben wir keinen beschaffen können. Trotzdem stehen ihre Koffer nicht im Flur bereit. Mutter lehnt das ab.

Es ist zehn Uhr abends, und ich will gerade zu Bett gehen, als ich Lastwagen höre. Zurzeit achten wir auf jedes Geräusch. Vor einer Woche wurde um dieselbe Zeit bei den Nachbarn geklingelt, bei Familie Overvliet. »Kinderschwesterchen« nennt mich Herr Overvliet immer. Meine Eltern hatten zu den Overvliets stets ein gutes Verhältnis, und als es noch erlaubt war, kauften sie oft in unserem Laden ein. Über ihnen wohnte ein jüdisches Ehepaar, das ohne Pardon von der holländischen Polizei abgeholt wurde, die derzeit ganz und gar dazu eingesetzt wird, der Ordnungspolizei zu helfen. Am Tag danach habe ich sofort einen Brief an meine alte Schulfreundin Tineke Baller geschrieben, in dem ich sie bat, mit ihrem Vater zu sprechen. Das Wort »untertauchen« habe ich mich nicht zu Papier zu bringen getraut. Ich habe noch keine Antwort von ihr erhalten. Und jetzt ist es vielleicht zu spät.

Ich renne zum Fenster, um hinter dem Vorhang hinauszuschauen. »Warte, Betty!«, ruft Mutter nervös. »Erst die Lichter ausmachen.« Als Decken- und Tischlampen verloschen sind, schiebe ich den Vorhang ein Stück zur Seite. Auf den unbeleuchteten Straßen kann ich, außer den Scheinwerfern der Lastwagen, kaum erkennen, was vor sich geht. Ich kippe das Fenster. Im Lauschen bin ich inzwischen richtig gut geworden. Schritte, die zielgerichtet gehen, um die dreißig, vierzig Meter von unserem Haus entfernt. Hämmern an einer Tür.

»Aufmachen«, hallt eine Männerstimme in der leeren Straße wider.

Ich lasse den Vorhang fallen. »Ihr müsst euch verstecken, bevor sie hierherkommen.«

»Kommt nicht infrage«, höre ich Grootjes Stimme aus dem Dunkel.

»Ich seh nix«, meint Engel.

»Du siehst nie etwas, Engel«, erwidert Mutter schnippisch.

Grootje knipst die Tischlampe an.

»Mutter, lass das Licht aus«, schimpft Mutter.

»Engel sieht nix.«

Mutter will die Lampe wieder ausmachen, aber Grootje hält sie zurück.

»Lass gut sein, Mutter«, flüstere ich. »Die Vorhänge sind ja jetzt zu.«

Erneut Gebrüll der holländischen Beamten.

»Aufmachen, Polizei!« Dann ein harter Schlag. Ich höre aufgeregte Frauenstimmen, fluchende Männer. Polizisten, die warnen, dass sie im Falle von Widerstand Gewalt anwenden müssen.

Japie fängt an, nervös im Zimmer auf und ab zu gehen. »Jetzt sind wir dran, sie kommen uns holen.«

Ich laufe zu ihm und drücke ihn auf das Sofa. »Ganz ruhig, Japie. Sie kommen bestimmt nicht wegen uns.« Mutter geht zum soundsovielten Mal mit einem Tuch über den Wohnzimmertisch und das Büfett, Grootje betet, und Engel starrt teilnahmslos vor sich hin.

Der Lärm vom Hämmern an Türen, von barschen Befehlen und panischen Reaktionen wird immer lauter. Niemand im Zimmer macht mehr einen Mucks. Ich drücke den bebenden Körper meines kleinen Bruders fest an mich. Unsere Herzen klopfen ängstlich gegeneinander an. Dann klingen die Stimmen plötzlich sehr nahe.

»Guten Abend, wir sind gerade dabei, die Straßen sauber zu fegen.«

»Guten Abend, die Herren, alles in Ordnung?«, grüßt Herr Overvliet die Beamten freundschaftlich. »Viele wohnen hier nicht mehr, oder? Wie viele habt ihr denn auf der Liste stehen?«

Dann wird einiges hin und her gemurmelt, was ich nicht verstehen kann. Bis ich unseren Namen höre. »Die Oudkerks, nein, nicht gesehen. Sind die nicht schon weg?« Der Mann weiß nur zu gut, dass wir zu Hause sind.

»Haben Sie keinen Schlüssel?«, wird er gefragt.

»Einen Schlüssel? Nein, den habe ich nicht. Ich kann aber kurz helfen, wenn Sie die Tür aufbrechen wollen.«

Warum schlägt er das vor?

»Nur momentan kommt es mir nicht so gelegen«, erklärt der Nachbar. »Meine Frau liegt im Bett, sie ist schon seit Tagen fiebrig. Ich weiß nicht genau, was sie hat.« Seine Frau ist nicht krank, ich habe sie heute Morgen noch laufen sehen.

Ich drücke meinen Bruder noch fester an mich. Ein Schluchzen entringt sich seiner Kehle. »Schsch, ich bin ja da, alles wird gut«, flüstere ich. Ich mache mich auf das Geräusch der Türglocke gefasst. Aber nichts geschieht. Wir hören noch etwas Gebrüll, und dann werden die Lastwagen wieder gestartet, bis sich das Brummen der Motoren schließlich langsam entfernt.

Erst als ich die Rücklichter immer kleiner werden sehe, wage ich, wieder zu atmen. Schwindelig von der plötzlichen Sauerstoffzufuhr lasse ich meinen Bruder los. Niemand sagt etwas. Noch wackelig stehe ich auf und wende mich an Mutter. »Siehst du nun? Ihr müsst fliehen, oder wolltest du im Ernst mit Oma und Engel in ein Arbeitslager deportiert werden?«

Grootje sitzt noch immer bebend auf dem Stuhl und betet. Engel sieht mich verkniffen an. »Sprich nicht so mit deiner Mutter!« Sie erhebt selten die Stimme, aber jetzt hat sie die Stimmbänder angespannt, um mir eine Standpauke zu halten.

Ich werfe Japie einen verzweifelten Blick zu, der diesen ebenso verzweifelt erwidert.

»Ich gehe nicht«, verkündet er dann entschieden. »Was ihr tut, müsst ihr selbst wissen, aber ich gehe nicht.«

Montag, 5. Oktober 1942

Die von den Lagerinsassen angelegten Gleise in Westerbork sind fertig, sodass es jetzt einen direkten Anschluss an die Linie Meppel-Groningen gibt. In der Nacht vom 2. auf den 3. Oktober, an Jom Kippur, wurden sämtliche anderen Arbeitslager in den Niederlanden geräumt, und die Männer durften wieder mit ihren Frauen und Kindern zusammenkommen, die bereits in Westerbork waren. Wir haben gehört, dass die Familien aus dem mittlerweile überfüllten Lager zu Hunderten nach Deutschland und Polen weitergeschickt wurden. Was sich dort genau abspielt, wissen wir in den Niederlanden nicht.

Als ich an der Plantage Middenlaan ankomme, steht eine lange Schlange vor der Drehtür an der Schouwburg. Einer nach dem anderen verschwinden die Menschen durch das schwarze Loch. Das Monster wird wieder reichlich gefüttert. Familien mit Kindern, Ältere, Schwangere, Babys. Sie verschwinden sämtlich in seinem Maul. Ich kann es nicht mitansehen und flüchte ins Kinderhaus.

Dort wird meine Stimmung nicht besser. Ich treffe auf weinende Kinderpflegerinnen, deren Eltern, Brüder und Schwestern an diesem Wochenende abgeholt wurden. Wir sprechen miteinander, aber was soll man da sagen? Sieny berichtet, dass das die bislang größte Razzia gewesen ist, für die das gesamte niederländische Polizeikorps ausgerückt war. Gehört hat sie das von Laufburschen des Jüdischen Rats, Jungs in unserem Alter, die uns Einkäufe bringen und andere kleine Aufgaben erledigen. Diese haben es wiederum von jemandem bei der Expositur, der jüdischen Abteilung der Zentralstelle. Pimentel erklärt, dass wir wie immer an die Arbeit gehen müssen. Dass die Kinder angesichts unserer Tränen völlig verstört sind. Wir müssen ihnen Frohsinn geben, wie an anderen Tagen auch.

»Wir sind keine Maschinen«, erwidere ich patzig.

»Nein, Betty, aber ihr seid doch wohl mittlerweile professionelle Kinderpflegerinnen, oder? Und keine Amateure.« Ein verkniffener Zug um ihren Mund verrät ihren Ärger. »Gut, an die Arbeit, meine Damen!«

Bevor sie den Raum verlässt, nimmt sie mich beiseite. »Um elf Uhr in meinem Büro.«

Ich habe mich wieder gehen lassen. Vielleicht ist dies der Tropfen, der das Fass zum Überlaufen bringt, und sie wird mich entlassen. Dann habe ich auch keine Freistellung mehr.

In Pimentels Zimmer sitzen zu meiner Überraschung auch Sieny und Mirjam auf der Couch. Die stille, in das Sofa versunkene Mirjam wirkt blass neben der stolzen Sieny, die etwas Graziöses an sich hat, mit dem geraden Rücken, den hochgezogenen und schräg angewinkelten Beinen und dem klassischen Gesicht. Mich finden sie spontan, sinnlich, witzig, aber Sieny ist elegant, mysteriös, unerreichbar.

Ich lasse mich neben Sieny auf das Sofa fallen, worauf sie mich kurz anstößt und mir einen Blick zuwirft, der mir verrät, dass auch sie nicht weiß, warum wir hier sitzen. Dass Mirjam und Sieny auch hier sind, erleichtert mich einigermaßen. Die Direktorin hat uns nicht zu dritt zu sich gerufen, um mich zu entlassen.

Pimentel nimmt im Sessel uns gegenüber Platz und fängt an zu sprechen. »Euch ist sicherlich aufgefallen, dass in diesem Gebäude immer weniger Kinder sind.« Ein kurzes Seufzen entkommt ihren Lippen. »Eine Situation, die uns nicht gerade heiter stimmt, um es milde auszudrücken. Ich brauche euch nicht zu erklären, dass all das mit dem zusammenhängt, was sich in der Schouwburg abspielt.«

»Ich habe schon Kinder auf der anderen Seite hineingehen sehen, die zuvor noch hierher kamen«, bemerkt Sieny.

»Das ist richtig, Sieny. Viele Kinder, die sich bei mir abmelden, werden ein paar Tage später in die Schouwburg gebracht, wo sie tage-, manchmal sogar wochenlang warten müssen, bis sie deportiert werden. Und das, obwohl es dort kaum sanitäre Einrichtungen gibt und schon gar nicht für die Kleinen unter sechs Jahren. Mirjam kann das bestätigen, denn sie ist bereits etliche Male drinnen gewesen, um ein krankes Baby ins Krankenhaus zu bringen, nicht wahr, Mirjam?«

»Stimmt. Die Schouwburg ist überfüllt und dreckig ... Kinder gehören da ganz bestimmt nicht hin«, bemerkt sie tonlos.

»Wir werden euch die Details ersparen«, fährt Pimentel fort, »aber seid in jedem Fall auf bitteres Elend gefasst. Ich habe mit dem Aufseher der Schouwburg, Herrn Walter Süskind, gesprochen, und um es kurz zu machen: Wir haben von Hauptsturmführer aus der Fünten die Genehmigung erhalten, die Kinder, die dort auf ihre Deportation warten, so lange bei uns unterzubringen. Die Situation ist verrückt: Mein Kinderhaus für arbeitende Mütter schließt und wird zu einer Dependance für Kinder, die in der Schouwburg auf die Abfahrt ihres Zuges warten.« Pimentel schüttelt kurz den Kopf, als säße dort eine Fliege, die sie ärgert. Dann holt sie tief Luft und spricht weiter. »Kurzum. An der täglichen Praxis wird sich wenig ändern; einige der Kleinen kennt ihr schließlich bereits. Was sich allerdings ändert, ist, dass wir hier fortan auch Kinder zwischen sieben und dreizehn Jahren aufnehmen. Damit das alles so gut wie möglich abläuft, wollte ich euch drei darum bitten, diesen Prozess zu begleiten. Neben den regulären Aufgaben hier im Haus werdet ihr auf der anderen Seite Ansprechpartner für die Eltern sein. Ihr werdet die Erlaubnis haben, zwischen der Schouwburg und dem Kinderhaus hin und her zu laufen, um die Kinder abzuholen und wieder zurückzubringen, sobald der Zeitpunkt ihrer Abreise gekommen ist. Demnach werdet nur ihr drei dazu befugt sein, in die Schouwburg hinein- und wieder hinauszugehen. Fragen?«

Sieny hebt die Hand. »Ab wann tritt das in Kraft?«

»Ab übermorgen. Das bedeutet, dass das Kinderhaus in der heutigen Form noch genau« – sie blickt auf ihre kleine goldene Armbanduhr – »einen Tag und sechs Stunden geöffnet sein wird. Noch jemand?«

Keine von uns sagt etwas. Als Pimentel Luft holt, um weiterzusprechen, frage ich schnell: »Warum wir?«

Pimentel mustert mich mit einem seltsamen Gesichtsausdruck. Die Welle, die das silbergraue Haar stets auf ihrem Kopf bildet, gleicht einem Fragezeichen, die gerunzelte Stirn einem Punkt.

»Fischst du nun nach Komplimenten, Betty?«

»Nein, nein«, stammle ich beschämt. »Ich möchte nur wissen, warum Sie denken, dass ich für diese Aufgabe geeignet bin, damit ich mich besser vorbereiten kann.«

»Aber Betty, das weißt du doch. Du hast vor niemandem Angst. Nicht einmal davor, mir zu widersprechen.« Im gleichen Atemzug spricht sie weiter. »Und jetzt wieder an die Arbeit, Mädels.«

Wir stehen gleichzeitig auf, wobei ich sofort wieder nach hinten kippe, weil ich meine Füße zu weit unter das Sofa gesteckt hatte. Ich fühle mich tollpatschiger denn je.

Während Mirjam und Sieny schon fast zur Tür hinaus sind, erhebt Fräulein Pimentel noch einmal die Stimme: »Meine Damen, ich habe noch etwas vergessen. Die Kinder werden auch nachts hierbleiben. Das bedeutet, dass auch ihr künftig hier wohnen werdet. Denkt ihr, eure Eltern werden dem zustimmen?«

Mein erster Gedanke gilt Japie. Außer Haus zu wohnen bedeutet, Japie im Stich zu lassen. Mein kleiner Bruder, um den ich mich seit seiner Geburt gekümmert habe, den ich im Puppenwagen geschoben, dem ich die ersten Worte beigebracht und mit dem ich so unglaublich viel Unfug angestellt habe. Wie wird es ihm ergehen, wenn ich nicht mehr da bin, um ihn zu trösten und ihn aufzumuntern …? Dennoch, je länger ich darüber nachdenke, desto leichter wird mir zumute. Ich darf unser düsteres Haus verlassen. Ich muss nicht mehr jeden Tag an der Auslage unseres alten Geschäfts vorbei, in der die Witwe Koot regelmäßig eine Schaufensterpuppe umkleidet und mir einen hochmütigen Blick zuwirft. Wo die großen Porträts von Mussert und Hitler hinter dem Tresen durch die Schaufensterauslage zu sehen sind. Wo sie steht und Däumchen dreht, weil sie nicht einmal ein Viertel unserer Kundschaft hat. Und wo sie sich nach Ladenschluss in einem teuren Boliden von ihrem NSB-Freund abholen lässt, der ein Mal nach mir gespuckt hat. Ich muss mich nicht mehr Tag für Tag zusammenreißen, ihr keinen Stein durch die Scheibe zu werfen. Nachts nicht mehr stundenlang mit erhöhtem Adrenalinspiegel wach liegen, ausgelöst von meinen massiven Mordgedanken. Nicht länger den Kummer meiner Mutter mit ansehen, die nur noch ein Schatten jener schönen Frau ist, die meine Kindheit so sonnig machte. Oder Grootjes lächerlichen Stolz, der jeglicher, aber auch wirklich jeglicher Grundlage entbehrt. Weil da nichts ist, worauf sich dieser Hochmut noch stützen könnte, da wir tiefer und immer tiefer sinken. Jeden Tag aufs Neue. Ich brauche mir die leeren Betten von Vater, Gerrit, Nol und Leni nicht länger anzusehen. Lieber, viel lieber hinterlasse ich selbst ein leeres Bett.

Ich habe meinen Vortrag gut vorbereitet. Zur Unterstützung meines Plädoyers hat mir Fräulein Pimentel einen Brief mitgegeben, in dem steht, dass die Bitte, ich möge fortan im Kinderhaus wohnen, von ihr kommt und dass dies der Beruhigung jüdischer Kinder in diesen unruhigen Zeiten dient. Überdies führt sie darin an, ich würde mich durch mein flexibles Wesen und meine lösungsorientierte Herangehensweise besonders gut für diese wichtige Aufgabe eignen.

Mit ihrem Schreiben in der Handtasche laufe ich nach Hause, um mir die Erlaubnis zu holen. Für die Strecke, die mich normalerweise fast vierzig Minuten kostet, benötige ich heute nur zwanzig Minuten. Als ich mich unserem Haus nähere, halte ich eine Hand neben mein linkes Auge und forme damit eine Art Scheuklappe, wie Pferde sie tragen, und passiere so den Laden. Dann renne ich durch den Hauseingang die Stufen hinauf, wo ich meine Mutter hinter dem Küchenherd erwarte und Grootje und Engel am Küchentisch mit einer Schüssel Bohnen und Kartoffeln.

Aber die Küche ist leer. »Mutter?«

Aus dem Wohnzimmer ertönt Gepolter. »Pass doch auf!«, höre ich Grootje.

Ich stecke den Kopf um die Ecke. »Grootje, weißt du, wo Mama ist?«

»In der Synagoge«, antwortet Grootje, während sie sich über eine Wolldecke beugt. »Kannst du mir bitte kurz helfen, Betty?«

»Warum ist Mutter in der Synagoge?« Dort ist sie schon seit Wochen nicht mehr gewesen.

»Ich habe sie hingeschickt. Betty, hilf mir bitte kurz, Engel ist gestürzt.«

»Gestürzt?« Ich eile zu ihr.

»Ich habe nur ein Plaid über sie gelegt. Mit meinem Rücken konnte ich sie nicht hochheben ...«

Dann erst bemerke ich das kleine Häuflein Mensch unter der Decke, gleich neben Vaters Rauchersessel.

»Wie ist denn das passiert?«, frage ich, während ich mit Grootje den zerbrechlichen Körper hochhieve.

»Wenn ich das wüsste, würde ich es dir sagen«, gibt Grootje nüchtern zurück. »Im einen Moment sitzt sie noch da im Sessel, im nächsten liegt sie daneben.«

Vorsichtig setzen wir sie in den Sessel.

»Lellit, alme lellit«, jammert Engel.

»Verstehst du, was sie sagt?«, erkundige ich mich bei Grootje.

»*Aucune idée!*« Keine Ahnung.

»Hast du irgendwo Schmerzen?«, wende ich mich an Engel.

»Lellit, nich lellit«, murmelt Engel wieder und schlägt sich die Hände vor das Gesicht.

»Vielleicht hat sie eine Gehirnblutung«, mutmaße ich.

»Das glaube ich nicht. Dafür müsste das Blut durch die

Adern fließen können, es darf noch nicht geronnen sein«, erwidert Grootje.

»Na sag mal, das ist aber nicht nett!« Ich erschrecke vor meiner heftigen Reaktion auf meine Großmutter. Es gilt das ungeschriebene Gesetz, dass man ihr nicht widerspricht, auch dann nicht, wenn sie den größten Unsinn von sich gibt. Instinktiv mache ich mich auf eine scharfe Entgegnung gefasst. Aber Grootje konzentriert sich weiterhin auf Engel, die wacker versucht, sich aus dem Sessel hochzudrücken.

»Jetzt bleib sitzen, bis du dich beruhigt hast, Engel. *Allez*!«

Etwas auf dem Parkettboden erregt meine Aufmerksamkeit. »Ist das eine Maus?«

Grootje lässt sich unverzüglich hintüber auf das Sofa fallen und wirft die Beine in die Luft. Sie hat eine Höllenangst vor Mäusen, weil bei ihrem verstorbenen Mann – meinem Großvater, den ich nie kennengelernt habe – einmal eine Maus das Hosenbein hochgeschossen ist, direkt in Richtung seiner Schamgegend, aber so weit hat mein Opa sie nicht kommen lassen. Denn er hat sie – patsch! – auf seinem Oberschenkel erschlagen. Laut meiner Großmutter muss es eine ziemliche Sauerei gewesen sein, doch bis zu seinem »Glockenspiel« war das Biest zum Glück nicht vorgedrungen.

»Wo, wo?«, ruft Großmutter panisch. Ich zeige auf das graue Ding neben dem Sofa, auf dem Grootje Zuflucht gesucht hat. Grootje beugt sich vor, um es besser sehen zu können, und ruft dann erfreut: »Da ist dein Gebiss, Engel!« Dann zu mir: »Danach haben wir den ganzen Nachmittag gesucht.«

Nachdem Grootje die verschmutzte Prothese unter dem Wasserhahn abgespült hat, schiebt sie sie ihrer alten Bediensteten in den Mund. »So, jetzt kannst du wieder plappern«, bemerkt sie, während sie Engel ermutigend über den weißen Haarschopf streicht.

»Armer Gerrit«, redet Engel sofort drauflos. Gerrit ist ihr Liebling, um ihn hat sie sich am längsten gekümmert.

»*Tais-toi!* Darüber wollten wir nicht mehr sprechen, weißt du noch?«

»Was ist mit Gerrit?«

Grootje schüttelt heftig den Kopf. »Gar nichts ist mit Gerrit. Ja, er lebt noch. Das sind gute Neuigkeiten, oder?« Sie rückt ganz nahe an Engel heran und wiederholt noch mal laut: »Gute Neuigkeiten!«

Als ob die Arme nicht blind wäre, sondern taub.

»Grootje, was habt ihr erfahren?«

Sie seufzt tief und geht dann mit wackeligen Schritten, wie jemand, der zu viel Gewicht mit sich herumschleppt, zur Anrichte, wo sie eine Postkarte holt. »Er hat eine Nachricht geschickt. Alles in Ordnung, er braucht nur einen Anzug. Hier, lies selbst.«

Gerrit lebt! Er hat es geschafft! Na bitte, meinen Bruder kriegen sie nicht so schnell. Er war immer schon schlauer und mutiger als alle anderen, die ich kenne. Mein Held! Grootje überreicht mir die abgegriffene Karte mit dem Gekritzel, aus dem ich ohne Zweifel die Handschrift meines Bruders erkenne, allerdings noch schlampiger, krakeliger. LIEBE MUTTER, WIR SIND IN DRANCY, steht darauf geschrieben, KANNST DU MIR EINEN ANZUG BESORGEN? GRÜSSE AN DEN REST DER FAMILIE. Kein einziges Wort speziell an mich. Er hat nicht mal meinen Namen erwähnt. Und wieso einen Anzug? Wofür, in Gottes Namen, braucht Gerrit in Drancy einen Anzug? »Wo liegt Drancy?«

»Bei Paris, ich habe bereits alles in Erfahrung gebracht.«

»Dann ist es doch wirklich eine gute Nachricht.«

»Frankreich ist auch von den Deutschen besetzt, Betty. Lies mal Zeitung! Und dieses Drancy ist kaum besser als ein Konzentrationslager.«

Ein Wort, bei dem sich mir sofort der Magen umdreht. Engel fängt an zu weinen.

»Aber er braucht einen Maßanzug«, erwidere ich nachdenklich. »Also hat er vielleicht eine gute Anstellung erhalten ...«

»Das habe ich deiner Mutter auch erklärt. Aber sie jammerte nur immerfort etwas von ›schlechte Nachrichten, schlechte Nachrichten.‹ Ich sage: ›Das weißt du nicht, Jette. Hör auf!‹ Also habe ich sie in die Synagoge geschickt.« Ächzend sackt Grootje auf das Sofa und verschränkt die Arme unter der Brust. »Das kommt davon, wenn man Gott im Stich lässt, dann lässt Er einen auch fallen, und dann hat man die Dinge nicht mehr im Griff. Verstehst du, was ich meine, Betty? Ich halte das Ganze nur deswegen aus, weil ich weiß, dass Gott neben mir steht und ich regelmäßig mit Ihm in Kontakt bin. Aber offensichtlich bin ich hier die Einzige, die den Kopf noch nicht komplett hängen lässt.«

Erst gegen acht Uhr, kurz bevor die Abendglocke ertönt und wir mit Engel und Japie – der inzwischen nach Hause gekommen ist – bei einer Mahlzeit aus trockenem Brot und gepökeltem Fisch sitzen, kommt Mutter in die Küche. Ihr Gesicht ist fleckig, unter ihrem Hut gucken ein paar zerzauste Haarbüschel hervor. »Kinder, Gerrit sitzt in der Klemme«, wendet sie sich an Japie und mich.

Japie, der die Neuigkeit mittlerweile erfahren hat, reagiert gedämpft. »Wenn er einen Anzug braucht, wird es schon nicht so schlimm sein, oder?«

Ich weiß nicht, ob Japie das selber glaubt, aber es ist jedenfalls das, was Grootje ihm eingeflüstert hat.

»Ich habe in der Synagoge gehört, dass er und Lous in Paris im Kino waren. Dass sie in einer Brasserie in der Nähe des Eiffelturms gegessen und Lous' Familie auf der Avenue des Champs-Elysées getroffen haben. Versteht ihr das?«

Niemand antwortet. Ich schiebe den Teller von mir weg, keinen Hunger mehr.

Mutter spricht weiter. »Warum hatte er keine Zeit, uns anzurufen, aber konnte sehr wohl Urlaub in Paris machen? Warum bekommen wir erst jetzt eine Nachricht von ihm, da er in einem Lager ist und Kleidung benötigt? Diese Geschichte stimmt hinten und vorne nicht!«

Engeltje fängt wieder an zu weinen.

»Kind, setz dich und iss etwas. Das erscheint mir vernünftiger«, meint Grootje, während sie den Stuhl für ihre Tochter zurückschiebt. »Es ist ein gutes Zeichen, dass du wieder gebetet hast. Das ist ein Anfang. Alles wird sich zum Guten wenden, solange du dir den Glauben an Gott bewahrst.«

Mutter schlägt die Augen nieder und rückt an den Tisch. Zum ersten Mal sehe ich nicht meine Mutter, sondern Grootjes Kind. Eine Tochter, die bockig ist wie ich, die dazu gezwungen wird zuzuhören. Sie ist mit ihrer Mutter nicht einer Meinung, aber sie ist zu müde, um noch etwas dagegenzuhalten.

»Mutter, ich ziehe aus.« Schlagartig gibt Mutter ihre passive Haltung auf und fällt zurück in die Rolle, die ich von ihr gewohnt bin.

»Ausziehen? Lass doch den Quatsch, Betty!«

Ich hole Pimentels Schreiben, das ich schon die ganze Zeit griffbereit hatte, aus meiner Küchenschürze und falte es auseinander. »Das ist die Bitte der Direktorin«, erkläre ich, während ich ihr den Brief feierlich überreiche.

»Es wurden nur drei Mädchen ausgewählt, es ist also wirklich eine Ehre. Und ich kann an meinen freien Tagen vorbeikommen ...«

Mutter blickt verwundert zu mir auf, als ob die Bedeutung meiner Worte nicht im Einklang mit der schlechten Nachricht steht, wie sie im Brief zu lesen ist.

»Du sollst ab jetzt im Kinderhaus schlafen?«

»Das kannst du nicht machen«, ruft mein Bruder aus. »Dann bin nur noch ich übrig!«

»Es tut mir leid, Japie.« Ich habe aufrichtiges Mitleid mit ihm. Soll ich für ihn auf meine Mission verzichten?

»Du bist eine der jüngsten Kinderpflegerinnen, lass sie eine ältere nehmen«, verfügt Grootje in einem Ton, der keine Widerrede duldet. »Überdies, wer soll uns sonst hier helfen? Oder glaubst du, dass Engel bei der Arbeit noch richtig zupacken kann?«

»Ich kann putzen«, wendet Engel ein. »Und einmachen.«

»Du kannst schon lange nicht mehr einmachen, Engel. Ganz abgesehen davon, dass es nur noch wenig einzuwecken gibt in letzter Zeit. Aber davor muss erst alles ausgekocht werden, und das ist zu gefährlich für dich. Weißt du noch, wie du die Pflaumen so lange auf dem Herd hattest, bis sie trocken gekocht waren? Damals wäre fast das ganze Haus abgebrannt, und wenn ich nicht im Laden gerochen hätte, dass oben etwas schiefläuft, hätte es ziemlich böse enden können ...«

Während meine Großmutter noch weiter über das lamentiert, was Engel alles nicht mehr kann, betrachte ich aufmerksam meine Mutter, die immer noch auf das Blatt starrt. Dann hebt sie das Kinn und verkündet: »Es ist gut, pack ruhig deine Sachen, Betty.«

Grootje bricht sofort ihre Ausführungen gegenüber ihrer Bediensteten ab. »Ich dulde es nicht. Oder habe ich heutzutage nichts mehr zu sagen in diesem Haus?«

»Wenn es um dieses Thema geht nicht, nein. Betty geht«, entgegnet Mutter ruhig. »Sie hat dadurch größere Chancen, in Amsterdam bleiben zu dürfen. Und Schluss.«

Dann steht sie auf und fängt an, den Tisch abzuräumen. Ich würde am liebsten zu ihr laufen und sie umarmen, aber das würde Grootjes Beleidigung nur noch verstärken. Also bleibe ich sitzen und erkundige mich, ob noch jemand eine Tasse Tee möchte.

»Miststück«, schreit Japie und rennt daraufhin fassungslos in sein Zimmer.

Später möchte ich ihn in seinem Zimmer besuchen, aber als ich die Klinke seiner Tür herunterdrücke, merke ich, dass er abgeschlossen hat. »Japie, bitte mach auf.«

Die einzige Reaktion darauf ist: »Geh weg, du blöde Schwester!«

Dienstag, 6. Oktober 1942

Das Kinderhaus an der Plantage Middenlaan, in der die Kinder von arbeitenden jüdischen Eltern betreut werden, schließt heute seine Pforten.

In der Hektik der letzten Tage, in denen das Kinderhaus einfach noch ein Kinderhaus ist, habe ich kaum Zeit nachzudenken, geschweige denn, mich mit diesem blöden Leo auseinanderzusetzen. Es ist taktlos, mich erst in dem Glauben zu lassen, er fände mich nett, um dann jeden Kontakt zu vermeiden. Ich würde es sogar unverschämt nennen, dass er sich nicht einmal nach meinem Brief blicken lässt. Ja, ich bin ziemlich verärgert darüber. Dennoch macht mein Herz einen gehörigen Sprung, als mir eine Kollegin durch die Tür zuruft, dass Besuch für mich da ist. Ich eile ins Bad, um einen Blick in den Spiegel zu werfen. Meine Zunge fährt über die Lippen, damit sie glänzen, ich kneife mir in die Wangen, um ihnen etwas Farbe zu verleihen, und rücke meine Haube zurecht. Dann gehe ich zur Haustür.

Anstelle des hübschen Arztes in Ausbildung steht dort meine Freundin, die ich schon seit anderthalb Jahren nicht mehr gesehen habe. »Tineke!« Ich breite die Arme aus, aber sie bleibt reserviert vor mir stehen.

»Darf ich reinkommen?«

»Natürlich, bitte sehr«, erwidere ich ein wenig verwirrt, weil meine spontane Geste nicht beantwortet wird. Sollte sich auch meine Freundin verändert haben?

Im Personalraum entspannt sie sich zum Glück und ist wieder die mir vertraute Tineke, mit der ich immer so viel Spaß in der Schule hatte.

»Ich kann nicht glauben, wie groß du geworden bist«, stelle ich fest. »Haben sie dich mit Rüben gefüttert?«

Tineke lacht, sodass ihr unregelmäßiges Gebiss zum Vorschein kommt. »Nun ja, du bist aber auch ganz schön gewachsen, Betty.«

»Ja, in die Breite und nach vorne«, entgegne ich, während ich mit den Händen demonstrativ erst meine Hüftweite und dann meine Brüste hervorhebe.

Tineke schüttelt den Kopf. »Du hast dich kein bisschen verändert. Unglaublich, wenn man bedenkt...« Sie schlägt die Augen nieder.

»Wenn man bedenkt, was hier los ist?«

Sie nickt und blickt mich dann wieder mit ihren hellblauen Augen an.

»Ich habe deinen Brief bekommen und mit meinem Vater gesprochen. Er hat versprochen zu helfen.«

Ich nehme ihre Hände. »Danke schön, Tineke. Ich wusste, dass ich auf euch zählen kann.«

»Vater hat allerdings auch gemeint, dass es keinen Kontakt mehr zwischen unseren Familien geben darf. Komm, wenn es so weit ist, über die Hintertür zu unserem Haus. Du weißt, wie du dort hingelangst.«

»Ja, über unseren Geheimpfad.« Obwohl dieser Pfad, den wir selbst angelegt haben, indem wir Sträucher aus der Erde gerissen, Unkraut platt getrampelt und Zweige abgebrochen haben, sicherlich längst wieder überwuchert ist, würde ich die Rückseite ihres Hauses auch blind finden.

Nachdem wir alles besprochen haben, geht Tineke so eilig weg, wie sie gekommen ist. Das Zusammentreffen hat für etwas Belebung, einen kleinen Lichtblick an diesem bedrückten Tag gesorgt. Gleichzeitig hat mir Tinekes Besuch noch mehr vor Augen geführt, wie sehr sich mein Leben im Gegensatz zu ihrem verändert hat. Sie lebt mehr oder weniger noch einfach ihr altes Leben weiter, während wir immer weiter auf die Schattenseite des Seins gezogen werden, bis wir irgendwann nur noch von Finsternis umgeben sind. Der Abschied von den Kindern, die häufig schon vom Säuglingsalter an täglich hier waren, macht mir das Gemüt noch schwerer. Es gibt ein ganz schönes Geheule unter den Kindergartenkindern. Auch die Kleinkinder, die nicht ganz begreifen, was los ist, lassen sich von dem Kummer anstecken und brüllen noch eine Spur lauter mit. Eine junge Kinderpflegerin, die erst seit ein paar Monaten hier arbeitet, fängt ebenfalls heftig an zu weinen. Bis Pimentel sie beiseitenimmt und ihr in strengem Tonfall erklärt, dass sie sich zusammenreißen muss. Das arme Schaf erschrickt dermaßen durch den Tadel, dass sie ihre Tränen grob wegwischt und die Kiefer fest aufeinanderpresst. Aber sobald die Direktorin aus dem Raum ist, fängt sie wieder mit bebenden Schultern an zu schluchzen.

Als es so weit ist, dass ich Abschied von Greetje nehmen muss, habe auch ich einen kurzen, schweren Moment. Das Mädchen hört nicht auf zu rufen: »Greetje bleiben, Greetje bei Betty bleiben.« Um mich danach so fest zu packen, dass sie die Haut meiner Arme zu Mus quetscht.

»Aua, Greetje, lass mich los, Schatz.« Ich versuche, ihre kräftigen Finger von mir zu lösen. »Greetje, das tut Betty weh.«

Aber Greetje geht so in ihrem Elend auf, dass sie mich nicht hört. Mit zugekniffenen Augen, den roten, erhitzten Kopf im Nacken und mit weit geöffnetem Mund stößt sie dermaßen viele Dezibel aus, dass mir die Ohren davon dröhnen.

»Greetje, sei ruhig. Greetje ...« Wie kann ich sie aus ihrem Zustand holen? Ich atme tief ein und puste ihr fest ins Gesicht, wodurch sie erschrickt. In das Erstaunen sage ich schnell: »Wir werden uns wiedersehen! Wenn der Krieg vorbei ist, darfst du wieder jeden Tag zu Betty kommen.« Obwohl sie nach Luft schnappt, um erneut die Sirene erklingen zu lassen, dringt die Bedeutung meiner Worte gerade noch rechtzeitig zu ihr durch.

»Wirklich!«, merke ich an, um meinen Worten mehr Kraft zu verleihen.

Ihr Griff lockert sich, und mit scheelem Blick betrachtet sie mich.

»Versprochen ist versprochen?«

»Ja, Greetje, versprochen ist versprochen.«

Darauf packt sie meinen Kopf und zieht in zu sich her. Das Gesicht nass von Tränen, Rotz und Speichel, überhäuft sie mich mit Küsschen.

Während des Abendessens verliere ich kein Wort über den dramatischen Tagesverlauf. Es ist mein letzter Abend zu Hause, und Mutter hat ihr Bestes getan, um eine Mahlzeit mit besonders viel Gemüse und einem koscheren Stück Fleisch auf den Tisch zu bringen, das sie irgendwo organisieren konnte. Die Stimmung ist jedoch alles andere als festlich. Japie schaut absichtlich an mir vorbei, um mich seinen Zorn spüren zu lassen.

Mutter schöpft mit einem verkniffenen Zug um den Mund unsere Teller voll und versucht, Herrin ihrer Gefühle zu bleiben.

»Mmh. Du hast inzwischen wirklich gelernt, besser zu kochen, Jette«, lobt Grootje, die nie mit dem Essen wartet, bis alle etwas auf dem Teller haben, das von uns hingegen immer erwartet. »Früher hättest du nicht so etwas Gutes daraus gezaubert.«

»Danke, Mutter«, gibt meine Mutter knapp zurück.

Engel, der stets als Letzter aufgeschöpft wird, hält die Hände über ihren Teller. »Entschuldige, Jetje«, meint sie, »aber ich kriege keinen Bissen hinunter.«

»Du sollst essen, Engel«, tadelt Grootje, während sie energisch Engels Hände wegzerrt und Mutter den Teller füllen lässt. »Wenn du so weiterfastest, wiegst du in zwei Wochen nicht mal mehr so viel wie eine Katze. Und wer soll mich dann auffangen, wenn ich stürze? Nun?«

Engel zieht die Mundwinkel nach unten, als Zeichen, dass sie das auch nicht weiß, und fängt schluchzend an zu essen.

Noch mehr Tränen an einem Tag vertrage ich wirklich nicht. »Hör mal, Engel, ich habe gute Nachrichten.«

»Wieso für Engel?«, hakt Grootje alarmiert nach.

»Es sind gute Nachrichten für euch alle«, beeile ich mich zu sagen.

»Ich habe heute mit Tineke Baller gesprochen. Ihr Vater, Onkel Karel, will uns helfen, ein Versteck zu finden.«

Mutter stellt den Wasserkrug auf den Tisch. »Während des Essens werden wir nicht über dieses Thema sprechen. Hörst du, Betty?«

Als ich meinen Koffer packe, kommt Mutter zu mir ins Zimmer.

»Wir können nicht untertauchen«, fängt sie an und sinkt auf mein Bett, auf die Kleidungsstücke, die ich zurechtgelegt habe. »Grootje will es nicht, außerdem hat sie Zucker. Engel sieht schlecht, kann kaum laufen, und Japie ist ein Halbwüchsiger, den kann man nicht einsperren.«

»Stimmt, also auch nicht in einem Lager!« Ich ergreife ihre Hand und drücke sie fest gegen meine Brust. »Mutter, bitte, es ist wirklich besser! Und du kannst mich doch nicht allein in Amsterdam zurücklassen?« Ich sehe sie flehend an.

»Wie oft muss ich noch ›Nein‹ zu dir sagen?« Grimmig zieht sie ihre Hand zurück. »Wir werden uns nicht auf einem kleinen Dachboden oder in einer Scheune verstecken. Dazu wird es nicht kommen, und damit Schluss.«

»Aber Mutter ...«

»Und jetzt hör auf damit!« Mit einem Ruck erhebt sie sich und verlässt den Raum. In der Tür dreht sie sich noch einmal nach mir um. »Denk bloß nicht, dass du besser weißt, was für uns gut ist, Betty. Hast du das verstanden?« Mit einem lauten

Knall zieht sie die Tür hinter sich zu. Ich trete gegen mein altes Nachttischchen, sodass die Lampe, die darauf steht, umkippt und es plötzlich dunkel ist in meinem Kinderzimmer.

Am nächsten Morgen scheinen sämtliche Auseinandersetzungen des zurückliegenden Abends vergessen. Nachdem Grootje, Engel, Mutter und sogar Japie mich umarmt haben, stehen sie am Fenster und winken mir nach. Mutter mit einem Taschentuch an den Augen. Die blinde Engel ins Blaue starrend. Und Grootje stolz mit herausgestreckter Brust. Japie ist der Einzige, der den hochgereckten Arm nicht hin und her bewegt, sondern ruhig hält, weshalb es mehr nach einem »Halt!« aussieht als nach einem Abschiedsgruß. Ich winke meiner Familie mit gezwungenem Lächeln und ignoriere die Krämpfe in meinem Bauch. Dann folge ich der Route, die ich schon so oft gelaufen bin, allerdings noch nie mit der Absicht, abends nicht zurückzukehren.

Obwohl ich den Koffer nicht einmal ganz vollgepackt habe, muss ich immer wieder die Hand wechseln, weil er mir sonst zu schwer wird. Sie sollten kleine Rollen unter die Koffer montieren, was für eine Schlepperei! Als ich in der Plantage Middenlaan ankomme, spüre ich meine Arme kaum noch.

Vor der Tür des Gebäudes parkt ein Lastwagen. G. MARCHAND EN ZOON, BEDDEN- EN MATRASMAKERS steht in großen Buchstaben darauf. Aus dem Laderaum werden Bettchen geholt und in das Kinderhaus getragen. Ich erkenne ein paar Jungs vom Jüdischen Rat wieder, die dazu eingespannt wurden. Obwohl ich nicht bei allen den Namen weiß, grüßen wir einander freundlich. Ein paar von ihnen sehen wirklich gut aus, die würde ich – nun, da ich mir Leo aus dem Kopf geschlagen habe – durchaus gerne mal kennenlernen. So charmant wie möglich bewege ich mich mit meinem Gepäck zwischen den Jungs hindurch ins Haus, während ich links eine witzige Bemerkung fallen lasse und rechts eine Hand ausstrecke. Ich merke, dass sie mir nachsehen, als ich im Personalraum verschwinde.

Sieny steht am Tisch über eine Zeichnung gebeugt und murmelt etwas.

»Guten Morgen!«

»Warte mal ...«, gibt Sieny zurück, ohne aufzuschauen. Ich schaue ihr über die Schulter und sehe, dass sie auf dem Grundriss allerhand kleine ausgeschnittene Rechtecke hin- und herschiebt. Offenbar sollen sie Bettchen darstellen.

»Wo ist das?«

»Die *Schul* wird der Schlafsaal.«

Der größte Raum an der Vorderseite der ersten Etage ist schon lange kein Gebetsraum mehr, wird aber immer noch so genannt.

»Kommst du zurecht?«, erkundige ich mich.

»Ich muss die Einteilung machen, aber das ist echt schwierig, wenn man noch nicht genau weiß, wie viele Kinder kommen.«

»Haben sie euch das nicht durchgegeben?«, frage ich, während ich meine Jacke ausziehe und sie an die Garderobe hänge.

»Doch, schon, ich habe eine Liste bekommen, aber Mirjam zählt sie gerade in der Schouwburg, denn es scheinen einige mehr zu sein.«

»Pimentel wird es doch wohl wissen, oder nicht?«

»Sie ist dabei, um alle möglichen Sachen zu handeln. Laken, Decken, Schlafanzüge und so weiter.«

»Lass sie nur machen.« Ich habe längst kapiert, dass unsere Leiterin einen ganzen Haufen reicher Juden kennt.

»Das hat keinen Sinn«, meint Sieny schließlich. »Ich muss erst mehr Klarheit haben. Auch darüber, wie viele Betten wir nun wirklich kriegen, denn das ist auch noch ungewiss.«

Im Flur höre ich die Jungs vom Rat lachen.

»Sie sind jedenfalls sehr damit beschäftigt«, bemerke ich vielsagend.

Sieny geht nicht darauf ein. »Wie lief es zu Hause?«

»Ach, Abschied nehmen ist nie schön«, gebe ich zurück. »Schon gar nicht in meiner Familie, in der alle so emotional sind«.

Sieny sieht von ihrem Plan auf. »Meine Mutter hat so getan, als würde ich nur losgehen, um eine Packung Mehl zu besorgen.« Sie zieht die Schultern hoch. »So gibt es überall irgendetwas.«

Sie stammt aus einer derart feinen Familie, dass es fast so wirkt, als käme ich aus einer Art Proletenfamilie, in der sich keiner irgendwie beherrschen kann. Inklusive meiner Person.

»Ich bringe meine Sachen in mein Zimmer, dann komme ich dir helfen«, sage ich zu Sieny.

Sieny schläft an der Vorderseite des Gebäudes, wo auch Mirjams Zimmer liegt. Ich habe das kleine Dachgeschosszimmer auf der Rückseite bekommen. Es ist ein einfaches Kämmerchen mit einem Einzelbett, einem kleinen Schreibtisch und einem Schrank. Ich lege meinen Koffer auf das Bett und gehe zur Dachgaube. Durch das Dachfenster kann ich die Gärten der Plantage Middenlaan und der Plantage Franselaan sehen. Sie liegen fein säuberlich geharkt vor mir. Das wird in der nächsten Zeit meine Aussicht sein. Völlig anders als das, was ich bisher von der Van Woustraat kannte, von wo ich aus meinem Schlafzimmer Pferdekarren, Lastenfahrräder und knatternde Kraftfahrzeuge durch die Straßen rollen sah. Ich war derart an das Treiben gewöhnt, dass ich in den ersten Nächten unserer Sommerferien in Putten aufgrund des fehlenden Lärms nicht schlafen konnte. Ein starkes Gefühl der Einsamkeit überfällt mich plötzlich. Als ob ich für immer von meiner Jugend abgeschnitten bin.

Aus dem Personalraum dringt mir, noch bevor ich ihn betreten habe, der Duft von Kaffee in die Nase. »Wo hast du den denn aufgetrieben?«, frage ich Sieny. Echten Kaffee gibt es kaum noch, weil er viel zu teuer ist. Stattdessen trinken wir

Pitto, eine Art Kaffee-Ersatz, der aus gerösteten Wurzeln hergestellt wird.

»Den hat mir einer der Jungs gerade gegeben. Wie sie da drangekommen sind, weiß ich auch nicht.«

»Offensichtlich wollen sie bei dir Eindruck schinden«, necke ich sie.

»Ja, bestimmt«, gibt sie wenig interessiert zurück. »Oh, Betty, du muss ab sofort immer das Armband tragen.« Sie deutet auf einen Stofffetzen, der auf der kleinen Kommode liegt.

»Sind die Buchstaben abgefallen?«, frage ich, den weißen Lappen hochhaltend. »Das hat doch überhaupt keine Bedeutung. Bei den Jungs vom Jüdischen Rat steht zumindest noch JR darauf. Auf diesem ist außer einer Nummer überhaupt nichts.«

»Solange es funktioniert.« Sieny bindet mir die Schlaufen um den Arm und dreht die glatte Seite nach vorne. »Wunderbar!«

»Und mit diesem Fetzen kann ich nun also ungehindert dort hineingehen?«, erkundige ich mich bei Sieny.

»Im Prinzip schon. Ach ja, und du könntest dir auch einen Stern an die Tracht heften, für den Fall, dass du hin- und herlaufen musst.«

»Also, dann gehe ich mal«, bemerke ich munter, nachdem ich den zusätzlichen Judenstern, den Sieny mir gegeben hat, aufgenäht habe. »Mal sehen, ob es funktioniert.«

Ich gehe zur Tür.

»Aber was willst du denn dort machen? Wir müssen die Kinder erst morgen abholen.« Sieny sieht mich fragend an.

»Ich möchte Mirjam beim Zählen helfen. Das kann doch nicht schaden. Dann sehen wir gleich, wie viel Essen wir morgen brauchen.«

Vor dem Eingang zur Schouwburg steht der SSler, den ich früher schon mal gesehen habe: ein schlanker Mann mit einem schmalen, jungen Gesicht. Er hat dunkles, fast schwarzes Haar, das unter der Mütze hervorguckt, die ihm schräg auf dem Kopf sitzt. Mit einem Blick, der gleichermaßen Langeweile wie Ungeduld ausdrückt, schaut er sich um.

»Guten Tag, Herr Offizier.«

Seine Haltung ändert sich schlagartig. Erschrocken und defensiv sieht er mich an.

»Ich komme vom Kinderhaus und habe die Erlaubnis, hier einzutreten.« Ich zeige ihm demonstrativ das Band um meinen Arm.

Mit kurzem Nicken erteilt er mir die Genehmigung. Sobald ich die Drehtür passiert habe, bringen mich die schiere Anzahl an Menschen und der Gestank aus der Fassung. Prompt stoße ich mit einem Jungen zusammen. »Pardon«, entschuldigen wir uns gleichzeitig. Um seinen Arm trägt er ein Band mit »JR« darauf. »Betty Oudkerk, vom Kinderhaus. Ich soll mich bei Wouter Süskind melden.«

»Walter Süskind«, korrigiert mich der Junge.

Komisch, ich hatte mir Süskind älter vorgestellt als diesen Jungen mit den breiten Augenbrauen und dem Stoppelbart, der gerade vor mir steht. »Nun, den habe ich wohl schnell gefunden«, sage ich.

»O nein, das bin nicht ich. Mein Name ist Joop. Wo Süskind ist, erfragst du am besten dort.« Er deutet auf das Foyer, wo ich durch die Menschenmenge einige Tische erspähe. Ich bedanke mich bei dem Jungen und schlängle mich durch die Leute, die laut auf Jiddisch, Deutsch und Niederländisch durcheinanderrufen. Ich schnappe nur Gesprächsfetzen auf: »Wir haben ein Recht auf eine Freistellung!« »Helfen Sie mir, meine Kinder sind noch allein zu Hause!« »Ich fühle mich nicht gut, wo ist die Krankenstation?« »Sie haben mir zu wenig Zeit gelassen, meine Sachen zu packen!«

Ich schaffe es, auf die Seite der Tischreihe zu gelangen, wo zwei Frauen und ein Mann hinter Schreibmaschinen sitzen. »Ihre Anmeldung ist abgeschlossen. Sie können weitergehen ins Foyer, hier links«, sagt eine der Schreibkräfte zu einem jüdischen Ehepaar. »Dort können Sie Ihre Hausschlüssel abgeben.«

»Ich behalte meine Hausschlüssel lieber«, gibt der Ehemann zurück.

»Das verstehen wir, aber leider können wir das nicht erlauben. Keine Sorge, wir halten alles sorgfältig in Namenslisten fest, und wenn Sie zurückkommen, können Sie die Schlüssel einfach abholen.«

Der Mann will protestieren, doch seine Frau zieht ihn mit sich mit.

»Können Sie mir sagen, wo Herr Süskind ist?«, erkundige ich mich, bevor sie sich dem Nächsten in der Reihe widmet.

»Du kommst bestimmt von gegenüber, oder?«, fragt die Schreibkraft freundlich.

»Ja, ich komme, um meiner Kollegin Mirjam zu helfen.«

»Herr Süskind ist wahrscheinlich bei der Kartei. Da, im Kassenhäuschen, links, dort ist auch die SS.«

Die Frau merkt, wie ich zögere.

»Von mir aus kannst du auch einfach gleich zum Theatersaal gehen, dort ist deine Kollegin. Einmal links durch die Tür, dann durchquerst du das Foyer und folgst dem Gang bis in den Saal.«

Als ich mir den Weg durch das Foyer bahne, wird der Gestank immer heftiger: Es riecht penetrant nach Schweiß, menschlichen Ausscheidungen und fauligen Lebensmitteln. Der Lärm durcheinanderredender Menschen dröhnt in den Ohren. Aufgrund der schwachen Beleuchtung lassen sich Schatten nur schwer von Personen unterscheiden. Ich erschrecke, als mich jemand am Arm packt. Neben mir steht eine alte Frau, die mich mit bangen Augen ansieht. »Schwester, ich weiß nicht, wo ich hinmuss. Wo ist die Bühne?«

Die Frau muss gerade erst hereingekommen sein, denn sie trägt noch ihren Rucksack.

»Kommen Sie einfach mit mir mit. Ich muss in dieselbe Richtung.«

Die Theaterglocke ertönt, als würde demnächst eine Vorstellung beginnen. »*Dies ist eine Meldung des Jüdischen Rats*«, kommt es aus den Lautsprechern. »*Es ist verboten, Briefe von außen zu empfangen oder Briefe zu versenden. Wenn Sie Freunden oder der Familie eine Nachricht zukommen lassen wollen, können Sie diese dem Jüdischen Rat im Foyer diktieren.*«

»Ich habe meiner Familie zu Hause auf dem Küchentisch einen Brief hinterlassen«, bemerkt die Frau, die sich jetzt mit beiden Händen an meinen Arm klammert.

»Das ist gut, dort werden ihn Ihre Kinder ganz bestimmt finden«, versuche ich sie zu beruhigen.

»Ich habe keine Kinder«, erwidert sie, »auch keinen Mann. Die Nachbarn haben mich gebracht.«

Ich bekomme sofort Mitleid mit ihr. »Haben die Nachbarn Sie verraten?«

»O nein, sie sind richtige Schätze. Ich habe einen Aufruf erhalten und mich nicht allein hergetraut. Also habe ich sie gebeten, mich zu bringen.«

»Ah, so war das.«

Wir sind in einem kleinen Stau gelandet. Der deutsche Wachmann, der vor dem Ausgang des Foyers steht, blafft uns an, dass wir weitergehen sollen.

»Vielleicht wäre es besser, wenn Sie hinter mir bleiben.«

»Ja, natürlich.« Sie lässt meinen Arm los und schiebt sich hinter mich.

Die Meute kommt wieder in Bewegung. Auf dem Gang ist wieder etwas mehr Platz, und ich laufe zielstrebig zu den großen Schwingtüren. Ich blicke mich um, um mich zu vergewissern, das mir die Frau noch folgt, und stolpere über die ausgestreckten Beine einer Mutter, die auf dem Boden ihrem Kind die Brust gibt. »Kannst du nicht aufpassen!«, fährt sie mich an.

UNGERADE ZAHLEN steht über dem Theatersaal. Als ich

die schwere Tür aufdrücke, erkenne ich das Theater nicht wieder. Wo einst Klappstühle aus rotem Samt in Reihen standen, an allen Seiten Balkone waren, wo die imposante Bühne golden umrahmt und mit dicken Velourvorhängen verhängt war und prachtvolle Bühnenbilder zu sehen waren, erblicke ich jetzt eine Art menschlichen Schweinestall. Die Stühle stehen kreuz und quer, überall sitzen, liegen und fläzen sich Menschen. Kinder laufen mitten durch die Massen und über die Bühne. Die Kakofonie aus Stimmen hallt durch den großen, hohen Raum. Eine Frau kreischt ununterbrochen. Kindergeschrei. Wütende Männerstimmen. Gelächter. Ich verspüre den Drang, sofort umzukehren, aber ich kann nicht mehr zurück, ich stecke mittendrin im Schlamassel. Obendrein klammert sich die Frau wieder an meinen Arm wie eine Ertrinkende an eine Boje.

»Darf ich Ihnen den Rucksack abnehmen?«, höre ich eine Stimme neben mir fragen. Es ist der Junge von vorhin, der mit dem Stoppelbart, Joop. »Hinten auf der Bühne befindet sich die Gepäckablage.«

»Äh ... Ja, muss das denn sein? Ich behalte ihn lieber bei mir«, gibt die Frau ängstlich zurück.

»Wenn alles richtig gelaufen ist, wurde Ihnen bereits bei der Anmeldung erklärt, dass wir sämtliches Gepäck zentral befördern. Ihre Handtasche können Sie gerne bei sich behalten.«

»Davon weiß ich nichts«, sagt die Frau. »Wo muss ich mich denn anmelden?«

Der Junge schaut mich an, als wäre ich dafür verantwortlich, dass die Frau sich nicht angemeldet hat.

»Ich habe sie hier gerade erst kennengelernt«, erkläre ich. »Sie ist direkt durchgelaufen, glaube ich.«

»Habe ich das nicht richtig gemacht?«, fragt die Frau ängstlich. »Ich bin das nicht gewöhnt ...«

»Niemand ist das gewöhnt«, gebe ich zurück. Dann wende ich mich an den Jungen. »Wenn sie sich noch nicht angemeldet hat, sollte sie doch wieder gehen können, oder?«

Sein Gesichtsausdruck verrät nicht, was er denkt. Vielleicht war es ein Fehler, das so offen vorzuschlagen. Schließlich beugt er sich zu der Frau. »Haben Sie jemanden, an den Sie sich wenden können?«

Die Frau blickt erschrocken von mir zu dem Jungen und wieder zurück. Dann antwortet sie leise, aber deutlich: »Ich habe mein Leben lang in einer Firma für Büromöbel als Buchhalterin gearbeitet. Mein früherer Chef meinte, er würde mir helfen. Aber ich will ihn nicht in Schwierigkeiten bringen.«

»Gehen Sie, bitte«, fordere ich sie auf. »Die meisten Menschen hier haben diese Chance nicht.«

Ich sehe, dass meine Worte Wirkung zeigen. Der Schreck in den Augen der Frau weicht einer Tatkraft. »Aber wie komme ich denn von hier weg?«

»Dafür sorge ich schon«, erwidert der Junge vom Rat. »Folgen Sie mir einfach.«

Wie ein Sohn, der sich seiner Mutter annimmt, nimmt er sie mit.

Als ich wieder in den Saal blicke, sehe ich Mirjam über die Bühne laufen. So schnell ich kann, bahne ich mir einen Weg zu ihr. »Mirjam!«

»Wo brennt's denn, Schwesterchen?«, erkundigt sich ein Kerl, der mir den Rauch seiner Zigarette ins Gesicht bläst. Ich ignoriere ihn und laufe vorbei an einem einbeinigen Mann, einer alten Frau, die wirres Zeug redet, einem Rabbi, der mit einer Gruppe um sich herum ein Gebet spricht, zwei Halbwüchsigen, die gemeinsam über etwas lachen, einer Familie, die sich gegenseitig laust, und einem kleinen Mädchen, das Rotz und Wasser heult. »Mama, Mama, Kacka ...« Sie kann ich nicht ignorieren.

»Wo ist deine Mutter?« Sie sieht mich fragend an. »Komm, ich bringe dich kurz zur Toilette.«

»Links, dort den Gang hinunter«, meldet sich ein netter

Herr zu Wort. »Die Leute lassen euch bestimmt vor, die Schlange ist dort meist ziemlich lang.«

»Nun, das werden wir jetzt auch noch schaffen«, wende ich mich an das Kind, das kaum älter als vier Jahre sein kann. »Und dann suchen wir deine Mama, in Ordnung?«

Sie nickt und steckt den Daumen in den Mund.

Der Mann hat nicht zu viel versprochen. Vor der Toilette stehen bestimmt fünfzehn Frauen an. »Dürfte das Mädchen kurz vor?«, frage ich. »Sie kann es nicht mehr halten.«

Ich höre leises Murren, doch die vordersten beiden Frauen machen zum Glück Platz, um sie durchzulassen. Es gibt nur zwei Toiletten, der Gestank ist kaum auszuhalten. Es wirkt, als würden alter Urin, Durchfall und Erbrochenes miteinander darum wetteifern, wer hier das Sagen hat. Auch das Mädchen hält sich die Nase zu. Ich drücke die Tür auf und werde Zeugin privater Katastrophen, die sich hier abgespielt haben. Sogar die Wände sind voller Kot. »Hör mal, Kleine, jetzt helfe ich dir beim Hoseausziehen, hebe dich dann hoch und halte dich über das Klo, einverstanden?«

Sie nickt mit ernster Miene. Erst nachdem ich das Kleidchen hochgeschoben habe und die Strumpfhose samt Unterhose nach unten streife, begreife ich, was dieser Blick bedeutet. Es ist bereits alles in die Hose gegangen.

Ich werfe die schmutzige Unterhose weg und liefere das Mädchen bei ihrer Mutter ab. Aber von Mirjam ist jetzt natürlich keine Spur mehr. Dann sehe ich einen Mann in weißem Kittel vorbeieilen. Ich laufe sofort hinter ihm her. Er stapft eilig die Stufen hoch und öffnet eine Tür mit der Aufschrift: PFLEGESTATION – FÜR UNBEFUGTE ZUTRITT VERBOTEN. Als er die Tür hinter sich zuziehen will, rufe ich ihn. »Doktor, darf ich kurz ...«

Der Mann sieht mich an. »Bist du ...«

»Kinderpflegerin von gegenüber«, antworte ich schnell.

»Betty? Betty Oudkerk?«

Erst jetzt erkenne ich ihn. Es ist Doktor de Vries Robles, der vor dem Krieg oft zu uns nach Hause kam. Oder eigentlich, bevor Vater verstorben ist.

»Doktor de Vries Robles, wie geht es Ihnen?«

»In Anbetracht der Umstände gut ...« Er blickt sich kurz um. »Wie geht es deiner Mutter?«

»Sie ist so stur wie immer«, antworte ich lächelnd. Ich verspüre so gar kein Bedürfnis, ernsthaft auf seine Fragen einzugehen. »Dürfte ich mir kurz die Hände waschen? Ich musste gerade ein kleines Malheur beseitigen.«

»Natürlich.« Während er mich durch die Pflegeabteilung mitnimmt, beginnt er angeregt mit mir zu plaudern. »Es grenzt fast schon an ein Wunder, dass es hier noch keinen Ausbruch von Typhus oder Ruhr gibt. Obwohl ich mir bei Letzterem nicht sicher bin. Ich habe mich auch bei Walter darüber beschwert, denn hier muss etwas passieren. Sie installieren jetzt ein paar Duschen, aber dennoch.« Er deutet auf ein Waschbecken. »Wie gut, dass die Kinder künftig bei euch unterkommen. Dass Pimentel das hinbekommen hat, davor ziehe ich den Hut!«

»Ich werde es weitergeben«, verspreche ich, während ich mir die Hände einseife.

»Tu das! Und richte vor allem deiner Mutter, und nicht zu vergessen deiner Großmutter, Grüße aus«, lacht er. »Das ist vielleicht ein Ding!« Er läuft durch die Schwenktüren in den Krankensaal, und ich erhasche einen Blick auf die Personen, die dort auf dem Bett liegen. Durch das Fenster an der Vorderseite des Hauses fällt zumindest Tageslicht ins Zimmer.

Unten passiere ich das Kassenhäuschen, in dem früher die Tickets verkauft wurden und in dem jetzt die SS-Wachmänner ihr Büro haben. Hastig schaue ich in die halbrunde Öffnung, wo noch vor ein paar Monaten ein Kassierer seinen Platz hatte. Inmitten der SS-Soldaten sitzt ein Mann in einem Anzug mit Fischgrätmuster und gelbem Stern. Das muss Walter Süskind sein. Mit dem runden Kopf und den nach hinten gekämmten rötlichen Haaren sieht er wie ein ganz normaler Deutscher aus. Aber ein jüdischer Deutscher? Das kann ich mir fast nicht vorstellen. Er scheint sich auch noch wohlzufühlen zwischen den SS-Männern, ein Bein nonchalant über das andere geschlagen, keck zurückgelehnt, während er sich mit gefalteten Händen den Nacken stützt. »Das ist logisch, Abmachungen müssen eingehalten werden«, stellt er auf Hochdeutsch fest. »Sonst könnten wir auch gleich auf sie verzichten.« Der Mann, auf dessen Rücken ich starre, füllt die Schnapsgläser nach, die auf dem niedrigen Tischchen stehen. »Ich passe, Ferdinand. Sonst habe ich den Kram hier nicht mehr unter Kontrolle«, erklärt Süskind. Eine Aussage, die erneut zu belustigten Reaktionen führt. »Wir müssen sie schon lebendig abtransportieren«, bemerkt der eine. »Obwohl sie sich sonst einfacher stapeln ließen«, meint der Mann, der Ferdinand genannt wird.

Wer ist dieser Süskind, frage ich mich. Welcher Jude setzt sich zu Deutschen und lacht mit ihnen?

Plötzlich wendet er seine Aufmerksamkeit mir zu. »He, Schwesterchen, komm rein«, ruft er mir auf Deutsch zu.

Ich hatte gerade weglaufen wollen. Widerwillig öffne ich die Schaltertür und trete in eine Wolke aus Zigarettenrauch und Desinfektionsmittel.

»Guten Tag, die Herren«, sage ich gezwungen. »Sie müssen Herr Süskind sein.«

»Ganz richtig.«

»Und möchtest du nicht wissen, wer wir sind?«, höre ich eine Stimme hinter mir. Ich drehe mich um und blicke in das schmale Gesicht des Mannes, der Ferdinand genannt wird. Mit schiefem Grinsen lauert er auf mich. Ich erkenne in ihm den Würdenträger, den ich diesen Sommer zum ersten Mal gesehen habe, als er aus seinem Mercedes stieg. Der SS-Mann, dessen Namen unter den Mädels im Kinderhaus geflüstert wurde.

»Hauptsturmführer aus der Fünten, oder?«

»Korrekt. Angenehm, Ihre Bekanntschaft zu machen, Schwester.«

»Elisabeth Oudkerk, angenehm.« Ich nicke leicht mit dem Kopf und gehe etwas in die Knie.

»So eine wohlerzogene Jüdin«, reagiert er spöttisch. »Das ist doch einen kleinen Beifall wert.« Er fängt an zu klatschen, worauf die anderen hämisch einfallen. Ich halte den Blick gesenkt und mache mich auf das gefasst, was da noch kommen wird.

»Wolltest du mich etwas fragen?«, erkundigt sich Süskind.

»Ich bin auf der Suche nach meiner Kollegin, Mirjam.«

»Mirjam hält sich meist am Rand der Bühne auf, sie hat dort eine Art Spielecke für die Kleinen eingerichtet«, erläutert Süskind.

»Die Kinder spielen, während wir uns langweilen«, lacht der Hauptsturmführer.

»Wir machen eine Bestandsaufnahme zur Anzahl der Kinder, damit wir sie morgen in das Kinderhaus mitnehmen können«, erkläre ich.

»Da solltest du besser in der Kartei nachsehen, dort sind alle aufgeführt.«

Süskind erhebt sich. »Komm nur mit, Betty. Ich zeige sie dir.«

Er steht auf und schiebt mich mit sanfter Gewalt aus der Tür. Außerhalb des Büros wird er sofort von einigen Personen angesprochen. »Herr Süskind, helfen Sie mir. Bitte.«

»Im Foyer könnt ihr eure Anträge stellen«, erwidert er freundlich.

»Du hast Glück«, wendet sich Süskind an mich. »Normalerweise ist aus der Fünten nicht so tolerant.« Er führt mich auf die andere Seite des Foyers, wo sich ein identisches Kassenhäuschen befindet. Unter der Aufsicht eines im Stuhl zurückgelehnten dicken SS-Mannes arbeiten drei jüdische Sekretärinnen hinter einem Schreibtisch. Süskind grüßt sie freundlich, worauf der SSler so schnell Haltung annehmen will, dass er das Gleichgewicht verliert und zurück auf seinen Stuhl fällt. Die Sekretärinnen kichern hinter vorgehaltener Hand. Mit dem Hinweis, dass ich die Genehmigung von aus der Fünten habe, die Listen einzusehen, zieht Süskind eine Lade auf. Er zeigt mir die Karteikästen und erklärt mir, wie die Kinder darauf registriert sind. »Mirjam ist schon den ganzen Vormittag beschäftigt, aber es geht einfacher, wenn du auf dem Papier nachzählst«, erläutert er. »Dann gibst du ihr die korrekte Anzahl weiter. So kannst du dir zumindest sicher sein, dass du alle hast. Hier.« Er reicht mir ein Blatt Papier und einen Stift.

Mirjam sitzt zwischen den Kulissen und wendet sich an eine Gruppe Mütter mit Kindern. »Im Kinderhaus ist es für die Kleinen ruhiger, und es fällt ihnen nur einen kurzen Moment schwer, ohne euch zu sein«, erklärt sie, sichtlich bemüht, gegen den Radau anzukommen.

»Ist das Vorschrift, oder kann ich mein Kind auch einfach bei mir behalten?«, will eine Mutter mit einem Kleinkind auf dem Schoß wissen.

»Sie haben es so angeordnet. Außer, Ihr Kind hat irgendeine besondere Erkrankung.«

»Sehr schön ist das«, fällt eine andere Mutter zynisch ein, »erst nehmen sie uns unsere Häuser weg, dann unser Gepäck und jetzt auch noch unsere Kinder.«

»Wir nehmen euch die Kinder wirklich nicht weg, das schwöre ich«, erwidert Mirjam. Wie sie so dasitzt, mit den durch die Brillengläser vergrößerten Augen und der rechten Hand auf dem Herzen, würde ihr selbst der größte Zyniker Glauben schenken. »Wenn es sonst keine Fragen mehr gibt, sehe ich euch alle morgen.«

Dann erst entdeckt mich Mirjam. Sie richtet sich auf und kommt auf mich zu. »Es klappt nicht«, seufzt sie. »Ich habe mir immer noch keinen vollständigen Überblick verschafft.«

Der Ansager erklingt wieder aus den Boxen, wie eine Art Gott. »*Für S. Levi ist ein Päckchen angekommen, abzuholen im*

Foyer. Familie Weil ist eine Freistellung erteilt worden.« Irgendwo im Saal ist ein Jauchzen zu vernehmen. *»Das Mittagessen wird ab heute nicht mehr von den* Jüdischen Invaliden *zubereitet, sondern vom* Café de Paris *und kann gegen einen geringen Betrag oben im Foyer abgeholt werden. Achtet aber auf einen ordentlichen Ablauf, sonst müssen wir Maßnahmen ergreifen. Danke und guten Appetit.«*

Ich folge Mirjam, die die Wege hier bereits gut zu kennen scheint. »Ich kann dir eine Führung geben.«

»Ich glaube, ich habe es schon in etwa gesehen«, wende ich ein.

»Nun ja, du warst bestimmt noch nicht unten.« Sie sieht mich vielsagend an. »Dort sind die Straftäter, die sofort in den Osten geschickt werden. Die dürfen nicht mal nach draußen, um frische Luft zu schnappen oder um ... Du weißt schon. Und dann gibt es noch die Requisitenkammer und den Raum unter der Bühne. Ich musste dort immer wieder Kinder herausholen, die Verstecken spielten.« Sie hält sich die Nase zu. »Das einzig Positive ist, dass es dort so schmutzig ist, dass sich auch kein SS- oder SD-Mann hineintraut.«

»Augen zu, wegen des Lichts!«, warnt sie mich, bevor wir durch die Tür ins Freie treten. Auf dem kleinen Innenhof schmerzt das grelle Licht tatsächlich in den Augen.

»Es fällt kein einziger Strahl Tageslicht in das Theater«, erklärt Mirjam. »Diejenigen, die nie an die Luft dürfen, wissen nach ein paar Tagen nicht mehr, wann es Tag oder Nacht ist.«

»Machen sie nachts denn nicht die Lichter aus?«

»Nein, sonst haben die Wachen keinen Überblick mehr. Die Leute klagen, dass sie deshalb nicht schlafen können.« Sie zaubert ein Päckchen Zigaretten aus ihrer Schürze und bietet mir eine an.

»Nein danke, ich habe gerade keine Lust.« Ich bin es nicht gewöhnt zu rauchen, und wenn ich ehrlich bin, mag ich es auch nicht, habe aber keine Lust, es zuzugeben. Mirjam klopft eine Zigarette aus der Packung, zieht sie heraus und steckt sie sich zwischen die Lippen. Sie bittet einen anderen Raucher um Feuer. Mir fällt auf, dass sie nervös ist, als ob ihr Naturell diesem Ort nicht gewachsen wäre. Während sie als Leiterin der Babyabteilung hingegen einen äußerst ruhigen Eindruck vermittelt.

»Wie viele Wachmänner laufen hier eigentlich herum?«

Mirjam zuckt mit den Schultern. »Eine ganze Menge. Fünfzehn, vielleicht sogar zwanzig. Tagsüber werden sie von der holländischen Abteilung des SD unterstützt, abends und nachts bewacht die SS das Ganze allein.« Sie wedelt den Rauch ihrer Zigarette weg und beugt sich zu mir.

»Am umgänglichsten sind sie, wenn sie betrunken sind. Nicht angeheitert, dann sollte man als Frau besser nicht in ihre Nähe kommen, sondern wirklich betrunken.«

»Und dieser Süskind, ist das nicht ein falscher Jude?«

»Das könnte man meinen, oder?« Es ist das erste Mal, dass die Spur eines Lächelns auf dem Gesicht der stets ernsten Mirjam auftaucht.

Ich hebe die Schultern. »Könnte doch sein?«

»Hier dreht sich alles darum, zwischen dem zu lavieren, was von einem erwartet wird, und dem, was man arrangieren kann, ohne dass es auffällt.«

Ich versuche, ihren Satz in meinem Gehirn abzuspeichern, um später noch einmal darüber nachzudenken und seine Bedeutung zu entschlüsseln.

»Ich habe die Kindernamen aus der Kartei abgeschrieben.« Ich falte des Blatt auseinander, auf das ich eine Liste von einundsiebzig Kindernamen mit siebenundzwanzig verschiedenen Familiennamen notiert habe.

Mirjam zieht das Blatt zu sich her. »Wie kann das sein? Ich habe bereits fünfundsiebzig gezählt und den Eindruck, längst noch nicht alle erfasst zu haben.«

»Dann stehen sie wohl nicht alle auf den Karteikarten.«

»Ich werde mit Herrn Süskind besprechen, wie wir da vorgehen sollen«, beschließt Mirjam.

Das Knacken der Lautsprecher ertönt erneut. Ich erwarte wieder eine Ankündigung, aber es erklingt Musik. Der Klang des Grammofons dringt aus dem geöffneten Fenster eines der umliegenden Häuser. »*Wenn du jung bist, gehört dir die Welt*«, lautet der Text des bekannten deutschen Lieds. Die Menschen auf dem Innenhof fangen sofort an, sich im Takt zu wiegen, während sie nach oben schauen, als ob Joseph Schmidt dort persönlich am Fenster singen würde. Mirjam und ich unterbrechen unser Gespräch und hören auf den fröhlichen Text: »Lasst uns das Leben genießen, weil wir noch jung sind. Zeit ist zum Sorgen und Wissen, wenn wir erst alt sind. Lasset uns tanzen und singen, weil wir noch jung sind ...« Wie bitter diese Worte an diesem Ort zu diesem Zeitpunkt doch klingen. Was möglicherweise genau daran liegt, dass es vor allem junge Leute sind, die da aus vollem Halse mitsingen. Um zu demonstrieren, dass dies auch auf uns zutrifft. Dass auch wir ein Recht darauf haben, jung zu sein. Ich schaue Mirjam nicht an und will am liebsten zurück zum Kinderhaus.

»Sollen wir gehen?«, frage ich, als die Töne verklingen. Mirjam drückt die Zigarette an der Wand aus und schiebt eine Locke zurück unters Kopftuch. »Ich mache noch eine letzte Runde.«

Die Tür wird durch einen Rollstuhl blockiert, der nach draußen geschoben wird. Das Mädchen darin hält sich die Hände schützend vor die Augen. »So, das ist doch schön, mal kurz in der Sonne zu sein ...«

Ich kenne die Stimme. Es ist Leo. Ob er jetzt hier arbeitet? Noch bevor mir ein guter Einleitungssatz in den Sinn kommt, hat er mich bereits entdeckt.

»Betty, was für ein Zufall!«

»Wie man es nimmt ... Das Kinderhaus ist ja gleich gegenüber«, gebe ich zurück.

»Ja, das stimmt«, lacht er.

»Äh ... Ja. Das ist Mirjam, vielleicht kennt ihr euch bereits.«
»Wer kennt Leo nicht«, merkt Mirjam trocken an.
Leo lacht übertrieben. »Das ist eigentlich halb so schlimm.«
Hat Leo den Ruf, so ein Aufreißer zu sein? Oder sollte Mirjam etwas mit ihm gehabt haben? Ich kann mir das nicht vorstellen.
Eine Glocke ertönt schrill. Der Wachmann tritt in Aktion. »Die Zeit ist um, in Zweierreihen aufstellen.«
»Sehen wir uns noch einmal?«, flüstert mir Leo zu, als ich an ihm vorbeigehe.
»Wer weiß«, antworte ich herablassend. Aber eigentlich denke ich: Rutsch mir den Buckel runter. Erst zwei Monate nichts von sich hören lassen und sich dann verabreden wollen. Nicht mit mir.

Mittwoch, 7. Oktober 1942

Der große Tanzsaal in der ehemaligen Schul wurde zu einem Spiel- und Schlafsaal für Kinder zwischen sechs und zwölf Jahren umgebaut, wobei die Betten weitestgehend übereinandergestapelt wurden, um möglichst viel Platz zum Spielen zu haben. Für die Kleinen von zweieinhalb bis einschließlich fünf Jahren wurde hinten ein Schlafraum geschaffen. Die Allerkleinsten schlafen unten im Babysaal. Im Souterrain wurde neben dem Abwaschraum ein Zimmer freigeräumt für den Fall, dass sich Kinder zwischendurch ausruhen wollen oder sich nicht gut fühlen. Aus dem großen Hinterzimmer im Erdgeschoss wurde ein großer Speisesaal gezaubert, in dem wir den Kindern schichtweise zu essen geben werden. Tagsüber kommen wie früher sämtliche reguläre Kinderpflegerinnen. Nur Mirjam, Sieny und ich wohnen auch hier.

Zu dritt gehen wir über die Straße zur Schouwburg, wo mittlerweile ein anderer Wachmann vor der Tür steht. Seine Haltung ist noch weniger formell als die seines Vorgängers. Er steht an das Gebäude gelehnt da, Beine überkreuzt, Zigarette im Mundwinkel und die Schirmmütze so tief ins Gesicht gezogen, dass er meiner Meinung nach nichts sehen und schon gar nichts überwachen kann. Noch bevor wir fragen, ob wir hineindürfen, nickt er bereits. Es ist weniger los als gestern. Auch der Widerhall durcheinanderklingender Stimmen hat in seiner Lautstärke abgenommen. Oder scheint es nur so, weil ich über den ersten Schock hinweg bin?

»Warte einen Moment«, bittet mich Mirjam. Sie geht zum Kassenhäuschen an der linken Seite. Süskind taucht hinter der

Scheibe auf und schiebt ihr ein doppelt gefaltetes Blatt Papier zu.

»Das ist die endgültige Liste. Viel Glück, meine Damen.«

Als wir unseren Weg ins Foyer fortsetzen wollen, versperrt mir ein SD-Mann den Weg. »Holla, Schwester, wer ist denn hier krank?« Es ist ein Niederländer.

»Niemand, wir holen die Kinder ab«, erwidere ich.

»Befehl von oben«, pflichtet Mirjam mir bei.

»Noch eine Krankenschwester«, bemerkt der SD-Mann mit gespieltem Erstaunen.

»Ich glaube, ich sollte mich jetzt wohl kurz hinlegen, damit ihr mich untersuchen könnt.«

Sein Kollege auf der anderen Seite des Eingangs findet das dermaßen witzig, dass sein schallendes Gelächter den Blick auf den kompletten Gaumen freigibt.

»Nicht trödeln, weitergehen!«, ertönt der deutsche Befehl eines SS-Mannes, der den Humor seines holländischen Kollegen offensichtlich nicht versteht.

Im Foyer, das gestern noch rappelvoll mit Männern war, die um ihr Hab und Gut stritten, befinden sich nun vornehmlich Frauen mit Kindern und Säuglingen.

»Würden sich alle Kinder bitte in einer langen Zweier- oder Dreierreihe aufstellen, jeweils neben ihren Geschwistern?«, ergreift Mirjam entschlossen das Wort. »Babys und Kleinkinder dürfen Sie uns übergeben, oder aber Sie begleiten uns kurz auf die andere Seite.«

»Darf ich auch mit?«, erkundigt sich eine Frau, die gleich in meiner Nähe steht. Ein Knirps hat sich an ihrer Wade festgeklammert, während ihm dicke Tränen über das Gesicht rollen. »Wir sind gerade erst angekommen ...«

»Das geht leider nicht«, entgegne ich. »Aber machen Sie sich keine Sorgen, wir werden uns gut um ihn kümmern.« Ich gehe in die Hocke, damit ich den Jungen direkt ansehen kann.

»Hallo, ich bin Schwester Betty. Wie heißt du?« Das Kind hat nicht vor zu antworten. »Kommst du brav mit mir mit?«

Der Junge schüttelt bockig den Kopf. Als ich versuche, ihn seiner Mutter abzunehmen, fängt er an zu brüllen, als würde er ermordet.

»Ruhe!«, ruft der deutsche Wachmann.

Aber anstatt dass nun Ruhe einkehren würde, fangen nur noch mehr Kinder an zu schreien. Sieny und ich schauen uns an. Was, in Gottes Namen, sollen wir tun?

»Nimm die Mädchen ruhig mit«, meint die Mutter, die ihren heulenden Sohn wieder aus meinen Armen holt.

»Wie heißt du denn?«, frage ich das kleine Mädchen, das meine Hand hält.

Aus den Augenwinkeln beobachte ich, wie Sieny einer aufgewühlten Mutter ein Baby abnimmt, das höchstens ein paar Wochen alt ist.

»Schau mal, da ist Betty!«, ertönt es hinter mir. Als ich mich umdrehe, erblicke ich Loutje, einen Jungen, den ich kenne, seit ich im Kinderhaus zu arbeiten angefangen habe. Sobald er mich entdeckt hat, lässt mich der Junge mit dem normalerweise so schelmischen Gesichtsausdruck und den dunklen Haaren nicht mehr aus den Augen. »Mit Betty traust du dich doch mitzugehen, oder?«

Der Junge nickt und ergreift meine freie Hand.

Die Kindermeute setzt sich langsam in Bewegung, immer noch unter lautstarkem Geschniefe. Als wir die Straße überqueren, steht dort ein etwa fünfzehnjähriges Mädchen, das Loutje erkennt. »He, Lou, großer Junge! Wir sehen uns bald wieder zu Hause, ja?«

»Ist das eine Freundin von dir?«

»Das ist meine Schwester«, erklärt Loutje. Ich frage mich, warum sie keinen Judenstern trägt, wenn sie doch seine Schwester ist. Das Rätsel ist schnell gelöst. »Anna muss nicht weg, weil sie eine andere Mutter hat«, erläutert der Junge. »Diese Mutter ist katholisch, so wie unser Vater.«

Wir müssen dreimal hin- und herlaufen, um alle Kinder auf die andere Seite zu bringen. Ich rieche den Geruch von warmem Urin von all den Kleinen, die sich vor Angst in die Hose gemacht haben. Ich sehe die blassen Gesichter der älteren Kinder, die sich darüber klar sind, dass sie stark bleiben müssen, um das Drama nicht noch größer zu machen. »Ganz ruhig, Mami, wir sehen uns doch bei dem Transport wieder«, tröstet ein Mädchen seine Mutter, die völlig aus der Fassung ist. »Ich werde brav sein, Vater, das habe ich dir versprochen«, höre ich ein anderes Kind sagen. Und: »Bitte Mutter, hör auf zu weinen, ich werde auch jeden Tag beten.«

Ein paar der Kleinen sind derart verstört, dass wir sie unmöglich mitnehmen können. Als der Lärm unsere Trommelfelle beinahe zum Platzen bringt, eilt Süskind uns mit seiner netten Sekretärin zu Hilfe und meint, dass wir die »schweren Fälle« ruhig bei ihren Müttern lassen können. Die kommen dann eben morgen. Ich würde ihm am liebsten erklären, dass alle Kinder »schwere Fälle« sind, weil sie von ihren Müttern getrennt werden und einfach so mit wildfremden Frauen mitgehen sollen, und das in dieser an sich bereits bedrohlichen Situation. Aber ich halte den Mund. Zum Glück stehen viele Kolleginnen bereit, um uns die Kinder, sobald wir auf der anderen Seite sind, abzunehmen. Pimentel hat angeordnet, dass wir die üblichen Routinen einhalten müssen. Das heißt, sie werden erst mal alle nach Läusen abgesucht und bekommen eine eigene Tasche, in der ihre Sachen aufbewahrt werden. Den Jüngsten werden kleine Schürzen vom Kinderhaus umgebunden, dann werden sie mit einer Handvoll Rosinen als Trostpflaster in den richtigen Raum gebracht.

Freitag, 9. Oktober 1942

Die Zahl der Kinderpflegerinnen wächst vor allem wegen der deutschen Jüdinnen, die schon den Befehl zum Abtransport bekommen haben und so das Recht auf eine Freistellung erhalten. Täglich kommen Mütter mit ihren fünfzehn-, sechzehnjährigen Töchtern zu Pimentel ins Büro. Sie flehen sie an, ihren Töchtern eine Anstellung zu geben.

Die zusätzlichen Hände machen uns die Arbeit etwas leichter, aber es ist auch lästig, weil die Mädchen selbst noch Kinder sind. Zudem sprechen sie untereinander immer öfter Deutsch, was die niederländischen Kinderpflegerinnen nicht gerade schätzen. Dadurch kommt es zu Spannungen. Manchmal gibt es auch Reibereien zwischen den Schülerinnen, die eine gute Erziehung genossen haben, und jenen, die aus weniger guten Häusern kommen.

»Wenn du noch ein Mal mit dreckigen Fingern in der Nase bohrst, hacke ich sie dir ab!«

Ich beobachte, wie Pimentel die Röte ins Gesicht steigt. »So sprechen wir hier nicht.«

Ich wechsle einen Blick mit Sieny. Wir können uns das Lachen kaum verkneifen.

»Heute Nachmittag stehen die Namen aller angehenden Kinderpflegerinnen an der Pinnwand, die Nachhilfe in Benehmen bekommen.«

Das ist so typisch für unsere Direktorin. Sie erkennt ein Problem und kommt sofort mit einer praktischen Lösung. Zum Glück bin ich diesmal nicht Teil der Lösung. Seit wir hier wohnen, werden wir von Pimentel zu den Leiterinnen gezählt, was mir ein ungemein gutes Gefühl gibt. Auch Sieny wächst Tag für Tag an ihrer Rolle.

Fräulein Pimentel wendet sich an uns. »Meine Damen, wer von euch kann die Bettchen nummerieren und die Einteilung vornehmen, welches Kind in welchem Bett liegt?«

Noch bevor Sieny reagieren kann, biete ich mich an. »Das würde ich schon machen!«

»Prima, ich möchte es gerne vor zwölf haben.«

Als sie weg ist, schaut mich Sieny kopfschüttelnd an. »Immer mit der Nase vorneweg.«

»Hättest du es denn gerne gemacht?«, frage ich und stelle mich dümmer, als ich bin.

»Nein, bist du verrückt?«, gibt sie wegwerfend zurück. »Ich habe genug zu tun.« Dann verlässt sie lachend den Raum.

Trotzdem habe ich den Seitenhieb gespürt.

Ich liebe Buchhaltung. Früher habe ich Vater gerne beim Überprüfen der Vorräte und dem Durchgeben neuer Bestellungen geholfen. Vielleicht liegt es an dieser Erfahrung, dass mir klar ist, dass etwas nicht stimmt. Der Überschuss an Kindern, auf den ich in der Schouwburg gestoßen bin, hat sich plötzlich in Luft aufgelöst. Ein oder zwei Namen, die ich vorher auf den Listen gesehen hatte, sind verschwunden. Es ist offenkundig, dass hier Dinge vor sich gehen, aus denen sie uns raushalten wollen. Und so neugierig ich auch bin, stelle ich keine Fragen.

Sehr schnell komme ich dahinter, warum es so wichtig ist zu wissen, welches Kind in welchem Bett liegt. Weil uns die Namen der Kinder mitgeteilt werden, die diese Nacht bereits zur Deportation müssen. Ungefähr ein Drittel der Kinder, die wir vorgestern abgeholt haben, muss heute schon wieder mit ihren Eltern abreisen. Ich frage mich, was der Sinn dieser dramatischen Trennung war, wenn sie doch heute in den Zug steigen. Aber auch dazu stelle ich keine Fragen.

Mirjam kommt herein und sieht mir über die Schulter bei dem zu, was ich gerade mache. »Klappt es?«

Ich frage mich, ob ich sie über meine Zweifel ins Vertrauen ziehen soll, und beschließe, nichts zu sagen. »Ja, alles bestens.«

»Das soll ich dir geben.« Sie legt einen gefalteten Zettel vor mich auf den Tisch. »Viel Erfolg damit«, bemerkt sie mysteriös und geht. Ich falte den Zettel auseinander und lese: HALLO BETTY! WAR SCHÖN, DICH NEULICH WIEDERZUSEHEN. LUST, WIEDER MAL MIT MIR SPAZIEREN ZU GEHEN? LIEBE GRÜSSE, LEO. Ich lese es noch einmal. Warum ignoriert er mich erst monatelang, um dann wieder aktiv zu werden? Was hat sich in der Zwischenzeit geändert? Es kommt mir ein wenig zu unverbindlich vor. Mutter sagt immer: »Männer werden schnell satt, wenn sie alles essen können, was sie wollen.« Nun, lassen wir ihn ruhig ein wenig hungern! Ich zerknülle den Zettel und werfe ihn in den Mülleimer.

Am Abend wecke ich mit Sieny um zehn Uhr die Kinder in unserem Schlafsaal. »Kommt aus den Betten, ganz leise, ihr dürft zu euren Eltern.« Vor allem das letzte Wort wirkt wie Magie, und innerhalb weniger Minuten stehen sie neben den Feldbettchen parat, ihre Stofftiere, Zahnbürsten, Bücher und Wechselkleidung in den Rucksäcken.

Bis ich an einen Jungen gerate, der anders als die anderen reagiert. »Habt ihr Papa und Mama gefunden?«, fragt er, während er mich mit großen Augen ansieht.

Ich begreife sofort, dass ich einen Fehler gemacht habe. Dieser um die zehn Jahre alte Knabe mit blassem Gesicht hat den ganzen Tag noch kein Wort gesprochen. Erst jetzt erinnere ich mich daran, dass er getrennt von seinen Eltern untergetaucht war und von den Nachbarn verraten wurde. Die Eltern dieses Jungen haben sich irgendwo anders versteckt und wissen wahrscheinlich nicht einmal, dass ihr Sohn hier ist. Er wird seine Eltern nicht wiedersehen.

Der Junge zieht sich hastig an und stellt dabei weitere Fragen. »Weiß Mama, dass ich hier bin? Und wohin gehen wir?

Ist es dort auch sicher? Darf ich jetzt immer bei Papa und Mama bleiben?«

Ich habe keine Ahnung, wie ich ihm erklären soll, dass ich einen Fehler gemacht habe und dass er allein zur Deportation muss.

Während die Kinder am Tisch sitzen, um einen Teller warmen Brei zu essen, damit sie zumindest nicht hungrig in die Züge steigen, spreche ich Pimentel an, die ich über den Flur laufen sehe. Ich berichte ihr, welche Dummheit ich begangen habe. »Das hättest du doch wissen können! Hinter den Namen steht schließlich, mit welchen Familienmitgliedern sie in der Schouwburg waren«, schimpft sie verärgert. »Ich habe drüben bereits darum gebeten, ihm jemanden zur Seite zu stellen, mit dem er gemeinsam reisen kann. Beeil dich jetzt, es ist nicht mehr viel Zeit.«

Ich will schon weggehen, überlege es mir aber anders. »Warum muss ein zehnjähriges Kind ganz allein nach Westerbork, wozu ist das gut?«

»Wozu das gut ist?« Ihr Blick ist jetzt noch zorniger. »Hat irgendjemand dir erklären können, wozu dieser ganze Zustand gut sein soll? Nein? Mir auch nicht, also stell keine dummen Fragen mehr und mach deine Arbeit.«

Draußen ist es stockdunkel. Sieny und ich haben die Kinder in einer langen Zweierreihe auf dem Bürgersteig vor dem Kinderhaus aufgestellt. Mirjam, die die Babys gewickelt und angezogen hat, wartet drinnen mit ihnen, um sie erst im allerletzten Moment zu ihren Müttern zu tragen. Wegen der nächtlichen Ausgangssperre ist niemand auf der Straße. Da es keine Straßenbeleuchtung gibt, müssen wir mit dem Mondlicht auskommen. Nur die Konturen der Fenster, die nicht richtig abgedunkelt sind, sind zu erkennen. Pimentel hat uns angewiesen, auf ihr Zeichen zu warten, bis wir die Kleinen mit ihren Eltern zusammenführen. Die Gruppe von zweiunddreißig Kindern, mit der wir hier warten, ist außergewöhnlich ruhig. Als ob die Kinder den Atem anhalten würden bis zu dem Moment, an dem sie ihre Eltern wiedersehen. Zwei sich voneinander unabhängig bewegende Lichter kommen auf uns zu. Es scheinen die Jungs vom Jüdischen Rat auf ihren Fahrrädern zu sein. »Wir begleiten euch auf die andere Seite«, erklärt einer von ihnen.

»Wir müssen aber auf die Instruktionen der Direktorin warten«, höre ich Sieny antworten. »Wir können also erst dann losgehen, wenn sie hier ist.«

Sie verschwinden in Richtung Schouwburg. Wolken schieben sich vor den Halbmond, ein Windstoß streift kalt unsere Gesichter. Von ferne hört man Pferdehufe. Hinter mir fängt jetzt doch ein Mädchen an zu schluchzen.

Auf einmal leuchten die Scheinwerfer eines kleinen Lastwagens auf, der vor der Schouwburg steht und schließlich ein Stück weiter vorfährt. Jetzt ist der Blick frei auf den Eingang des Theaters; hinter der Drehtür brennt Licht. Eine unruhig flackernde Taschenlampe bewegt sich in unsere Richtung. Es ist Pimentel. »Ihr dürft losgehen, sobald alle Eltern draußen stehen. Es ist wichtig, dass die Kinder ruhig bleiben. Wir können keine Panik gebrauchen.«

Plötzlich entsteht Bewegung. Dunkle Silhouetten treten durch die Drehtür. Wie ein Fleischwolf, mit dem Wurst gedreht wird, spuckt die Tür kontinuierlich Menschen aus. Anschwellendes Gemurmel. Taschenlampen, die den Weg weisen. Deutsche Kommandos. »Gruppenweise aufstellen!« »An der Hecke anhalten!« »Nicht sprechen!« Der Lastwagen hat gewendet, seine Scheinwerfer beleuchten die Wartenden. Zwei berittene Polizisten werfen lange Schatten auf die Straße. Unter ihren Schattenbeinen nähern sich zwei Straßenbahnen. Vorne prangt die erleuchtete Nummer 9.

Dann dürfen wir die Kinder ihren Eltern übergeben. Trotz des Befehls des SS-Mannes, ruhig zu sein, läuft das nicht ohne einiges an Gewimmer und Geheule sowohl vonseiten der Eltern wie der Kinder ab. Ein Deutscher poltert, dass er, wenn es nicht gleich ruhig wird, dafür sorgen wird, dass keiner mehr etwas sagt. Die Geräusche verstummen, nur ein Kind jammert weiter. »Halt den Mund!«, zischt eine Mutter ihr Kind an und verpasst ihm eine Ohrfeige. Mirjam läuft mit zwei Babys in einem Kinderwagen zu der Schlange und nennt die Namen, um die Kinder dann den Müttern auszuhändigen. Danach gehe ich mit ihr zurück in das Kinderhaus, um noch zwei Säuglinge zu holen. Mit einem eingewickelten Baby in den Armen eile ich zur Schouwburg. »Die Mutter von Lena Papegaai?«

Eine große, magere Frau reckt die Hand. Ich händige ihr das Mädchen aus und will wieder weggehen, als die Frau panisch keucht: »Das ist nicht mein Kind.«

Mir wird klar, dass wir das Baby aus Versehen verwechselt haben: Ich habe ihr den kleinen Jungen gebracht. Schnell renne ich zu Mirjam: »Wem hast du das andere Baby gegeben?« Mirjam zeigt mir eine Mutter, die das Baby in ein Tragetuch gestopft hat.

»Wieso?«

»Nur so.«

Mit dem kleinen Jungen in den Armen haste ich auf die Mutter zu.

»Es tut mir leid, aber ich habe Ihnen versehentlich ein Mädchen gegeben. Hier ist Ihr Sohn.«

Die Frau wird kreidebleich, während sie abwechselnd von dem Kind in ihrem Tragetuch zu dem Kind in meinen Armen schaut. »Na, sag mal. Wie furchtbar dumm von dir!«, fährt sie mich wütend an. Wahrscheinlich schämt sie sich, weil sie ihren Fehler selbst noch nicht bemerkt hat.

»Ja, das ist es wirklich«, entgegne ich schuldbewusst. »Aber zum Glück gibt es hier Leute, die sehr wohl gut aufpassen.« Ich überreiche ihr den kleinen Jungen und hole dann das Mädchen aus ihrem Tragetuch. »So, dann gehen wir jetzt zu deiner Mama.« Ich nicke noch kurz der Mutter zu, die ihren Sohn fest an sich drückt, mit einem Gesichtsausdruck von wegen: Niemand wird ihn mir mehr wegnehmen.

Man stelle sich nur vor, die Mutter des Mädchens wäre nicht

so aufmerksam gewesen, dann hätten sie vielleicht erst morgen entdeckt, dass es nicht ihr Kind ist. Wer weiß, sie hätten das eigene Kind vielleicht nie mehr wiedergefunden. Und wenn ich mir noch so sehr wie eine diplomierte Kinderpflegerin vorkomme, mache ich immer noch große Fehler.

Die Jungs vom Rat schaffen sämtliches Gepäck in den Transportwagen. Ein Lampenschirm fällt scheppernd auf die Straße. Das leise Gemurmel verstummt für einen Moment. Dann rennt ein kleiner, gebeugter Mann weg von der Gruppe.
»Halt, stehen bleiben!«
Ein Polizist zu Pferd versperrt ihm den Weg. Aber der Mann macht einen Bogen um ihn und läuft unbeirrt weiter. Der Polizist zieht seinen Revolver.
»Stehen bleiben, oder ich schieße!«
Der gebeugte Mann schaut sich nicht mal um und rennt einfach weiter. Dann ertönen zwei Schüsse. Ein entsetztes Stöhnen entweicht den Wartenden. Der Mann macht eine Art Sturzflug auf das Straßenpflaster und bleibt dann regungslos liegen.
»Ich hatte ihn gewarnt«, verteidigt sich der holländische Polizist.
Ich betrachte den formlosen Haufen auf dem Bürgersteig und habe die seltsame Empfindung, dass das alles nicht wirklich ist. Dass es sich um eine Szene aus einem Film oder Theaterstück handelt und der Schauspieler, der den gebeugten Mann spielt, gleich wieder aufsteht, um den Beifall entgegenzunehmen.
Eine tiefe deutsche Stimme dröhnt durch ein Megafon: »Noch so ein Fluchtversuch, und ihr werdet alle an die Wand gestellt!«
Ich kneife mir in die Hände. Das ist tatsächlich real. Ich muss ruhig bleiben, tun, was verlangt wird, und sämtliche Impulse unterdrücken.

»Wir öffnen jetzt die Straßenbahnen. So schnell wie möglich reingehen und hinsetzen«, ertönt es aus dem Megafon.

Menschen hasten zum Trittbrett und zwängen sich hinein, als würden sie »Reise nach Jerusalem« spielen. Ich helfe einer vor Aufregung zitternden Mutter, ihr Baby in ein Tragetuch zu binden. Ich hebe eine Decke auf, die von einer Schulter gerutscht ist, und lege sie der Oma wieder um. Ich streiche einem Mädchen über den Kopf und verspreche, dass wir bald wieder zusammen singen werden, wenn sie zurück ist. Einer der letzten Passagiere, der in die Straßenbahn steigt, ist der Junge, der ohne seine Eltern reist und die Hand einer fremden Frau festhält. Als seine panischen Augen die meinen finden, wende ich den Blick ab.

Innerhalb von zehn Minuten sind die Straßenbahnwaggons mit über zweihundert Menschen gefüllt. Ebenso bedrohlich, wie die Straßenbahnen gekommen sind, fahren sie jetzt auch wieder ab, nun allerdings rappelvoll mit Juden. Wie gigantische Raupen gleiten sie träge auf ihrer Schleimspur. Auch der Lastwagen, der voll beladen ist mit dem ganzen Hab und Gut, setzt sich in Bewegung. Bis zum Schluss laufen die Pferde possierlich hinter dem Zug her. »Alle Mann wieder auf ihren Posten!«, lautet der deutsche Befehl. Das Kreischen der Straßenbahn, das Klappern der Pferdehufe, das Rattern der Motoren, die Anweisungen der SS-Soldaten, alles ebbt langsam ab, bis es still ist. Eine Windböe scheint schließlich die letzten Spuren dessen, was sich hier abgespielt hat, wegzublasen. Ich schaue Sieny an, die ebenfalls auf den Mann starrt.

»Was passiert nun mit ...« Ich deute auf den Toten.

»Sie werden ihn schon bald wegholen, denke ich«, flüstert sie. Sie murmelt leise ein Gebet.

Ich frage mich, ob ich das auch tun sollte, höre dann aber Mirjams Stimme hinter uns.

»Kommt ihr auch rein?«, fragt sie matt.

Ich hake mich bei Sieny unter. So gehen wir gemeinsam in das Kinderhaus.

Freitag, 6. November 1942

VORRANG DER GERMANISCHEN GEDANKEN *lautet die Schlagzeile der Zeitung* De Waag. *»Das Reich, das dabei ist zu wachsen – und das mehr ist als ein staatliches Konzept, welches die Verkörperung einer Lebenslehre sein wird –, dieses Reich bietet nicht nur Möglichkeiten für eine solche Entwicklung, es benötigt diese auch für seine Existenz. Dabei muss die germanische Blutsgemeinschaft von allen als Voraussetzung für das eigene Leben als Tatsache anerkannt werden.«*
Auf dem Titelblatt vom Het Joodsche Weekblad *werden Kurse angeboten für diejenigen, die töpfern, zeichnen und schreinern lernen wollen. In einem anderen Artikel werden drei Adressen von Übersetzungsbüros empfohlen, für alle, die den in Deutschland Beschäftigten Briefe schicken wollen.*

Diese Woche ist es etwas ruhiger im Kinderhaus, weil nicht mehr so viele Personen in die Schouwburg gebracht werden. Sollte der Tiefpunkt vorbei sein? In jedem Fall gibt mir diese Ruhe die Gelegenheit, einen Tag freizunehmen. Es ist mein erster freier Tag, seit ich im Kinderhaus wohne, und ich bin früh aufgestanden, um zu meinem Elternhaus zu laufen. Gestern Abend habe ich für meine Familie einen Kuchen aus Gries und Brotkrümeln gebacken. Ich weiß, dass ich nicht die beste Bäckerin bin, aber ich habe mir das Rezept von Mirjam abgeschaut, die den Kuchen schon ein paarmal gemacht hat, wenn eine von uns Geburtstag hatte, und ich muss sagen, dass er ziemlich gut gelungen ist. Ich habe mich so auf meinen Besuch zu Hause gefreut, dass ich deshalb kaum schlafen konnte. Nol und Jetty haben angekündigt, auch zum Tee zu kommen, und Leni hat um einen freien Vormittag gebeten. Es fühlt sich wie ein kleiner Urlaub an nach all den Wochen, in denen die Tage und Nächte ineinander übergingen. In denen wöchentlich Kinder deportiert wurden, die ich gerade erst ein wenig kennengelernt hatte. Wochen, in denen ich schlief, wann immer sich mir die Gelegenheit bot, wobei mein Unterbewusstsein jedoch stets in Habachtstellung blieb, damit ich jeden Moment wieder aus dem Bett springen und aktiv werden konnte.

Ich wickle das Backblech mit dem Kuchen in ein Geschirrtuch ein und ziehe mir den Wintermantel an. Es ist graues Herbstwetter.

»Na, junge Dame, was hast du denn da?« Neben mir fährt ein Mann auf dem Fahrrad, der mich sofort an meinen Vater erinnert. Derselbe kahl werdende Schädel, die tiefen, vertikalen Falten in den Wangen, die großen, dunklen Augen.

Ist er Zivilpolizist, oder was will er von mir?

»Das ist ein Kuchen, mein Herr.« Ich laufe einfach weiter.

»Ich liebe Kuchen«, erwidert er schleimig.

»Tut mir leid, dieser ist bereits vergeben.«

»Ach ja, an wen denn? Er kann doch wohl nicht netter sein als ich, oder?«

»Ich finde meinen Vater natürlich netter als Sie.«

Keine Ahnung, warum ich sage, dass der Kuchen für meinen Vater ist.

»Ich kann mitkommen und mich deinem Vater vorstellen, dann können wir beide uns danach sofort um den Familienzuwachs kümmern.« Sein Lachen lässt mich erschaudern.

»Mein Vater würde es nicht gutheißen, wenn ich mit einem Freund nach Hause komme, der älter ist als er selbst.«

Der Mann begreift sofort, dass ich ihn beleidige.

»Du kannst froh sein, dass sich ein Holländer nicht zu gut für dich ist, du kleines Miststück. Ich muss dir wohl mal ordentlich den Hintern versohlen.«

»Wissen Sie eigentlich, dass Sie verklagt werden können, wenn Sie ein jüdisches Mädchen anfassen?« Ich blicke ihn hochmütig an und hoffe, dass er endlich abhaut.

Aber anstatt wegzufahren, schneidet er mir den Weg ab. »Deshalb kann euch niemand leiden. Weil ihr so ein arrogantes Volk seid.« Er packt mich am Handgelenk. »Ich kann dich jederzeit anzeigen, Scheißjüdin! Ich kann dafür sorgen, dass du morgen in den Zug gesetzt wirst. Oder aber du kommst jetzt mit mir mit.«

Die Erkenntnis, dass ich in der Falle sitze, macht mich plötzlich steif vor Angst. In den starren Augen des Scheusals sehe ich, dass er es ernst meint.

»Es tut mir leid ... Lassen Sie mich los.«

»Das könnte dir so passen, was? Mitkommen!« Er hält mich immer noch am Handgelenk fest und fängt an, mich mitzuzerren. Dieser Mann ist völlig irre. Ich muss zusehen, dass ich wegkomme, bevor er mich in sein Haus schleift. Bis auf ein paar Fußgänger und Radfahrer ist die Straße ziemlich leer. Wer wird mir helfen, wenn ich schreie? Ruhig bleiben, nicht zeigen, dass ich Angst habe, nachdenken.

»Sie können mich schon mitnehmen, mein Herr, aber dann haben wir beide ein Problem«, bluffe ich.

Der Mann schaut mich verständnislos an. »Wie?«

»Sie, weil es strafbar ist, eine Jüdin zu vergewaltigen, und ich, weil ich da schon solche schmerzhaften Pusteln habe, und der Arzt hat gesagt, dass es wegen der Ansteckungsgefahr nicht vernünftig wäre ...«

Das verwirrte Gesicht des Mannes bleibt für ein paar Sekunden ohne Ausdruck. Dann verzieht er den Mund zu einem Lächeln, bei dem durch die leicht geöffneten Lippen ein paar faulige Zähne zum Vorschein kommen. Aus den dunklen Zahnlücken zischt er: »Ich hab dich durchschaut, du ekelhaftes Weibsstück.«

Dann schlägt er mir den Kuchen aus der Hand und fährt mit dem Rad davon. Ich schaue zu, wie das Backblech unter dem Geschirrtuch hervorpoltert. Erst als das Blech liegen bleibt, wage ich es wieder, mich zu bewegen. Mit zitternden Händen hebe ich es von der Straße auf. Ich zerbeiße mir die Lippen, um nicht mit verweintem Gesicht bei meiner Familie anzukommen. Festen Schrittes gehe ich weiter und bin mir darüber klar, dass das auch ganz schrecklich anders hätte ablaufen können, wenn ich nicht im medizinischen Unterricht gelernt hätte, was Geschlechtskrankheiten sind.

Noch immer bibbernd wegen des Vorfalls komme ich endlich in der Van Woustraat an, wo Frau Overvliet, unsere Nachbarin, gerade den Laden von Koot verlässt. Mir fällt auf, dass sie im Lauf der letzten Jahre immer gepflegter wirkt: die Haare ordentlich gelockt, eine taillierte Wolljacke, elegante Stöckelschuhe. Ich hoffe, dass sie mich nicht sieht.

»Hallo, Betty, wie schön, dich wieder einmal bei uns in der Straße zu treffen«, ruft Frau Overvliet. »Gefällt dir das Leben als Krankenschwester?«

»Kinderpflegerin. Ja, es gefällt mir wirklich sehr gut.«

»Du warst immer schon verrückt nach Kindern«, bemerkt sie lächelnd. »Weißt du noch, wie du mit dem Puppenwagen zu uns gekommen bist?«

Daran erinnere ich mich noch sehr gut. Ich ging vor allem deshalb zu dem kinderlosen Ehepaar, weil sie mir immer Schokolade zusteckten.

»Wie bin ich erschrocken, als mit einem Mal ein echtes Baby in deinem Puppenwagen lag.«

»Japie war meine große Babypuppe«, bestätige ich.

Sie kommt etwas näher. »Der Laden von Koot, das ist auch nicht mehr das Wahre«, flüstert sie verschwörerisch. »Nichts Schönes mehr im Angebot, und dann rede ich noch nicht einmal von dem schlechten Service. Nein, wirklich eine Schande, dass ihr da rausmusstet.«

»Das kann man wohl sagen, ja«, entgegne ich schwach.

»Nun ja, ich werde auch nicht mehr hingehen. Wir ziehen nächste Woche um, auf die Weesperzijde. Nummer 87.«

Ich bin sofort alarmiert. Bisher bildeten sie und ihr Mann zumindest noch einen dünnen Schutzschild gegen den SD. »Wie schade ...«, flüstere ich.

Dann bemerkt sie, so leise, dass ich sie kaum verstehe: »Betty, wenn es jemals etwas gibt, für das du uns brauchst, dann kennst du jetzt unsere Adresse, in Ordnung?«

»Backen gehört nicht zu deinen größten Talenten, oder?«, witzelt Leni, als sie sieht, wie ich den ramponierten Kuchen aus der Backform löse und versuche, ihn in seine ursprüngliche Form zu kneten.

»Warte erst, bis du ihn probiert hast.«

Ich serviere mein Gebäck auf den geblümten Porzellantellern, die Grootje aus Paris mitgebracht hat, als sie dort einen Monat lang gelebt hat. Das war noch, bevor sie bei uns eingezogen ist und als Engel noch eine richtige Bedienstete und nicht eine Art Beistelltischchen war.

Ich teile die Kuchenstücke aus und will mich gerade setzen, als Japie hereinkommt.

»Gerade rechtzeitig. Kuchen?«

Er nickt.

»Wo hast du gesteckt?«, fragt meine Großmutter streng.

Japie zieht die Schultern hoch. »Wie immer, bei Jur.«

Ich erschrecke vor seiner dunklen Stimme. »So, bist du jetzt im Stimmbruch?«

»Ja, das hörst du doch«, gibt mein Bruder mürrisch zurück.

»Es ist kaum zu glauben, aber unser kleiner Bruder wird ein Mann«, zieht ihn Nol auf.

»Japie wird schon zu einem ganzen Jaap«, legt Leni noch eine Schippe drauf.

»Ein Bart-Jaap«, füge ich hinzu.

»Wenn sich sein Haarwuchs doch nur auf den Bart begrenzen würde«, merkt Nol doppeldeutig an, woraufhin Jaap sofort die Röte in die Wangen steigt. Wir drei können nicht mehr vor Lachen.

»Nimm es dir nicht zu Herzen, Japie«, setzt sich Nols Frau für ihn ein. »Später, wenn sie alt und schrumpelig sind, bist du immer noch ein attraktiver Mann.«

»Nun ja, er könnte sich durchaus etwas männlicher benehmen und ab und zu ein wenig mit anpacken, anstatt sich tagelang herumzutreiben«, merkt Mutter streng an.

»Jur muss heute Abend zur Deportation«, bemerkt mein Bruder trocken. »Es war das letzte Mal, dass ich ihn sehen konnte.« Er läuft in sein Zimmer und zieht die Tür hinter sich zu. Uns ist das Lachen vergangen.

»Das konnte ich doch nicht wissen«, rechtfertigt sich Mutter mit verzerrter Miene.

»Noch jemand Tee?«, fragt meine Schwester.

»*L'absence ne tue l'amour que s'il était malade au départ*«, deklamiert Großmutter. Abwesenheit tötet die Liebe nicht, es sei denn, sie war von Anfang an krank. Dann wendet sie sich an Leni: »Ich hätte gerne noch eine Tasse, Kind. Schenk ruhig nach.«

»Wie geht es bei euch in der Straße zu?«, erkundigt sich Nol, als wir sämtliche leichte Themen durchhaben.

»Ach, ich kriege davon nicht so viel mit«, weiche ich aus.

»Komm schon, Betty, du bist doch da mittendrin«, löchert mich mein Bruder.

Ich zucke mit den Schultern. »Wir kümmern uns nur um die Kinder. Was sonst noch passiert, weiß ich nicht.«

»Ich habe von einem Kollegen gehört, dass das Kinderhaus nur noch für die Kinder geöffnet ist, die deportiert werden«, hakt Nol nach. »Er hatte keine Betreuung mehr für seine Kinder.«

»Ja, das ist ärgerlich«, gebe ich zurück. Meine Augen wandern zu Leni, die aufsteht und nachschenkt. Sie weiß ebenso wie ich, dass sich dort Dinge abspielen, die weitaus schlimmer sind.

»Stimmt es, dass manchmal auch Findelkinder gebracht werden?«, will Jetty wissen.

»Ja, manchmal schon«, bestätige ich.

»Man kann sich das kaum vorstellen, dass jemand sein neugeborenes Baby weggibt«, seufzt sie.

Mir fällt erst jetzt auf, dass die Frau meines Bruders fülliger geworden ist. Ihre Hand liegt locker auf ihrem Schoß. Könnte da ihr Interesse herrühren? Weil sie jetzt schon Angst um den Embryo hat, der in ihrem Bauch heranwächst?

»Es sei denn, diejenige muss selbst zur Deportation und will ihr Kind davor beschützen«, merkt meine Schwester an.

»Vor ein paar Tagen wurde ein Baby in das Kinderhaus gebracht, ein kleiner Junge. Er wurde vor der Tür einer Villa in Bloemendaal gefunden. Sie haben ihn Remi van Duinwijck genannt. Remi nach dem Buch *Heimatlos,* und Duinwijck, weil so die Straße heißt, wo er abgelegt wurde.«

Remi ist ein kerngesundes Baby von etwa sechs Monaten. Als ich ihn zum ersten Mal auf Pimentels Arm sah, mit seinen großen, braunen Augen, die so ernsthaft in die Welt blickten, war es sofort um mich geschehen. So wie bei allen Kinderpflegerinnen. Er ist womöglich das schönste Baby, das ich je gesehen habe. »Dieser kleine Kerl wohnt ab jetzt bei uns«, verkündete Pimentel. »Er heißt Remi, aber er ist keineswegs heimatlos, denn er wohnt hier bei etwa dreißig Müttern und hundert Brüdern und Schwestern. Nicht wahr, Kleiner?« Remi antwortete mit einem Bäuerchen. Alle lachten.

»Ihr kennt also nicht einmal seinen Namen?«, erkundigt sich Jetty.

»Nein, keine Ahnung.«

Engel hob die Hand.

»Ja, Engel?«, ermuntert Großmutter sie.

»Woher wissen sie denn, dass er ein Jude ist?«, fragt sie leise.

Grootje rollt die Augen. »Engel, du weißt doch, was Männer in der Hose haben.«

»Ja, ja ...«, entgegnet Engel unsicher.

Ich bezweifle, dass Engel das weiß, und angesichts des Gesichtsausdrucks der anderen bin ich da nicht die Einzige.

»Nun, daran kann man es doch sofort erkennen!«

»Remi ist nicht beschnitten«, wende ich ein.

»Dann hat er bestimmt einen Zinken von einem halben Meter.« Nol lacht laut über seinen eigenen Witz.

»Er hat ein minikleines Näschen. Aber ein NSB-Arzt hat ihn untersucht, und er scheint jüdische Ohren zu haben.« Alle starren mich erstaunt an.

»Jüdische Ohren? Was sind jüdische Ohren?«, fragt Mutter nach.

Keiner weiß darauf eine Antwort.

Ich schaue mich im Zimmer um und betrachte meine Familie. Jeder scheint in Gedanken versunken über das, was unbesprochen bleibt. Mutter reibt ständig mit den Händen über ihre Beine, wie eine Art Tic. Auch schaut sie immer wieder auf die Tür zum Flur, durch die Japie verschwunden ist. Grootje, die die in sich zusammengesunkene Engel um einen Kopf überragt, starrt mit unter den Brüsten verschränkten Armen an die Wand. Ich frage mich, was genau sie sich dort ansieht. Das Foto von Vater, das dort hängt? Die von einem entfernten Cousin gemalte Landschaft? Oder die Trockenblumen, die Mutter eingerahmt hat?

Nol fährt mit dem Finger über den Kuchenteller und leckt ihn ab. Jetty hat den Blick auf ihre Hände im Schoß gerichtet. Und Leni starrt aus dem Fenster.

Mutter steht auf und fängt an, den Tisch abzuräumen. »Wer bleibt heute Abend zum Essen hier? Ich fange dann bald an zu kochen.«

Ich helfe ihr beim Abräumen und begleite sie in die Küche.

Auch wenn ihre Antwort beim letzten Mal sehr deutlich war, beschließe ich, es noch einmal zu versuchen. »Mutter, ich habe Frau Overvliet getroffen. Sie ziehen weg.«

»Ja, ich weiß.« Mutters Tonfall verrät keine Emotionen.

»Sie hat mir zu verstehen gegeben, dass sie uns helfen will, wenn wir in Not sind.«

»Diese NSBler?«, entfährt es Mutter. »Auf gar keinen Fall! Dann lasse ich mich lieber mitnehmen.«

»Aber sie haben uns doch schon ein paarmal geholfen«, flüstere ich, um die Lautstärke unseres Gesprächs wieder zu senken.

»Glaubst du das wirklich? Weißt du, wo sie hinziehen? In ein großes Haus von Juden, die deportiert wurden. Sie sind nicht auf unserer Seite, Betty. Und du bist ein Dummkopf, wenn du das noch glaubst.«

Ich bin inzwischen so frustriert, dass auch ich die Stimme hebe. »Aber Mutter, ihr habt keine andere Wahl, verstehst du das denn nicht? Die Lager im Osten sind keine gewöhnlichen Arbeitskolonien, es sind Gefängnisse, in die sie einen vielleicht sogar ein Leben lang einsperren. Bitte ...«

»Geht es ein bisschen ruhiger?« Grootje schaut um die Ecke.

»Es ist schon gut, Mutter. Betty, bleibst du auch zum Essen?«

»Nein, ich muss wieder zurück.«

Als ich an meiner Großmutter vorbeigehe, sieht diese mich vorwurfsvoll an.

»Ich weiß schon, Grootje«, sage ich beherrscht. »Ich habe meine Mutter mit Respekt zu behandeln.«

Sonntag, 29. November 1942

Ein Journalist schreibt: »Es gibt hier noch viele, die die Rassenlehre zwar als etwas Abwegiges betrachten, jedoch die Weltanschauung, aus der diese Rassenlehre von schädelvermessenden Stubengelehrten zum Leben erweckt wurde und die zur kulturbefruchtenden Wissenschaft geworden ist, als solche nicht erkennen. Sie finden, dass viel Gutes im Nationalsozialismus steckt, die Beseitigung von Missständen beispielsweise, der Kampf für soziale Gerechtigkeit, das Aufleben eines nationalen Bewusstseins, und fühlen sich daher von ihm angezogen. Aber dass der Nationalsozialismus nicht einfach nur eine Verbindung von althergebrachtem Sozialismus und Nationalismus ist, sondern eine neue Weltanschauung, die auf dem bewussten Erleben der ureigenen Natur basiert, das wollen viele nicht einsehen. Weil zu viele Konsequenzen damit verbunden sind? Diese unschlüssige Haltung ist bezeichnend für die Stillosigkeit der Menschen.«

Ich hole erleichtert Luft, als wir in den frostigen Wind treten, der draußen bläst. Gemeinsam überqueren wir die Straße.
»Hey, kleiner Junge, wie heißt du?«, frage ich den kleinen Kerl, der sich immer noch gegen die erzwungene Trennung von seiner Mutter wehrt.

»Er heißt Jacob. Jacob Meijer«, antwortet Mirjam.

»Diesen Namen habe ich nirgends stehen sehen«, wundere ich mich. »Woher weißt du das?«

Sie zieht die Schultern hoch. »Offiziell gibt es ihn nicht.«

»Wie meinst du das?«

»Muss man dir eigentlich alles erklären?« Mirjam beschleunigt ihren Schritt und läuft ohne weitere Erklärung hinein. Ich blicke Sieny an, die eine wegwerfende Geste macht. »Lass mal, schlecht gelaunt.«

Wenn Mirjam schlecht gelaunt ist, lässt sie sich das selten anmerken. Meiner Meinung nach ist es etwas anderes. »Ich glaube, dass sie mehr weiß.«

»Sie darf nur nicht darüber sprechen. Und das nimmt sie uns übel.«

»Was weiß sie denn?«

Ich zucke mit den Schultern. »Wenn ich das wüsste, wüsstest du es auch.«

Nach zwei Tagen weint der kleine Junge immer noch. Mit seinem hölzernen Ziehkaninchen in den Armen als Kuscheltier jammert er unablässig nach Mama und Papa. Ich will noch mal versuchen, an ihn heranzukommen. »Jacob? Hey, kleiner Junge. Du siehst deine Eltern bald wieder!«

Der Junge blickt mich scheu an, während er weiterschluchzt. »Sie sind da, im Theater«, bringt er stoßweise hervor, während er mit seinem kleinen Fingerchen auf die Schouwburg zeigt.

»Meinst du bei der Bühne? Im großen Saal?« Er nickt. Zum ersten Mal schaut er mich mit seinen dunklen Augen direkt an. »Und wer hat dich dann zur Schouwburg gebracht, Papa und Mama?«

Er schüttelt den Kopf. »Nein ... Ich war bei Tante Juf, aber sie ist krank.«

»Du warst bei deiner Tante, als die Soldaten dich geholt haben?«

»Und bei meinem Onkel. Aber sie mussten zu Hause bleiben.«

»Und dann musstest du allein mitgehen.«

»Ja ...« Er sieht mich mit einem Blick an, der sagen will: Endlich kapiert es jemand.

»Aber Papa und Mama sind dort, und ich will zu ihnen.«

Kaum ist unser Gespräch erneut auf seine Eltern gekommen, fängt er wieder an zu weinen.

Ich beschließe, ihn zu Pimentel zu bringen.

»Dieses Kind muss wirklich zurück zu seinen Eltern«, stelle ich fest, während ich mit dem Kleinen und seinem Ziehkaninchen das Büro unserer Leiterin betrete. Dort steht Pimentel mit Remi auf dem Arm. Der kleine Kerl ist zu einer Art Erweiterung ihrer selbst geworden. Ihr Hund war die ersten Wochen dermaßen eifersüchtig auf den neuen Freund seines Frauchens, dass er bei der geringsten Kleinigkeit zu knurren anfing, wie ein miesepetriger, eifersüchtiger Ehemann. Er hat Sieny sogar in die Hand gebissen. Nicht sehr fest, aber das war für Pimentel der Tropfen, der das Fass zum Überlaufen brachte, und sie sperrte das aufsässige Tier zwei Tage lang im Schuppen ein. Jetzt, da er wieder im Haus ist, scheint er sich mit seiner neuen Situation abgefunden zu haben und reagiert, sowohl wenn es um sein Frauchen, als auch wenn es um Remi geht, mit übertriebenem Beschützerinstinkt. Anstatt zu knurren, bellt er jetzt, wenn jemand den Raum betritt. Vielleicht hat er sich diese Rolle von den Deutschen Schäferhunden abgeschaut, die an den Deportationsabenden ihr Territorium bewachen.

»Bruni, aus! Was hast du gesagt, Betty?«

Ich schiebe das vor Schluchzen bebende Kind nach vorne. »Jacob war von Tante und Onkel aufgenommen worden und hat seine Eltern in der Schouwburg wiedergesehen, aber noch bevor er zu ihnen durfte, musste er hierher.«

Die Direktorin schaut den Knaben an und beugt sich zu ihm. »Du bist Jacob Meijer, oder?«

Er nickt.

»Komm mal kurz mit mir mit.« Pimentel überreicht mir Remi, der überhaupt keine Scheu hat und mich sofort an der Nase packt. »Er braucht eine frische Windel.«

Eine Stunde später bekomme ich Jacob zurück, der immer noch weint. Pimentel wirft mir einen erschöpften Blick zu, als wollte sie sagen: Nichts zu machen.

Dann wendet sie sich an den Kleinen: »Du hast mir versprochen, dass du jetzt brav schlafen gehst, nicht wahr?«

Jacob nickt weinend.

»Dann verspreche ich dir, dass du danach zu Mama und Papa darfst.«

Jacob scheint es zwar nicht ganz begriffen zu haben, aber er steckt den Daumen in den Mund und lässt sich von mir mitnehmen.

Als ich ihn ins Bett lege, bebt sein Körper immer noch vor nicht nachlassendem Kummer, trotzdem versucht er, sich an sein Versprechen zu halten, und kneift die Augen ganz fest zu.

»Wie schön, dass Sie ihn zu seinen Eltern bringen wollen«, sage ich zu Pimentel, als ich ihr im Flur begegne.

»Nicht zu seinen Eltern«, entgegnet sie, »die sind schon lange weg. Aber er wird heute Abend abgeholt.«

»Um auch nach Westerbork zu fahren?«, frage ich.

»Nein, nicht dorthin«, gibt sie zurück, während sie in ihr Büro läuft. »Woanders hin.« Dann wendet sie sich an Remi. »So, kleiner Mann, jetzt kommst du wieder zu Tante Henriëtte.«

Am nächsten Tag ist Jacob weg.

Freitag, 4. Dezember 1942

Der Krankensaal befindet sich im ehemaligen Café der Schouwburg. Es ist einer der wenigen Räume in dem ehemaligen Theater, in die Tageslicht fällt. Noch vor einem Jahr standen hier kleine Tische und Stühle vor dem Fenster anstatt Betten, und die reichsten Juden Amsterdams nahmen hier mit abgespreiztem kleinen Finger ihren Kaffee oder Tee zu sich. Auch Grootje kam regelmäßig hierher, um zu sehen und gesehen zu werden. Mit einem Fuchspelz um die Schultern und in Begleitung meiner Mutter in ihrem teuersten Seidenkleid.

Weil es draußen dämmert, wirkt der Raum fahl, als wären alle Pigmente daraus verschwunden, wie auf einem Foto. »Würdest du die Sachen für Betty kurz zusammenpacken?«, bittet Doktor de Vries Robles einen Jungen, der am Schubladenschrank beschäftigt ist. Dann erst merke ich, dass es Leo ist. Ich habe ihn seit Monaten nicht gesehen.

»Oh, hallo, Betty«, ruft Leo munter, als er sich umdreht. »Pimentel hatte bereits angekündigt, dass du kommen würdest.« Sein Haar ist länger geworden und lockt sich verspielt im Nacken.

Ich versuche, mir den Schrecken, den seine Anwesenheit auslöst, nicht anmerken zu lassen. »Verrückt, dass andere Leute manchmal besser über mich Bescheid wissen als ich«, gebe ich lachend zurück.

»So ist es«, stellt Leo fest und zwinkert mir zu, sodass ich auf den Armen eine Gänsehaut bekomme.

»Hier ist das Päckchen. Wenn du kurz wartest, hole ich meinen Mantel. Mein Dienst ist sowieso gerade zu Ende.«

»Dein Dienst war schon vor einer Stunde zu Ende«, merkt Doktor de Vries Robles an. Als Leo sich entfernt, flüstert der Doktor neckend: »Er hat seit einer Stunde auf dich gewartet.«

Ich bin verwirrt. Womit habe ich diese plötzlich wiederauflebende Aufmerksamkeit von Leo verdient?

»Hättest du Lust, ein wenig spazieren zu gehen?«, erkundigt er sich, als wir draußen sind.

»So?« Ich deute auf meine Schwesterntracht.

»Ich kann warten, bis du dich umgezogen hast«, gibt Leo zurück. »Die halbe Stunde macht auch nichts mehr aus.« Sein schelmisches Lächeln ruft schon wieder körperliche Reaktionen bei mir hervor. Und das in einer Weise, die überhaupt nicht mit dem übereinstimmt, was ich über ihn denke.

Er sieht meine Zweifel. »Es tut mir leid, dass ich nach unserem Treffen so lange nichts von mir habe hören lassen. Es war sehr viel los und, na ja, vielleicht war ich noch nicht bereit für eine Beziehung.«

»Ach je, sag mal, da steckt aber ziemlich viel Information in diesem einen Satz«, erwidere ich aufrichtig erstaunt.

Leo nimmt meine Hand und drückt einen Kuss darauf. »Glaub mir, ich habe versucht, dich aus dem Kopf zu bekommen, aber es hat nicht geklappt.«

Zehn Minuten später habe ich die Medikamente drinnen abgeliefert, bin in ein hübsches Kleid geschlüpft, habe mir in rasendem Tempo die Zähne geputzt und den Wintermantel um die Schultern geschlungen.

»Das machst du deutlich schneller als meine Schwestern«, bemerkt Leo zufrieden. Er bietet mir den Arm an, damit ich mich unterhaken kann.

Obwohl unsere Unterhaltung anfangs eher zäh verläuft, entspannen wir uns allmählich immer mehr. Leo stellt viele Fragen, aus denen ehrliches Interesse spricht. Als er sich nach meinem Bruder Gerrit erkundigt, lasse ich meine letzten Vorbehalte fallen.

»Das Verrückte ist, dass ich niemals geglaubt hätte, sie würden meinen Bruder kleinkriegen«, sage ich leise. »Und ich habe immer noch die Hoffnung, dass das so ist, aber ich fürchte ...«

Leo hat sich zu mir gedreht und legt mir den Finger auf die Lippen. »Sch, sprich nicht weiter. Du musst an dieser Hoffnung festhalten. Du kennst deinen Bruder am allerbesten. Er wird klug genug sein, um aus dieser Situation wieder herauszukommen, auch wenn er euch das noch nicht mitteilen kann.« Er blickt mich ernst an. Seine Augen sind ebenso dunkel wie der Himmel, nun, da es Abend geworden ist. Aus seinem Mund strömt eine Wolke warmen Atems. Dann beugt er sich langsam zu mir und küsst mich. Nicht wie beim ersten Mal, roh und aufdringlich, sondern vorsichtig, sanft. Er schließt mich in die Arme, während wir uns weiter küssen, immer gieriger, intensiver. Unsere aneinandergedrückten Körper bilden einen Kokon der Wärme gegen den kalten Wind. Seine Hand fährt streichelnd durch meine Haare. Erst als hinter uns anzüglich gepfiffen wird, scheine ich in die Realität zurückzukehren.

Leos Augen glänzen ebenso wie seine Lippen. »Was hältst du davon, mit in mein Studentenwohnheim zu kommen? Dort ist es deutlich wärmer«, meint er.

»Aber die Sperrstunde ...«

»Es ist erst halb sechs. Wir können auch ins Kinderhaus gehen, wenn dort der Ofen an ist.«

»Herrenbesuch ist bei uns nicht gestattet.«

»Wirklich nicht? Dann bleibt uns nur eine Möglichkeit ...« Er sieht mich beinahe flehend an. »Ich beiße nicht. Ebenso wenig wie die Jungs in meinem Wohnheim.«

»Und knurren?«

Er lacht. »Das auch nicht.«

Hand in Hand spazieren wir die Herengracht entlang zu Leos Studentenwohnheim. Er kann gar nicht fassen, dass Besuche von Männern im Kinderhaus verboten sind, und findet das puritanisch.

»So abwegig ist das nun auch wieder nicht.«

»Ich hätte das einfach nicht von Henriëtte erwartet. Sie selbst ist ziemlich ... Wie soll ich sagen, fortschrittlich, was die Liebe betrifft.«

Ich schaue ihn forschend an. »Was genau meinst du damit?«

»Nun, dass sie es weniger mit der traditionellen Mann-Frau-Beziehung hat, würde ich es nennen. Eher mit der Frau-Frau...«

Obwohl ich das schon leise habe munkeln hören, trifft es mich, dass er so abschätzig von Pimentel spricht. »Vielleicht war sie früher so, aber jetzt merkt man nichts mehr davon.«

»Ich kenne sie schon mein Leben lang über ihren Bruder, den Direktor des Krankenhauses in Amstelveen. Der ist gut mit meinem Opa befreundet. Durch ihn habe ich angefangen, Medizin zu studieren.«

»Und durch sie habe ich angefangen, mit Kindern zu arbeiten. Da sieht man, dass die Familie Pimentel uns beiden Gutes gebracht hat.« Damit will ich das Thema abschließen.

Solch ein Leben unter Studenten in einem Herrenhaus ist ganz anders, als ich es mir vorgestellt habe. Als wir reinkommen, spielen bestimmt fünf Jungen Karten, während der Raum so verqualmt ist, dass man die Luft fast schon schneiden kann. Schweißgeruch, Rauch von Zigaretten und vom Ofen dringen mir in die Nase. Der Boden ist übersät mit alten Zeitungen und Zeitschriften, die Möbelstücke sind bedeckt mit schlampig hingeworfenen Kleidungsstücken. Auf dem Tisch stehen eine leere und eine halb volle Flasche Genever. Die Atmosphäre ist aufgeheizt. Nicht durch mein Kommen oder durch die beiden anderen Damen, die gelangweilt auf dem Sofa sitzen, sondern weil um Geld und Lebensmittelmarken gespielt wird. Es wirkt dekadent und respektlos. Ich grüße so freundlich wie möglich, werde aber vollkommen ignoriert.

»Achte nicht auf meine Mitbewohner«, meint Leo. »Es sind Barbaren.«

Wenn Leo sich nicht sofort entschuldigt hätte, hätte ich mich, glaube ich, umgedreht und wäre gegangen. »Soll ich dir mein Zimmer zeigen?«, fragt er. »Dort können wir uns zumindest in Ruhe unterhalten.« Er sieht mich an wie ein Hund, der denkt, dass er ein Stück Wurst bekommt. Das Kribbeln in meinem Bauch sendet zweideutige Signale aus. Wieder erinnere ich mich an die Bemerkung meiner Mutter über die Sättigung der Männer. »Man muss sie schmachten lassen und stets mit kleinen Bissen füttern.« Aber nun ja, meine Mutter ist nicht hier. »Ist gut«, antworte ich.

»Willkommen in meinem kleinen Palast.« Leo knipst die Schirmlampe an. Sein Zimmer ist ärmlicher und kleiner, als ich es erwartet hätte in diesem prächtigen Gebäude. Es passen gerade so ein Bett und ein Schrank hinein. Die Farbe ist von den Wänden abgeblättert, und vor dem Fenster hängt eine Decke. Er zieht mich auf sein Bett und presst wieder seinen Mund auf meinen. Ein Kuss, den ich erwidere, aber in dem ich nicht so aufgehe wie vorhin. Dann drückt er mich sanft auf die Matratze. Küssend fährt er mit den Lippen über meinen Hals, und ich muss mich beherrschen, um nicht zusammenzuzucken von dem Kribbeln, das das in mir auslöst. »Wie bist du weich und so schön«, keucht er, während er über den Stoff meines Kleids reibt. »Darf ich sie nackt spüren? Deine Brüste erregen mich so sehr.«

Es scheint mir etwas unpraktisch, mit meinem Kleid und dem BH. »Du darfst schon, aber ...«

Er wartet meine Einwände nicht ab. Es ist, als hätte ich das Startsignal gegeben. Hastig knöpft er mein Kleid auf, zieht die Ärmel herunter und greift mir an den Rücken, wo er behände meinen BH aufhakt. Mich erstaunt, wie schnell das alles geht und dass ich hier jetzt einfach so mit nacktem Oberkörper liege. Ich versuche, mich seinen Händen hinzugeben. »O Betty, das ist so schön«, stöhnt er mir ins Ohr. »Gefällt es dir auch?«

»Ja, ja, gut«, murmle ich, aber ich fühle dabei nur, dass er mir in die Brüste kneift. War es nicht das, wovon ich früher geträumt habe? Wovon ich einmal sehr aufgeregt aus einem Traum erwacht bin, mit einem Gefühl zwischen den Beinen, wie ich es zuvor überhaupt nicht kannte? Trotzdem gelingt es mir nicht, genau dieses Gefühl jetzt auch aufkommen zu lassen. Oder auch nur mit den Gedanken dabeizubleiben. Ich muss daran denken, wie ich mal Urlaub auf einem Bauernhof gemacht habe und eine Kuh melken durfte. Ich weiß noch, wie es sich anfühlte, die Euter zu berühren, mit den langen Zitzen, an denen man so feste ziehen musste. Ich fragte den Bauern, ob ich der Kuh nicht wehtäte, worauf der schallend lachte und mir die Antwort schuldig blieb. Ich denke an die Watte, die Engel gegen Ausschlag zwischen ihre zusammengepressten Brüste steckt, an den weichen Busen meiner Mutter, an den ich als Kind den Kopf schmiegen durfte.

»Ich mache weiter, okay?«, keucht Leo.

»Ist gut.« Ich versuche, ebenso erregt zu klingen, um ihn weiter zu ermutigen. Wenn ich es schaffe, mich zu konzentrieren, werde ich bestimmt mehr spüren. Wenn ich dieses banale Spiel nicht mehr von einem gewissen Abstand aus betrachte, sondern versuche, mehr bei meinem Körper zu bleiben. Während er mit der einen Hand weiter meine Brust knetet, versucht er mit der anderen, meine Strümpfe herunterzuziehen. Sein jagender Atem kribbelt im Nacken. Ich könnte ihm helfen, aber ich will auch keinen allzu unzüchtigen Eindruck erwecken. Was natürlich gar keinen Sinn ergibt, wenn man bedenkt, was ich hier gerade mache. Ich spüre, dass er sich mit seinen Geschlechtsteilen immer fester an mich drückt. Jetzt grapscht er mit der Hand in meine Unterhose, sodass der Gummi meines Hüfthalters zu reißen droht.

»Willst du? Willst du es?«

Ich wollte Nein sagen, aber der feuchte Glanz seiner Augen löst jetzt doch etwas in mir aus. Sie funkeln vor Begierde, von dem Wunsch, mich zu besitzen.

»Ist gut, aber nicht bis zum Schluss ...«

»Das verstehe ich.«

Ob es für ihn auch das erste Mal ist, wie für mich?

Er löst den Halter von meinen Wollstrümpfen, aber dann bleibt ein Häkchen am Rand meiner Unterhose hängen. So behände er anfangs war, so ungeschickt ist er jetzt. Er sackt nach unten. Vor Nervosität entfährt mir ein Kichern. Als der Gummi schließlich losschießt, trifft er ihn am Auge. »Verdammt!«

»Herrje, was bist du doch für ein Tollpatsch«, lache ich.

Plötzlich erstarrt er. Er hält sich eine Hand vor das Auge. »Dann mach halt mit!«

»Entschuldige, ist alles okay? Ist das Auge noch drin?«, gebe ich zurück, um die Situation aufzulockern.

Aber Leo wendet sich von mir ab.

»Hey, Leo, das war doch nur ein Witz. Sollen wir weitermachen?«

Er dreht sich weg. »So will ich es nicht«, sagt er zur Wand gerichtet.

Ich bin verwirrt. Habe ich alles verdorben?

Erst als ich meine Frisur wieder in Ordnung bringe, dreht er sich zu mir um. »Es tut mir leid, Betty. Ich war zu voreilig.«

Als er mich nach Hause bringt, schweigen wir fast den ganzen Weg. Zum Abschied küsst er mich auf die Wange. »Wir sehen uns wieder, ja?«

»Natürlich«, erwidere ich.

»Hattest du ein Rendezvous mit Leo?«, fragt Sieny zweideutig, als ich hereinkomme. Sie stößt Mirjam an. »Wir hatten es uns längst gedacht, weißt du?«

»Wird es was?«, erkundigt sich Mirjam und zieht an ihrer Zigarette.

Ich zucke mit den Schultern. »Keine Ahnung.«

Mirjam bläst den Rauch aus. »Ich würde nicht darauf wetten.«

»Wie meinst du das?«, will Sieny wissen.

»Ich weiß nicht«, entgegnet Mirjam. »Er ist mir zu arrogant!«

Freitag, 18. Dezember 1942

Der bekannte Germanist Victor Manheimer ist vom obersten Stockwerk der Schouwburg aus dem Fenster gesprungen. Die Kollegin, die ihn springen sah, meinte, er habe ausgesehen wie eine Fledermaus, weil seine Jacke hinter ihm herflatterte.
Immer häufiger ertönt das neue Weihnachtslied I'm Dreaming of a White Christmas *aus den Häusern. Könnte es sich hier um eine Protestaktion handeln mit einer »weißen Weihnacht« als Metapher für den Frieden? Die Deutschen summen fröhlich mit, obwohl sie nichts von amerikanischer Musik halten. Wenn sie wüssten, dass der Komponist des Liedes ein Jude ist, würde dieser Song verboten werden.*

Harry ist der Laufbursche des Jüdischen Rats und oft bei uns im Kinderhaus. Er ist ein toller Kumpel und ein prima Typ, aber mit seinem Rotterdamer Akzent und den flachen Witzen gibt er sich ein wenig zu viel Mühe, anziehend zu wirken. Er kommt mit einem spindeldürren Mädchen mit rosa Schleife im Haar herein.

»Hallo, Mädels, schaut mal, wen ich hier habe. Das ist Roosje Poons.« Das Kind wirkt nicht ängstlich, eher neugierig.

»Hier sind lauter Schwestern, die sehr gut auf dich aufpassen können. Vor allem diese hier.« Er legt einen Arm um Sieny. »Die ist besonders nett.«

»Wenn es nach dir ginge, bekäme ich sie alle unter meine Obhut.« Sieny schüttelt den Kopf. »Komm mal mit, kleiner Schatz, dann bringe ich dich zu deinen Spielkameraden.«

»Ein Schwätzchen ist heute wohl nicht drin, oder?«, ruft er ihr hinterher.

»Nicht labern, sondern rackern – so ist dieses Mädel«, wendet er sich an mich.

Ich muss lachen. »Ich würde nicht aufgeben, Harry. Vielleicht hat sie ja heute Abend etwas mehr Zeit.«

»Nun ja«, bemerkt er fast ein wenig bedrückt. »Sparta Rotterdam verpasst auch immer knapp den Meistertitel, und ich glaube trotzdem noch an den Verein.«

Unter den Mädels wird gemunkelt, dass er in sie verliebt ist. Auch ich habe schon ein paarmal bei Sieny darauf angespielt. Allerdings schiebt sie all meine Andeutungen beiseite und behauptet, dass er zu allen Frauen so freundlich sei. Ich weiß, dass sie ihn insgeheim viel zu gewöhnlich findet, um ihn als ernsthaften Kandidaten zu betrachten. Selbst wenn sie ihn nett fände, könnte sie nie mit einem solchen Jungen nach Hause kommen. Mir wäre das vollkommen schnuppe. Ich bin mittlerweile davon überzeugt, dass man besser an einen Kerl geraten sollte, der sich ein Bein für einen ausreißt, als an ein Großmaul. Von Leo habe ich nichts mehr gehört.

»Wo kommt Roosje Poons denn her?«, erkundige ich mich bei Harry. Ich habe ein Heft geholt, um ihre Daten aufzunehmen.

»Das weiß ich nicht genau«, antwortet Harry. »Sie war bei jemandem untergebracht, der Muffensausen bekommen hat und sie beim Kleidungsdepot hier um die Ecke abgesetzt hat. Sie hatte nur einen Zettel dabei, auf dem stand, dass sie Roosje Poons heißt und vier Jahre alt ist.«

Weil ich mehr Informationen als nur ihren Namen brauche, gehe ich später zu dem Mädchen. Ich finde sie im großen Kindergartenraum, wo sie allein an einem Tisch sitzt und malt.

»Hallo, Roosje, Liebes, gefällt es dir hier?«, erkundige ich mich, während ich mich neben sie setze.

Sie schlägt verlegen die Augen nieder und malt weiter.

Ich versuche, Augenkontakt mit Sieny aufzunehmen, die gerade am Waschbecken Trinkbecher füllt. Sobald sie mich bemerkt, kommt sie her.

»Ich wollte sehen, wie es mit Roosje läuft«, erkläre ich. »Und ob sie mir vielleicht etwas mehr über sich erzählen kann.«

»Roosje hat berichtet, dass sie in ein Ferienlager geht, nicht wahr, Roosje?«, wendet sich Sieny an das Kind.

Jetzt blickt Roosje plötzlich auf und nickt mit großen Augen. »Hat Mama gesagt.«

»Wie schön! Und wie heißt deine Mama?«

»Manja.«

»Und du hast auch noch einen Bruder, oder?«

»Izak. Aber er ist noch zu klein für die Ferien.«

»Oh, wie alt ist er denn?«

Sie zuckt mit den Schultern. Dann klappt sie den Daumen ein und zeigt mir vier Finger. »Ich bin schon so alt.«

»Mehr bekomme ich nicht aus dem Kind heraus«, schließe ich, als ich kurz darauf mit dem Heft an Pimentels Schreibtisch sitze. »Aber ich kann in der Schouwburg nachfragen, ob es dort Personen mit demselben Nachnamen gibt. Vielleicht ist eine Familie da, die uns mehr über sie erzählen kann.«

Ich erwarte, dass die Direktorin froh über meine Tatkraft ist, aber stattdessen reißt sie die letzte Seite aus dem Heft und fordert mich auf, alles noch mal aufzuschreiben, allerdings ohne Roosje.

»Sie existiert nicht.« Sie erhebt sich und läuft um den Schreibtisch herum zu Remi, dem Findelkind, der im Laufstall ist. »Hey, kleiner Mann, bist du wieder eingeschlafen? Hier sollst du spielen, und im Bett sollst du schlafen. Das verstehst du noch nicht so ganz, nicht wahr?« Sie legt eine kleine Decke über den Jungen und schiebt ein paar Spielsachen zur Seite. Nun, da Pimentel sich um Remi kümmert und ihn wie ein eigenes Kind verhätschelt, ist sie immer weniger an der aktiven Pflege der anderen Kinder beteiligt, als würden diese sie weniger interessieren. Oder bilde ich mir das nur ein? Ich betrachte den hübschen dunklen Jungen, der auf dem Rücken liegt und schläft. Den Kopf nach rechts gekippt, die ausgestreckten Ärmchen daneben. »Muss Remi nicht mit in den Deportationszug?«

»Nein, die Allerkleinsten brauchen nicht mitzufahren«, entgegnet sie, plötzlich eingeschnappt.

»Zum Glück! Ich hatte schon befürchtet, dass ...«

»Jetzt geh«, unterbricht sie mich. »Und die Tür leise schließen, er wacht sonst auf.«

Ich schlucke meinen Ärger hinunter und stehe auf. Bevor ich aus der Tür bin, ruft sie mich noch mal kurz zurück. »Betty, es mag vielleicht nach Willkür aussehen, wie es hier momentan abläuft. Aber so ist es nicht. Das ist das Einzige, was ich dir sagen kann.«

Die Art, wie sie mich ansieht, mit einer Mischung aus mütterlicher Wärme und natürlicher Autorität, nimmt mich doch wieder für sie ein.

Heute Abend steigen dreiundsechzig der siebenundachtzig Kinder in den Zug. Dies scheint vorläufig der letzte Transport zu sein, sie wollen daher auch die Kinder mitnehmen, die hier ohne ihre Eltern sind. Nur die Babys und Kinder, deren Eltern im Krankenhaus sind oder für den Rat arbeiten, dürfen bleiben. Zusammen mit Mirjam wecke ich die Älteren auf, wobei ich immer ein Häkchen hinter ihren Namen mache, damit wir sicher sein können, dass wir die Richtigen mit auf den Transport schicken. Sobald sie sich angezogen haben, dürfen sie mit ihrem Rucksack in den Speisesaal gehen, um einen Teller Brei zu essen. Ein dreizehnjähriger Junge fehlt. NIZ, ist hinter seinem Namen vermerkt. Pimentel hat ihn heute ins Krankenhaus gebracht. Seltsam, das Kind war gestern noch kerngesund. Ich habe den Verdacht, Pimentel könnte ihn krank »gemacht« haben, damit er nicht mit nach Westerbork fahren muss.

Wir haben alle Kinder fertig gemacht. Mirjam bildet den Kopf der Schlange an der Vordertür, ich beschließe die lange Reihe. Ich verstehe nur nicht, wo Sieny plötzlich abgeblieben ist. Während wir auf ein Zeichen warten, um mit der ganzen Kolonne hinauszugehen, höre ich jemanden meinen Namen flüstern. »Betty, hier. Betty.« Ich erkenne die Stimme von Sieny, habe aber keine Ahnung, von wo das Geräusch stammt. »Oben. Komm her!« Ich blicke nach oben ins Treppenhaus, aber auch da kann ich sie nirgendwo entdecken. »Mirjam, wir müssen kurz warten, bis Sieny hier ist.«

»Sieny?«, fragt Mirjam erstaunt. »Die ist in ihrem Zimmer, sie fühlt sich nicht so gut.«

Das ist merkwürdig. »Bitte versuche, noch für einen kleinen Moment Zeit zu schinden, zwei Minuten.«

Schnellen Schrittes laufe ich wieder zurück und steige die Stufen hoch in den ersten Stock.

»Sieny? Sieny?« Ich bekomme keine Antwort. Dann höre ich leises Kinderweinen. Es klingt erstickt, als würde jemand versuchen, das Schluchzen zu dämpfen. Auf Zehenspitzen nähere ich mich dem Geräusch. Am stärksten ist es auf dem Treppenabsatz zwischen dem ersten und dem zweiten Stock. Als ich das Ohr an die Vertäfelung lege, spüre ich, dass ein Teil davon locker ist. Ich kann ihn ziemlich leicht zur Seite schieben, sodass ein kleiner Spalt entsteht. Das Weinen kommt eindeutig von hier.

»Hallo?«, sage ich durch den Spalt.

»Betty!«, ertönt es sofort. »Wir sind hier. Komm bitte.«

Unten im Flur müssen die SS-Männer hereingekommen sein, denn ich höre laute Stimmen. »Sind alle hier fertig?«

Ich kann die Antwort von Mirjam nicht verstehen, bekomme allerdings sehr wohl die Reaktion der Deutschen mit. »Wieso, wir brauchen doch nicht auf eine Pflegerin zu warten? Wenn alle Kinder hier sind, können wir los! Vorwärts, Marsch.«

Von innen werden die Bretter jetzt komplett zur Seite geschoben. Sieny kriecht heraus.

»Du musst übernehmen«, eröffnet sie mir. »Sie vertraut mir nicht, und ich bekomme sie nicht ruhig.«

»Lass mich nur machen. Geh du schnell hinunter«, erwidere ich.

Ich bin zwar nicht so schlank wie Sieny, aber geschmeidiger, als ich es von mir gewohnt bin, krieche ich in das dunkle, lediglich einen Meter hohe Loch.

»Es ist Roosje«, erklärt mir Sieny noch, bevor sie die Vertäfelung zuschiebt.

»Wo ist die Dynamotaschenlampe?«, fällt mir gerade noch ein zu fragen.

»Die ist kaputt.« Dann wird es dunkel.

Ich stoße mir den Kopf an einem Balken, versuche, den Schmerz zu ignorieren, und mache mich noch kleiner, um zu dem weinenden Mädchen zu gelangen. Es fällt kein einziger Lichtstrahl in den niedrigen Raum, und ich kann mich nur auf mein Gehör verlassen. Das Weinen klingt jetzt so nahe, dass ich ganz dicht bei ihr sein muss. Mit gestreckten Armen taste ich ins Blaue hinein, bis ich ihre Haare spüre. »Roosje, ich bin's, Betty. Sch, ganz ruhig«, besänftige ich sie, während ich ihr über den Kopf streichle. Ich verstehe, dass das Kind Todesangst hat, ich werde selber klaustrophobisch in diesem Raum. »Wir haben uns heute schon mal gesehen, weißt du noch? Hör mal, deine Mama ...« Das Weinen lässt ein wenig nach, sobald sie das Wort »Mama« hört. »Deine Mama hat dir doch gesagt, dass du in ein Kinderferienlager gehst. Nun, du hast Massel, denn das hier ist das erste Spiel des Ferienlagers, und es heißt: Versteck dich im Dunkeln. Und weißt du, was die Menschen machen, wenn sie sich verstecken sollen?« Ich setze mich auf den Boden und ziehe das Mädchen zu mir auf den Schoß. »Die Menschen erzählen sich im Dunkeln schöne Geschichten.« Das Mädchen holt stoßweise Atem, wie Kinder es tun, um sich nach einer heftigen Heulattacke wieder zu erholen. »Kuschel dich ruhig mit dem Gesicht an mich.« Ich drücke ihren Kopf mit sanfter Gewalt an meinen Busen. So lag ich früher häufig an meine Mutter geschmiegt und habe die Resonanz ihrer Stimme noch mehr genossen als die Geschichte, die sie mir erzählt hat. »Und jetzt musst du gut aufpassen, Roosje, denn dieses Märchen kannst du nicht nur hören, du kannst es auch fühlen. Es war einmal eine sehr schöne Prinzessin. Sie wohnte in einem Schloss, das überall von prächtigen Rosen umwachsen war. Eines kalten Wintermorgens wachte das Mädchen auf, und all die wunderbaren Rosen waren zu Eis geworden. Der Prinzessin gefielen sie so sehr, dass sie eine pflückte ...« Ich höre Männerstiefel die Treppe nach oben stampfen, nicht nur von einer, sondern von mehreren Personen. Roosje hat aufgehört zu weinen.

»Ich erzähl gleich, was dann passiert ist ...«, flüstere ich leise, während ich ihr Ohr an mein klopfendes Herz gedrückt halte. »Aber jetzt müssen wir kurz ganz still sein ...« Ein Piepser entringt sich ihrem Mund, aber dann hält sie den Atem an.

»Was erlaubt ihr euch!«, höre ich Sieny schreien. »Kommandant, die Kinder schlafen. Ihr weckt sie alle auf mit eurem Gestampfe. Das ist kein Ort für Soldaten. Raus!«

Himmel, woher nimmt sie nur diese Courage? Sie könnte deshalb selbst abtransportiert werden. Ich höre den Kommandanten – aus der Fünten? – etwas rufen. Dann ertönt erneut Gepolter auf der Treppe.

Ich spüre, wie Roosje in meinen Armen erschlafft. »Liebes, du musst schon weiteratmen! Hey! Roosje?« Darauf schnauft sie tief ein und wieder aus.

Erst nach geraumer Zeit werde ich von Harry aus meinem Versteck befreit. Es ist nicht einfach, mit dem halb schlafenden Mädchen aus dem Raum zu gelangen. Humpelnd und mich abstützend, bewege ich mich zum Ausgang. Harry ist erstaunt, dass nicht Sieny zum Vorschein kommt. »Wo ist Sieny?«

»Ich bin hier«, meldet sich Sieny. »Gesund und munter.«

Harry nimmt sie am Arm. Es ist eine spontane Geste, die Sieny sichtlich überrascht. »Himmel, Mädel, ich hab mir solche Sorgen um dich gemacht«, stößt er erleichtert aus.

Sieny betrachtet die Hand, die auf ihrem Arm liegt, dann blickt sie hoch in sein Gesicht. Ich kann sie beobachten, die Veränderung in ihren Augen.

»Lieb, dass du dich um mich sorgst, Harry«, entgegnet sie sanft.

»Wie nett, dass ihr euch auch um mich ein wenig Sorgen gemacht habt«, bemerke ich matt, während ich, noch mit dem schweren Kind auf dem Arm, meine steifen Glieder strecke.

Gleichzeitig schauen sich die beiden nach mir um. »Entschuldige, Betty, du hast mir das Leben gerettet.«

Harry nimmt mir das Kind ab, und Sieny umarmt mich.

In der Küche unterhalten wir uns noch ein wenig über alles. »Ich war dabei, das Gepäck einzuladen«, berichtet Harry, »als ich sie über *das freche Weib* reden hörte. Ich dachte, sie meinten Pimentel, aber sie sprachen wohl über dich, oder?«

»Ja, ich fürchte schon«, gesteht Sieny.

»Aber sie ist doch wohl dein *freches Weib*, oder?«, frage ich Harry.

Er nimmt ihre Hand. »Ich hoffe schon, ja.«

Sieny wird rot.

»Gut, ihr macht das unter euch aus, ich gehe ins Bett«, verkündet Mirjam.

»Ja, ich gehe auch schlafen.«

Sorgfältig ziehe ich die Tür hinter mir zu, wissend, dass er sie gleich küssen und sie damit einverstanden sein wird. Ich fühle mich mit einem Mal sehr allein.

Sonntag, 3. Januar 1943

Der britische Außenminister Anthony Eden hat bei der BBC eine Rede gehalten, in der er davon berichtete, dass in polnischen Konzentrationslagern Zehntausende von Juden vergast und als medizinische Versuchskaninchen missbraucht wurden.

Sie haben sämtliche Seniorenheime der Stadt geräumt, daher sind in der Schouwburg gerade fast nur alte Menschen. Es ist deshalb bemerkenswert ruhig bei uns im Kinderhaus. Ich suche nach den einzigen beiden Kindern, die in der Schouwburg sind. Als ich sie auf der Seitenbühne finde und den Eltern wie immer erkläre, dass die Kinder auf die andere Seite müssen, reagiert ein Vater unerwartet schroff. »Ich gebe sie dir nicht mit. Die Zeit, die wir noch zusammen haben, bevor wir vergast werden, ist zu kostbar.«

Ich verstehe nicht ganz, was er meint, beschließe aber, es gut sein zu lassen, und will aus dem Saal gehen, als ein SS-Mann hereinkommt.

»Herrscht hier verdammt noch mal auch so 'ne Grabesstimmung?!«, brüllt er durch den Raum. »Was ist mit euch los? So eine Saubande!« Ich erkenne in dem Wachmann den schrecklichen Grünberg mit dem viereckigen Schädel und den abgebrochenen Zähnen. »Ich will, dass ihr fröhliche Juden seid! Verstanden? Ich will, dass ihr singt. Singt!«

Das leichte Gemurmel, das noch zu hören war, verstummt, und es wird mucksmäuschenstill. Obwohl ich gleich bei der Schwingtür stehe, erscheint es mir vernünftiger, mit dem Rausgehen noch ein wenig zu warten. Angenommen, die Tür knarrt, dann lenke ich mehr Aufmerksamkeit auf mich, als mir lieb ist.

»Wird's bald?«, drängt der SS-Mann.

Dann erhebt sich ein Mann – unsicher, aber präzise stimmt er die ersten Töne der *haTikwa* an, des Liedes der zionistischen Bewegung.

»Sehr gut! Singt!«

Der Sänger bekommt Unterstützung, zunächst von einer Frau, dann singen und summen nach und nach immer mehr Menschen die bekannte Melodie mit. Der Deutsche lacht sardonisch, während er keine Ahnung hat, was die gesungenen Worte bedeuten.

»Ist unsere Hoffnung nicht verloren, die Hoffnung, zweitausend Jahre alt, zu sein ein freies Volk, in unserem Land ...«, singt der Mann auf Hebräisch.

Im Flur treffe ich Joop, den großen Boten mit dem sympathischen Gesicht, den breiten Augenbrauen und tiefbraunen Augen, mit dem ich mittlerweile gut befreundet bin. Er bringt oft gemeinsam mit Harry Sachen für das Kinderhaus. »Betty, hast du die Kinder alle versteckt?«, scherzt er. Ich bin zu schockiert von dem, was ich gerade gesehen und gehört habe, um etwas zu erwidern.

»Alles in Ordnung?«, erkundigt er sich, während er sich zu mir beugt.

»Ist es wahr?«, flüstere ich nahe an seinem Gesicht. »Ist es wahr, dass sie uns vergasen?«

»Vergasen? Du meinst wohl, dass sie uns Kopf voran in Öfen schieben?«, fragt er grinsend. »Das erscheint mir übertrieben. Wo bekäme man so viele Öfen her?«

»Aber jemand hat gerade gesagt ...«

Joop packt mich am Arm und zieht mich mit in eine Ecke, in der uns keiner hören kann. Sein Gesichtsausdruck hat sich verändert. Voller Ernst sieht er mich an. »Kein Wort darüber, aber es stimmt.«

»Woher weißt du das?«

»Ich habe eine illegale Radiosendung bei Leuten gehört, die ich aus dem Untergrund kenne.«

»Dem Untergrund?«

»Dem Widerstand. Es gibt momentan viele aktive Widerstandsgruppen, also Personen, die heimlich Dinge tun, um den Juden zu helfen und sich den Deutschen entgegenzustellen. Sie verbreiten illegale Zeitungen, fälschen Lebensmittelmarken und Personalausweise. Sie organisieren Adressen zum Untertauchen für Juden, die der Deportation entgehen wollen.«

Ich wusste zwar, dass da geheime Dinge abliefen, aber dass sich große Gruppen gebildet hatten, davon hatte ich keine Ahnung.

»Aber wie denn, vergast?«

»Das wurde nicht gesagt, aber ich habe kürzlich gehört, dass die Leute angeblich zum Duschen geschickt werden, dass dann aber kein Wasser, sondern Gas aus den Brauseköpfen strömt ...«

Die Geschichte ist so bizarr, dass ihre Bedeutung nicht recht zu mir durchdringen will. Stattdessen entsteht in mir eine große Leere, vom Scheitel bis zu den Zehen. Ein unendlich großes Loch, angefüllt mit nichts, in das beständig mehr von diesem Nichts dringt. Bis ich langsam aufzusteigen beginne, wie ein Luftballon, der sich mittreiben lässt. Ein Zeppelin, der durch die Luft fährt, in eine andere Welt.

»Betty.« Er sieht mich besorgt an. »Alles in Ordnung?«

»Ich kann einfach nicht glauben, dass Menschen dazu imstande sind ...«

Joop zieht die Schultern hoch. »Ich auch nicht, aber das gilt auch für all die anderen Dinge, die zurzeit geschehen. So etwas hättest du vor einem halben Jahr auch noch nicht geglaubt, oder?«

»Dieser Widerstand, brauchen sie da vielleicht noch Leute?«

Er legt mir eine Hand auf die Schulter und schaut mir intensiv in die Augen. »Kümmere du dich ruhig weiter um die Kinder, die brauchen dich viel dringender.«

Nun, da ich weiß, was uns erwartet, muss ich unbedingt eine Freistellung für meine Familie erwirken, bevor es zu spät ist. An meinem einzigen freien Nachmittag stehe ich deshalb schon seit einer Stunde vor der Expositur in der Reihe und warte. In der langen Schlange wird geschimpft und gekämpft. Als eine Frau herauskommt und einer wartenden Freundin erfreut mitteilt, dass es geklappt hat, mutmaßt jemand deutlich vernehmbar, sie hätte dafür sicherlich die Beine breitmachen müssen. Ein Herr mit Zigarre bringt alle gegen sich auf, indem er sich damit brüstet, Herrn Cohen, den Vorsitzenden des Jüdischen Rats, noch aus Leiden zu kennen, wo sie gemeinsam Alte Sprachen studiert hätten. Zum Beweis zeigt er ein Foto, auf dem beide zu sehen sind. Als ich endlich drankomme, halte ich ein feuriges Plädoyer, dass unsere ganze Familie für den Rat tätig ist: meine Schwester im Krankenhaus, mein Bruder in der Lebensmittelverteilung, ich in der Kinderbetreuung, dass wir damit alle eine besondere Freistellung verdient hätten, für unsere Mutter, Großmutter und unseren Bruder. Engel lasse ich der Einfachheit halber außen vor. Der Schreiber betrachtet mich müde und sagt, dass sie meinen Fall bearbeiten würden. Versprechen könnten sie mir nichts.

Montag, 18. Januar 1943

Laut dem letzten Erlass müssen nun sämtliche Findelkinder als Juden klassifiziert werden, ungeachtet ihres Äußeren. Damit wollen die Deutschen der großen Zahl an Findlingen, die in den letzten Monaten auf den Straßen aufgelesen wurden, Einhalt gebieten. All diese Babys werden jetzt zu uns in das Kinderhaus gebracht.

Eine Kollegin hat mich gerade gerufen, ich werde am Telefon verlangt. Durch das Geschrei in der Babyabteilung, die gleich beim Personalraum liegt, höre ich nicht gut, wer in der Leitung ist. »Hallo, hier ist Betty, warten Sie einen Moment, ich verstehe Sie nicht.«

Ich schließe rasch die Tür und laufe zurück zum Telefon, das in der Ecke an der Wand hängt. Dann erst wird mir klar, dass derjenige, der am anderen Ende ist, ebenfalls weint, nur ist es hier kein Kind, sondern ein weinender Mann.

»Betty ... Ich ... Es geht um Mama«, dringt es stockend an mein Ohr.

Mein Herz beginnt zu rasen. »Japie, was ist mit Mama?«

»Sie wurden abgeholt ... Alle miteinander.«

Ich lehne mich an die Wand, mit beiden Händen umklammere ich den Hörer.

»Wo bist du, Japie?«

»Im Café gegenüber, es war ... es war ... so schrecklich«, höre ich ihn hyperventilierend ausstoßen.

»Ruhig, Jaap, ruhig. Atme tief ein und langsam wieder aus.

Noch mal.« Ich höre Jaap seufzen. »Jetzt erzähl mir, was passiert ist.«

»Ich bin nach Hause gekommen, da war Mutter gerade dabei, das Essen zu kochen, und als ich aus dem Fenster schaute, sah ich plötzlich den Militärwagen. Ich habe es Mutter noch gesagt. Und dann klingelte es auch schon an der Tür. Grüne Polizei. Ich weiß, dass ich dann auf den Speicher rennen soll, aber dafür war keine Zeit mehr, denn dann wäre ich ihnen im Treppenhaus begegnet, also bin ich in das kleine Nebenzimmer gerast und habe mich unter dem Bett versteckt.«

Während seines Redestroms holt er noch mal tief Luft und spricht dann mit erstickter Stimme weiter. »Ich habe alles gehört, Betty. Wie sie die Treppe heraufstampften und in Grootjes Schlafzimmer kamen. Sie hat aufgeschrien ... Auch Engel haben sie aus dem Zimmer gezerrt. Sie sieht ja nichts, und ich glaube, dass sie gestürzt ist, denn da war Gepolter und noch mehr Geschrei, auch von Mutter. Sie brüllte, dass die Deutschen verrückt wären, allesamt. Und ob sie selbst denn keine Mutter hätten. Oder ob sie die auch so behandeln würden. Grootje rief: ›Hände weg, ich lasse mich nicht anfassen, ich laufe selbst.‹ Aber sie haben sie dann doch angefasst, denn dann ...« Jaap ist nicht in der Lage weiterzusprechen.

»Was, Japie? Was ist dann passiert?«

»Ich ... habe Grootje noch nie so schreien hören ...«

Ich ertrage es fast nicht mehr, ihm zuzuhören. Ich drücke den Kopf fest gegen die Wand, um den körperlichen Schmerz stärker zu spüren als seine Worte.

»Und dann verschwanden die Stimmen, und ich habe nur noch die schweren Stiefel durch unser Haus stampfen hören. Auch im Nebenzimmer, in dem ich war. Ich dachte, jetzt ist es aus mit mir, jetzt gehen sie weiter und finden mich ...«

Seiner Kehle entringt sich ein Schluchzen.

»Ich hatte solche Angst ... Ich habe mich nicht mehr getraut zu atmen ... Dann wurde die Tür mit einem lauten Knall zugezogen. Die Schritte verhallten, und das Licht wurde ausgeschaltet. Dann war es still. Aber ich habe nicht gewagt herauszukommen. Ich muss liegen bleiben, dachte ich, falls jemand hiergeblieben ist. Oder vielleicht stehen sie noch vor der Tür. Und als ich nach einer halben Stunde mein Versteck verlassen wollte, hörte ich plötzlich jemanden die Stufen herunterkommen. Sie hatten also wirklich gewartet! Dann bin ich noch länger liegen geblieben, und erst als ich genau wusste, dass es sicher ist, bin ich herausgekrochen und hierhergelaufen.«

»Hat dich jemand hineingehen sehen? Die Witwe Koot?«

»Ich glaube nicht ...«

»Sie war es. Ich bin mir ganz sicher. Sie hat dort angerufen und verraten, dass hier noch ein paar sind.«

Auf der anderen Seite der Leitung höre ich meinen Bruder wieder weinen. Den ruckenden Klang seiner noch zarten Männerstimme. »Betty, was soll ich machen?«

»Japie, Junge, du musst ruhig bleiben ...«

Aber mein kleiner Bruder ist nicht zu beruhigen. »Hast du sie in der Schouwburg gesehen?«

»Nein, ich glaube nicht, dass sie hier sind. Gegenüber ist es rappelvoll. Soviel ich weiß, bringen sie die Leute dann oft direkt zur Haltestelle Amstelstation.«

»Ich gehe hin. Ich will Mama sehen ...«

»Jaap, warte, was willst du da? Sie werden dich festnehmen. Willst du das? Nein, oder?«

»Ich gehe ...«

Die Verbindung wird unterbrochen.

Hinter mir steht Sieny. »Betty, alles in Ordnung?«

Ich schüttle nur den Kopf. Nein, es nicht in Ordnung, verdammt noch mal. Sie haben sie geschnappt; noch bevor ich von der Expositur gehört habe, ob mein Antrag angenommen wurde, haben sie sie mitgenommen. Meine Familie, meinen Halt. Und wieder passiert es. Es ist, als ob ich durch die zunehmende Leere in meinem Körper aufsteige. Wie ein Ballon werde ich mit Luft gefüllt, sodass ich vom Boden abhebe und mich von oben betrachte. Ich sehe, wie Sieny mir einen Arm um die

Schultern legt. Dass sie mit mir spricht. Dass ich zuhöre und nicke. Ich sehe, dass ich mir die Tränen unter den Augen wegwische und dass ich erkläre, es gehe schon. Dass ich verspreche, nicht ebenfalls zur Amstelstation zu laufen, und versuchen werde, mich auf meine Arbeit zu konzentrieren. Auf die Kinder, die mich brauchen. Das alles sehe und höre ich, aber es ist, als wäre das nicht ich selbst.

Der Laden von Koot ist geschlossen. Mit stumpfer Gleichgültigkeit passiere ich unser altes Schaufenster. Mein Moment wird schon noch kommen. Ich steige die Stufen zu unserer Wohnung hoch und drehe den Schlüssel im Schloss. Drinnen ist es so dunkel, dass sich meine Augen erst daran gewöhnen müssen, bevor ich etwas erkennen kann. Von oben meine ich etwas zu hören. Plötzlich überfällt mich Angst. Wenn Japie gar nicht mehr hier ist, sondern ein SS-Mann, der mit glühenden Augen darauf wartet, dass er mich zu fassen bekommt. Oder der Mann auf dem Fahrrad, der mich in sein Haus zerren wollte. Soll ich mich bemerkbar machen oder besser ganz leise durch die Zimmer schleichen, um sicherzugehen, dass keine Gefahr droht? Plötzlich knackt etwas im ersten Stock. Da läuft jemand. Einem Impuls folgend rufe ich: »Japie, Japie, bist du das?!«
»Sch«, ertönt es von oben. »Sie dürfen uns nicht hören.«
Wie ein Schatten steht er oben auf der Treppe. Wir laufen uns entgegen, und mitten auf der Treppe nehme ich ihn ganz fest in die Arme. Seine Schultern zucken von zurückgehaltenem Kummer. »Mein Schatz, ganz ruhig, schsch.«

Der Strom ist abgestellt, das Gas glücklicherweise noch nicht. Beim Schein zweier Kerzen koche ich für meinen Bruder Suppe.
»Ich bin zum Bahnhof gegangen, um Mutter zu sehen, aber dort stand ein Wachmann der Grünen Polizei mit einem Gewehr über der Schulter«, berichtet Japie mit sich überschlagender Stimme.

»Das habe ich befürchtet«, murmle ich, während ich die Hühnerbrühe vor ihn hinstelle.

»Von der Seite konnte ich doch noch etwas erkennen. Menschen wurden die Stufen hinuntergeschleift und auf den Bahnsteig gezerrt. Manche stolperten und fielen übereinander. Mutter, Grootje und Engel habe ich nicht entdeckt.«

»Sie sind bestimmt nicht gestürzt. Sie passen gut aufeinander auf, da bin ich mir ganz sicher.«

Trotzdem bekomme ich das Bild nicht mehr aus dem Kopf. Grootje und Engel, krampfhaft beieinander untergehakt, die auf den Stufen das Gleichgewicht verlieren und fallen. Und dabei möglicherweise auch noch Mutter mitreißen.

Japie löffelt vornübergebeugt seine Suppe. Dann hält er inne. Tränen tropfen auf seinen Teller.

»Ach, Japie.« Ich setze mich neben ihn und streichle ihm über den Rücken. »Es wird bestimmt alles gut bei ihnen. Wirklich.« Ich glaube meinen eigenen Worten nicht, aber solange ich meinen Bruder trösten kann, bleibe ich selbst stark.

Japie blickt mich aus roten, tränennassen Augen an: »Betty, was soll ich jetzt machen?«

»Du kannst zu Karel Baller gehen. Das habe ich schon geregelt. Hier ist die Adresse, und achte darauf, das Haus nur über die Rückseite zu betreten.« Ich hole den Zettel aus meiner Tasche und überreiche ihn ihm. »Präge dir alles gut ein und wirf ihn dann weg. Ja?«

Japie blickt auf das Blatt und hält es danach über die Flamme.

»Hey, willst du ihn nicht lieber noch ein wenig behalten?«

Japie schüttelt den Kopf. »Nein, ich habe ihn schon mit den Augen abfotografiert.« Nervös kratzt er sich am Kinn, auf dem inzwischen dünne Barthaare sprießen. »Aber ich bleibe noch hier. Nol glaubt, dass er Mutter herausholen kann. Er hat mir auch zu essen gebracht, also kann ich hier warten, bis sie zurückkommt.«

»Das Risiko, dass unser Haus ›gepulst‹ wird, ist groß«, gebe ich zu bedenken und spiele damit auf das Umzugsunternehmen Puls an, das sämtliche Häuser leer räumt.

»Das werden sie in unserem Haus nicht tun, weil Leni und du offiziell noch hier wohnen.«

»Und wenn dich Koot hört?«, frage ich besorgt.

»Das wird sie nicht. Ich laufe auf Socken.«

»Ich werde auch versuchen, Mutter freizubekommen, über Direktorin Pimentel.«

Japie nickt. »Wenn es von zwei Seiten kommt, klappt es bestimmt«, versucht er, sich selbst zu überzeugen.

Da sitzen wir nun, zwei Kinder ohne ihre Eltern. Trotzdem sind wir keine Waisen. Noch nicht.

Als ich ihn ins Bett gebracht habe und gehen will, fällt mir etwas ein. Ob Grootje den Familienschmuck mitgenommen hat, oder war dafür keine Zeit mehr? Auf Zehenspitzen schleiche ich mich in Grootjes Zimmer, das im hinteren Teil der Wohnung im ersten Stock liegt. Ihr Bett ist ordentlich gemacht, wahrscheinlich von Engel, die immer in dem kleinen Einzelbett auf der anderen Seite des Raums schläft. Am Schrank hängt das graue Kleid mit dem Pelzbesatz, das Grootje auf Nols Hochzeit getragen hat. Ich lege das Kleid auf das Bett, öffne die Schranktüren und suche unter dem doppelten Boden hinten im Schrank. Ich weiß, dass sie dort ihre Wertsachen aufbewahrt. Sie hat mir das Versteck irgendwann einmal gezeigt. »Falls ich plötzlich sterbe, kennst du mein Geheimversteck«, erklärte sie mir. Man kann es nur öffnen, wenn man die Schubladen zuerst komplett herauszieht und dann von oben ein Brett wegnimmt. Ich merke sofort, dass Grootje keine Gelegenheit hatte, ihren Schatz unter dem Rock versteckt mitzunehmen. Das Kästchen ist bis obenhin voll mit Ketten, Ringen, Diamantanhängern und Ohrringen. Mit zitternden Fingern hole ich alles heraus und stopfe es in die Schürzentasche meiner Tracht.

Mittwoch, 20. Januar 1943

In Amersfoort wurde das Straflager geräumt, in dem vor allem politische Widerstandskämpfer gegen das Naziregime und junge Männer inhaftiert waren, die sich der Einberufung entziehen wollten. Die Gefangenen wurden nach Brabant gebracht, wo sie beim Bau des sogenannten Konzentrationslagers Herzogenbusch mitarbeiten müssen.

Ich laufe an der Schlange vorbei, die sich vor dem Eingang der Expositur gebildet hat. »He, hinten anstellen!«, ruft mir eine Frau nach.

»Ich habe einen Termin«, erwidere ich.

Nachdem ich täglich bei Pimentel nachgefragt habe, ob sie etwas für meine Familie tun kann, hat sie mir soeben erklärt, dass ich mich hier melden soll. Der Leiter der Expositur soll Neuigkeiten über meine Mutter haben. Der Schreiber, der mir noch vor einer Woche Rede und Antwort stand, blickt erstaunt auf. »Ich kann Ihnen noch keine Auskunft über eine Freistellung für Ihre Familie geben, Frau Oudkerk.«

»Zu spät, sie sind schon in Westerbork«, entgegne ich matt. »Ihr Vorgesetzter, Herr Wolff, erwartet mich.«

Der Mann steht, ohne etwas zu sagen, auf und verschwindet in dem langen Gang hinter ihm.

»Betty? Komm bitte«, fordert mich der Leiter der Expositur wenig später auf. Ein träger Mann mit schmalen Schultern und gebeugtem Kopf.

Er führt mich zu einem kleinen Büro, in dem so viele Akten

liegen, dass man den Schreibtisch darunter kaum mehr erkennen kann.

»Ich würde dir gerne einen Sitzplatz anbieten, aber wie du siehst ...« Er deutet auf die Stapel aus Mappen, die auch die beiden Stühle belegen.

»Macht nichts, ich stehe gut.«

»Um gleich mit der Tür ins Haus zu fallen, ich habe gute Nachrichten. Deine Mutter kann ich zurückholen.«

Ich merke, wie mir die Knie weich werden, und kann mich gerade noch am Garderobenständer festhalten, der neben mir steht.

»Alles in Ordnung, Kind?«

Auf gute Nachrichten war ich nicht gefasst. »Ja, es geht ... Wann kommt sie zurück?«

»Ich habe mich mit der Lagerleitung geeinigt, also, aller Voraussicht nach wird sie morgen in den Zug zurück nach Amsterdam gesetzt.«

»Und was ist mit meiner Großmutter und unserem Dienstmädchen Engel?«, hake ich kühn nach.

»Bedauerlicherweise kann ich nichts für sie tun.«

Ich blicke auf die Dokumentenstapel: Es sind alles Menschen. Meine Mutter ist durch Zutun von Pimentel und diesem Wolff auf dem kleinen Stapel gelandet, meine Oma und Engel liegen auf dem großen.

»Ich muss leider weitermachen«, sagt Herr Wolff.

»Ja, das verstehe ich. Eine Sache noch. Mein fünfzehnjähriger Bruder ...«

»Das Sorgerecht für ihn wird eure Mutter wieder haben. Und weil sie eine Freistellung bekommt, ist er auch von der Deportation ausgenommen.«

Japie hat sich die Tasche über die Schulter gehängt und ist aufbruchbereit, als ich hereinkomme. »Du kannst bleiben, Mutter kommt zurück.«

»Mutter?« Er schaut mich mit leeren Augen an. Als ob ich über einen Geist aus längst vergangenen Zeiten spräche.
»Ja, morgen kommt sie mit dem Zug.«
»Und Grootje?«
Ich schüttle den Kopf. »Nein, aber Mutter schon.«
Ich merke, dass Japie mir nicht glaubt. »Ich will nicht mehr allein hierbleiben. Nol hat eine Adresse für mich, die weiter weg ist von Amsterdam als Familie Ballers Haus. Dort gehe ich hin.« Er wirkt irgendwie verloren mit den eingefallenen Wangen und dem ungekämmten Haar.
»Japie, ich schwöre dir, dass Mutter morgen wiederkommt.«
Erst konnte ich ihn nicht davon überzeugen, unsere elterliche Wohnung zu verlassen, jetzt schaffe ich es nicht mehr, ihn hier zu halten.
Japie blickt auf seine Schuhspitzen. Er ist offenbar nicht mehr von seinem Vorhaben abzubringen.
»Hast du nicht mehr genug zu essen?«
»Doch, aber ich ...« Er zögert. »Nach sechs, wenn es dunkel ist, kommt es mir so vor, als ob sie alle noch da wären. Vater, Mutter, Gerrit ... Ich schwöre dir, dass ich Grootje gestern in ihrem Schlafzimmer gehört habe. Ich weiß, dass das nicht möglich ist und ich mir das nur einbilde, aber ... Ich ertrage es nicht mehr.«
»Du bist nur noch eine Nacht allein, Japie. Eine letzte Nacht.«
Er nimmt den Rucksack wieder ab und lässt sich auf Vaters Sessel fallen. »Also gut. Aber morgen früh gehe ich zum Bahnhof und warte dort so lange, bis sie aus dem Zug steigt.«
Obwohl es ziemlich gefährlich ist, sie am Bahnhof zu erwarten, weiß ich, dass ich ihn ja doch nicht aufhalten kann. »Na gut, aber sei bitte vorsichtig.«
Schnellen Schrittes laufe ich die Stufen hinunter. Es ist halb vier, ich muss zurück zur Arbeit. In der Eile passe ich nicht richtig auf und stoße mit Witwe Koot zusammen. Ich könnte mich selbst vor den Kopf schlagen, dass ich so unachtsam ge-

wesen bin und nicht erst überprüft habe, ob keine Gefahr droht.

»Was machst du denn hier?«, keift sie mich an. Ich spüre, wie ihre Hand auf meine Schulter drückt, rieche ihr süßliches Parfum, schaue in ihre stark geschminkten Augen. »Sie haben sie doch mitgenommen.«

Ich würde ihr am liebsten meine Fingernägel in das dick bepuderte Gesicht bohren und ihr meine Galle auf die Haut spucken. Aber stattdessen sage ich: »Entschuldigung, Frau Koot. Ich musste kurz etwas holen.«

Sie blickt auf meine Hände und merkt, dass ich nichts dabeihabe. »Was denn?«

»Ich habe es nicht gefunden«, antworte ich und zeige ihr die leeren Hände.

»Sie mussten alles Geld und Gold zur Bank bringen. Dazu seid ihr verpflichtet«, gibt Frau Koot zurück.

»Das wird es sein, Frau Koot«, entgegne ich. Was für ein Glück, dass ich den Familienschmuck vor ein paar Tagen in Sicherheit gebracht habe. »Ich muss wieder zur Arbeit.«

»Beeil dich«, schnauzt sie mich an. »Hier hast du nichts mehr zu suchen.«

»Stimmt, Frau Koot.« Ich mache mich auf den Weg, aber dann kann ich es doch nicht lassen.

»Frau Koot, wie läuft es mit dem Laden?«

»Oh, sehr gut«, antwortet sie von oben herab.

»Wie seltsam.« Ich gebe mich erstaunt.

»Wieso?«

»Nun, weil unsere jüdischen Kunden nicht mehr hier einkaufen dürfen. Und wie ich gehört habe, wollen viele unserer nichtjüdischen Kunden auch nicht mehr hierherkommen. Wer bleibt denn dann noch?«

»Jetzt reicht's aber!«

Erst als ich zum Kinderhaus zurücklaufe, wird mir klar, dass die Schritte, die Japie gehört hat, keine eingebildeten waren. Es war Frau Koot, die unsere Wertsachen plündern wollte.

Am nächsten Tag bin ich so nervös, dass ich mich auf nichts konzentrieren kann und sogar dreimal etwas aus den Händen fallen lasse. Dann teilt mir Pimentel mit, dass es einen Anruf für mich gibt. Nicht im Personalraum, sondern bei ihr im Büro. Mutter ist wieder da! Sie ist wieder da. Aber als ich den Hörer ans Ohr halte, ist da nicht die Stimme von Mutter, sondern Japies.

»Sie ist nicht gekommen«, höre ich ihn sagen.

»Wie, sie ist nicht gekommen?«

Es dauert einen Moment, bis er antwortet. »Es ist nur ein einziger Zug aus Westerbork eingefahren, und in dem war sie nicht. Ich dachte ...« Seine Stimme überschlägt sich.

»Was dachtest du?«

Er räuspert sich. »Ich dachte, dass sie vielleicht morgen kommt, und habe bei jemandem vom Jüdischen Rat nachgefragt, der mit im Zug saß. Er hatte die Passagierliste dabei und erklärte mir, dass Frau Oudkerk da zwar für heute draufstünde, sie aber beschlossen hätte, nicht mehr zurückzukehren, weil sie ihre Mutter nicht im Stich lassen wollte.«

»Verdammt!«, entfährt es mir kaum hörbar, dabei ist meine Wut so groß, dass ich die ganze Welt zusammenbrüllen könnte. Wie kann Mutter das tun? Wie kann sie ihre alte Mutter ihren Kindern vorziehen? Ich setze Himmel und Erde in Bewegung, um sie freizubekommen; war denn die Botschaft, dass sie hier gebraucht wird, nicht deutlich genug?! Was ging in ihrem Kopf vor? Sie muss total meschugge geworden sein. Man lässt doch sein Kind doch nicht allein!

»Ich bin hier weg«, höre ich Japie noch sagen. Dann legt er auf.

Pimentel sieht mich an. »Du darfst dir heute gerne freinehmen, Betty.«

»Nein, vielen Dank«, entgegne ich, aufs Äußerste beherrscht. »Das ist nicht nötig.«

Als ich ihr Büro verlasse, folgt sie mir mit den Augen. Der Kinderlärm, der durch den Flur hallt, erscheint mir unwirklich, als käme er aus den Wänden und hätte nichts mit den umherwuselnden, nicht einmal einen Meter großen Geschöpfchen zu tun. Unbefangene Geräusche aus einer anderen Welt, die schön ist und rein, vollkommen losgelöst von dem Leben da draußen. Ich erschrecke. Ein Kind schlägt mir schelmisch auf den Hintern, um dann fröhlich wegzurennen. »Warte nur, bis ich dich erwische!« Auch meine eigene Stimme scheint nicht von mir zu kommen. Ist das der Moment, in dem ich erkenne, dass in der realen Welt in Wahrheit alles auf dem Kopf steht? Dass ich diejenige bin, die sich in einer Camera obscura befindet und immer in einer in sich verkehrten Wirklichkeit gelebt habe?

Alles, was ich tue, jedes Risiko, das ich einzugehen bereit bin, beruht auf dem Gedanken, dass die Kinder das Wichtigste sind. Warum hat meine Mutter trotzdem eine andere Entscheidung getroffen? Warum?

Auf der Toilette übergebe ich mich, dann spüle ich mir den Mund aus und gehe wieder an die Arbeit.

Montag, 25. Januar 1943

In der Nacht vom 22. auf den 23. Januar wurde die psychiatrische Klinik für jüdische Patienten Het Apeldoornsche Bosch *geräumt, in der bis dahin noch fast tausend Bewohner und Pflegekräfte verblieben waren. Hauptsturmführer aus der Fünten leitete die Aktion, unterstützt von einigen SS-Männern und dem OD, dem Jüdischen Ordnungsdienst aus Westerbork. Die letztgenannte Gruppe hat dafür gesorgt, dass noch um die hundert Personen flüchten konnten.*

An einem Morgen, der so rau ist, dass eisige Luft durch die Fugen unserer Festung dringt, wird Greetje hereingebracht. Mein liebes, unglückliches Greetje, das noch immer meine alten Kleider trägt, obwohl sie längst herausgewachsen ist. Sie keucht schwer wegen einer vernachlässigten Bronchitis und hat eine dicke Rotzglocke unter der Nase. Ich erkundige mich in der Schouwburg, ob jemand weiß, wie sie hierhergekommen ist. Ein Junge des Rats meint, dass sie wahrscheinlich bei der großen Gruppe dabei war, die heute Morgen hereingebracht wurde und die jetzt im Orchestergraben sitzt. Zielstrebig begebe ich mich zum Orchestergraben, einem Ort, an dem ich bisher erst einmal gewesen bin und von dem ich damals würgend weggerannt bin. Als ich vom Bühnenrand einen Blick in den Raum zwischen Saal und Bühne werfe, erkenne ich etwa dreißig völlig verwahrloste Menschen. Einen Moment lang vermute ich, dass hier die Personen untergebracht wurden, die einen Nervenzusammenbruch hatten. Es kommt regelmäßig vor, dass jemand in der Schouwburg einen hysterischen Anfall hat. Aber als ich genauer hinsehe, merke ich, dass es Patienten aus der Psychiatrie sind. Der eine wiegt sich hin und her, während er Schreie ausstößt, ein anderer starrt mit großen Augen vor sich hin und ruft immer wieder nach seiner Mutter, wieder ein anderer liegt am Boden und dreht den Kopf ständig von links nach rechts.

»Sie haben die Irrenanstalt in Apeldoorn geräumt«, erläutert mir eine Frau. »Verstehst du das? Die meisten haben sie sofort in den Zug nach Westerbork gesetzt. Diese Gruppe hier hat es geschafft zu entkommen. Das hat mir der Pfleger da erzählt.« Sie deutet auf den Mann im weißen Kittel, der mir zuvor noch nicht aufgefallen war. Er läuft hin und her zwischen den Unglücklichen und versucht sie zu beruhigen. »Aber auf ihrer Flucht sind sie in eine Falle getappt und doch noch festgenommen worden. Vom Regen in die Traufe, könnte man sagen«, merkt die Frau trocken an und geht weg.

Aufgewühlt von dem Gehörten, klopfe ich bei Pimentel an und frage, ob sie wusste, dass Greetje in *Het Apeldoornsche Bosch* war. Als ich die Tür öffne, stehe ich Auge in Auge mit aus der Fünten. Er hält Remi an zwei Fingerchen, während der Junge kleine Schrittchen macht.

»Entschuldigung«, stammle ich, »ich wollte zur Direktorin.« Unvermittelt lässt der kleine Remi die Finger los und plumpst auf den Hintern.

»Also wirklich, jetzt hast du den Kleinen zum Weinen gebracht«, schimpft aus der Fünten böse. Als er mein erschrockenes Gesicht sieht, fängt er an zu grinsen. »Fräulein Pimentel müsste gleich wieder hier sein.«

Hinter ihm entdecke ich auf dem Stuhl der Leiterin einen großen Plüschbären mit roter Schleife.

»Gott sei Dank«, gebe ich zurück. »Ich hatte schon Angst, sie hätte sich in einen Bären verwandelt.«

Aus der Fünten dreht sich um und fängt schallend an zu lachen, den Kopf im Nacken und mit einem sich auf und ab bewegenden Adamsapfel. »Der ist gut. Also nein, das wär ja was.« Er hebt Remi in die Luft. »Ich habe unserem kleinen Jungen ein Geschenk mitgebracht.« Wie ein schwebendes Flugzeug bewegt er Remi mit dem Gesicht auf den Bären zu, worauf der Kleine zu glucksen beginnt. Mit der langen Nase und den dunklen Augen könnte man hinsichtlich aus der Füntens arischer Herkunft ins Zweifeln geraten, aber die kurz geschorenen Haare, die graue, ordenbehangene SS-Uniform und der nervöse Tic seiner Augen machen ihn zu einer Zeitbombe, die jederzeit hochgehen kann.

»Was ist denn, Betty?«, höre ich hinter mir. Es ist Fräulein Pimentel, die mich streng mustert.

»Nichts, ich wollte Sie kurz sprechen wegen ... äh, wegen der Nachtdienste. Die würde ich schon übernehmen«, lasse ich mir schnell einfallen.

»Da komme ich später noch einmal auf dich zu, wenn du mich und Hauptsturmführer aus der Fünten nun bitte allein lassen würdest.«

»Selbstverständlich.«

Ich laufe wieder zurück in den Saal mit den etwas älteren Kindern, wo sich mein etwas einfältiges Greetje jetzt behaupten muss. Man sieht ihr nicht sofort an, dass sie geistig nicht auf dem Niveau ihrer Altersgenossen ist, deshalb finden die anderen Kinder sie merkwürdig. Das war schon so, als sie noch bei den Kindergartenkindern war, aber jetzt ist sie erst recht ein leichtes Opfer für Schikanen. Ich bin jedenfalls froh, dass sie mich noch kennt und so wenigstens ein bisschen in meiner Nähe bleibt. Die dreißig Kinder zwischen sieben und vierzehn Jahren, die hier momentan sind, sind unruhig und schwierig. Sieny und ich versuchen, ihnen Sprachunterricht und Rechenaufgaben zu geben, aber ihre Aufmerksamkeitsspanne scheint nicht über fünf Minuten hinauszureichen. Draußen hagelt es, sodass wir sie auch nicht zum Austoben in den Garten schicken können. Von mir wird erwartet, dass ich sie ruhig bekomme, weil ich mit dieser Gruppe die meiste Erfahrung habe. Ich klatsche in die Hände. »Alle mal herhören! Wenn ihr es schafft, länger als eine Viertelstunde den Mund zu halten, stelle ich mich für fünf Minuten auf den Kopf.«

»Erst musst du uns zeigen, dass du das wirklich kannst«, ruft ein Junge frech.

»Das siehst du dann schon, wenn ihr es geschafft habt«, gebe ich zurück. Aber damit ist der Junge nicht zufrieden. Er zieht die ganze Gruppe mit, als er skandiert: »Zeigen! Zeigen!«

»Also gut!«

Ich steige aus den Schuhen und lege ein gefaltetes Handtuch vor der Wand auf den Boden. Ich bitte Sieny, meine Beine zu halten, und drücke mich hoch. Ich merke, wie die Schwerkraft meinen Rock bis über die Taille rutschen lässt, zur großen Belustigung der Kinder.

»Zieh mir den Rock wieder herunter«, kreische ich, während ich auf dem Kopf stehe, aber Sieny flachst: »Herunter? Wieso, er ist doch schon unten.«

Um hundertachtzig Grad verdreht sehe ich, wie die Tür aufgeht und zwei junge Männer hereinkommen. Schnell schwinge ich die Beine wieder zu Boden. Es sind Joop und Harry.

»Das sah aber gekonnt aus!« Joop wendet sich an Harry: »Was meinst du?«

»Sehr akrobatisch«, bestätigt dieser.

»Vielleicht könnte sie es ja noch einmal machen?«, gießt Joop Öl ins Feuer. »Damit wir es uns ganz genau ansehen können.«

»Jaaaa!«, schreien die Kinder im Chor.

»O nein! Nur wenn ihr eine Viertelstunde mucksmäuschenstill seid!«

Sie versuchen es. Während die Kinder mit gefalteten Händen und fest aufeinandergepressten Lippen auf den Stühlen sitzen, erkundige ich mich flüsternd bei den beiden Jungs, warum sie hier sind.

»Morgen Abend findet wieder ein Transport statt, und der

Hauptsturmführer will, dass es reibungsloser abläuft als beim letzten Mal. Dass ihr also dafür sorgt, dass Reservekinder bereitstehen, falls im Zug noch Plätze frei sind.«

Ich schaue ihn mit großen Augen an. »Reservekinder?«

»Kinder, die hier ohne ihre Eltern sind«, erklärt Harry überflüssigerweise.

»Das ist mir klar.«

Meine Augen wandern zu Joop, der frustriert aufseufzt. »Das ist es, was wir mitgekriegt haben. Der Jüdische Rat scheint dahinterzustehen.«

»Nicht zu glauben. Und wer bestimmt, welche Kinder auf die Reserveliste kommen?«

Joop zuckt die Schultern. »Pimentel? Aber ihre Tür ist verschlossen, deshalb konnten wir sie nicht fragen.«

»Wir dachten, dass es gut wäre, ein paar Vorkehrungen zu treffen«, bemerkt Harry geheimnisvoll. »Im Zwischengeschoss haben wir ein kleines Licht montiert, und es liegen dort ein paar Decken.«

Ich denke sofort an Roosje, das Mädchen, das wir im Dunkeln versteckt hatten. Nach ein paar Wochen war sie plötzlich einfach weg. Sieny hing sehr an ihr und war untröstlich, woraufhin Pimentel uns eine Predigt hielt, dass wir unser Herz nie an Kinder hängen dürften, denn dann würde so etwas passieren. Sie zeigte auf die sonst so gelassene Sieny, die mit verweinten Augen in einer Ecke hockte. Eine Erklärung, wohin das Kind verschwunden war, bekamen wir nicht.

»Zwischen den Hahnenbalken könnten wir auch noch Kinder verstecken«, schlägt Harry mit gedämpfter Stimme vor.

»Aber wenn wir alle verschwinden lassen, kapieren sie sofort, dass da etwas nicht stimmt ...«, wendet Sieny leise ein.

»Dann verstecken wir nur einen Teil«, beschließe ich. Aus dem kurzen Blickwechsel mit Joop erkenne ich, dass er genauso darüber denkt. Sein Gesicht strahlt vor Entschlossenheit.

Hinter mir lacht ein Kind, worauf die anderen sofort reagieren. »Aha, ihr habt geredet!«, stelle ich fest. »Noch mal von vorne!«

Mirjams Kopf taucht um die Ecke auf. »Betty und Sieny, ihr sollt bitte zu Pimentel kommen.«

Ich hatte mir vorgenommen, mich sofort über Greetje und andere sogenannte Reservekinder, die in ein Arbeitslager geschickt werden sollen, zu beschweren. Aber hinter der Tür steht nicht unsere Direktorin, sondern Walter Süskind, mit einem Filzhut auf den rötlichen Haaren.

»Meine Damen, schön, dass ihr euch kurz Zeit nehmen konntet.« Er schließt die Tür und legt seinen Hut auf Pimentels Schreibtisch. »Henriëtte kommt gleich.«

Mit den Händen lässig in den Taschen beginnt er zu sprechen. »Wir haben ein paar Dinge organisiert und brauchen dafür eure Hilfe. Mit Mirjam Cohen haben wir bereits gesprochen, aber wir wollen euch auch hinzuziehen.« Er setzt sich auf den Sessel, auf dem Pimentel immer sitzt, wenn sie nicht am Schreibtisch arbeitet. »Von Henriëtte habe ich erfahren, dass ihr anzupacken wisst und keine Angst habt.«

»Nun ja, sie ist eindeutig die Mutigere von uns beiden.« Sieny deutet auf mich.

Süskind ignoriert ihre Bemerkung. »Wir sind in der Lage, Kinder über verschiedene Kanäle wegzuschaffen. Welche Kanäle, darüber reden wir nicht, denn je weniger ihr wisst, desto besser.«

Ich versuche, das Zittern meiner Beine unter Kontrolle zu bringen. Als Sieny sich setzt, folge ich ihrem Beispiel.

»Wir müssen schnell handeln, um den Schaden zu begrenzen.« Süskind wechselt vom Niederländischen in seine Muttersprache, Deutsch. »Wie euch vielleicht schon aufgefallen ist, verschwinden hie und da Kinder. Das werden wir nun in großem Stil angehen. Die Kinder, die als Findelkind ausgesetzt worden sind, und die, die untergetaucht sind und dabei festgenommen wurden, haben Vorrang, weil deren Eltern bereits zu einem früheren Zeitpunkt entschieden hatten, ihre Kinder an einem sichereren Ort unterzubringen. Darüber hinaus werden nicht mehr alle, die mit ihren Eltern in der Schouwburg ankommen, bei der Expositur erfasst. Wenn also Familien mit drei oder vier Kindern dort ankommen, nehmen wir beispielsweise eines nicht mit auf. Ihre Namen sind zwar noch in der Hauptverwaltung registriert, aber auch da haben wir Personen, die sie hoffentlich rechtzeitig aus den Dokumenten entfernen können.«

Pimentel betritt den Raum mit Remi auf dem Arm und dem Hund auf den Fersen.

»Ich will ihnen gerade erklären, dass wir oft spezielle Anfragen erhalten«, berichtet Süskind.

Die Direktorin legt Remi in sein Gitterbettchen und übernimmt das Gespräch. »Ja, angenommen, wir haben einen Zufluchtsort für einen blonden Vierjährigen in Friesland – weil dort beispielsweise ein Sohn in dieser Familie gestorben ist –, dann suchen wir bewusst nach einem solchen. Zudem haben wir hier Kinder, bei denen es ziemlich einfach ist, sie nicht auf die Liste zu setzen, wie zum Beispiel Greetje, weil sie mit einer großen Gruppe herkam und es ein Riesenchaos gab. Diese unübersichtliche Situation machen wir uns gerne zunutze und suchen dann eine Familie, die ...«

»Ich tue es, ich mache mit«, rufe ich, noch bevor sie ihren Satz vollendet hat.

Süskind muss lachen, aber Pimentels Miene bleibt starr.

»Ich habe noch nicht erwähnt, wofür ich euch genau benötige«, rügt sie streng. »Unbesonnenheit können wir nicht gebrauchen, Betty.«

»Es tut mir leid.«

»Worum wir euch bitten wollen, ist, hin und wieder Kinder im Kinderhaus zu verstecken«, nimmt Süskind das Thema wieder auf.

»Das machen wir manchmal schon ...«

»Lass ihn ausreden, Betty!«

»Darüber hinaus bitten wir euch, mit Eltern zu sprechen und sie davon zu überzeugen, ihre Kinder durch uns vermitteln zu lassen«, erklärt Süskind, während er sich eine Zigarette anzündet.

Sieny reckt den Finger. »Darf ich dann auch erzählen, dass alles besser ist, als sie in eines der Lager mitzunehmen?«

»Nein. Viele Leute möchten gerne an dem Glauben festhalten, dass Westerbork oder die Lager im Osten ihnen eine Zukunft als Familie bieten können«, entgegnet die Direktorin. »Wer sind wir, ihnen diese Illusion zu rauben?«

»Zudem können wir nicht alle Kinder rausschleusen, dann würde keines mehr übrig bleiben, damit die Züge gefüllt sind und dem Feind vorgegaukelt wird, dass alles perfekt läuft, so grausam das auch klingt.«

»Das hatten wir uns auch schon gedacht«, werfe ich vorlaut ein.

Was mir unmittelbar eine scharfe Replik Pimentels einbringt: »Ihr werdet unter gar keinen Umständen auf eigene Faust handeln. Habt ihr das verstanden?«

»Nein, aber Harry und Joop ...«

Sieny stößt mich an. »Sch.«

»Harry und Joop wissen, was wir machen«, stellt die Direktorin reserviert fest. »Aber sie können nur die Voraussetzungen dazu schaffen. Ihr müsst es letztendlich in die Tat umsetzen.«

Süskind wendet sich ab, um den Rauch auszuatmen, welcher sofort von der Zugluft zurückgeblasen wird. »Fräulein Pimentel koordiniert von hier aus alles, auf sie müsst ihr also hören.«

Die Direktorin übernimmt wieder. »Die Familien, die in die Deportationszüge steigen, bilden den Deckmantel für jene Kinder, denen wir beim Untertauchen behilflich sind. Überzeugt die Eltern, ohne Druck auszuüben und ohne die ganze Wahrheit zu benennen, dass nämlich, einmal im Zug, die Überlebenschancen gering sind. Und sorgt dafür, dass euch niemand zuhören kann. Wenn sie dahinterkommen, was wir da machen, ist es mit uns allen vorbei.«

»Meint ihr, ihr schafft das?« Die Leiterin mustert uns der Reihe nach.

»Ja!«, ertönt es plötzlich aus dem Babybettchen. Remi hat sich hochgezogen und betrachtet uns fröhlich.

»Wenn er es schafft, schaffen wir es auch«, verkünde ich übermütig.

»Ich danke euch, meine Damen. Schön, dass ich auf euch zählen kann.« Süskind nimmt seinen Hut vom Schreibtisch und geht. Pimentel begleitet ihn zur Tür.

Sieny sieht mich an, ihr Gesicht ist kreidebleich. »Auwei, ich weiß wirklich nicht, ob ich das schaffe.«

»Natürlich schaffst du das. Ich helfe dir.«

Noch am selben Abend bekommen wir von Pimentel den Auftrag, sieben Waisenkinder im Kinderhaus zu verstecken.

Als aus der Fünten während des Transports hereinkommt, um sich nach den Reservekindern zu erkundigen – er hat noch Platz für acht –, stehen nur zwei Kinder bereit. Sie wollten unbedingt zu ihren Eltern, die bereits in Westerbork sind.

Aus der Fünten staunt über die geringe Zahl, aber die Direktorin wischt seine Zweifel beiseite.

»Ach, Herr aus der Fünten, die Gesamtzahl der Deportierten ist heute so hoch, dass sie in Berlin bestimmt nicht meckern werden, dass es noch zwei oder drei mehr hätten sein sollen«, meint sie und klopft ihm freundschaftlich auf die Schulter. »Und außerdem: Es ist, wie es ist.«

Die Art und Weise, wie sie mit ihm spricht, die überhaupt nicht zu den Machtverhältnissen zwischen ihnen passt, lässt mich Schlimmstes befürchten. Aber aus der Fünten reagiert darauf völlig normal, offensichtlich erkennt er ihre Autorität als Leiterin des Kinderhauses an.

Montag, 1. Februar 1943

Joop hat mir heimlich die Kopie eines Widerstandsblatts namens Rattenkruid zu lesen gegeben, in dem folgender Aufruf stand: »Die gesamte Untergrundpresse der Niederlande richtet sich hiermit an die wirklich niederländische Bevölkerung und ruft dazu auf, sich mehr denn je dem aktiven Widerstand gegen die deutschen Besatzer und ihre sogenannten niederländischen Knechte anzuschließen. Widmen Sie sich mit all Ihrer Kraft, wo auch immer es möglich ist, unserer größten Aufgabe: der Befreiung!«

Nach einem weiteren Nachtdienst betrete ich erledigt die Küche. Sieny schenkt mir eine Tasse Kaffee ein, röstet für mich eine Scheibe Brot auf dem Kohlenofen, bestreicht sie mit Butter und ein paar Tropfen Honig. Sie ist lieb. Auch sie ist schon den ganzen Morgen auf den Beinen, aber man hört sie nie klagen.

»Pimentel fragt, ob du mit den Eltern von Liesje sprechen könntest«, meint Sieny.

Ich weiß, das bedeutet, sie haben einen Platz für sie gefunden. Der Kinderschmuggel verläuft in zwei Richtungen. Manchmal wird ein Kind mit einem bestimmten Geschlecht, einer bestimmten Haarfarbe und in einem bestimmten Alter »bestellt«, dann bittet Pimentel uns, heimlich mit den Eltern zu sprechen. In anderen Fällen kommt das Anliegen von unserer Seite, eine Adresse zum Untertauchen für ein Kleines zu finden, weil es uns dann gelungen ist, die Eltern zu überzeugen. Angebot und Nachfrage stimmen nur nicht immer überein.

Liesje ist ein dreijähriges Mädchen mit blonden Locken und einem Engelsgesicht, das schon im Kinderhaus war, als ich hier noch gar nicht arbeitete. Sie ist erst gestern mit ihren Eltern in der Schouwburg angekommen, und weil sie uns bereits kennt, war es ziemlich einfach, sie mit ins Kinderhaus zu nehmen. Wir freuen uns immer über Kinder, die schon einmal bei uns waren, weil der Abschied von den Eltern dann weniger dramatisch ausfällt. Leider kommen immer seltener bekannte Gesichter zu uns.

Ich muss erst eine Weile suchen, bis ich in dem ewigen Chaos in der Schouwburg Liesjes Eltern finde. In dem fahlgelben Licht sehen die Menschen alle ähnlich aus. Obwohl ich weiß, dass der gesamte Inhalt dieses Theaters beinahe wöchentlich »erneuert« wird, scheinen es immer dieselben Personen zu sein. Es sieht hier nicht anders aus als letzte Woche, die Woche davor oder die Woche davor. Ich hole tief Luft und nähere mich der Frau, die ich als fröhliche und kluge Mutter kenne. »Ist etwas mit Liesje?«, fragt sie, sobald sie mich erblickt. Ihr Mann stellt sich neben sie und legt schützend den Arm um seine Frau.

»Nein, keine Sorge, es geht ihr gut.« Ich schaue mich um. Der einzige Wachmann im Saal steht zu weit entfernt, um unser Gespräch hören zu können. »Kommen Sie bitte ganz kurz mit mir hinter die Bühne«, sage ich. »Dort ist es etwas ruhiger.«

»Da gibt es Mäuse«, erwidert ihr Mann. »Da traut sich meine Frau nicht hin.«

»Keine Mäuse, Ratten!«, korrigiert sie ihn. »Erzähl ruhig, ich verstehe dich ganz wunderbar«, fordert sie mich erhobenen Hauptes auf.

Das ist der schwierigste Moment; wie versucht man, jemanden davon zu überzeugen, das eigene Kind wegzugeben? »Liesje isst gut, sie schläft gut, und sie weint nicht – im Gegensatz zu vielen anderen Kindern.« Ich habe die Stimme gesenkt und mich dichter zu den Eltern gestellt. »Was ich jetzt sage, ist geheim, also bitte mit niemandem darüber sprechen. Wir haben einen Platz für Ihre Tochter gefunden, wo sie hinkönnte, damit sie nicht mit ins Lager muss.«

»Einen Platz?«, fragt der Vater ein klein wenig zu laut.

»Sch ... Ja, eine Familie, die sie gerne aufnehmen würde, solange es nötig ist.«

»Und wo soll das sein?« Der Vater führt weiterhin das Wort.

»Das kann ich leider nicht sagen. Aber dort ist es sicher.«

»Und unsere Söhne?«

»Nein, nur Liesje.« Das auszusprechen fällt mir immer besonders schwer. Es ist riskant, mehrere Kinder aus einer Familie herauszuholen, wenn sie in der Schouwburg registriert sind. Zwei würden vielleicht noch gehen, aber drei ist fast unmöglich.

»Für sie haben wir keinen Platz. Außer, Sie hätten gerne, dass ich mich informiere, ob wir ...«

»Ich will es nicht«, unterbricht mich Herr Katz schroff. »Liesje ist unsere einzige Tochter ...«

»Es wäre nur für kurz. Bis Sie wieder zusammengeführt werden.«

Aber der Vater ist nicht zu überzeugen. »Diese Familie bleibt beieinander. Gemeinsam sind wir stärker.«

In diesem Moment würde ich am liebsten rufen: »Nein! Das seid ihr nicht. Wenn ihr zusammen abfahrt, wird wahrscheinlich niemand mehr am Leben bleiben!« Aber auf Pimentels Anordnung müssen wir die Entscheidung der Eltern akzeptieren. Ich weiß es, und wir können auch nicht alle retten, aber dieses liebe Mädchen ... »Vielleicht möchten Sie eine Nacht darüber schlafen. Morgen komme ich wieder, um noch einmal zu fragen.« Die Wahrscheinlichkeit, dass sie ihre Entscheidung revidieren, ist gering, das weiß ich mittlerweile aus Erfahrung. Eher ist es umgekehrt: Zunächst sind sie einverstanden, aber am nächsten Tag ändern sie dann doch ihre Meinung. Aber Pimentel findet, dass wir den Eltern Zeit lassen müssen für einen solch drastischen Schritt.

»Lass uns in Ruhe«, sagt der Vater bestimmt. Er zieht seine Frau von mir weg, als wäre ich der Feind. Die Mutter schaut sich noch einmal nach mir um. Hätte ich sie allein sprechen sollen? Wäre es mir dann gelungen, sie zu überzeugen? Die meisten lassen sich nicht darauf ein, was ich sehr gut nachvollziehen kann. Würde ich mein Baby von der Brust nehmen, um es in die kalten Arme fremder Leute zu legen?

Von meinem gescheiterten Versuch frustriert, will ich weggehen, da packt mich jemand am Arm.

»Warte.«

Ich blicke in die müden Augen einer kleinen, dunklen Frau.

»Ich will schon.«

»Pardon, was haben Sie gesagt?«

»Ich will meine Tochter so lange weggeben.« Sie spricht so leise, dass ich sie kaum verstehe. »Und auch ihren Bruder. Meine Tochter ist fast genauso alt wie Liesje. Sie sind Freundinnen.«

»Wer ist denn Ihre Tochter?«, erkundige ich mich.

»Betsie. Aber sie wird immer Napoleon genannt.«

Dann erinnere ich mich wieder: ein Mädchen mit wildem, dunklem Lockenschopf, das ziemlich brüllen kann.

»Und am liebsten auch meinen kleinen Sohn Abraham.«

»Ich werde versuchen, für beide einen Platz zu organisieren.«

»Hoffentlich klappt es ...«, meint die Frau. Ihre Augen glänzen. »Das Wichtigste ist, dass meine Kinder gerettet werden.«

»Wir werden alles in unserer Macht Stehende tun«, entgegne ich sanft. »Sie treffen eine tapfere Entscheidung.«

Die Mutter sieht mich an. »Es ist das Einzige, was mir bleibt.«

Donnerstag, 4. Februar 1943

Immer häufiger machen Gerüchte die Runde, dass die Rote Armee die Deutschen in Stalingrad besiegt hat. Könnte das stimmen?

Die Waisenkinder, die wir am Abend des Transports versteckt hatten, hüpfen am nächsten Tag wie immer herum. Bis sie einer nach dem anderen verschwinden. Sieny und ich haben drei Kindergartenkinder in einem großen Handkarren unter einem Berg Kleidung versteckt und zum Kleidungsdepot in der Plantage Parklaan geschoben, wo Nel, eine ältere Frau, die keine Fragen stellt, die Kleinen annimmt, als wären es Postpakete. Außerdem habe ich ein Baby in einen Koffer mit Luftlöchern gelegt und zu Nel gebracht. Als ich aus dem Kinderhaus ging, stand SS-Mann Grünberg vor der Tür. Er fragte, wohin ich denn verreisen wolle. Ich scherzte, dass ich natürlich an die Côte d'Azur flüchtete, und zwinkerte ihm zu, worauf er in dröhnendes Gelächter ausbrach. Nachdem wir die Hälfte des Weges zurückgelegt hatten, fing das Baby an zu brüllen. Wäre das zwei Minuten früher passiert, es wäre alles verloren gewesen. Ich erzählte meinen beiden Verbündeten, Sieny und Mirjam, davon, und in Absprache mit Fräulein Pimentel beschlossen wir, den Babys künftig, bevor wir heimlich mit ihnen losziehen, ein paar Tropfen Alkohol zu geben.

Heute ist Greetje an der Reihe. Sie geht am Nachmittag mit der Gruppe spazieren. Pimentel hat bei der SS-Leitung erwirkt, dass die Kinder hin und wieder an die frische Luft können. In

Begleitung der Jungs vom Rat dürfen wir ein Stück mit ihnen laufen; Bedingung ist, dass alle Kinder, auch wenn sie noch keine sechs Jahre alt sind, einen gelben Stern tragen, damit sie deutlich zu erkennen sind. Diese Methode, Kinder verschwinden zu lassen, eignet sich besonders für die etwas älteren Kinder, die nicht mehr in einen Handkarren oder Koffer passen. Mit ihnen kann man Absprachen treffen und sie instruieren. Sie sollen sich am Ende einer Schlange einreihen, und wenn die Gruppe an einem bestimmten Punkt abbiegt, müssen sie geradeaus weiterlaufen. Ein Mann in Mantel und mit einem Filzhut sowie eine Frau mit einer roten Blume im Haar werden sie dann mitnehmen. Sobald die Gruppe dann wieder am Kinderhaus ankommt, wird die Reihe über den Seiteneingang schnell um zwei weitere Kinder ergänzt, damit die Anzahl am Haupteingang wieder stimmt. Das hat schon einige Male gut funktioniert, und Sieny versichert mir, dass es ziemlich einfach ist, aber bei Greetje bin ich mir da nicht so sicher und will selbst dabei sein.

Wir stehen mit der Gruppe von Kindern bereit; diesmal soll uns ein Junge vom Jüdischen Rat, ein ehemaliger Trompeter aus der Schouwburg, begleiten. Wachmann Klingebiel zählt die Kinder und notiert die Anzahl. Dann können wir los. Der Trompeter ist nicht eingeweiht und hat furchtbare Angst, dass wir auf unserem Weg zum Spielplatz ein Kind verlieren, also zählt er sie immer wieder durch. Ich laufe mit Greetje hinterher und erkläre ihm, dass er die Vorhut im Blick behalten muss, ich würde mich um den hinteren Teil der Schlange kümmern. Dem Jungen, der neben Greetje geht und der schon weiß, dass er gleich weiterlaufen muss, schärfe ich ein, dass er sie auch wirklich mitzieht, zur Not gegen ihren Willen. Greetje habe ich eingeschärft, dass sie ganz genau tun soll, was ihr Kamerad sagt, und dass sie am Ende getrocknete Pflaumen kriegt, die ich ihr schon mal zeige. Die Gier, mit der sie die Pflaumen betrachtet, sollte sie dazu motivieren, sich an die

Anweisungen zu halten. Als der Augenblick da ist und ich den Mann mit Hut und die Frau mit der Rose im Haar auf der Brücke stehen sehe, kann ich vor Aufregung fast nicht mehr laufen. Die Gruppe biegt rechts ab in die Plantage Muidergracht. »Geh nur mit«, fordere ich Greetje auf, »dann bekommst du Pflaumen. Weißt du noch?« Ohne Probleme läuft sie an der Hand des Jungen weiter und sieht nach vorne. Ich eile der Gruppe hinterher. Das war einfacher, als ich dachte. Doch dann schaue ich mich noch ein letztes Mal um und sehe, wie sie Greetje mit aller Macht davon abzuhalten versuchen, zu mir zurückzurennen.

Im Park, wo wir die Kinder einen Moment frei spielen lassen können, bin ich immer noch so zittrig, dass ich das Gefühl habe, mich übergeben zu müssen. Ich versuche, nicht an Greetje zu denken, sondern erinnere mich an Pimentels Worte: »Hängt euer Herz niemals an ein Kind.« Als der Trompeter aufgeregt zu mir kommt, weil er gemerkt hat, dass zwei Kinder fehlen, habe ich meine Nerven wieder unter Kontrolle. »Wie komisch, ich habe sie auch gerade gezählt, und da waren es noch zwei mehr. Komm, wir lassen es bleiben. Wir werden sie später sowieso noch mal zählen.«

Als wir am Kinderhaus ankommen, schiebt Sieny schnell zwei Kinder in das Gedränge vor dem Haupteingang. Der Trompeter, der die Überstellung mit Klingebiel regelt, zählt mit unsicherer Stimme und kommt auf die richtige Anzahl. »Prima«, meint Klingebiel. Der Trompeter ist verwirrt. Von der gegenüberliegenden Seite observiert uns Wachmann Zündler. Sobald er merkt, dass ich ihn beobachte, wendet er den Blick ab. Könnte er etwas gesehen haben? Ich beschäftige mich nicht weiter damit. Greetje ist gerettet, das ist es, was zählt.

Mittwoch, 10. Februar 1943

Das Nederlands Israëlitisch Meisjesweeshuis, ein Waisenhaus für Mädchen an der Rapenburgerstraat, und das Waisenhaus für Jungen an der Amstel wurden geräumt. Betroffen sind fast zweihundert Kinder, die direkt zum Borneokade gebracht wurden, dem Rangierbereich hinter dem Bahnhof.

Die Bestürzung unter uns Pflegerinnen ist groß, denn jede von uns kennt mindestens ein Kind aus dem Waisenhaus. Als unsere junge deutsche Kollegin Cilly von der Nachricht hört, ist sie untröstlich. Sie selbst wohnt seit Kurzem nicht mehr im Waisenhaus, sondern mit ein paar anderen Kinderpflegerinnen in unserer Nachbarschaft, im Haus *Frank*, das bis vor einem Monat als kleines Seniorenheim diente. Pimentel hat dort ein paar Zimmer für die Mädchen einrichten lassen, die hier keine Familie mehr haben. Aber die vierzehnjährige Schwester von Cilly wohnte schon noch im Waisenhaus. Ich muss an meinen Bruder Japie denken. Ob er in Sicherheit ist? Seit Wochen habe ich nichts mehr von ihm gehört.

Pimentel betritt den Raum und teilt uns mit, dass wir an die Arbeit müssen. Cilly nimmt sie beiseite.

Abends berichtet uns Cilly flüsternd, dass sie ihre Schwester wegschaffen konnten. Einer der Helfer Süskinds hatte sie beim Zug unter einem Stapel alter Kleidung versteckt. Sie haben sie zu einer Adresse gebracht, wo sie untertauchen kann.

In den Tagen nach dem Transport kommen täglich Waisenkinder zu uns, die geflüchtet sind und nicht wissen, wo sie hinkönnen. Jetzt geht es darum, sie zu verstecken, bevor die

Deutschen auf sie aufmerksam werden. Eine der Waisen ist alt genug, um als Kinderpflegerin durchzugehen, und bekommt von Pimentel unter einem falschen jüdischen Namen – man muss es nicht auf die Spitze treiben – eine Anstellung, sodass sie eine Freistellung erhält. Die blutjunge Kinderpflegerin läuft die ersten Tage ziemlich verstört herum.

Mittlerweile weiß ich, dass die Gruppe an Personen aus dem Untergrund, welche die Kinder zu geheimen Unterschlupfadressen bringt, vor allem aus Studentinnen aus Amsterdam und Utrecht besteht. Häufig sind sie mit einem gut aussehenden männlichen Studenten unterwegs, der immer einen Filzhut und einen langen, eleganten Mantel trägt. Vermutlich kümmert er sich um die Logistik. Eine weitere Kuriergruppe wird von dem Taxifahrer Theo de Bruin geleitet, wobei mir klar ist, dass das nicht sein wirklicher Name ist. Auch diese Gruppe besteht vornehmlich aus jungen Frauen, die als Mütter der von ihnen geschmuggelten Kinder durchgehen können. Eine von ihnen kenne ich inzwischen. Sie kommt regelmäßig in Schwesterntracht ins Kinderhaus und nimmt ein Kind in einem Koffer, Rucksack oder einem Einkaufskorb mit. Ich tue so, als wüsste ich nicht, wie sie heißt, dabei habe ich sie schon ein paarmal beim Kleidungsdepot gesehen, wo ich ihren Namen aufgeschnappt habe: Semmy Glasoog. Sie ist eine zarte junge Frau, die wahrscheinlich keine Kinderpflegerin ist, denn die Uniform ist ihr viel zu groß, und das Tuch, das sie um die Haare trägt, ist nur mit einer Sicherheitsnadel fixiert.

Ich treffe sie im Personalraum, wo sie in Jacke und mit Rucksack, die Arme verschränkt, die Fotos an der Wand betrachtet.

»Kann ich vielleicht helfen?«

»Nein, danke«, antwortet sie nervös. Sie verlagert das Gewicht von einem Bein auf das andere und wendet den Blick ab.

»Hast du einen Termin mit der Direktorin?«

»Äh, ja, aber sie ist in einer Besprechung.«

Ich bin mir nicht sicher, ob ich es ihr sagen soll. »Dein Kopftuch, das trägt man nicht so.«

Sie schaut mich erschrocken an. »Nicht?«

»Die Nadel kann von Kinderhänden ganz leicht herausgezogen werden. Du musst es knoten.«

»Das Tuch ist zu klein, um es zuzuknoten«, erwidert sie, immer noch misstrauisch.

Ich ziehe mir mein Tuch aus den Haaren. »Hier, nimm dieses, ich besorg mir schon ein neues.«

Ich hatte erwartet, sie würde die Geste zu schätzen wissen, aber sie rührt das Tuch nicht an.

»Keine Angst, ich habe keine Läuse.«

Sie lächelt verlegen, weil ich sie durchschaut habe, und nimmt es dann doch.

Ich zeige ihr, wie sie es hinter dem Kopf binden muss, und will weiterarbeiten, aber sie hält mich zurück. »Du bist Betty, oder? Ich komme, um ein Päckchen Kaffee zu holen.« Sie sagt das langsam und mit Nachdruck.

»Da bist du hier falsch«, entgegne ich. »Echter Kaffee ist schon eine Zeit lang aus. Wir haben nur noch Kaffee-Ersatz. Möchtest du den?«

Mit seltsamem Gesichtsausdruck starrt sie mich an und blickt dann auf die tickende Wanduhr. »Wann kann ich wohl zu Pimentel?«

»Sie ist in einer Besprechung mit Hauptsturmführer aus der Fünten.«

Ihre Augen weiten sich. »Ich ... Ich muss gehen.« Sie läuft zur Tür.

Dann erst fällt bei mir der Groschen. Die Direktorin hat uns erzählt, dass von den Kurieren Codewörter verwendet werden sollen. Ein Päckchen Tee steht für ein Mädchen. Kaffee für einen Jungen. »Warte, Kaffee oder Tee. Jetzt hab ich's. Hast du auch einen Markennamen für mich?«

Semmy scheint sich nicht ganz sicher, ob sie mir trauen kann.

»Hat der Kaffee einen Namen?«

»Max Visser, noch kein Jahr alt. Aber ich muss weiter, sie warten auf mich.«

Ich laufe, so schnell ich kann, zur Babyabteilung, wo ich Mirjam frage, welches Baby Max Visser heißt. Sie kämen ihn holen.

Obwohl Mirjam normalerweise sehr gewissenhaft ist und sich immer an die Regeln hält, stellt sie diesmal keine Fragen und sieht sofort auf der Liste nach. »Ich habe keinen Max Visser. Wie alt ist er?«

»So alt, dass er in einen Rucksack passt.«

»Scht«, Mirjam wirft mir einen tadelnden Blick zu. Verschreckt schaut sie sich um, ob nicht eine der anderen Säuglingspflegerinnen etwas gehört hat.

Nachdem sie noch mal auf die Liste geschaut hat, ist sie sich sicher. »Hier ist er nicht. Frag Sieny.«

Sieny ist im Krippenraum. »Max Visser? Der sitzt da auf dem Boden.« Sie deutet auf einen schmächtigen, etwa zwei, drei Jahre alten Jungen, der mit einem Auto spielt.

»Der passt niemals in einen Rucksack«, flüstere ich, mehr für mich als zu ihr.

»Nein, da passt er nicht mehr rein«, bestätigt Sieny trocken.

Als ich Semmy die Botschaft weitergebe, kaut sie auf der Unterlippe. »Ich muss ihn auf halbem Wege abliefern. Am Bahnhof 's-Hertogenbosch steht eine Dame bereit. Ich kann sie nicht warten lassen.«

Ich laufe zurück zum Krippenraum. Mit Sienys Hilfe packe ich seine Sachen zusammen und erkläre dem Knirps, dass er das Auto, mit dem er gerade gespielt hat, mitnehmen darf. Der Junge wirkt zu überrumpelt, um sich zu beschweren, und lässt sich von mir auf den Gang bringen, wo gerade aus der Fünten und Walter Süskind Pimentels Büro verlassen. Ich nicke ihnen freundlich zu und setze mit dem kleinen Max auf dem Arm meinen Weg fort in den Personalraum.

Semmy staunt, als sie mich mit dem Jungen sieht.
»Ist das Max?«
Pimentel kommt herein. »Es tut mir leid, unerwarteter Besuch. Ah, ihr habt euch schon miteinander bekannt gemacht«, meint sie, als sie auch mich hinter der Tür bemerkt.
»Wir haben ein großes Problem.« Sieny deutet mit dem Kopf auf den Jungen. »Ich habe mich auf eine andere Altersklasse eingestellt. Ihn bekomme ich niemals unbeobachtet nach draußen.«
»Du wartest, bis die Linie 9 auftaucht«, bestimmt Pimentel. »Sobald sie hier vor der Tür hält, rennst du hinaus und steigst mit dem Jungen ein.«
»Das traue ich mich nicht mehr. Beim letzten Mal habe ich sie knapp verpasst. Außerdem weiß man nie, ob ein falscher Holländer in der Straßenbahn sitzt, der uns aus dem Kinderhaus kommen sieht.«
Die Direktorin denkt nach. »Dann steigst du nicht ein, sondern läufst neben der Straßenbahn her bis zur Plantage Parklaan. Ich rufe an und sage Bescheid, dass ein Fahrrad bei Nel bereitstehen muss.«
»Kann er denn schon hinten aufs Fahrrad?« Ich sehe bereits kommen, dass das Kind vom Rad kippt und auf den Hinterkopf fällt.
»Ich halte ihn gut fest«, verspricht Semmy.
»Ist auch kein Stern auf seiner Jacke?«
»Hol eine von den Reservejacken aus der Kleiderkammer, Betty«, weist mich Pimentel an. »Die sind ›sauber‹«.
Erst in diesem Augenblick scheint der kleine Max zu begreifen, dass es von hier weggeht, und ruft: »Nein, ich will nicht! Wo ist mein Toitoi? Ich will meinen Toitoi!«
»Was ist ein Toitoi?«, fragt Semmy.
Ich zucke mit den Schultern. »Keine Ahnung.«
Pimentel versucht, auf den Jungen einzureden. Meist gelingt es ihr mit einer Haltung aus verständnisvoller Strenge, ein

Kind, das derart aus der Fassung ist, zu beruhigen. Aber diesmal hört der Junge nicht auf, nach seinem »Toitoi« zu rufen.

Ich renne zurück zu Sieny. »Was ist ein ›Toitoi‹? Max will seinen ›Toitoi‹.«

Sieny versteht zunächst auch nicht, was der Junge meint, doch dann läuft sie zielstrebig zur Puppenecke. Sie holt eine Lumpenpuppe, die einen Cowboy darstellen soll. In der Hoffnung, dass »Toitoi« ein Cowboy ist, rase ich zurück in den Personalraum.

Als der Junge die Puppe sieht, ist er schlagartig ruhig. Nur weigert er sich jetzt, meine Hand loszulassen.

Von Weitem sehen wir die Straßenbahn sich nähern. Semmy und ich stehen im Flur bereit. Semmy trägt den Rucksack mit Max' Sachen, und ich habe Max auf meiner Hüfte. Offenbar merkt er, dass es jetzt auch für uns spannend wird, denn er macht keinen Muckser mehr. Als die Straßenbahn an der Haltestelle beim Kinderhaus zum Stillstand kommt und so die Sicht von der Schouwburg her verdeckt, rennen wir nach draußen. Es ist ruhig auf der Straße, und es warten nur wenige Passagiere, sodass die Straßenbahn sich ziemlich schnell wieder in Bewegung setzt. Im Tempo der Straßenbahn laufen wir mit, immer schneller, bis wir rennend die Ecke der Plantage Parklaan erreichen. Meine Arme schmerzen vom Gewicht des Kindes. Ich sehe, wie uns ein paar Leute in der Straßenbahn zulächeln. Einer zeigt uns sogar einen gereckten Daumen.

Von der Aufregung und der Kraftprobe ist mir ganz übel. Keuchend stehe ich da. »Noch mal! Noch mal, Toitoi!«, schreit Max begeistert. Für ihn war es ein lustiges Spiel.

Ich höre jemanden pfeifen. Es ist Harry, der sein Fahrrad gegen die Wand lehnt und dann weggeht. »Du musst dieses Fahrrad nehmen«, erkläre ich Semmy.

Mit dem kleinen Jungen hintendrauf radelt sie davon. »Gut festhalten, ja?«, rufe ich ihm hinterher.

»Na, schnell gerannt?«, fragt der deutsche Wachmann, dem ich auf dem Heimweg begegne. Es ist Zündler. Ich schaue ihn an; ob er uns gesehen hat?

»Ja, immer ist irgendetwas«, entgegne ich, noch etwas außer Atem. »Betty tu dies, Betty tu das. Ich renn mir ständig die Hacken ab.«

Er setzt die Mütze ab und fährt sich mit der Hand durch die Haare. »Es ist wichtig, in guter Kondition zu bleiben«, bemerkt er dann. »Das tut dir gut. Je schneller du sein kannst, desto besser.«

»Das ist ganz sicher richtig«, antworte ich, noch immer äußerst angespannt vor Aufregung. »Mit Kindern erst recht.« Ich will weitergehen, aber Zündler ist noch nicht fertig.

»Ich kann nicht mehr rennen.« Er deutet auf seine Brust. »Hier haben sie mich getroffen, in Danzig, meiner Geburtsstadt. Lunge zerfetzt. Ich hab also nur noch eine.«

»Autsch, damit lässt es sich wirklich nicht gut rennen.«

Er lacht kurz. Etwas, was ich bei diesem Mann noch nie gesehen habe und was ihn auf einmal ein ganzes Stück jünger wirken lässt, wie jemanden in meinem Alter.

»Deshalb haben sie mir hier eine einfache Aufgabe gegeben, verstehst du?«

»Also, einfach würde ich diese Aufgabe aber nicht nennen«, wende ich ein. »Sie müssen alles gut im Blick behalten.«

»Ja, das meine ich«, entgegnet er, während er etwas auf mich zukommt. »Ich sehe also genau das, was ich sehen will, verstehst du?«

Ich nicke langsam, unsicher, ob dies ein Unterstützungsangebot ist oder vielmehr eine Drohung.

»Schön.« Er setzt die Mütze wieder auf und trottet über die Straße zurück auf seinen Posten. Dieser Zündler weiß Bescheid, es kann nicht anders sein. Er weiß, was wir machen, und hat nichts dagegen.

Donnerstag, 18. März 1943

Inzwischen fahren von Amsterdam nicht nur Züge ins Lager Westerbork ab, sondern auch in das neue Konzentrationslager in Vught. Hierhin werden auch Zigeuner, politische Gefangene, Untergrundkämpfer, Landstreicher, Zeugen Jehovas, Kriminelle und Schwarzhändler geschickt. Ich habe gehört, dass dort alle mit einem blauen Overall bekleidet werden, auf dem ein farbiges Dreieck angibt, welcher Gruppe »Ausschuss« jemand angehört. Die Verhasstesten sind die Gefangenen mit einem gelben Dreieck: die Juden.

Endlich meldet sich Japie bei mir. Er ruft mich an, um mir zu berichten, dass er in Nijkerk bei einem buckligen Viehzüchter wohnt, einem gewissen Kroon. Dort, wo er davor untergebracht war, bei einer halbjüdischen Familie, war es nicht mehr sicher. Also hat er seinen Koffer gepackt, den Stern abgenommen und ist, ohne Personalausweis, auf gut Glück in den Zug in Richtung Putten gestiegen, wo wir vor dem Krieg immer mit der Familie die Ferien verbracht haben. Ich sage ihm, dass er verrückt ist, ein so großes Risiko in Kauf zu nehmen. Was er Quatsch findet. Es ist doch alles gut gegangen?

Über mehrere Ecken hatte er die Adresse des buckligen Bauern erhalten. Mit ein paar anderen jüdischen Jungs hilft er Bauer Kroon und seiner Haushälterin auf dem Bauernhof. Der Bauer hat sogar angeboten, dass ich auch kommen kann. Doch davon rät mir mein Bruder dringend ab. Sollte ich also jemals von irgendjemandem die Nachricht erhalten, dass ich zu Kroon auf den Bauernhof kommen soll: »Tu das bloß nicht,

Betty!« Japie meint, dass der Bauer nicht nur aus reiner Nächstenliebe an Jüdinnen interessiert sei. Mich beschleicht ein mulmiges Gefühl. Ob sich der missgestaltete Bauer wirklich nur auf Frauen beschränkt? Versucht Japie, mir eigentlich zu vermitteln, dass er selbst Opfer dieses Mannes geworden ist? Ich empfehle ihm, dass er besser von dort weggehen sollte. Aber Japie behauptet, dass er es nicht schlecht hat und bleiben will. Ob ich noch etwas von Mutter wisse. Ich antworte ihm, dass ich nichts mehr gehört habe. Nichts.

Bevor er auflegt, lasse ich mir von ihm versprechen, dass er mich anruft, wenn er in Schwierigkeiten gerät. »Du weißt, dass ich alles tun werde, um dir zu helfen, ja?«

»Das weiß ich«, erwidert er brav. »Tschüss, Betty.«

Das unangenehme Gefühl hält noch eine Weile an.

Inzwischen finden die Deportationen zwei-, mitunter sogar dreimal pro Woche statt. Fast schon routinemäßig operieren alle aus ihrer jeweiligen Position heraus, damit der Prozess so effizient wie möglich abläuft. Ohne Komplikationen. Aber am Ende geht es nie ohne Drama. Frauen, die ihre Panik nicht mehr unter Kontrolle halten können, Männer, die sich weigern einzusteigen, Kinder, die anfangen zu kreischen, wenn sie sehen, wie ihre Väter in die Züge getreten werden. Ich habe den Überblick verloren, wie viele Kinder mittlerweile abtransportiert wurden. Das Gleiche gilt für die Zahl derjenigen, die wir wegschmuggeln konnten. Wir verstecken sie unter einem Umhang, stopfen sie in Brotkörbe, in Kartoffelsäcke und in die Lebensmittelkarren, die täglich zwischen dem Kinderhaus, der Schouwburg und der Plantage Parklaan hin- und herfahren. Trotzdem bleibt es immer nur ein Bruchteil jener Kinder, die in die Züge steigen. Ich weiß, dass die Direktorin, Süskind und seine rechte Hand, Felix Halverstad, der ein Meister im Fälschen von Personalausweisen und dem Entfernen von Namen aus der Kartei zu sein scheint, alles dafür tun, um diese Anzahl zu erhöhen. Ebenso wie die Sekretärinnen in der Schouwburg, die ihm dabei behilflich sind, die Botenjungen vom Rat, die Studenten, Theo Bruin und seine Helferinnen, Nel vom Kleidungsdepot und viele andere mehr. Jeder tut sein Bestes, um noch mehr Kinder in Sicherheit zu bringen. Genau wie Mirjam, Sieny und auch ich. Anfangs wollte ich vor allem wissen, ob die Flucht der verschiedenen Kinder geglückt war. Wurden sie auch nicht erwischt, hat das Kind aufgehört zu weinen, hatten die »Unterschlupfeltern«, wie Pimentel sie nennt, sie oder ihn gut aufgenommen? Pimentel war der Ansicht, dass unsere Arbeit beendet sei, sobald die Kinder weg wären, und dass wir sie uns danach aus dem Kopf schlagen müssten. Mir war nicht wichtig zu erfahren, wer sie wohin gebracht hatte oder welchen neuen Namen sie sich für ihn oder sie ausgedacht hatten, ich wollte nur wissen, ab alles gut gegangen war. Weil ich an dem Punkt stehen geblieben war, als sie mich mit ängstlichen Augen angesehen hatten. Als sie nach ihrer Mutter riefen und manchmal auch nach mir. »Betty, nicht weggehen!« Vor allem, wenn sie schon etwas länger bei uns waren und ich die Kinder besser kennengelernt hatte. »Ich will nur, wenn Betty auch mitkommt.« Aber wie ich Pimentel auch anflehte, mir doch zu erzählen, wie es gelaufen war, ob sie gerettet waren, nie bekam ich eine Antwort.

Ich weiß inzwischen viel besser Bescheid über das ganze Schmuggelsystem. Für die Babys ist es besonders leicht, Adressen zum Untertauchen zu finden. Junge Ehepaare, die keine Kinder bekommen können, wollen nur zu gerne ein Neugeborenes haben. Familien, in denen ein Sohn oder eine Tochter verstorben ist, haben ganz bestimmte Ansprüche, etwa, dass das Kind dasselbe Alter und Geschlecht hat sowie ein ähnliches Äußeres, um ihren Verlust zu kompensieren. Blonde Kinder sind sowieso einfacher unterzubringen, weil sie nicht so jüdisch aussehen. Sie werden meist in den Norden des Landes gebracht, wo die Leute eher blond sind. Die dunkelhaarigen, jüdisch aussehenden Kinder werden meist in den Süden des

Landes gebracht, nach Brabant oder Limburg, weil sie dort weniger auffallen als in Friesland oder Groningen. Mädchen werden bevorzugt, da sie meist umgänglicher und – noch wichtiger – nicht beschnitten sind. Kleinkinder und Kindergartenkinder sind auch sehr beliebt, weil ihre Erinnerungen schnell verblassen und so leicht eine Bindung zu den neuen Pflegeeltern entstehen kann. Zudem sind Kindergartenkinder oft niedlich und obendrein schon sauber. Vielen Unterschlupfeltern ist es wichtig, dass sie die Kinder in diesem Alter noch von ihrem eigenen Glauben überzeugen können. Das Wegschmuggeln jener Drei- oder Vierjährigen hingegen ist durchaus mühsam. Sie begreifen noch nicht, dass sie nicht über ihren echten Namen oder ihre wahren Eltern sprechen dürfen, spüren aber, dass etwas Tiefgreifendes bevorsteht, was sich für sie sehr bedrohlich anfühlt. Ihnen wird eingeschärft, dass sie anders heißen und aus Rotterdam kommen. Denn das ist es, was für gewöhnlich erzählt wird: dass es kleine Evakuierte sind, die ihre Eltern bei Bombenangriffen verloren haben. Sie tragen auf der Fahrt ein Schild um den Hals mit ihrem Namen und dem Hinweis darauf, dass sie Waisenkinder aus Südholland sind.

Meist reisen die Kinder mit dem Zug. Aber manchmal werden sie auch per Schiff über die verschiedenen Fahrtrouten quer durch das Land transportiert. Die Angst, dass so ein Knirps einen dann verrät, ist groß. Ich habe mal eine Geschichte von einem Kind gehört, das plötzlich anfing, *Donna, Donna, Donna* zu singen, ein beliebtes jiddisches Lied, während schräg gegenüber deutsche Soldaten im Abteil saßen. Die Begleiterin hätte vor Aufregung beinahe einen Herzinfarkt bekommen und wusste sich nicht anders zu helfen, als ein Nikolauslied anzustimmen, mitten im April. Zum Glück stimmte das Kind ein. Mit älteren Kindern ist die Reise weniger riskant, weil sie wissen, was auf dem Spiel steht, und die Wahrscheinlichkeit geringer ist, dass sie sich verplappern oder Blödsinn machen. Es gibt nur nicht so viele Familien, die sie aufnehmen wollen. Halbwüchsige sind bekanntermaßen schwierig, zudem ist das Risiko, entdeckt zu werden, bei ihnen größer. Bauernfamilien sind häufig noch bereit, sie aufzunehmen, sie können ein paar zusätzliche Hände im Haushalt oder bei der Landarbeit durchaus gebrauchen. So, wie es auch bei meinem Bruder Japie war. Aber es kann dauern, bis eine solche Stelle gefunden wird, sodass manche Kinder schon mehrere Monate bei uns sind, wie Michael und Sal, zwei Jungs in der Pubertät. Sie wissen genau, wo sie sich während der Deportationen oder bei drohenden Kontrollbesuchen verstecken müssen. Sie helfen uns sogar, indem sie die jüngeren Schmuggelkinder mit in ihr Versteck nehmen und dafür sorgen, dass sich diese ruhig verhalten.

Das Schmuggelsystem wird täglich besser. Effizienter. Zeit zum Nachdenken gibt es kaum. Zeit, um sich zu fürchten, erst recht nicht. Nur während meiner Nachtdienste, wenn der Schlaf mich auf dem Stuhl sitzend überfällt und ich in einem Klartraum lande, in dem meine Familie mir einen Besuch abstattet, habe ich Angst. Dann spreche ich mit meinem Vater und frage ihn, warum er nicht am Leben bleiben konnte, um uns zu beschützen. Dann sehe ich Gerrit von hinten in dem schönen Anzug laufen, um den er uns gebeten hatte, und rufe seinen Namen. Wenn er sich umdreht, ist sein Gesicht weggeschossen. Meine Großmutter, die mir auf Französisch sagt, dass ich mich unsittlich benehme, wie eine *Putain*. In den letzten Nächten ist in meinen Träumen noch eine Person dazugekommen. Meine Mutter. Sie streichelt mir singend über das Haar.

Ich erwache von einem lauten Knall, der die Fenster erbeben lässt, und sitze sofort aufrecht im Bett. Es muss eine Bombe gefallen sein, neben unserem Haus oder ein Stückchen weiter. Jedenfalls ganz in unserer Nähe. Ich bereite mich auf einen weiteren Knall vor, aber es kommt nichts. Es ist das erste Mal in dieser Woche, dass nicht ich, sondern Sieny Nachtdienst hat. Schnell ziehe ich mir die Lockenwickler aus dem Haar und steige aus dem Bett. Dann höre ich einen weiteren Knall. Von unten ertönt Geschrei. Auf dem Gang treffe ich Sieny.

»In den Keller, oder?« Wir sind auf einen eventuellen Angriff der Alliierten vorbereitet und wurden instruiert, dann mit den Kindern in das Souterrain zu flüchten. Einen echten Luftschutzkeller haben wir nicht, aber an der Vorderseite des Gebäudes, in der Vorratskammer und dem Kohlenkeller, befinden sich nur zwei Lüftungsgitter und keine Fenster, deshalb ist es dort am sichersten. Wir müssen zusehen, so schnell wie möglich alle Kinder nach unten zu bekommen. Pimentel läuft in ihrem Nachthemd herum und trägt zwei Lockenwickler im Haar, wie eine Art Hahnenkamm, der ihre Mitmenschen in jeder anderen Situation zum Lachen gebracht hätte, aber nicht jetzt.

»Sobald alle unten sind, holst du so viele Flaschen mit Wasser wie möglich«, befiehlt sie mir. »Sieny und Mirjam, nehmt Matratzen und Decken mit nach unten.« Als ich im Vorbeigehen aus dem Fenster schaue, kann ich noch immer nicht erkennen, wo sich das Unheil genau abspielt. Von der Schouwburg dringt Licht auf die Straße, deutsche Soldaten rennen links die Straße hinunter, es werden Befehle gerufen, geflucht, ein Hund bellt unaufhörlich.

Dicht gedrängt sitzen wir mit achtzig verängstigten Kindern auf zwei enge Räume verteilt und warten. Von fern hört man die Feuerwehrsirenen, die immer näher kommen. Pimentel erhebt sich, was sie sichtlich Mühe kostet. Ein stechender Schmerz im Rücken scheint sie kurz aus dem Gleichgewicht zu bringen. Sie kann sich gerade noch am Türrahmen festhalten und erholt sich. »Bruni, bleib!«, wendet sie sich an ihren Hund, der sie erwartungsvoll ansieht. Der kleine Remi will ihr gleichfalls nachlaufen, aber nachdem ich ihm über den Kopf gestreichelt habe, findet der Kleine es auch in Ordnung, so lange auf meinem Schoß auf sie zu warten.

»Ich bin gleich wieder da«, murmelt sie matt.

In der guten halben Stunde, die sie wegbleibt, entspannen sich die Kinder langsam wieder. Die Gefahr scheint vorüber, und einer nach dem anderen fängt an zu weinen oder aber nach Mutter oder Vater zu rufen.

Als die Direktorin endlich wieder um die Ecke biegt, verkündet sie ohne weitere Erklärung: »Alles ist gut, geht ruhig wieder ins Bett.«

Der kleine Remi, der inzwischen ganz gut laufen kann, kriecht von meinem Schoß und saust mit ausgestreckten Ärmchen auf Pimentel zu.

»Hey, Schatz, komm zu Tante Henriëtte.« An ihre strikte Regel, sich nicht an Kinder zu binden, hat sich die Direktorin selbst jedenfalls nicht gehalten. »Na komm, jetzt gehen wir wieder schön schlafen.« Sie küsst den Jungen auf die Stirn.

Sonntag, 28. März 1943

Erst am nächsten Tag hören wir, was genau passiert ist: Eine Gruppe Künstler hat einen Anschlag auf das Amsterdamer Einwohnermeldeamt verübt, das sich keine hundert Meter von uns entfernt an der Ecke Plantage Middenlaan, Plantage Kerklaan befindet; ihr Ziel war es, sämtliche personenbezogenen Daten zu vernichten. Die Widerstandskämpfer sind, gekleidet in Polizeiuniformen, hineingelaufen, angeblich um das Gebäude nach verdächtigen Personen zu durchsuchen. Daraufhin haben sie das Personal überwältigt und mittels Injektionen betäubt und dann in den Tiergarten Artis gebracht. Danach haben sie die Archivkästen mit Benzin besprenkelt und Zeitbomben gelegt. Kurz nachdem sie geflüchtet waren, explodierten die Bomben. Das Obergeschoss brannte komplett aus. Leider lagen die Personalausweise, die sie eigentlich im Visier hatten, im Erdgeschoss, und es wurde nur ein kleiner Teil davon vernichtet. Die Zeitungen schreiben, dass die Deutschen eine Belohnung von zehntausend Gulden ausgesetzt haben für den Hinweis, der sie zu den Tätern führt.

Die Kinder sind so unruhig, dass es mich ganz verrückt macht. Was ich auch mit meinen beiden Kolleginnen versuche, sie scheinen sich nicht an die Regeln halten zu wollen. Das ist auch nicht verwunderlich, da sich die Anzahl der Kinder innerhalb einer Woche fast verdoppelt hat, sodass wir überquellen und trotz der vielen zusätzlichen Hände offensichtlich nicht genügend Personal haben. Mirjam, die unten in der Babyabteilung ist, kommt zu mir ins Spielzimmer der größeren

Kinder. »Betty, tu was!«, fordert sie mich auf. »Das Geschrei und Gestampfe weckt die Kleinen unten andauernd auf.«

Manchmal weiß ich nicht, woher ich die Energie nehmen soll, aber es gibt nun mal keine andere Lösung, als einfach weiterzumachen. Die Kinder haben schließlich auch keine Wahl.

Ich klatsche in die Hände. »Ruhe jetzt. Alle miteinander!« Für einen sehr kurzen Moment verstummen die Kindergeräusche, und alle schauen mich an.

»Wenn ihr versprecht, zehn Minuten still zu sein, dann verspreche ich euch auch etwas.«

»Was denn?«, erkundigt sich ein Neunmalkluger. »Einen Topf voll Gold?«

»Bestimmt nicht«, entgegne ich. »Den findest du nur am Ende des Regenbogens.«

»Dass ich nach Hause darf?«, fragt ein anderer vorlaut.

»Auch das kann ich leider nicht versprechen, auch wenn ich es nur zu gerne täte.« Ich muss jetzt mit etwas richtig Gutem kommen, sonst kriege ich sie nie mehr ruhig. »Ich verspreche euch ...« Was, in Gottes Namen, kann ich ihnen sagen, das ordentlich Eindruck auf sie macht? »Äh, ... dass ich mich vom obersten Stockwerk an einem Seil herunterlasse«, fällt mir spontan ein. Wie ich darauf komme, weiß ich nicht. Vielleicht, weil ich das mal in einem Film gesehen haben, in dem jemand auf diese Weise aus dem Gefängnis entkommen ist.

»Das geht doch gar nicht«, meint ein Junge mit schelmischem Gesichtsausdruck. »Wahrscheinlich durch die Decke, oder?«

»Nein, nicht durch die Decke, du Schlaumeier«, lache ich. »Sondern aus dem Fenster.«

Die Kinder rennen zum Fenster und schauen nach, wie weit es bis zum Boden ist.

»Bist du dann nicht platt?«, fragt ein Mädchen ängstlich.

»Nein, keine Sorge. Aber ich tue es nur, wenn ihr wirklich zehn Minuten lang mucksmäuschenstill seid.«

Das versprechen sie. Natürlich gelingt ihnen das nie, aber nach ein paar Versuchen sind wir schon eine Stunde weiter. Der Raum verwandelt sich von einem Affengehege in ein Schweigekloster. Man könnte eine Nadel fallen hören. Zwei Kinder müssen sich große Mühe geben, nicht loszuprusten, aber sie schaffen es tatsächlich, es sich zu verkneifen. Als acht Minuten verstrichen sind, werde ich doch etwas nervös. Ich ziehe ein paar Grimassen, um sie zum Lachen zu bringen, ahme einen Affen nach, dann einen Elefanten, schiele, aber nichts hilft. Offensichtlich haben sie inzwischen den Knopf für die Stummschaltung bei sich gefunden. Und dann sind die zehn Minuten um. »Aus dem Fenster! Aus dem Fenster!«, wird skandiert.

»Sch, also gut. Versprochen ist versprochen. Aber hört gut zu: Wenn jemand aus den anderen Räumen mitbekommt, was ich vorhabe, verbieten sie es mir wahrscheinlich. Deshalb will ich, dass ihr euch immer noch vorbildlich benehmt. Ihr dürft nur miteinander flüstern, sonst können wir die Sache vergessen.«

Meine beiden Kolleginnen kommen auf mich zu. »Wir finden es nicht vernünftig, Betty.«

»Kann sein, aber ich habe keine andere Wahl«, erwidere ich entschlossen. »Kümmert ihr euch jetzt einfach darum, dass die Kinder ruhig bleiben!«

Auf dem Dachboden habe ich ein Tau gefunden und überlege gerade, wie ich es am Hebebalken des Giebels befestigen kann, als ich unten auf der Straße Joop in unsere Richtung radeln sehe. Ich renne die Treppe hinunter und halte ihn auf. »Joop, du musst mir helfen. Ich werde mich an einem Seil aus dem Fenster herunterlassen.«

Er starrt mich an, als wäre ich ein Wesen von einem anderen Stern. »Du wirst was?«

»Ich habe es den Kindern versprochen, wenn sie still sind, und wenn man etwas verspricht, muss man es auch halten.«

»An sich hast du recht, aber in diesem Fall ...«

»Joop, bitte, wenn es etwas gibt, das diese Kinder brauchen, dann ist es Vertrauen. Damit sie merken, dass zumindest wir uns an unsere Versprechen halten.«

Er lacht kopfschüttelnd und stellt dann sein Rad ab.

»Dann mal los.«

Der Hebebalken unter dem Giebel war buchstäblich eine Nummer zu hoch für mich, weil ich mich dann aus dem Speicherfenster hätte schwingen müssen. Aber von dem Fenster aus, an dem die Kinder gespannt warten, sollte es gelingen. Joop hat Harry dazugerufen, und an einem Tau, das sie um eine Säule geschlungen haben, werden sie mich langsam hinunterlassen. Als ich aus dem Fenster hinabblicke, wird mir doch mulmig. Es sind bestimmt zehn Meter bis zum Bürgersteig. Das mag vielleicht gar nicht so weit sein, aber aus dieser Höhe könnte man ganz leicht in den Tod stürzen.

»Betty, tu's nicht!« Sieny kommt ins Zimmer gerannt.

»Zu spät!«, erwidere ich.

»Du bist echt gestört, weißt du das?«

»Gar nicht!«, verteidigt mich ein Junge. »Sie hat es uns nun mal versprochen!«

»Siehst du, Sieny. Die Kinder sind mit mir einer Meinung, dass ich es machen muss.«

»Dann tu, was du willst«, entgegnet Sieny. »Aber lass mich erst noch kurz die Wachmänner auf der anderen Seite vorwarnen. Bevor du es merkst, hast du eine Kugel im Hintern.«

Das finden die Kinder lustig, obwohl sie sich zum Glück alle einig sind, dass ich mit heiler Haut aus der Sache rauskommen soll.

Das untere Seilende habe ich zu einer Schlaufe geknüpft, in die ich mich mit dem Fuß stellen kann; das habe ich so mal beim Zirkus gesehen. Mit den Händen umklammere ich fest das dicke Tau. Als Sieny mir von gegenüber mit gerecktem Daumen signalisiert, dass alles in Ordnung ist, gebe ich den Jungs ein Zeichen, dass ich bereit bin. Joop wünscht mir eine gute Reise und zieht mit Harry das Seil straff. Vorsichtig lasse ich mich über den Rand gleiten. Die Idee, den Fuß in die Seilschlinge zu stellen, erweist sich sofort als ungünstig, denn sobald ich die Fensterbank losgelassen habe, hänge ich in der Horizontalen. Ich muss mich wirklich sehr gut festhalten, damit das gut geht. »Ja, herunterlassen!«, rufe ich. Kurz blitzt in mir der Gedanke auf, dass es vielleicht einfacher wäre, wenn ich jetzt ganz losließe. Wenn ich, wie dieser Victor Manheimer, der sich im Dezember in der Schouwburg aus dem Fenster gestürzt hat, die dünne Luft dem Leben auf der Erde vorzöge. Um über der Erdkugel zu schweben, anstatt jeden Tag aufs Neue in den Boden gestampft zu werden. Aber das könnte ich all den hoffnungsvollen Gesichtern, die mir aus dem Fenster über mir zuschauen, nicht antun.

»Noch ein kleines Stück«, ruft Sieny, die über die Straße zurückgerannt ist, um mich aufzufangen. »Ja, fast ...«

Wenig elegant lande ich mit meinem Hintern auf dem Bürgersteig. Über uns ertönt Gejubel.

»Was geht hier vor?« Eine Frau in Schwesterntracht steht mit einem Koffer vor der Eingangstür.

»Nichts Besonderes«, gebe ich zurück, während ich mir den Staub von der Tracht klopfe. Ihr Gesicht kommt mir bekannt vor.

»Kann ich Ihnen helfen?«, erkundigt sich Sieny freundlich.

»›Sie‹? Red keinen Blödsinn. Ich bin einfach ›du‹, Virrie Cohen, die ältere Schwester von ...« Dann entdeckt sie ihre Schwester im Türrahmen. Die beiden fliegen einander jubelnd in die Arme.

»Meine Schwester kommt aus Rotterdam, wo sie in einem Krankenhaus gearbeitet hat«, erklärt Mirjam, nachdem sie sich wieder beruhigt haben. »Sie kommt uns helfen.«

»Das ist jedenfalls meine Absicht«, bemerkt Virrie. »Denn wie man sieht, herrscht hier ganz schönes Chaos. Frauen, die sich aus dem Fenster abseilen. Tsss.«

Mittwoch, 7. April 1943

Jeden Dienstag brechen die Züge von Westerbork in den Osten auf. Die Unberechenbarkeit und Willkür der Entscheidung, wer in die Konzentrationslager muss, sind zum Verrücktwerden. Nachdem die Lagerbewohner in Viehwaggons abtransportiert wurden, dauert es wieder eine Woche, bis die nächste Ladung abfährt. Woche für Woche. Bis der Moment kommt, da auch der eigene Name auf der Liste steht. Denn das ist eine der wenigen Gewissheiten, die man in Westerbork hat: dass irgendwann ein Dienstag kommt, an dem man seine Sachen packen muss. Bis dahin leben die Leute in einer Scheinwelt, mit einer ganzen Industrie an Handwerksprodukten, Fußballturnieren und Theaterabenden. Ob meine Mutter dort Klavier spielt?

Eines Abends, als im Kinderhaus Ruhe eingekehrt ist, spreche ich Virrie an. Sie sitzt mit einer Tasse Tee und einem Kreuzworträtsel, das sie aus einer Zeitung oder Zeitschrift ausgeschnitten hat, in der Küche. Als ich sie frage, ob es schwierig sei, meint sie schulterzuckend, sie hoffe schon. Sie habe nur noch ein unausgefülltes Rätsel und deshalb bald nichts mehr, um sich abzulenken.

»Ist es in Ordnung, wenn ich mich zu dir setze?«

Mit einem kurzen Kopfnicken zeigt sie mir, dass es ihr recht ist. »Aufstand mit sieben Buchstaben?«

»Äh ... Ich bin nicht gut in Kreuzworträtseln.«

»Ich dachte an ›Protest‹, aber das geht nicht, denn es fängt mit einem R an.«

»Revolution?«

Sie blickt von dem Rätsel auf. »Kannst du nicht zählen? Das sind zehn Buchstaben.«

»Ach ja, natürlich. « Ich fühle mich wie ein Schaf bei Virrie, die etwa zehn Jahre älter ist als ich. Mirjam und sie sehen sich sehr ähnlich. Allerdings wirkt Virrie ein ganzes Stück selbstbewusster, aber auch strenger als ihre jüngere Schwester.

»Warte mal. Jetzt hast du mich aber auf eine Idee gebracht«, murmelt sie dann. Sie zählt leise. »... sieben. Ja, das passt. Das richtige Wort heißt: Revolte!«

»Lass die Revolte ruhig beginnen«, erwidere ich trocken.

Befremdet sieht mich Virrie an, um dann lauthals loszulachen.

»Du bist witzig. Das wusste ich schon, als ich dich aus dem Fenster purzeln sah.«

Das Eis zwischen uns ist gebrochen. Virrie erzählt mir, dass auch sie hier vor ein paar Jahren die Ausbildung gemacht hat. Wenn ich genau hinschaue, kann ich sie noch auf ein paar Fotos, die im Personalraum hängen, erkennen, obwohl sie darauf verkleidet ist. Sie hatte hier eine gute Zeit mit Pimentel, wollte aber nicht nur mit Kindern arbeiten. Darum ging sie nach Rotterdam, um sich zur Krankenpflegerin weiterbilden zu lassen. Kurz nachdem sie die Abschlussprüfung bestanden hatte und im Jüdischen Krankenhaus arbeitete, wurde die Stadt bombardiert. Sie berichtet, dass es eine grauenhafte Situation war, in der sie als Krankenschwester sah, wie ein schwerverwundeter Bürger nach dem anderen hereingebracht wurde. Menschen mit abgerissenen Gliedmaßen, mit Granatsplittern im Körper und schweren Hautverbrennungen. Ihre Kolleginnen und sie haben mehrere Personen in ihren Armen sterben sehen. Sie hat dort gearbeitet, bis das Krankenhaus vor einer Woche geräumt wurde. Sämtliche Patienten und Mitarbeiter wurden abtransportiert. Mit abgewendetem Blick erzählt sie mir, dass sie mit ihnen hätte mitfahren wollen. Ich frage sie, warum sie dann jetzt hier ist, worauf sie unvermittelt aufsteht und feststellt, dass sie hier sei, um uns zu helfen.

Punkt und aus. Sie wünscht mir eine gute Nacht und geht hinaus. Das Kreuzworträtsel lässt sie auf dem Tisch liegen.

Ich höre ein Kind in der Babyabteilung weinen. Meist dauert solch ein Gejammer nicht allzu lange, weil Mirjam als Verantwortliche für die Allerkleinsten sie gut im Auge behält. Aber jetzt hält die Kadenz gleichmäßigen Weinens an. Ich stehe auf, um nachzusehen.

In der Babyabteilung ist keine Kinderpflegerin zu sehen. Ich lese auf dem Kärtchen, dass die Kleine gerade erst ein Fläschchen Milch getrunken hat, Hunger kann sie also keinen haben. »Hey, Süße, was hast du denn?«, flüstere ich, während ich das Kind aus dem Bett hebe. Das Mädchen macht darauf ein Bäuerchen, so laut wie ein richtiger Bauarbeiter, womit ich auch gleich eine Antwort auf meine Frage erhalten habe. Erstaunt sieht mich das Baby an. »So, jetzt ist er draußen, gell, Möpschen?« Vorsichtig lege ich sie zurück in ihr Bett.

Im Flur bemerke ich, dass die Eingangstür einen Spaltbreit geöffnet ist. Ich gehe hin und sehe Mirjam, die dort mit Joop beim Rauchen steht. »Hey, Y'tje in Bettchen Nummer sieben war wach.«

Man kann sich unmöglich alle Namen der Kinder merken. Jungen nennen wir X'je und Mädchen Y'tje. Nur diejenigen, die etwas länger bleiben – Findelkinder wie Remi, Waisen, deren Eltern bereits deportiert wurden, und Halbwüchsige, für die wir keinen neuen Platz finden –, kenne ich noch mit Namen. Einen kompletten Überblick über sämtliche Kinder habe ich schon lange nicht mehr. Pimentel führt heimlich darüber Buch, welche Kinder uns verlassen und mit wem. Sie notiert es in ein Heft, das sie an einem geheimen Ort aufbewahrt. Keine Ahnung, ob sie weiß, wohin sie alle kommen. Diese Information wird vielleicht nur von denen im Untergrund festgehalten, die ihrerseits auch wieder aus verschiedenen Gruppen bestehen. Es ist wichtig, dass jede Zelle unabhängig von den anderen operiert, sodass kein Risiko besteht, dass die ganze Organisation hochgeht, wenn ein Zweig verraten wird.

Mirjam drückt ihre Zigarette an der Wand aus. »Bis später, Joop! Ich muss wieder an die Arbeit.«

Ich lasse Mirjam vorbei und will dann auch wieder reingehen.

»Bin ich jetzt all meine Gesprächspartnerinnen los?«, höre ich Joop fragen.

Ich schaue um die Ecke. »Scheint so, ja. Musst du hier warten?«

»›Müssen‹ ist ein Verb, gegen das ich eine Abneigung habe«, entgegnet Joop mit ironischem Grinsen. »Ich rede lieber vom ›dürfen‹. Ich darf hier so lange warten, bis der dicke Deutsche da auf der anderen Seite – siehst du den? – sagt, dass ich wegdarf.«

Ich versuche zu erkennen, wer auf der anderen Seite steht, aber es ist zu dunkel. »Aber wie kann er sehen, dass du hier stehst?«

»Gar nicht, außer er richtet seinen Scheinwerfer auf mich, aber den dürfen sie nur im Notfall verwenden.«

»Also ist es eigentlich sinnlos, dass du hier bist und Wurzeln schlägst?«

»Dein Scharfsinn ist bemerkenswert«, erwidert er schelmisch.

»So wie deine Ausdauer«, spiele ich den Ball zurück. »Aber außer scharfsinnig bin ich auch noch sehr erfinderisch. Komm mal mit!«

Ich nehme ihn spontan bei der Hand. Einigermaßen erstaunt lässt Joop sich von mir mitziehen.

»Vielleicht ist das nicht sehr vernünftig ...«

»Sch!«, mahne ich. »Hier hinein, rechts durch die Tür.« Joop geht vor mir her in das Büro der Direktorin. »Warte kurz.« Durch das Dunkel laufe ich um ihn herum zum Fenster und ziehe die Gardine auf. Dann hole ich zwei Stühle. »So, von hier aus können wir perfekt beobachten, ob von gegenüber Signale kommen.«

»Bist du sicher, dass das erlaubt ist?«, fragt Joop, nun weniger kühn.

»Bestimmt. Allemal besser, als dich bald von den Pflastersteinen kratzen zu müssen, oder?«

Ich habe uns beiden eine Tasse Tee gekocht, in die Joop aus seiner Feldflasche einen Schuss Genever gießt.

»Findest du es nicht verrückt, dass hier jetzt zwei Töchter von David Cohen arbeiten?«, frage ich. »Dieser Tugendwächter ist bestimmt nicht einverstanden mit dem, was wir hier tun.« Ich meine den Kinderschmuggel – zur Sicherheit vermeide ich es immer, dieses Wort auszusprechen.

»Das ist ziemlich verrückt, ja, aber ich glaube nicht, dass er es weiß.« Ich erkenne nur das Profil seines Gesichts und seine aufleuchtenden Augen.

»Wirklich nicht?« Vielleicht vergleiche ich es zu sehr mit der Beziehung zu meinem eigenen Vater. Vor ihm hatte ich keine Geheimnisse.

»Mirjam hat mir vor Kurzem erzählt, dass ihr Vater Virrie mit Gewalt aus dem Zug nach Rotterdam zerren musste. Sie erklärte sich solidarisch mit ihren Kolleginnen und hatte ihren Patienten versprochen, sie nicht im Stich zu lassen. Aber ihr Vater untersagte ihr, mit nach Westerbork zu fahren.«

»Ich weiß nicht, ob ich so charakterstark gewesen wäre, mich selbst aufzuopfern«, gebe ich zu. »Und es gibt ja doch wenig, was man noch tun kann, wenn man einmal eingesperrt ist.« Ich muss an meine Mutter denken, die sich weigerte, Westerbork zu verlassen, und erneut spüre ich Wut in mir auflodern.

Joop holt mich aus meinen Gedanken. »Das sehe ich genauso, aber als Tochter von David Cohen muss man vielleicht genau das Gegenteil von dem tun, was der Vater fordert.« Ich verstehe, was er meint. Die einzigen Juden, die in diesen Zeiten noch in Sicherheit sind, sind die Köpfe des Jüdischen Rats mit ihren Familien. Wie stark muss man sein, um dann zu sagen: Ich will keine Privilegien, ich bin genau wie alle anderen Juden.

»Hast du schon über eine Fluchtroute nachgedacht, Joop?«

»Nachgedacht schon, aber ich habe noch keine konkreten Pläne. Jedenfalls lasse ich mich nicht einfach so abtransportieren. Und du?«

»Sieny und ich haben ausgemacht, gemeinsam unterzutauchen, falls es so weit kommt.«

»Sehr vernünftig. Zusammen seid ihr stärker, vor allem als Mädchen.«

Wir schweigen einen Moment. Ich spüre, wie der Alkohol mich von innen wärmt. Ich bin das Trinken nicht gewöhnt, hatte aber keine Lust, das Joop gegenüber zuzugeben.

»Was willst du später einmal machen, wenn du groß bist?«, frage ich.

Er muss lachen. »Ich will Kampfpilot werden. Das ist grandios, glaube ich. Und du?«

»Ich will Mutter von mindestens zehn Kindern werden und vielleicht ein Heim gründen, oder so.«

»Also eigentlich genau das, was du hier tust.«

»Nein, nicht das, was ich hier tue. Hier muss ich Kinder versorgen, bis sie abtransportiert werden.«

Er beugt sich näher zu mir, sodass ich sein Gesicht besser erkenne. »Aber nicht alle, oder?«

»Warum können wir nicht allen helfen?«, murmle ich, mehr zu mir als zu ihm. »Ich würde alles dafür geben.«

»Das glaube ich sofort.« Dann wird seine Stimme auf einmal weicher. »Ich kenne kein einziges Mädchen wie dich, Betty. Du hast niemals Angst.«

»Angst haben ist etwas für Mäuse«, entgegne ich. »Und für Feiglinge.«

»Ich habe schon manchmal Angst«, gesteht Joop. »Findest du mich dann feige?«

Noch nie hatten wir ein derart persönliches Gespräch.

»Nein, das finde ich nicht. Obwohl, dass du mit dem christlichen Mädchen verlobt bleibst, finde ich schon ein kleines bisschen feige.« Natürlich hatte ich mich schon vor einiger Zeit bei Harry erkundigt, ob Joop noch frei wäre. Die Antwort war doppelt frustrierend.

»Ach ja?« Er nimmt wieder eine aufrechte Haltung ein. »Ich glaube, ich habe letzthin aus deinem Munde gehört: Versprochen ist versprochen. Ich habe sie gefragt, ob sie mich heiraten will. Das ist nichts, was man einfach so über den Haufen wirft, oder?«

»Nicht einfach so, nein«, ich blicke ihn herausfordernd an. Ohne den Alkohol im Blut hätte ich mich das nie getraut. Ohne dieses Gefühl von Übermut hätte ich es wahrscheinlich nicht einmal bemerkt: Er will mich auch. Er will mich. Ich nehme seine Hand und drücke sie an mein Gesicht.

Dann springt auf einmal die Tür auf, und das Licht wird angeknipst. Es ist Pimentel in ihrem Morgenmantel. Ich ziehe augenblicklich die verdunkelnden Gardinen zu.

»Was macht ihr hier?«

Joop ist aufgestanden. »Entschuldigung, Frau Pimentel, es war meine Idee. Mir war beim Wachehalten draußen kalt.«

»Nein, es war meine Idee«, widerspreche ich schnell.

»Wollt ihr euch jetzt darum streiten, wem ich eins aufs Dach geben muss?«

»Mir!«, rufen Joop und ich gleichzeitig.

»Ins Bett mit dir«, befiehlt sie streng. »Und du, ab nach draußen.«

Im Flur drückt mich Joop kurz an sich. »Es geht nicht, Betty«, flüstert er mir ins Ohr.

»Ich weiß.« Trotzdem bleiben wir so stehen, Wange an Wange. Sekunden, in denen wir nichts sagen. Dann, wie von selbst, bewegen sich unsere Gesichter aufeinander zu. Eine Regung, die in einen Kuss mündet. Eine Verschmelzung, die höchstens ein paar Augenblicke dauert, aber eine schwindelerregende, tiefe Emotion in mir hervorruft.

Mit einem Gefühl von Leichtigkeit im Kopf schwebe ich in mein Bett.

Sonntag, 11. April 1943

Herr van Hulst ist der Direktor der HKS, der Hervormde Kweekschool, zwei Häuser weiter. Hier werden Studenten zu Lehrern und Lehrerinnen ausgebildet. Van Hulst, der mit seinem schmalen, ernsten Gesicht und der lässigen Hornbrille kaum älter wirkt als dreißig Jahre, hat es geschafft, seine Schule mithilfe von Elternspenden weiterhin geöffnet zu halten. Der Garten hinter der Kweekschool grenzt an den des Kinderhauses. Dort sehe ich Herrn van Hulst schon mal mit Direktorin Pimentel reden. Trotzdem sagt das nichts darüber aus, ob man ihm vertrauen kann. Die Gespräche, die Pimentel mit aus der Fünten führt, sind augenscheinlich auch sehr freundlich und entspannt. Als wären sie gute Bekannte.

Als ich aufwache und das Fenster meines Dachgeschosszimmers öffne, fällt mein Blick auf ein junges Mädchen mit roter Jacke, das von Virrie gerade über die Ligusterhecke gehoben wird. Dann erst erkenne ich das Kind. Es ist die kleine Paula, die vor ein paar Wochen von der Grünen Polizei hierhergebracht wurde. Weil wir mit Platzmangel zu kämpfen haben, hat Herr van Hulst uns einen Raum zur Verfügung gestellt. Täglich werden Kinder über die Hecke gehoben, um dort ihren Mittagsschlaf zu halten. Mir fällt auf, dass seit Kurzem weniger Kinder zurückkommen, als hinübergegangen sind.

Aufgrund der Überwachung vor der Schouwburg, bei der zurzeit oftmals zwei Mann intensiv in Richtung unseres Gebäudes starren, ist es nicht möglich, mit einem Kind an der Hand ungesehen das Kinderhaus zu verlassen. Aus dem Eingang der Hervormde Kweekschool hingegen kann eine Lehrerin oder eine etwas ältere Studentin natürlich durchaus mit ihrem Kind auf die Straße treten.

Ich laufe in Mirjams Schlafzimmer, das an der Vorderseite des Gebäudes liegt, und klopfe an die Tür. Als ich keine Antwort erhalte, gehe ich hinein. Mirjam hat ihr Bett ordentlich gemacht, und es riecht nach irgendeiner medizinischen Creme. Auf ihrem Bett liegt ein Heft, vielleicht ihr Tagebuch. Obwohl ich mir in diesem Privatraum wie ein Eindringling vorkomme, mache ich weiter; ich muss es wissen. Ich ziehe das Dachfenster auf und schiebe einen Stuhl heran. Vorsichtig klettere ich darauf und hänge über dem Fensterrahmen, sodass ich an der Dachrinne vorbei auf die Straße und den Schuleingang blicken kann. Nichts zu sehen, außer einem Mann, der auf dem Bürgersteig entlanggeht. Dann erkenne ich, dass es der »Henker« ist, der NSBler in Zivil, der immer häufiger durch die Straße läuft, um Schaulustige zu verscheuchen. Und wenn das nicht zum gewünschten Erfolg führt, vertreibt er sie mit einem Schlagring, den er in der Tasche seiner Lederjacke verbirgt. Die Bewohner des Viertels schauen absichtlich in eine andere Richtung; sie wissen schon lange, dass sie nicht stehen bleiben dürfen. Es handelt sich vielmehr um diejenigen, die extra hierherkommen, um es mit eigenen Augen zu sehen. Unsere Straße ist inzwischen bekannt dafür, dass hier sehr viel passiert, und das zieht nun mal Neugierige und Sensationslüsterne an. Ob es am Henker liegt, dass sie nicht unmittelbar wieder mit dem Kind aus der Kweekschool kommen? Gerade als ich wieder hinuntersteigen will, weil es mir zu lange dauert, sehe ich, wie eine junge Frau mit einem Kind über den Seiteneingang den Bürgersteig betritt. Im ersten Moment halte ich es für ein anderes Kind, weil es nicht dieselbe Jacke trägt, dann aber erkenne ich das schwarze, strähnige Haar von Paula. Das rote Jäckchen wurde durch ein graues ersetzt. Ohne Judenstern.

Der Henker schenkt der vorgeblichen Mutter und ihrer Tochter keinerlei Beachtung.

Dienstag, 13. April 1943

Wenn aus der Fünten nicht da ist, übernimmt Hauptsturmführer Streich stellvertretend das Kommando. Streich ist in Hetty verliebt, Süskinds Sekretärin. Ich habe sie auch ein paarmal getroffen, eine sehr hübsche blonde Jüdin, die an die fünf Sprachen spricht. Man erzählt sich, dass Hauptsturmführer Streich sich mal mit ihr verabreden wollte, sie das jedoch freundlich dankend abgelehnt hatte. Er gab sich aber nicht geschlagen und bot ihr nach einer Weile an, ohne Judenstern mit ihm essen zu gehen. Er könne ihr obendrein zu einem Ariernachweis verhelfen. Auch diesmal wies ihn Hetty ab. Das kränkte Streich derart in seinem Stolz, dass er sie gestern abtransportieren ließ.

Ich begleite eine Gruppe Kinder, die gerade nach draußen darf, in den Garten, und überhole dabei Hauptsturmführer Streich, der soeben aus Pimentels Büro kommt. Ich nicke freundlich, aber er scheint mich nicht einmal zu bemerken. Sein Gesichtsausdruck ist mürrisch, ja, sogar grimmig.

Während ich draußen warte, bis sich die andere Gruppe, die zurück ins Haus muss, gesammelt hat, sehe ich, wie Pimentel ihr Zimmer verlässt und sich direkt in die Babyabteilung gegenüber ihrem Büro begibt, um Mirjam zu holen. Dann eilt Pimentel weiter, wobei sie eine Tür nach der anderen öffnet. Etwas an ihrem Verhalten beängstigt mich, wenn ich mir auch nicht erklären kann, was. Mit leerem Blick wendet sie sich plötzlich direkt an mich und fragt, ob ich wisse, wo Virrie sei.
»Ich glaube, sie war gerade in Richtung Vorratsraum unterwegs«, antworte ich.

Aus der geöffneten Tür des Direktorats kommt der kleine Remi angelaufen, auf wackeligen Beinchen, mit nach vorne gereckten Händen und einem Lätzchen um den Hals. »Remi essen?«
»Hol Virrie«, fordert mich Pimentel kraftlos auf. »Jetzt.«
Die Kinder, die sich hinter mir drängeln, weil sie zur Theaterprobe wollen, fragen, ob sie weitergehen dürfen.
»Wartet hier einen Moment, bis alle da sind«, antworte ich, während ich die Stufen hinunter in das Souterrain renne. »Die Direktorin sagt, du sollst kommen«, richte ich Virrie aus. »Ich glaube, es ist wichtig.«
Eiligen Schrittes läuft Virrie vor mir die Stufen hinauf. Ich sehe gerade noch, wie sie in Pimentels Zimmer verschwindet.
Zurück auf dem Gang haben sich zwei Kinder aus meiner Theatergruppe versteckt, um mich zu foppen. »Du musst sie suchen, Fräulein Betty«, sagt ein Mädchen mit schalkhaftem Blick. »Sie sind nicht im Sandkasten.« Worauf sie von dem Knaben neben ihr einen Schubser kassiert.
»Geht schon mal nach oben«, fordere ich die Kinder auf und marschiere zum Sandkasten, um die beiden Jungs herauszuholen.
Während ich mich mit den Rabauken an der Hand wieder hineinbegebe, ertönt plötzlich Geschrei.
»Nein, nein! Das mache ich nicht, das mache ich nicht!« Die Tür fliegt auf, und Mirjam kommt heraus, unmittelbar gefolgt von Virrie und Pimentel.
»Mirjam, bleib da«, bittet Virrie. »Vielleicht finden wir noch eine Lösung. Mirjam ...« Aber Mirjam schlägt die Tür der Babyabteilung hinter sich zu, so laut, dass die Babys zu weinen beginnen.
»Mirjam, bitte ...«, versucht es ihre Schwester.
»Lass mich mal.« Die Direktorin schiebt Virrie zur Seite. »Mirjam, komm raus.«
Aus dem Saal dringt immer mehr Babygeschrei; wenn eines anfängt, macht gleich ein zweites und ein drittes mit.

Der kleine Junge zieht an meiner Hand. »Fräulein Betty, gehen wir jetzt?«
»Ja, wir gehen.«
Noch während ich die Treppe hochlaufe, übertönt Mirjams Kreischen das Weinen der Babys. »Nein, das kann ich nicht. Nein, nein! Ich mache das nicht. Nein!« Die Kinder sind totenstill. Ich muss einen Kloß im Hals hinunterwürgen. »Kommt, wir fangen an.«

Das Drama verbreitet sich im ganzen Haus. Streich hat den Schwestern Cohen befohlen, zwischen Westerbork und dem Kinderhaus zu pendeln, um sämtliche Waisenkinder persönlich wegzubringen. Auch Remi. Den lieben, kleinen, bezaubernden Remi. Jede hat hier ihren Liebling, aber Remi ist der Liebling aller. Sogar von den Deutschen. Der Schock sitzt so tief, dass an diesem Tag mehr Erwachsene weinen als Kinder. Dabei müssen noch vier weitere Waisenkinder mit Mirjam und Virrie gehen, darunter zwei Kleinkinder, ein fünfjähriges Mädchen und ein zwei Monate altes Baby. Aber Remi ist von allen am längsten hier. Warum können wir ihn nicht wegschmuggeln? Es muss doch eine Lösung geben, flüstern wir in unserem kleinen Club, bestehend aus Sieny, Harry, Joop und mir. Aber Pimentel gestattet es nicht. Remi ist zu bekannt. Zudem hat Streich verkündet, dass für den Fall, die Schwestern Cohen würden den Auftrag nicht ausführen, das Kinderhaus komplett aufgelöst werden soll. Unsere einzige Hoffnung ist, dass aus der Fünten eingreift und verhindert, dass Virrie und Mirjam morgen in den Zug steigen. »Die Schwestern Cohen.« Das ist reine Schikane Streichs gegenüber den Töchtern des Vorsitzenden des Judenrats. Schlicht und ergreifend aus Frust, weil ihn die hübsche Sekretärin abgewiesen hat.

Mirjam ist davon derart aufgewühlt, dass sie nach Dienstschluss ihr Zimmer nicht mehr verlässt, nicht einmal auf Drängen ihrer Schwester. Ihre Tür hat sie verbarrikadiert.

Am nächsten Tag ist die Spannung förmlich greifbar. Heute soll aus der Fünten aus dem Urlaub kommen, und, soviel ich verstanden habe, will Pimentel versuchen, mit ihm zu sprechen. Auch Süskind sehe ich eilig zwischen Kinderhaus und Schouwburg hin- und herlaufen, um noch irgendetwas regeln zu können. Dieser Transport fährt nicht bei Nacht ab, sondern am helllichten Tag, und die Zeit drängt. Die Schwermut hängt wie eine schwere Decke über dem Kinderhaus. Der Sekundenzeiger der Uhr dreht träge und verbissen seine Runden. Solange aus der Fünten noch nicht da ist, können wir nichts tun. Mirjam ist heute Morgen doch wieder ganz normal zur Arbeit gegangen, aber es scheint, als hätte sie etwas eingenommen, denn ihre Bewegungen sind starr, und ihr fahles Gesicht zeigt keinerlei Regungen. Nur das Flackern ihrer Augen verrät ihre Anspannung. Der Blick ihrer älteren Schwester, Virrie, ist vor allem sehr wütend. Die Direktorin ist nicht zu sehen, sie ist mit Remi in ihrem Büro. Als die SS-Männer Klingebiel und Zündler eintreffen und fragen, ob alle bereit sind, scheint alles verloren. Mirjam steht hölzern auf und begibt sich in den Babysaal. Virrie stampft ihren Zorn in die Granitfliesen, während sie die Taschen holt und einen Boller- und Kinderwagen in den Flur schiebt. Mirjam legt die beiden Kleinsten in den Kinderwagen, die Kleinkinder werden von Virrie in den Bollerwagen gesetzt. Das fünfjährige Waisenkind, ein mageres Mädchen mit dunklen Locken, zieht ohne Murren die Jacke an. Ihr hängt eine Rotzglocke unter der Nase. Mirjam lässt sie in ein Taschentuch schnäuzen. Ich versuche, Augenkontakt mit Zündler herzustellen; er müsste doch etwas unternehmen können? Aber der SS-Mann schaut nicht mal zu mir auf. Gemeinsam mit seinem Kollegen zieht er den Bollerwagen über die Schwelle der Eingangstür.

Schließlich ist Remi an der Reihe. Virrie klopft an Pimentels Zimmertür. Auf ihr »herein« öffnet sie, und wir sehen, dass Remi in Jacke und Lederpantöffelchen bereitsteht. Sobald er uns bemerkt, fängt er wie immer an zu strahlen. Pimentel übergibt Virrie die Tasche mit seinen Sachen und nimmt ihr Pflegekind auf den Arm. Etwa fünf Kinderpflegerinnen laufen in das Büro, um ihn noch mal zu herzen oder zu küssen. »Gute Reise, Remi! Wir sehen uns ganz bald wieder.« »Tschüss, mein Großer!« Dann ertönt eine bekannte deutsche Stimme auf dem Gang. Voller Hoffnung blicken wir auf.

»Die Direktorin will Sie sprechen, Herr Hauptsturmführer!«, höre ich Virrie sagen. Aus der Fünten biegt um die Ecke. Mit Blick auf die vielen Kinderpflegerinnen, die dort versammelt stehen, bemerkt er spontan: »So, so, da sieht man doch gleich, wer hier der Beliebteste ist!«

Mit Remi auf dem Arm stellt sich Pimentel vor aus der Fünten. »Bitte, Herr Hauptsturmführer«, murmelt sie so heiser, dass sie kaum zu verstehen ist. »Lassen Sie dieses Kind hier. Ich flehe Sie an ...« Es ist das erste Mal, dass sie ihren Stolz fahren lässt.

»Was höre ich da? Will dieser kleine Junge einfach so abreisen?«, dröhnt er. »Das geht doch nicht!« Remi lacht ihn an, und aus der Fünten übernimmt ihn von Pimentel. Die Direktorin fasst sich und hält ein leidenschaftliches Plädoyer, um Remi im Kinderhaus zu behalten, wobei sich ihre Stimme immer wieder überschlägt.

»Ach, Frau Pimentel«, seufzt aus der Fünten. »Ich würde Ihnen diesen Gefallen herzlich gerne tun, aber Sie müssen verstehen, dass ich die Autorität eines Kollegen nicht untergraben darf.« Darauf übergibt er Remi wieder der Direktorin und meint: »Wo ist dein Bär, Junge? Du darfst doch nicht ohne deinen Bären weg.« Er geht zu Remis Bettchen. Pimentel bleibt entsetzt mit Remi auf dem Arm stehen, ihrer Kehle entringt sich ein Schluchzen. Dann überreicht aus der Fünten Remi den großen Plüschbären. »Hier, Kleiner. Dein Bärenfreund muss natürlich mit.«

Kurz darauf winken wir zum Abschied: den Cohen-Schwestern und den Waisenkindern. Aus dem offenen Lastwagen winken sie zurück. Remis fröhlicher Gesichtsausdruck verändert sich schlagartig, als er seine Pflegemutter in der Ferne verschwinden sieht.

Freitag, 23. April 1943

Mit Ausnahme weniger Juden im Land, die über eine besondere Freistellung verfügen, befinden sich sämtliche niederländischen Juden inzwischen in Amsterdam. Das restliche Gebiet unseres Landes wird von den Deutschen vom heutigen Tag an für »judenrein« erklärt.

Als ich Pimentel betrachte und aus ihrem faltigen und von kleinen Flecken übersäten Gesicht zu lesen versuche, was in ihr vorgeht, gerate ich völlig durcheinander. Es ist, als würde mich die Karte ihres Antlitzes stets aufs Neue in die Irre führen. Die Kerbe zwischen den Augen verrät Zorn, wohingegen die Fältchen um die Augen wahrhaftig Freude offenbaren, ein Leben voller Lust. Die vertikalen Furchen neben dem Mund strahlen Härte aus. Die Altersflecken auf den Wangen machen sie verletzlich. Die Stirn setzt sich aus einem Mosaik vertikaler und horizontaler Linien zusammen, die an einen Geheimcode erinnern. Der Mund ist stets angespannt, als müssten die Worte, die ihren Lippen entschlüpfen wollen, beständig zurückgehalten werden. Die Augen blicken dumpf. Das ist neu. Ich weiß genau, wann der Glanz erlosch. Als sie Abschied nahm von Remi. Dem Kind, das unerwartet auf sie zukam und sich an ihr festklammerte. Bis es ebenso unerwartet wieder verschwand.

Seit Remis Deportation sind alle niedergeschlagen. Es scheint, als wäre genau das aus der Füntens Plan gewesen. Er selbst wirkt fröhlicher denn je. Wenige Tage nach dem Transport fragt er uns, ob wir bereits neue Findelkinder hätten, weil er so verrückt nach Kindern sei. »Es sind wandelnde Puppen«, fügt er lachend hinzu. Pimentel blickt ihn stoisch an. Sie hat die von ihr aufgestellte Regel, sich niemals an ein Kind zu binden, nicht einhalten können. Vielleicht wusste aus der Fünten von unseren Aktionen, und es war eine Warnung. Dennoch hatte es den entgegengesetzten Effekt. Anstatt bedächtiger und zurückhaltender agiert die Direktorin nur noch entschlossener.

Im Stehen esse ich an der Anrichte einen kleinen, unreifen Apfel. Sieny, die gerade den Raum betritt, erkundigt sich, ob das alles sei, was ich frühstücke. Ich antworte, dass ich keinen Hunger habe.

»Du bist dünner geworden.« Sieny stellt es in beinahe strafendem Ton fest.

»Ich kann es durchaus vertragen«, entgegne ich schulterzuckend.

»Schon, aber es schadet doch nie, ein paar Reserven zu haben.«

»Reserven für was?«

Sie antwortet nicht, stattdessen füllt sie ihre Tasse mit Kaffee und gibt einen großen Löffel Zucker hinein.

»Sieny, warum bemutterst du mich derart?«, frage ich dann.

»Findest du mich zu schwach?«

»Nein, im Gegenteil. Du bist mutig. Mutiger als ich. Aber das ist gleichzeitig auch deine Schwäche.«

»Wie meinst du das?«

»Du kennst keine Angst. Menschen, die keine Angst kennen, sind zu wenig berechnend. Ihre Überlebenschancen sind daher geringer. Ich habe darüber schon mit Harry gesprochen. Er kannte das von einigen seiner Freunde. Meist sind es nämlich Jungs, die so sind.«

Ich werfe ihr einen prüfenden Blick zu. Was soll das auf einmal? »Ich kann anderen etwas vorspielen«, erkläre ich. »Das können die meisten Jungs nicht.«

Sieny betrachtet mich und holt dann etwas aus ihrer Rockfalte. Sie schiebt es mir über die Anrichte zu. »Diese Lebensmittelgutscheine kannst du niemandem vorspielen, ebenso wenig wie einen Personalausweis, egal, wie groß dein Talent auch ist. Ich weiß, dass du am allerbesten täuschen kannst, dass du fast jeden bezaubern und die Welt in Grund und Boden schwindeln kannst, Betty. Aber was du manchmal nicht zu verstehen scheinst, ist, dass nur ein einziges Mal eine Kleinigkeit schieflaufen muss, und mit deiner angeblichen Unantastbarkeit ist es in Sekunden vorbei.«

»Also gut, und deshalb bemutterst du mich?«, wiederhole ich meine ursprüngliche Frage.

»Nein, ich ... Ach, egal.« Sie will gehen.

»Sieny, warte. Du hast recht, ich muss mir auch einen falschen Pass besorgen. Aber wir hatten doch ausgemacht, so lange wie möglich für die Kinder hierzubleiben?« Ich werfe das Kerngehäuse treffsicher in den Abfalleimer.

Sieny seufzt. »Es kann jeden Moment etwas passieren, darauf musst du vorbereitet sein.«

Wieso redet sie jetzt von »du« und nicht von »wir«? Noch bevor ich nachhaken kann, ist sie mit ihrer Tasse Kaffee zur Tür hinaus.

Ich bin verwirrt. Wir wollten doch gemeinsam untertauchen? Ich betrachte die Gutscheine in meiner Hand. Ist das eine Art Entschädigungszahlung?

Am Nachmittag mache ich mich mit Sieny wie üblich auf den Weg zur Schouwburg. Ich bin immer noch sauer wegen dem, was heute Vormittag zwischen uns vorgefallen ist, habe aber beschlossen, mir nichts anmerken zu lassen. Wenn sie sich nicht an ihr früheres Versprechen halten will, muss sie das selber wissen. Meinen Segen hat sie. Nur braucht sie dann nicht zu glauben, dass ich sie weiterhin als meine beste Freundin betrachte.

Zunächst müssen wir versuchen, die Mütter zu überreden,

dann nehmen wir die Neuzugänge direkt mit auf die andere Seite. Ich bin völlig entnervt, weil nicht Zündler, sondern Klingebiel und Grünberg vor der Tür stehen. Obwohl draußen herrliches Frühlingswetter ist und hellgrüne Blätter an den Bäumen sprießen, ist es drinnen unverändert deprimierend. Dieses Gebäude kennt keine Jahreszeiten und schon gar keinen Frühling. Das Kunstlicht macht zudem sämtliche Tage zu Nächten. Während ich blinzle, damit sich meine Augen an das gelbe Lampenlicht gewöhnen können, ertönt von oben plötzlich Geschrei. Sieny und ich schauen uns an. Es ist ein äußerst qualvolles Geräusch, das selbst gefühllosen Personen die Haare zu Berge stehen und das Herz flattern lassen würde. »Was ist da los?«, fragen wir den ersten Jungen mit einem JR-Band am Arm, dem wir begegnen.

»Da wird einem eine Lektion erteilt«, erklärt er zynisch. Wieder ertönt ein schauriger Schrei.

Ich habe diese Form der Prügelstrafe schon öfter mitbekommen, aber noch nie so heftig. »Das ist doch nicht normal!«, stelle ich fest. »Wir müssen etwas unternehmen.«

»Wenn dir deine heile Haut lieb ist, halte dich da besser raus.« Er blickt auf seine Armbanduhr. »In einer Stunde wird Süskind wieder hier sein. Dann ist es meist ein bisschen ruhiger.«

Sieny hat den Auftrag, die Mutter eines neugeborenen Babys zu überzeugen, und ich soll bei Familie Polak anfragen, ob sie einstweilen ihre Tochter hergeben würden. Die Mutter ist ziemlich schnell einverstanden. Erst als sie ihre Tochter dazuholt, merke ich, dass ich etwas verwechselt habe. Offenbar gibt es noch eine Sarah Polak, denn es sollte sich um ein dreijähriges Mädchen handeln, nicht um eine vierzehnjährige Jugendliche. Kinder in diesem Alter sind offiziell zu alt, um ins Kinderhaus zu gehen, aber ich will die Mutter nicht enttäuschen. Hoffentlich fällt es niemandem auf, dass sie schon ein wenig älter ist.

Die Eltern der dreijährigen Sarah Polak, die ich danach finde, wollen ihre Tochter bei sich behalten. »Gar nicht dran zu denken, dass ich sie weggebe«, entgegnet die Mutter des Mädchens. »Wie soll ich sie beschützen, wenn sie nicht bei mir ist?« Sie ist nicht einmal dazu bereit, sie bis zur Abfahrt des Deportationszugs ins Kinderhaus gehen zu lassen. »Dann müssten Sie auch mich mitnehmen«, erwidert sie feindselig. Das Kind schaut zu mir hoch, während es sich am Rock der Mutter festhält. Der Vater steht mit hochgezogenen Schultern daneben, die Hände tief in den Hosentaschen vergraben, die Augen auf die Schuhspitzen gerichtet. Ich erkläre, dass es unvernünftig ist, aber gut, wenn sie es so wollen ... Manchmal bin ich des Streitens müde.

Der Abschied von den Eltern der restlichen Kinder verläuft heute ohne allzu viel Drama. Vielleicht liegt es an den Misshandlungen, die im ganzen Gebäude zu hören sind, dass die Kinder problemloser mit uns mitgehen. Kurz bevor wir aufbrechen, tippt mir ein Mann auf die Schulter. »Sie können sie doch mitnehmen.« Es ist der Vater der kleinen Sarah. »Ich habe mit meiner Frau ausgemacht, dass sie sie zurückholen kann, wenn sie es nicht mehr aushält.«

»Das geht natürlich jederzeit.« Ich schaue ihn dankbar an. »Das ist das Beste, was Sie tun können, glauben Sie mir.«

»Ich glaube Ihnen schon, aber meine Frau ...«

Wo Zweifel ist, ist Raum, das weiß ich inzwischen. Ich lege ihm die Hand auf den Arm und beuge mich zu ihm. »Mein Herr, es wird dort nicht besser, wo Sie hingehen ... Im Gegenteil. Verstehen Sie, was ich meine? Geben Sie ihr eine Chance.«

Die Augen des Mannes flackern hin und her, während er nachdenkt und begreift, entscheidet.

»Ich ... Ich ... Tun Sie es ruhig. Holen Sie sie hier raus.«

Er wartet meine Reaktion nicht ab, sinkt in die Knie.

»Hey, Sarahlein, du darfst mit dieser Schwester mitgehen. Sie ist sehr lieb, bis du Papa und Mama wiedersiehst, ja?« Er umarmt sie und läuft dann, ohne mich noch einmal anzusehen, weg.

Ich nehme das Mädchen an die Hand. »Sarah, was magst du lieber: Puppen, Puzzle oder Autos?«

»Puzzle«, antwortet sie leise.

Mit einer Gruppe von um die zwanzig Kindern laufen wir durch die Drehtür hinaus. Sieny ist vorne an der Spitze, ich beschließe die Reihe.

»Und das hier will einfach so aufbrechen?«, spricht mich Klingebiel an, als ich als Letzte aus der Tür komme.

»Das ist ganz bestimmt in Ihrem Sinne, Offizier Klingebiel. Je schneller die kleinen Blagen weg sind, desto besser, oder?«, entgegne ich mit breitem Grinsen.

»Darf ich die Liste sehen?«

»Meine Kollegin hat die Namen notiert.« Ich winke Sieny zu, die gerade ein Baby auf dem Arm hält. »Sieny, zeig ihm doch bitte kurz, dass wir die Liste haben!«

Mit der freien Hand holt sie ein Blatt Papier aus ihrer Schürze und hält es in die Luft. Von Zündler wurde die Liste nie so genau kontrolliert, und ich gehe davon aus, dass wir auch jetzt unseren Weg einfach fortsetzen dürfen, doch Klingebiel geht auf Sieny zu und reißt ihr das Blatt aus der Hand. Sieny blickt mich mit gerunzelter Stirn an. Nein, die Liste ist nicht korrekt, das weiß auch ich.

Grünberg beugt sich ebenfalls über das Papier, und gemeinsam gehen sie die Namenreihe durch, als würde es sich um komplizierte, wissenschaftliche Formeln handeln. Ein paar Kinder fangen an zu quengeln, etwas, das uns gerade recht kommt.

Ich eile nach vorne. »Mein Herr, dürfen wir weiter?«, erkundige ich mich. »Für die Kinder ist der Abschied schon schwer genug.«

»Ein paar der Kleinen müssen ganz dringend zur Toilette«,

fügt Sieny an. Sie drückt das Baby fest an sich und wippt unruhig mit ihm auf und ab.

»Warum ist denn hier ein Name durchgestrichen?«, will Klingebiel schließlich wissen. Ich schaue mit ihm auf das Blatt und entdecke tatsächlich die Streichung eines Namens, der jetzt nicht mehr zu entziffern ist.

»Dieses Kind ist bei seiner Mutter geblieben, also habe ich es durchgestrichen, Herr Offizier«, erläutere ich.

»Das ist merkwürdig, denn es wurde sehr wohl mitgezählt«, meint Klingebiel. »Hier sind mehr Kinder, als auf der Liste stehen.« Er schlägt mit der Hand auf das Blatt, was einen unerwartet lauten Knall hervorruft.

»Wie dumm, dass wir uns geirrt haben«, entschuldige ich mich.

»Ach, dieses Kind habe ich vergessen.« Sieny deutet auf das Baby auf ihrem Arm.

Sie nennt den Namen des gerade mal ein paar Wochen alten Säuglings, den Klingebiel mit Bleistift unten auf der Liste anfügt.

»Dann können wir ja jetzt gehen«, verkünde ich energisch.

»Nein, es gibt noch ein Kind, das nicht aufgeschrieben wurde«, wendet Grünberg ein.

»Du hast recht.« Klingebiel klingt erstaunt, als ob er nicht wusste, dass sein Kollege zählen kann. Er beginnt einen Namen nach dem anderen aufzuzählen.

»Ach, jetzt weiß ich es«, rufe ich. »Dieses Mädchen geht nur mit, um uns zu helfen. Sie kommt heute Abend wieder zurück.«

»Haben Sie dafür eine Genehmigung?«, fragt Klingebiel.

Ich lache. »Eine Genehmigung, um etwas Hilfe zu erhalten? Herr Klingebiel, wissen Sie überhaupt, wie es bei uns zugeht?«

Er sieht mich mürrisch an. »Sie muss zurück! Nimm sie mit«, er wendet sich an Grünberg.

Innerhalb der Mauern unserer eigenen Festung bricht es aus Sieny heraus. »Wie können sie es wagen! Ein vierzehnjähriges Kind.«
»Dieser Grünberg ist nur ein einfacher Bauer, der von den Nazis gehirngewaschen wurde. Er hat nicht einmal das Denkvermögen eines Affen. Aber dieser Klingebiel, was für ein widerliches Scheusal.«
»Es sind die größten Trottel, die Klassenschwächlinge, die eine solche Machtposition am meisten genießen«, bemerkt Sieny. Sie betrachtet das Baby in ihren Armen. »Ich hatte die Mutter gerade so weit gekriegt ...«
»Wenn Zündler da gestanden hätte, wäre das nicht passiert.«

Für die kleine Sarah wurden die offiziellen administrativen Vorkehrungen getroffen, sodass sie nicht in den Karteikästen zu finden ist. Auch das Baby, das Sieny mitgenommen hat, existierte noch nicht auf dem Papier, weil sie noch nicht gemeldet war, als Sieny sie abholte. Aber jetzt, da Klingebiel ihren Namen auf die Liste gesetzt hat, können wir nicht mehr verhindern, dass sie offiziell registriert wird. Pimentel teilt uns mit, dass es nicht mehr rechtzeitig gelingen wird, sie von der Liste zu entfernen. Wir sind alle gedrückter Stimmung. Es ist so schon schwierig genug, die Mütter davon zu überzeugen, ihr Neugeborenes herzugeben, und wenn das dann gelingt, will man auch wirklich helfen. Unser Gemütszustand wird nicht von den Kindern bestimmt, die wir wegschmuggeln können, sondern von all den anderen, die wir in den Deportationszug steigen lassen müssen. Dann habe ich eine Idee.

Es ist nicht leicht, Pimentel zu überreden. Der Plan erscheint ihr anfangs zu verrückt, aber mit einiger Überzeugungskraft gelingt es uns. Auf die Frage, wer die riskante Aktion durchführen könnte, hebe ich die Hand. Nicht, weil ich so versessen darauf wäre, aber wenn man selber einen Vorschlag macht, darf man sich nicht wegducken, wenn nach Freiwilligen gesucht wird.

Sieny ist zu der Mutter gegangen, um ihr zu erklären, was passieren wird. »Wenn der Transport stattfindet und wir euch die Kinder bringen, wird meine Kollegin dir dein Baby übergeben. Aber erschrick nicht. Das Bündel wird kaum etwas wiegen.«

Am Abend des Transports haben wir die Puppe so eingewickelt, dass nur noch ein kleines Stück des rosa Porzellangesichts herausschaut. Wir stehen mit den Kindern im Flur bereit, und sie sind so still, dass sie an kleine Maschinen erinnern. Mit einem Mal spielen meine Nerven verrückt: Wenn sie mich erwischen, bekomme ich sofort ein S für Straflager in meinen Personalausweis, und es ist aus mit mir. Nicht daran denken. Sieny und Mirjam gehen mit den älteren Kindern voraus, und ich laufe mit dem Baby auf dem Arm und noch einem Kindergartenkind an der Hand hinterher. Obwohl ich den Transportabenden immer mit Grausen entgegensehe, wegen der Gewalt, mit der die Menschen häufig in die Lastwagen gezwungen werden, hoffe ich, dass es diesmal nicht weniger brutal zugeht, einfach wegen der Bestürzung, die dadurch hervorgerufen wird. Das macht das Chaos hoffentlich so groß, dass unsere Aktion nicht auffällt. Unglücklicherweise läuft es heute ziemlich ruhig ab. Dann ist der Moment gekommen, in dem ich den Namen des Kindes aufrufe und die Mutter die Hand hebt. Vorsichtig, wie man es bei einem echten Baby machen würde, lege ich ihr die Puppe in den Arm. Obwohl sie vorbereitet ist, hat sie große Mühe, sich nichts anmerken zu lassen, und ihr Gesicht verzerrt sich schmerzlich, als sie das Bündel überreicht bekommt. Ihr Atem stockt, gleichzeitig presst sie sich die Hand auf den Mund, um keinen Mucks herausdringen zu lassen. Sie zieht die Aufmerksamkeit einer Frau in der Nähe auf sich, die genau erkennt, dass es sich um eine Puppe handelt. Durch die Reaktion der Mutter muss die

Frau glauben, dass wir ihr das Baby ungewollt weggenommen haben. »Sag mal, was ist das ...«

»Sch!«, zische ich der Frau zu. »Das ist abgesprochen.« Ein Wachmann nähert sich. Es ist der verdammte Klingebiel.

»Drück das Baby an dich«, flüstere ich der Mutter zu. »Tröste es.«

Die Mutter legt die Puppe an ihre Brust und klopft auf ihren Rücken. Tränen laufen ihr über die Wangen.

»Gibt es hier ein Problem?«, fragt Klingebiel misstrauisch.

»Nein, alles in Ordnung«, entgegne ich. Doch offenbar spürt er, dass etwas nicht stimmt, und kommt noch ein paar Schritte näher, wobei er die Frauen prüfend mustert. Ich werfe derjenigen, die das verursacht hat, einen wütenden Blick zu. Tu was!

Da fängt sie plötzlich an zu kreischen. »Ich will nicht weg! Bitte lassen Sie mich hierbleiben!« Sie täuscht eine Panikattacke vor. Die Mutter mit der Puppe kann weiterlaufen. Erleichtert schöpfe ich Atem.

Später gratulieren mir meine Kolleginnen und auch Pimentel zu der Aktion. Ich denke nur an Sarah, das vierzehnjährige Mädchen, das ich nicht habe retten können.

Sonntag, 2. Mai 1943

Die seit vier Tagen andauernden landesweiten Streiks richten sich gegen die Anordnung, dass sich alle niederländischen Veteranen, die 1940 gekämpft haben, zum Arbeitseinsatz melden müssen. Über zweihunderttausend Unterstützer beteiligen sich mittlerweile an ihnen.

Joop ist froh, dass er ab und zu bei mir Dampf ablassen kann. Ich verstehe das gut. In der Schouwburg ist die Stimmung viel düsterer. Hier im Kinderhaus wechseln sich die Dramen zumindest noch mit Momenten der Leichtigkeit ab, in denen wir mit den Kindern lachen und tanzen. Mit den Krippen- und Kindergartenkindern habe ich verschiedene Tänze und Lieder zur Melodie von *Peter und der Wolf* einstudiert. Ich habe mit einigen Künstlern, die früher in der Schouwburg auftraten, ein Orchester zusammengestellt, darunter der Trompeter und die rothaarige Schauspielerin Silvia, die zurzeit ebenfalls im Kinderhaus arbeitet. Auch eines der Kinder ist Teil des Ensembles, Sal Kool, ein fünfzehnjähriger Jugendlicher, dem wir offiziell den Titel »ältestes Kinderhauskind« verliehen haben. Er spielt großartig Cello und erinnert mich an meinen Bruder Gerrit, allerdings in einer jüngeren Version. Die Hauptrolle, Peter, wird von einem sehr talentierten Jungen gespielt, dessen Vater bis jetzt noch über eine Freistellung verfügt und der schon eine ganze Weile bei uns ist. Harry bestand darauf, dass er den Wolf mimt. Ich habe auch Joop zu überreden versucht, eine Rolle zu übernehmen, aber er weigerte sich standhaft. Er habe viele Talente, aber nicht in der Musik, behauptete er lachend.

Doch er versprach uns, am Abend zur Vorstellung zu kommen.

Pimentel hat uns bei den Vorbereitungen keine Hindernisse in den Weg gelegt. Vielmehr hat sie uns sogar angespornt. Ihr war allerdings wichtig, dass die »illegalen« Kinder geschminkt werden, damit sie nicht zu erkennen sind, sollte jemand von gegenüber zuschauen. Diese Vorsichtsmaßnahme erwies sich als durchaus begründet, denn etwa fünf Minuten vor Beginn der Vorstellung betritt, ohne Ankündigung, eine Gruppe junger SS-Männer den Raum, darunter Grünberg, Klingebiel und Zündler. Spöttisch grinsend erkundigen sie sich, warum sie nicht zu dieser Feier eingeladen wurden. Sie sind ausgelassener Stimmung, und ich vermute, sie haben getrunken. Die Kinder hören mit ihrem Spiel auf und schauen sie ängstlich an.

»Ihr braucht keine Angst vor uns zu haben«, sagt Klingebiel schmeichelnd, aber seine Worte bleiben ohne Wirkung.

Als Moderatorin des Abends greife ich ein. »Nun, Sie haben allerdings ein ganzes Stück verpasst! Aber vielleicht könnten die Kinder den ersten Tanz ja noch einmal aufführen. Würde Ihnen das gefallen?«

»O ja, sehr«, erwidert Grünberg mit einem Lächeln, das seine viereckigen Zähne sowie die Lücken dazwischen freilegt. Wahrscheinlich hat er seine Milchzähne nie verloren.

Als die Kinder zu tanzen beginnen, kommen langsam wieder Spaß und Entspannung auf.

Nach der Vorführung klatschen die SS-Männer aus der hintersten Reihe ganz besonders laut mit. Danach müssen die Kinder zu Bett.

»Das ist doch jetzt schade«, verkündet Klingebiel mit listigem Unterton. »Wir hätten diesen Erfolg gerne mit euch gefeiert.«

Zündler nimmt Pimentel zur Seite. Die abwehrende Haltung der Direktorin sagt alles. Mit in die Hüfte gestemmten Händen

und gerecktem Kinn schüttelt sie den Kopf, aber Zündler redet weiter auf sie ein. Noch einmal schüttelt sie den Kopf. Ich bekomme ein mulmiges Gefühl im Bauch. Schließlich stimmt Pimentel irgendeiner Sache zu und geht. Sie stellt sich vor die Musikanten, die gerade dabei sind, ihre Sachen zusammenzupacken.
»Liebe Leute. Die Kinder gehen jetzt alle zu Bett«, ergreift Pimentel das Wort. »Mirjam und ich werden ihnen dabei helfen, während ihr alle noch ein wenig plaudern dürft.« Mein Blick kreuzt den von Pimentel. Ich merke, dass sie alles andere als glücklich damit ist, aber offensichtlich hat sie keine andere Wahl.

Die Gläser werden gefüllt, es wird angestoßen. »Auf *Peter und der Wolf*!« Vor allem bei den Jungs vom Rat spüre ich Anspannung. Was haben diese Moffen vor? Harry legt besitzergreifend den Arm um Sienys Schultern. Der junge Arzt, mit dem Virrie seit Kurzem zusammen ist, rückt näher an sie heran. Joop sieht mich mit durchdringendem Blick an, als wolle er sagen: Passt du auf? Das gibt mir genau den Ruck, den ich brauche, um nicht ängstlich abzuwarten, sondern die Leitung zu übernehmen. Solange die Stimmung locker bleibt, geht alles gut. Ich laufe zum Trompeter. »Spiel noch was!«
»Was denn?«, fragt er panisch. »Ich kenne nur Jazz, aber das ist verbotene Musik.«
»*Lili Marleen*«, schlägt Silvia vor, die uns gehört hat. »Sie sind verrückt danach.«
»Das Lied kenne ich auch!«, stelle ich fest.
Mit der Trompete spielt Lex die ersten Töne des Liedes, ich begleite ihn auf dem Klavier, und Sieny singt.
»*Vor der Kaserne, vor dem großen Tor/Stand eine Laterne,/ Und steht sie noch davor ...*«
Alle stimmen ein: Die SS-Männer, die Jungs vom Rat und die Mädchen. »*So woll'n wir uns da wiederseh'n, bei der Laterne woll'n wir steh'n, wie einst, Lili Marleen.*«

Ich sehe eine Flasche Genever zwischen den SS-Männern kreisen.

»Und jetzt Tanzmusik!«, ruft Grünberg, als das Lied zu Ende ist. Der Trompeter schaut mich hilflos an. Ich nicke: Mach nur. Er beginnt vorsichtig, Jazz zu spielen. Offenbar fällt ihnen gar nicht auf, dass das *entartete Musik* ist, denn sie fangen fröhlich an zu tanzen. Ich werde vom Piano weggezogen, um mitzumachen. Nicht von einem unserer Jungs, sondern von Grünberg. Breit grinsend bewegt er sein Becken hin und her, während er mich an der Hand umherschwenkt.

»Na, Sie können aber tanzen!«, lobe ich ihn, um ihn in günstiger Stimmung zu halten. »Bringen sie einem das in Deutschland bei?«

»Ja, und ob«, erwidert er. »Da bringen sie einem noch viel mehr bei.«

Ich wage es nicht, Joop, der an der Seite steht, anzusehen, und hoffe, dass das Stück bald zu Ende ist. Als die Musik endlich verstummt, versuche ich, mich so schnell wie möglich aus dem Staub zu machen. »Danke für den Tanz. Jetzt muss ich mich ein wenig ausruhen!«

»Weißt du, dass du für mich die Allerschönste von den Schwestern hier bist?«, fragt Grünberg, während er mich am Arm zu sich herzieht.

»Aber eben doch eine Jüdin, nicht wahr«, entgegne ich zynisch. »Tja, darum kann aus uns wohl nie etwas werden.« Ich befreie mich behutsam aus seinem Griff und will weggehen, aber er macht einen Schritt zur Seite und versperrt mir den Weg.

»Mir ist das nicht so wichtig.« Wieder fasst er mich an, indem er mir die Hände auf die Schultern legt. »Du bist mir schon seit ein paar Monaten aufgefallen, und du siehst zwar ein klein wenig jüdisch aus, aber du benimmst dich nicht wie eine Jüdin.«

»Nicht?«, tue ich erstaunt, während ich mein Unbehagen wegen seiner physischen Nähe zu ignorieren versuche. »Und woran erkennen Sie das?« Ich weiß, dass Joop mich von der Seite nicht aus den Augen lässt. Ich hoffe, dass er nicht irgendwelche Dummheiten macht, um mich zu beschützen.

»Nun, die Juden sind alle so *trübe*.« Er verwendet dieses deutsche Wort. »Das mag ich nicht. Du bist immer fröhlich.«

»Natürlich«, erwidere ich. »Es ist wichtig, optimistisch zu bleiben.«

»Was bedeutet ›optimistisch‹?«, erkundigt er sich.

»Das Gegenteil von ›pessimistisch‹«, erkläre ich vorsichtig, weil ich mir nicht sicher bin, ob die Frage ernst gemeint ist.

Dann fängt er wieder schallend an zu lachen. Ich schaue mich um und merke, dass ich nicht die Einzige bin, die von einem SS-Mann »entführt« zu werden droht. Silvia plaudert scheinbar angeregt mit Klingebiel, und Cilly unterhält sich mit Zündler. Zum Glück steht Harry neben Sieny. Ich erhasche kurz ihren Blick: »Musik!«, zische ich.

Grünbergs Hände gleiten langsam nach unten und berühren beinahe meine Brüste. »Du bist so wunderschön«, sagt er zu mir, wobei er ein Aufstoßen nicht unterdrücken kann und mir ins Gesicht rülpst. »Pardon. Wirklich so hübsch.«

Dann sehe ich zu meinem großen Entsetzen Joop hinter ihm auftauchen. Er tippt Grünberg auf die Schulter.

Die Musik setzt wieder ein, zum Glück in schnellerem Tempo. »Sie gestatten?« Ich versuche, ihm ein Zeichen zu machen: Tu das nicht!

»Was willst du?«, blafft ihn der SS-Mann an.

»Ich würde gerne mit dieser charmanten Dame tanzen. Natürlich nur, wenn Sie das erlauben.«

Ich halte den Atem an.

»Wir wollen sie fragen, mit wem sie lieber tanzt«, meint Grünberg und dreht sich zu mir um. »Für wen entscheidest du dich?« Er grinst höhnisch. Er weiß, dass er die Macht hat.

Mein Blick schießt zu Joop, der knapp davor ist, die Beherrschung zu verlieren. »Nun, ich will doch mal sehen, ob Sie auch in diesem Tempo tanzen können«, wende ich mich an Grünberg. »Tut mir leid, Joop.«

»Hahaha, ich wusste es!« Er fasst mich um die Mitte und macht mir noch ungestümer den Hof. »Na, du bist aber eine heiße Braut«, lacht er. Mit den Händen gleitet er zu meinen Schenkeln, wo ich sie mit wiegenden Hüften abzuschütteln versuche. Ich traue mich nicht, mich nach Joop umzusehen. Dann zieht Grünberg mich wieder an sich. »Ich glaube, ich habe mich in dich verliebt«, keucht er mir schwer atmend ins Ohr. »In dich und deinen tollen Hintern.« Er klatscht mir feste auf den Po. In den Sekunden darauf versuche ich, ihm mit drehenden Bewegungen zu entkommen, während er mir fortwährend den Rock hochziehen will und dabei schallend lacht, weil er es als lustiges Spiel betrachtet.

Bis die Musik mit einem Mal stoppt und Pimentel den Raum betritt.

»So, die Abmachung lautete, ein bisschen, und das bisschen ist jetzt zu Ende.« Sie sagt es in dem Ton, in dem sie normalerweise mit den Kindern spricht.

Grünberg protestiert. »Nein, wir machen weiter!«

Ich drehe den Kopf zu Joop. Sein Gesicht ist fleckig rot, seine Augen feurig.

»Ganz bestimmt nicht, Herr Grünberg«, entgegnet die Direktorin resolut. »Die Kinder können bei dem Lärm nicht schlafen.«

Zündler treibt seine Leute an. »Na kommt, Jungs. Schön war's.« Aber die anderen ziehen nicht mit.

»Wir sind noch lange nicht fertig!«, erklärt Grünberg, während er mich an sich zieht und mit den Händen meinen Rock hochschiebt. Joop will in Aktion treten, aber Harry hält ihn zurück.

»Meine Herren, Sie haben es gehört«, meldet sich nun auch der Trompeter zu Wort. »Die Kinder und die Damen müssen jetzt schlafen.«

»Und das bestimmst du?«, fragt Klingebiel, der sich bisher

noch nicht bemerkbar gemacht hat. Die beiden Männergruppen stehen sich nun direkt gegenüber. Ich schaue flehend zu Pimentel. Tu was!

Dann fliegt die Tür auf. »Guten Abend, alle miteinander!« In der Tür steht Süskind und hält zwei Flaschen Schnaps in die Luft. »Ich habe hier eine Bestellung!«

Grünberg lässt mich los und geht zu Süskind, um ihm eine Flasche abzunehmen.

»Ho, ho, immer mit der Ruhe.« Süskind zieht ihm die Flasche vor der Nase weg. »Dieser herrliche Cognac darf nur gegenüber genossen werden. Dort findet das eigentliche Fest statt. Nicht hier.«

»Kommt, wir gehen!«, sagt Zündler. Dann setzen sich unsere Belagerer endlich in Bewegung.

»Hattest du Angst?«, fragt Joop, als er mich kurz darauf mit einer Öllampe nach oben bringt. Ich gebe ihm keine Antwort und laufe unbeirrt weiter die Stufen hoch. Angst war nur ein Teil dessen, was ich heute Abend gespürt habe. Es ist vor allem die Scham, die mich so sprachlos macht.

Oben stellt sich Joop so vor mir auf, dass ich nicht in mein Zimmer kann. Er ergreift mein Kinn und dreht mein Gesicht in seine Richtung. Ich würde mich am liebsten in Luft auflösen, aber er zwingt mich, ihn anzusehen.

»Betty, es tut mir leid, dass ich dich nicht beschützen konnte«, sagt er.

Ich schüttle den Kopf. »Nein, das war genau richtig. Wenn du eingegriffen hättest, dann ...« Ich kann nicht weitersprechen. Joop fährt mir mit den Fingern über die Wangen und blickt auf seine nassen Fingerspitzen, als hätte er noch nie zuvor Tränen gesehen. Dann nimmt er mich in den Arm und drückt mich an sich. Mit meinem Ohr an seiner Brust kann ich sein Herz klopfen hören, gleichmäßig und schnell. »Betty, ich lasse dich nie im Stich. Das verspreche ich dir«, sagt er sanft. »Und ich wünschte, dass wir zusammen ...« Seine Worte bleiben als unerfülltes Verlangen in der Luft hängen. Ein Wunschtraum aus einer anderen Zeit, an einem anderen Ort.

»Sämtlicher Herrenbesuch raus aus dem Haus!«, höre ich Pimentel von unten rufen. »Morgen geht der Tag wieder früh los!«

In der Schouwburg scheint der Abend ziemlich aus dem Ruder gelaufen zu sein. Klingebiel, der seine Kollegen zum Feiern angestiftet hatte, hat aus der Fünten von den ganzen Ausschweifungen berichtet. Und jetzt wurden sowohl Grünberg als auch Zündler wegen *Rassenschande* in das Scheveninger Gefängnis gebracht. Klingebiel selbst hat im Zuge dieser Denunziation Karriere gemacht und ist zum Leiter der Wachmannschaft aufgestiegen.

Die Kinderpflegerin Cilly ist geschockt, als sie davon hört, dass Zündler vielleicht die Todesstrafe bekommt. Sie erzählt uns, dass er ihr dabei geholfen hat, ihre Schwester aus der Schouwburg zu holen, nachdem sie in ihrem Versteck, wo sie untergetaucht war, wieder aufgegriffen worden war.

Wir glauben, dass Zündler nicht wegen seines Umgangs mit jüdischen Frauen festgenommen wurde, sondern weil er uns half. Dass er eingesperrt ist, ist daher aus zwei Gründen eine schlechte Nachricht. Weil wir jetzt beim Wegschmuggeln der Kinder noch vorsichtiger sein müssen, da kein Wachmann mehr da ist, der uns hilft. Und weil er uns nachträglich noch verraten könnte.

Donnerstag, 6. Mai 1943

Die landesweiten Streiks wurden am 3. Mai brutal beendet. Hundertfünfundsiebzig Streikende wurden erschossen, über vierhundert Personen verletzt. Die allgemeine Haltung der Niederländer in Bezug auf die Deutschen wird immer negativer. Der Widerstand wächst und damit auch die Zahl derjenigen, die bereit sind, Untertauchende aufzunehmen.

Das Baby in Bettchen Nummer vierzehn fängt an zu jammern. »Aron Fresco«, lese ich auf der offiziellen Liste. Aron wurde am 14. März 1943 geboren, bei »Tag der Ankunft im Kinderhaus« steht das heutige Datum. Ein Säugling, der noch nicht einmal zwei Monate alt und jetzt schon festgenommen ist. »Koliken«, lese ich weiter auf dem Kärtchen, »verträgt nur Muttermilch.« Nur in Ausnahmefällen darf eine Mutter aus der Schouwburg zum Stillen ihres Babys kommen. Den Deutschen war das Hin- und Herlaufen der Mütter zu unübersichtlich geworden. Ich rufe gegenüber an, um die Mutter von Aron herzubestellen. Heute bin ich beim Transfer der neuen Kinder nicht dabei gewesen, daher habe ich die Mutter noch nicht kennengelernt. Ich beruhige den Kleinen, indem ich ihn wiegend durch das Zimmer trage und ihm dabei etwas vorsinge. Die Babys kommen mit immer niedrigerem Gewicht bei uns an. Die Unterernährung der Mütter ist nicht die einzige Ursache dafür – ein Kind würde seine Mutter sozusagen aufessen, falls das für sein Überleben nötig wäre –, es ist die Anspannung, die dazu führt, dass sie nicht genügend fette Milch produzieren.

Die Mutter des kleinen Jungen betritt mit vor Ermüdung fahlem Gesicht die Babyabteilung. Der SS-Mann, der sie gebracht hat, nickt mir kurz zu und geht wieder. Ich kenne ihn nicht, möglicherweise ein Ersatz für Zündler oder Grünberg. Ich nehme sie mit in die Küche, erkläre ihr, dass sie hier in Ruhe sitzen kann, und frage, ob sie etwas trinken möchte. Eine Tasse Tee wäre gut, meint sie. Während sie ihrem Sohn die Brust gibt, koche ich Wasser für den Tee.

»Verrückter Gedanke«, fängt sie aus dem Nichts an zu sprechen, »dass meine älteren Kinder auch hier sind, ich aber nicht zu ihnen darf.«

»Sie haben noch weitere Kinder?«

»Zwei, eine siebenjährige Tochter und einen vierjährigen Sohn.«

»Drei Kinder, da ist bestimmt einiges los«, versuche ich, die Atmosphäre aufzulockern.

Aber die Mutter lässt sich nicht ablenken. »Wo schlafen sie?«

»Ihre Älteste schläft oben, und wahrscheinlich liegt Ihr Jüngster unten im Hinterzimmer. Da sind die Krippen- und Kindergartenkinder.«

Ihre Miene verdüstert sich. »Sie wurden also auch noch voneinander getrennt.«

Dieser Bemerkung ist berechtigt. Pimentel ist der Ansicht, dass wir die Aufteilung zwischen kleinen und größeren Kindern aufrechterhalten müssen, auch wenn es Geschwister sind. Sie findet, dass Kinder besser von Altersgenossen umgeben sind, als dass sich Geschwister aneinander festklammern.

»Wir machen mit ihnen verschiedene Spiele auf ihrem jeweiligen Niveau. In den ersten Tagen fällt es ihnen vielleicht noch ein wenig schwer, aber nach etwa zwei Tagen finden sie es richtig schön, mit Kindern ihres Alters zusammen zu sein. Als ob es eine Art Urlaub wäre.« Ich muss an das Mädchen denken, das wir hier einmal hatten, dem die Mutter erzählt hatte, dass es in ein Ferienlager ginge. So kann man es als

Kind auch betrachten. Wie es dem Mädchen jetzt wohl geht? Bei welcher Familie sie wohl untergekommen ist? Was bedeutet es eigentlich für Kinder, unterzutauchen? Dass sie in die Familie integriert werden und genau wie andere Kinder die Schule besuchen oder dass sie in ein Zimmer gesteckt werden, das sie nicht verlassen dürfen? Ich höre die wildesten Geschichten über das Untertauchen und frage mich, ob ich das aushalten würde, Monate, vielleicht sogar Jahre eingesperrt zu sein, nicht nach draußen zu dürfen.

Ich stelle eine Tasse Tee und ein Glas Wasser vor ihr auf den Tisch. »Bitte schön, viel trinken ist wichtig. Möchten Sie auch etwas essen?«

Sie schüttelt den Kopf. Die Frau macht einen erschütterten Eindruck.

»Sind Sie mit der ganzen Familie hier?« Sie scheint mich nicht zu verstehen. »Ich meine, ob Ihr Mann auch gegenüber ist.«

»Mein Mann wurde schon früher aufgegriffen«, antwortet sie leise. »Wir kommen aus Deventer, wo mein Mann mit seinem Bruder ein Ledergeschäft geführt hat. Aber, nun ja, das wurde uns natürlich weggenommen.«

»Ich kenne das. Meine Eltern hatten einen Textilladen.«

Sie zieht die Schultern hoch. »Es war mal ein gut laufendes Geschäft, aber nach dem Tod meines Schwiegervaters, der vor zwei Jahren einen Herzinfarkt hatte, ist unser Leben langsam auseinandergebrochen.«

Ich setze mich zu ihr und höre mir ihre Geschichte an, die auffallend viele Übereinstimmungen mit meiner zeigt. Ihren Laden bekam ein Verwalter, und ihr Mann musste untertauchen. Nachdem ihr Mann sie und die Kinder ein Mal heimlich besucht hat, wurde er auf dem Weg zurück in sein Versteck festgenommen und deportiert. Danach hat sie nichts mehr von ihm gehört. Hochschwanger flüchtete sie nach Amsterdam, wo ihre Tante wohnt, aber heute Morgen klingelten niederländische Freiwillige der Kolonne Henneicke bei ihr, die für jeden

Juden, den sie bei der Schouwburg abliefern, eine Prämie von sieben Gulden fünfzig einstreichen. Ich hatte früher schon mal von dem sogenannten Kopfgeld gehört, das diejenigen bekommen, die Juden melden, die irgendwo untergetaucht sind. Die Deutschen wissen, dass viele Holländer es in diesen Zeiten nicht so dicke haben, und das machen sie sich ganz bewusst zunutze: Ihr helft uns, und wir helfen euch.

Danach kommt die Mutter, Klara heißt sie, jede Nacht ins Kinderhaus, um ihren kleinen Sohn Aron zu stillen. Wir unterhalten uns, als würden wir uns schon Jahre kennen. Sie meint, sie wäre jedenfalls froh, zwei Söhne zu haben, sodass ihr Mann in ihnen weiterleben kann. Das heißt, wenn sie den Krieg überleben. Meist gebe ich wenig von mir preis, aber bei Klara rede ich wie ein Wasserfall über meine Familie. Es scheint, als würden wir unsere Familiengeschichten miteinander teilen, um uns selbst zu überzeugen, dass es sie gegeben hat. Um sie nicht in bloßen Gedanken verloren gehen zu lassen, sondern um sie in Worte zu fassen. In Worte, die Sätze bilden. Sätze, die Geschichten erzählen.

Zwischendurch hilft sie mir dabei, die anderen Babys zu wickeln, Fläschchen mit Milch vorzubereiten und den Babys auf den Rücken zu klopfen, damit sie ihr Bäuerchen machen. Ich lasse sie – entgegen den Regeln – zu den Betten ihrer Tochter und ihres Sohnes, von wo sie stets mit roten Augen zurückkommt und sich mit einer Umarmung bedankt. Wir verstehen es, unsere an sich wenigen Minuten bis zu einer, anderthalb, manchmal sogar zwei Stunden auszudehnen. Bis der Wachmann beschließt, dass es genug ist, und sie holen kommt.

Eines Abends unterbreite ich Klara vorsichtig die Möglichkeit, ihr Baby irgendwo im Land unterzubringen. Sie antwortet entschlossen: »Alle drei meiner Kinder oder keines!« Erst jetzt fällt mir auf, wie müde sie aussieht. Sie hat dunkle Ringe unter den Augen, die Wangen sind eingefallen, die Haare haben sich strähnig aus dem Dutt gelöst.

»Wir könnten unter Umständen auch deinen anderen Sohn von der Liste entfernen, aber alle drei, das ist so gut wie unmöglich.«

»Warum? Warum seid ihr durchaus in der Lage, eines meiner Kinder herauszuschaffen, aber nicht auch die anderen beiden?«

Wir dürfen nichts darüber preisgeben, wie das Schmuggelsystem funktioniert, sofern wir selbst überhaupt darüber Bescheid wissen. »Das kann ich dir nicht sagen, tut mir leid.«

»Dann nicht. Es sind Kinder, keine Schachfiguren, die ich auf dem Brett anders aufstelle, um ihre Chancen zu erhöhen. Sie schaffen es zusammen, oder sie gehen zusammen unter.«

Jetzt, da wir konkret über die bevorstehende Deportation gesprochen haben, über die Möglichkeit oder Unmöglichkeit, unterzutauchen, ist unsere Stimmung pessimistischer als all die Nächte zuvor. Es scheint, als hätte ich sie mit meiner Frage in die Realität zurückbefördert.

Noch bevor der SS-Mann sie holt, fragt sie, ob sie zurückgehen darf. Sie küsst ihren schlafenden Sohn auf die Stirn und sieht mich bis zu ihrem Aufbruch nicht mehr an. Ich fühle mich schuldig. Hätte ich nicht davon anfangen sollen?

Verbissen brüte ich über einem Plan, wie ich doch noch alle ihre Kinder retten kann. Vielleicht könnte ich anderen Kindern, die nicht registriert sind, die Personalausweise ihrer Kinder geben und sie an ihrer statt zur Deportation schicken. Waisenkinder haben immer Vorrang vor jenen, die mit ihren Eltern hier sind. Das hat Pimentel so bestimmt, ausgehend von dem Gedanken, dass wir von den Kindern, die allein hierherkommen – weil sie in ihrem Versteck aufgegriffen wurden oder selber weggelaufen sind –, bereits wissen, dass ihre Eltern sie vor der Deportation bewahren wollten. Manchmal möchten diese Kleinen jedoch lieber nach Westerbork, weil sie gehört haben, dass dort ihre Familien sind. Wenn ich von diesen jetzt zwei mit Klaras Kindern vertausche ... Baby Aron bekommen wir schon unter, das ist nicht das Problem. Die Frage ist, ob ich so etwas wirklich tun darf. Oder spiele ich dann Gott?

Ich erschrecke, als an das Fenster geklopft wird. Ist Klara zurückgekommen? Vor der Tür seht ein kleiner, untersetzter Mann in Polizeiuniform. Unter dem Arm trägt er eine Mappe aus Karton. Ich bin sofort in Alarmbereitschaft. Wer ist das? Was will er? Wie kann ich ihn in die Irre führen, bezaubern, umstimmen? »Guten Abend«, begrüße ich ihn heiter. »Sie arbeiten zu ziemlich später Stunde.«

»Das kann man auch von Ihnen sagen, junge Dame.« Der Agent setzt die Mütze ab und nickt mir mit recht kahlem Kopf freundlich zu. »Pos ist mein Name, darf ich eintreten?«

»Sie sind hier selbstverständlich herzlich willkommen, aber es schlafen bereits alle. Vielleicht kann ich Ihnen ja weiterhelfen?«

»Das wird nicht gehen, leider. Ich muss überprüfen, ob die Namen auf der Liste übereinstimmen mit den Kindern, die sich tatsächlich im Kinderhaus aufhalten. Mit den Unterlagen muss natürlich alles seine Ordnung haben.«

Jetzt bin ich erst richtig alarmiert. Niemand kommt hier sonst einfach nachts vorbei.

Wenn es eine Kontrolle gibt, wissen wir das im Voraus, und dann sorgen wir dafür, dass die illegalen Kinder gut versteckt sind, aber dafür ist jetzt keine Zeit mehr. Mindestens zwanzig der ungefähr neunzig Kleinen, die momentan hier sind, stehen nicht auf der Liste.

»Kommen Sie ruhig rein«, fordere ich ihn auf. »Aber ganz leise sein.« Ich gehe voraus. Nicht in die Babyabteilung, sondern in die Küche. »Erst noch eine Tasse Kaffee, bevor wir unseren Rundgang machen?«

»Ich habe schon so etwas gerochen. Lecker!« Er setzt sich auf den Stuhl, legt die Mappe auf den großen Küchentisch und die Mütze darauf. Dann knöpft er sich die Jacke auf und lehnt sich entspannt zurück.

»Es ist kein echter Kaffee, aber etwas, das dafür durchgehen könnte.«

»Kein Problem, mir schmeckt alles. Solange es warm ist.«

Ich nehme den Kessel vom Feuer, fülle heißes Wasser in eine Tasse und rühre einen Löffel Surrogat hinein. Während wir über das Wetter und den Regen der letzten Tage plaudern, zermartere ich mir das Hirn, wie ich die Sache auflöse. Ich muss um jeden Preis verhindern, dass er zu zählen beginnt. Ich könnte mich schon noch damit herausreden, dass einige Kinder gerade erst angekommen sind, das würde aber bedeuten, dass wir diese Kinder dann nicht mehr wegbekommen können.

»Das ist heute die erste trockene Nacht. Nun ja, das ist wirklich ein Segen für einen Polizisten, das kann ich Ihnen sagen.«

»Arbeiten Sie immer im Nachtdienst?«, erkundige ich mich mit gespieltem Interesse.

»Sind Sie verrückt? Also nein, das würde ich nicht durchhalten. Ich arbeite normalerweise tagsüber, ich kümmere mich um die Schlüssel.«

»Welche Schlüssel?«

»Die Hausschlüssel, wenn sie ins Arbeitslager kommen.« Offensichtlich sieht er mich nicht als eine von »ihnen«.

»Die nützen ihnen nichts mehr, denn sie müssen sowieso aus ihren Häusern raus. Vorübergehend. Ich sammle die Schlüssel ein, damit wir den Überblick behalten. Verstehen Sie?«

Ich halte mich zurück und hake nicht zynisch nach, ob er die Schlüssel sofort an die Firma Puls weitergibt, die dann alles plündert.

Stattdessen komme ich auf seine Arbeit als Polizist zu sprechen. Dass das ziemlich anstrengend sein muss in dieser Zeit.

Und dass sich seit Ausbruch des Krieges bestimmt so einiges verändert hat.

»Da sagen Sie was«, stimmt er mir zu. »Alles ist jetzt anders. Die Deutschen sind korrekte Menschen, aber so ...« Er sucht nach dem richtigen Wort.

»*Genau?*«, schlage ich vor.

Das findet er so geistreich, dass er beim Lachen die Zähne entblößt. »*Genau!* Exakt das richtige Wort! Wollen wir jetzt kurz die Listen durchgehen? Sonst kriege ich gleich eins aufs Dach.« Mühevoll erhebt er sich vom Stuhl.

Verflixt, wie kann ich ihn auf andere Gedanken bringen?

»Sind sie eigentlich streng mit Ihnen? Ich meine, wenn Sie Fehler machen oder so.«

»Das kommt darauf an«, sagt er ein wenig zögerlich, als sei er sich nicht sicher, wie offen er mit mir reden kann.

»Ach ja, auf was denn? Vielleicht kann ich noch etwas dazulernen.« Ich versuche, so locker und unbedarft wie möglich zu klingen.

Dann setzt er sich wieder, wobei er seinen Stuhl näher zu mir schiebt. »Schauen Sie, ich hatte es schnell durchblickt«, raunt er in vertraulichem Ton. »Darum bin ich noch vor dem Krieg Mitglied des NSB geworden, und das ist der Unterschied.«

»Verstehe. Schade, dass es mir nicht möglich ist, Mitglied zu werden.« Ich meine es als Witz, aber er merkt es nicht.

»Das stimmt, das stimmt«, wiederholt er sich. »Aber wenn ich Ihnen einen Rat geben darf: Seien Sie wie ein Fähnchen im Wind, und geben Sie ihnen das Gefühl, wichtig zu sein. Das hat sich für mich ausgezahlt.«

»Weitsicht ist immer gut«, entgegne ich. »Noch eine Tasse Kaffee?«

Solange ich ihn am Reden halte, wird er nichts überprüfen. Also stelle ich ihm weiterhin angeregt Fragen, lächle charmant und teile seine Entrüstung über die Tatsache, dass man für Lebensmittelmarken immer weniger bekommt. »So ist es.« Ja,

wir sitzen wohl im selben Boot. Als ein Baby zu weinen beginnt, stehe ich mit der Bemerkung auf, dass ich leider wieder an die Arbeit müsse. Er knöpft sich die Dienstjacke wieder zu und antwortet, das verstehe sich von selbst, Kinder dürfe man nie warten lassen. Darauf setzt er sich die Mütze auf und nimmt die Mappe vom Tisch. Wegen der Listen käme er ein andermal wieder. Dabei zwinkert er mir zu. Dann fordert er mich auf, mich um das weinende Kind zu kümmern, bevor alle anderen auch aufwachen.
  Als er gegangen ist, bin ich verwirrt. War dieser Mann jetzt gut, oder war er falsch?

In den folgenden Nächten schaut er häufiger auf eine Tasse Kaffee und ein Schwätzchen im Kinderhaus vorbei. Die Listen bringt er nur noch ein einziges Mal zur Sprache, woraufhin ich sie ihm mit den Worten aus der Hand nehme: »Lassen Sie mich kurz machen.« Nach einem kritischen Blick auf die Namen sage ich entschieden: »Alles korrekt. Die Deutschen haben ihre Dokumente stets in bester Ordnung, das muss man ihnen lassen.« Danach hat er nie mehr davon angefangen.
  Der Polizist Pos kommt immer gegen ein Uhr, wenn Klara ihren Sohn Aron gestillt hat und schon wieder auf der anderen Seite ist. Ich habe noch immer meine Zweifel, ob er wirklich dazu beauftragt wurde, die Listen zu überprüfen. Wahrscheinlich findet er es bei uns einfach gemütlich, und er mag den Kaffee.

Samstag, 22. Mai 1943

Gestern wurde dem Jüdischen Rat mitgeteilt, dass siebentausend Personen, welche – wie wir – für den Rat tätig sind, für die Deportation ausgewählt werden müssen.

Der redselige Polizist ist heute Nacht früher dran als sonst, sodass sein Besuch mit dem von Klara zusammenfällt. Als ihn Klara hereinkommen sieht, dreht sie sich mit der entblößten Brust beschämt von ihm weg und geht mit ihrem Kleinen in die Babyabteilung. »Ist doch traurig, so 'ne Frau ganz allein«, flüstert mir Pos vertraulich zu. Dann sieht er mich mit zusammengekniffenen Augen an, während er an den Knöpfen seiner Dienstjacke herumspielt.

»Ich möchte Ihnen einen Vorschlag machen, Betty.« Er blickt sich kurz um, um sicherzugehen, dass wirklich niemand anderer in der Küche ist. Ich mache mich auf das gefasst, was da kommen mag. »Das habe ich nie gesagt, einverstanden?«

»Was haben Sie nie gesagt?«

»Nein, ruhig jetzt, ich muss es erst noch sagen, aber dann haben Sie es nie gehört ...« Er zieht die Augenbrauen so hoch, dass seine Stirn nur noch aus einer Reihe kleiner Hautfalten zu bestehen scheint. »Abgemacht?«

»Abgemacht.«

»Ich habe mit meiner Frau darüber gesprochen. Ich sagte zu ihr: ›Sie ist ein liebes und hübsches Mädchen.‹ Und wissen Sie, was meine Frau meinte? ›Wenn sie da irgendwann wegmuss, dann kann sie bei uns untertauchen.‹«

Es wirkt, als würde er vorschlagen, dass ich dann auch mit

ihm und seiner Frau das Ehebett teile. »Nun, was meinen Sie?«, fragt er, während er mit seinen rundlichen Fingern weiter an den Knöpfen seiner Jacke herumdreht.

»Das finde ich fantastisch, Herr Pos. Sehr großzügig von Ihnen. Und von Ihrer Frau natürlich«, beeile ich mich hinzuzufügen. »Richten Sie ihr bitte meinen herzlichen Dank aus.«

»Das werde ich ganz bestimmt tun! Aber kein Wort.«

»Sch«, mache ich, den Zeigefinger auf den fest verschlossenen Lippen.

Das selbstgefällige Lächeln auf dem Gesicht des Mannes vermittelt mir den Eindruck, dass er es nicht für mich, sondern vielmehr für sich selbst tut. Damit er hinterher erzählen kann: Ich habe eine Jüdin gerettet. Sodass er seine *Neschome* bewahren kann, wie Grootje immer gesagt hat. Seine Seele. Wie auch immer sich das Blatt im Krieg noch wendet, ob die Deutschen ein Weltreich errichten oder ob sie besiegt werden, Herr Pos liegt immer richtig. Kann ich ihm das verübeln? In Zeiten wie diesen wird jeder zum Mitläufer. Ich habe eine Idee. »Ich glaube, Sie haben in Ihrem Verein durchaus etwas zu sagen.«

Er nickt stolz. »Ich habe mich hochgearbeitet, ja.«

»Angenommen, sie nehmen mich aufgrund irgendwelcher Umstände doch noch fest ... Sie wissen schon, was ich meine.«

»Natürlich.«

»Können Sie dann auch dafür sorgen, dass ich wieder freikomme?«

Er betrachtet mich, während seine Augen nervös von links nach rechts wandern. »Ich kann es versuchen. Aber ... Niemand darf davon erfahren.«

»Was erfahren? Ich habe nichts gehört«, gebe ich mich unschuldig.

»Nun, was ich gerade ... Ach, ja, haha.« Er hat es kapiert. »Sehr clever!«

»Kaffee, Herr Pos?«

»Gerne. Und nenn mich bitte bei meinem Vornamen, Bartholdus.«

Durch die Nachtdienste wache ich, häufig gegen zehn Uhr vormittags, wie gerädert auf. Meist von dem überaus hohen Lärmpegel, den die Kinder im Haus produzieren. Jetzt ist es allerdings kein Kind, sondern die Stimme eines erwachsenen Mannes, die mich weckt. »Betty, Betty!« Es ist Joop.
»Warte einen Moment!«, rufe ich durch die Tür. Ich springe aus dem Bett, ziehe mir die Lockenwickler aus dem Haar, zupfe das Nachthemd zurecht und öffne die Tür einen Spaltbreit.
»Entschuldige, hast du noch geschlafen?«, fragt Joop, während er sich höflich von mir abwendet.
»Nein, oder ja, eigentlich schon«, gebe ich zurück. »Was ist los?«
Joop wirkt unsicher.
»Möchtest du hereinkommen?«
»Ja, eigentlich schon. Wenn das für dich in Ordnung ist.«
»Sonst würde ich dich nicht fragen, oder? Herzlich willkommen«, sage ich mit großer Geste, öffne die Vorhänge, um das Morgenlicht ins Zimmer zu lassen, und kippe das Fenster zum Lüften. Es ist vielleicht merkwürdig, aber mir ist seine Anwesenheit kein bisschen unangenehm, obwohl mein Gesicht vom Schlafen noch völlig zerknautscht ist und ich nur ein dünnes Nachthemd trage.

Unschlüssig bleibt er mitten im Zimmer stehen, die Arme hängen schlaksig neben dem langen Körper, die Ärmel sind hochgekrempelt, die Tasche, in der meist ein paar Einkäufe stecken, quer über der Schulter, der Kopf gesenkt.

»Setz dich!«, fordere ich ihn auf. Ich deute auf das Bett.
Er nimmt Platz, wenn auch nur, um mir den Gefallen zu tun, wie mir scheint.
Ich schenke mir ein Glas Wasser ein. »Magst du auch einen Schluck?«
»Nein, danke. Ich muss dir etwas sagen, Betty. Etwas Schlimmes.«
»Autsch, vielleicht sollten wir jetzt alles noch mal rückwärts laufen lassen?«, frage ich lachend. »Vorhang zu, ich ins Bett,

du vor die Tür. Und anstatt zu klopfen, überlegst du es dir anders und gehst wieder nach unten«, scherze ich, während sich mein Bauch zu einer schmerzhaften Kugel anspannt. »Schieß los.«

»Dein Bruder Nol und seine Frau Jetty sind weg.«

Ich ziehe die Knie hoch und lege den Kopf auf die Arme. Das sind genau die Momente, in denen man am liebsten auf Stopp drücken und zurückspulen würde, damit etwas nicht gesagt wird und man es nicht gehört hat. Ich denke an meinen Bruder, der zeit seines Lebens stets gemacht hat, was von ihm verlangt wurde, gegessen hat, was auf den Tisch kam, und nie aus der Reihe getanzt ist oder viel Aufhebens um irgendetwas gemacht hat. Und jetzt, da sein Leben dank seiner sprühenden Ehefrau an Farbe gewonnen hat, ihr Baby in ihrem Bauch heranwächst, scheint mit einem Mal alles verloren. »Erzähl mir, was passiert ist«, bitte ich ihn, ohne aufzuschauen.

»Das weiß ich nicht genau. Ich weiß nur, dass sie auf der Liste der Deportationen nach Vught standen«, höre ich Joop sagen. »Vielleicht hat Nol sich selbst gemeldet. Ich weiß, dass sie innerhalb des Rats Leute auswählen mussten und dass sie als Erstes wissen wollten, ob es Personen gäbe, die freiwillig gehen würden – uns haben sie diese Frage auch gestellt.«

Ich verstehe immer noch nicht, wie es sein kann, dass Nol so fügsam ist. Laut Leni war er charakterlich immer schon so veranlagt, sich brav an die Regeln zu halten. Und jetzt, da Jettys Schwangerschaft schon so weit fortgeschritten ist, wollte er bestimmt erst recht nicht so viel riskieren.

Ich spüre Joops Hand auf meinem Rücken. »Alles in Ordnung? Vielleicht haben sie es dort ja gar nicht so schlecht. Wenn ich wählen müsste, würde ich es genauso machen.«

Als das Lager gerade eröffnet wurde, fürchteten sich die Leute davor, nach Vught geschickt zu werden, weil es ein Konzentrationslager ist. Aber da sich inzwischen herausgestellt hat, dass man von Vught seltener weitergeschickt wird als von Westerbork, wollen die meisten lieber nach Vught.

Ich blicke auf. »Das sollst du nicht tun.«
Er sieht mich verständnislos an. »Was meinst du?«
»Du sollst dafür sorgen, dass du weg bist, bevor du dazu gezwungen bist zu wählen.«
»Da hast du wahrscheinlich recht.« Seine dunklen Augen sind ernst.
»Können wir nicht gemeinsam weggehen?«, frage ich aus einem Impuls heraus. »Du und ich, gemeinsam in ein Flugzeug?«
Er lacht schnaubend auf. »Du bist ganz schön verrückt, weißt du das?«
»Ja, verrückt nach dir«, antworte ich schulterzuckend.
»Aber nun ja, das hat wenig Sinn.«
Joop schlägt die Augen nieder und ergreift meine Hand. »Für mich ist es auch schwierig, Betty. Das weißt du.«
Er fährt mit den Fingern über die Linien meiner Handfläche. »Wenn ich dich früher getroffen hätte, wäre vielleicht alles anders gekommen.« Seine Wimpern bilden zwei dunkle Fächer unter seinen breiten Augenbrauen. Sein gerader Nasenrücken, der die Gesichtshälften voneinander trennt, betont die perfekte Symmetrie seines Antlitzes. Darunter volle Lippen, die aufeinander ruhen. Ich beuge mich vor und berühre sanft seinen Mund mit meinem. Kurz scheint er zu erschrecken, aber dann erwidert er meinen Kuss. Noch im Kuss drückt er mich aufs Bett, streichelt meine Haare, meine Brüste. Unsere Körper scheinen einander bereits zu kennen, die Bewegungen gehen fließend ineinander über. Ich nehme sein Gesicht in die Hände. »Versprichst du mir, dass du nicht mehr weggehst?«
Joop macht sich abrupt von mir los. Kaum hörbar murmelt er so etwas wie »es geht nicht«, dann steht er auf und läuft aus dem Zimmer.

Mittwoch, 26. Mai 1943

Von den siebentausend Aufgerufenen haben sich nur fünfhundert Juden gemeldet. Deshalb erfolgt am 26. Mai eine große Razzia im Zentrum sowie in Amsterdam-Ost, wo sich auch das Kinderhaus befindet. Die meisten Personen werden nicht in die Schouwburg gesteckt, sondern direkt zum Bahnhof Muiderpoort gebracht.

Ich spreche immer seltener mit Sieny. Nicht nur weil ich nachts arbeite und sie tagsüber, sondern auch, weil sie fast ihre gesamte freie Zeit mit Harry verbringt. Es irritiert mich aus mehreren Gründen, und ich schaffe es nicht länger, mich zusammenzunehmen und den Mund zu halten. Ohne Umschweife laufe ich in ihr Zimmer und frage, ob sie immer noch vorhat, gemeinsam mit mir unterzutauchen, da ich mir ansonsten jemand anders suche.

»Herrje, Betty ... Ich habe mit Harry darüber geredet, und wir wollen es, denke ich, zusammen probieren.«

So, jetzt ist es raus. Sie sieht mich dabei ein wenig zaghaft an, aber sie haben es schon lang und breit besprochen. Natürlich weiß ich, dass es immer ernster zwischen ihnen wird und Harry hin und wieder heimlich bei ihr übernachtet, aber gleich so ernst? Ich kann es kaum verschmerzen, dass sie unsere Abmachung einfach so platzen lässt und ihn mir vorzieht. Wir wollten diesen ganzen Schlamassel doch gemeinsam durchstehen.

»Du weißt aber, dass es sehr schwierig werden wird, gemeinsam ein Versteck zu finden, oder? Wer will schon ein unzüchtiges Pärchen?«, bemerke ich. Vielleicht klingt das böse, aber es ist die Wahrheit. Und überhaupt, wie lange kennt sie ihn denn jetzt wirklich? »Du hast viel bessere Chancen, wenn du mit mir untertauchst. Ich habe keine Angst.«

Sieny ist aus dem Konzept gebracht. Ich schmiere ihr aufs Brot, dass ich immer schon viel mutiger war als sie. »Ja, ich weiß. Vielleicht sollte ich das wirklich tun.«

Sie versucht, überzeugend zu klingen, aber ich kann hören, dass sie es nicht so meint.

»Ich verstehe, dass du verliebt bist, aber wärt ihr unter anderen Umständen auch füreinander entflammt?« Ich warte ihre Antwort nicht ab und spreche weiter. »Ich meine, er kommt doch aus einem ganz anderen Milieu als du.«

»Na sag mal, Betty!«

»Ich meine es ernst, du denkst jetzt, dass das keine Rolle spielt, aber wenn der Krieg einmal vorbei ist, bist du schon an ihn gebunden.«

Sie reibt sich nervös über den Hals und blickt sich unruhig um, woraus ich schließe, dass auch sie zweifelt. Dann bemerkt sie leise: »Pimentel sagt, dass wir heiraten sollen. Harry kann eine Freistellung bekommen, sodass er länger hierbleiben kann. Wenn wir verheiratet sind, bekomme ich auch eine solche Freistellung.«

»Aber du hast doch selber schon eine Freistellung.«

»Es scheint eine spezielle Freistellung zu sein, mit besonderem Schutz.« Sie schlägt die Augen nieder.

»Also, bloß weil Frau Direktorin Pimentel – die, Herrgott noch mal, selbst noch nie einen Mann gefunden hat – es dir befiehlt, heiratest du? Ich hoffe, du hast auch noch eine eigene Meinung.«

»Ich mag Harry sehr gerne.«

»Ja, ich mag den Metzger auch sehr gerne, aber deshalb heirate ich ihn noch lange nicht«, erwidere ich böse. »Du musst es natürlich selber wissen, aber wenn ich du wäre ...«

»Wenn du ich wärst?«, erwidert sie plötzlich scharf. »Du

hast noch nie einen Freund gehabt, was weißt du schon von Jungs?«
»Schön, dass du so direkt bist.«
»Als ob du so subtil wärst«, gibt sie patzig zurück. »Du hast immer gleich eine Meinung parat, Betty. Lass mich jetzt einfach mal.«
»Prima, dann lass ich dich jetzt eben.« Ich drehe mich um und laufe aus ihrem Zimmer. Hinter mir höre ich sie rufen: »Betty, jetzt sei doch nicht so.« Aber ich bin es jetzt wirklich leid.

Natürlich weiß ich, dass ich mich wie ein Miststück benehme, aber was wird aus mir, wenn uns das Wasser bis zum Hals steht? Wo kann ich mich verstecken? Wer sind meine Gefährten in diesem Kampf? Aus purem Neid trete ich so fest gegen die Tür meines Schranks, dass ein Brett herausbricht und ich mir das Bein aufschürfe. »Verdammt!« Ich hole einen Lappen, um mir das Blut abzuwischen. Als ich den Lappen ausspüle, blicke ich in mein Gesicht. Der Spiegel über dem Waschbecken ist so blind, dass ich wie ein Schatten wirke, unscharf und bleich. Matt schaue ich auf mein Abbild, als würde ich auf jemand anders starren. Auf eines der alten Bilder, die Grootje in ihrer Schublade hatte und von denen sie behauptete, es wären unsere Vorfahren; was ich nie geglaubt habe, weil auf der Rückseite einiger Fotos völlig andere Familiennamen standen. Jetzt könnte ich eines dieser Bilder sein. Das regungslose Abbild einer Frau, die irgendwann zwischen Morgengrauen und Totenwache ein Mensch aus Fleisch und Blut gewesen ist. Jemand, der keine zwanzig Jahre lebte und nichts hinterließ. Keine Nachkommen, keine nennenswerten Geschichten von Freundschaften, keine Worte, kein Gefühl. Einzig dieses Porträt mit dem stumpfen Blick. Ich drehe den Wasserhahn auf und lasse kaltes Wasser auf meine Hände strömen. Dann spritze ich es mir ins Gesicht. Wach auf. Du lebst noch.

Klara, die Mutter von Baby Aron, steht mit ihren Kindern auf der Deportationsliste für morgen. Seit Aron Milchpulver verträgt und nicht mehr von seiner Mutter gestillt werden muss, habe ich nur noch ein einziges Mal mit ihr gesprochen. Das nächtliche Füttern und der Schlafmangel durch den Trubel in der Schouwburg haben sie erschöpft. Mittlerweile gehe sie lieber nach Westerbork, als noch länger in der »Hölle« zu bleiben, erklärte sie mir. Nun, da sie weiß, dass es nicht möglich ist, alle drei Kinder verschwinden zu lassen, hat sie nur noch die Wiedervereinigung mit ihnen im Sinn.

Ich laufe zur Schouwburg, um ihr viel Kraft zu wünschen und mich für die Stunden zu bedanken, die wir geteilt haben. Als ich sie finde, ganz allein an einen Pfeiler gelehnt dasitzend, sagt sie aus dem Nichts: »Tu es, nimm Aron ruhig mit.«

Ich hocke mich zu ihr und ergreife ihre Hände. »Klara, ich werde dafür sorgen, dass er sicher von hier wegkommt. Das verspreche ich dir. Er wird bei lieben Menschen untergebracht, bis ihr wieder zusammen seid.«

»Dazu wird es nicht kommen«, meint sie.

»Das darfst du nicht sagen, natürlich werdet ihr euch wiedersehen.«

Sie schüttelt den Kopf. »Ich bin zu lange hier, um die Ohren vor den Geschichten verschließen zu können. Ich weiß, was geschehen wird.« In ihren Augen erkenne ich denselben Blick, den ich vorhin bei mir selbst im Spiegel gesehen habe.

»Bitte gib noch nicht auf.« Ich setze mich neben sie. »Du darfst nicht aufgeben. Wegen der Kinder nicht und auch nicht wegen dir. Solange wir leben, gibt es Möglichkeiten.«

»Welche Möglichkeiten, Betty? Hiernach ist es aus. Nur die Naivsten hier schaffen es, sich selbst etwas anderes weiszumachen.« Sie lässt den Blick kurz durch den Saal schweifen, wo manche Menschen halb schlafen, sich zwei Liebende innig umarmen, eine Gruppe miteinander Karten spielt und wo von der anderen Seite des Raums sogar Lachen zu vernehmen ist. Das können doch nicht allesamt Einfaltspinsel sein? Wie ist es möglich, dass sie weiteratmen, weitersprechen, sich bewegen, als wäre es ein ganz normaler Tag und nicht der Vorabend des Todes? Wenn einem doch bewusst ist, dass man nur eine sehr geringe Chance hat, das zu überleben, wieso kommt es dann nicht zu massenhaften Aufständen? Ist es wegen dieses kleinen Fünkchens Hoffnung, just derjenige zu sein, der mit heiler Haut davonkommt? Ich schaue Klara an, die wieder apathisch vor sich hinstarrt.

»Du darfst die Hoffnung nicht aufgeben, Klara, hörst du?«
Sie reagiert nicht auf meine Worte. »Wirst du gut für Aron sorgen?«

Am nächsten Tag müssen wir während des Transports auf den Trick mit der Puppe zurückgreifen, weil Pimentel Baby Aron so schnell nicht mehr von der Liste bekommt. Inzwischen ist es eine bewährte Methode, die Allerkleinsten doch noch vor der Deportation zu bewahren. Aber es scheint im Kinderhaus keine einzige Puppe mehr zu geben. Wie können wir vortäuschen, ein Baby zu bringen, wenn wir nicht einmal mehr eine Puppe haben? Die Direktorin meint, ich solle kreativ sein bei der Suche nach einer Lösung und dass ich ansonsten doch das Baby mitschicken muss. Keinesfalls dürfe unsere gesamte Operation wegen eines einzigen Kindes auffliegen.

Meine Erleichterung ist groß, als ich doch noch ein Exemplar auf der Fensterbank des Spielzimmers entdecke. In dem Moment, da ich nach der Puppe mit dem lebensechten Gesicht greife und mit ihr weggehe, ist es, als heulte eine Sirene los. Ein Mädchen sieht ihren größten Schatz vor ihren eigenen Augen verschwinden und ist untröstlich. Ich bringe es nicht übers Herz, dem Kind den vielleicht einzigen Halt wegzunehmen. Ich gebe ihr die Puppe zurück und beschließe, eine zu basteln. Aus alten Kleidern forme ich ein Bündel, stopfe ein paar Steine hinein und packe es ein. Für den Kopf verwende ich ein glattes Stück Laken, das ich erst noch in Tee tauche, um eine Art Hautfarbe zu kreieren, und zeichne dann ein Ge-

sicht darauf. Zum Schluss befestige ich zuoberst eine kleine, gestrickte Mütze und drapiere ein Babydeckchen drumherum. Als ich Klara das vermeintliche Baby überreiche, erschrickt sie, obwohl ich sie gewarnt hatte. Mit ihren beiden anderen Kindern neben sich tut sie ihr Bestes, um Haltung zu bewahren.
»Was ist denn das?«, fragt das ältere der beiden. Worauf die Mutter ihre Tochter streng ansieht und erklärt: »Das siehst du doch, das ist dein kleiner Bruder.« Darauf drückt sie das Pseudobaby besänftigend an sich. Bevor sie mit ihren Kindern im Lastwagen verschwindet, schaut sie sich noch ein Mal zu mir um und nickt mir zu.

Mittwoch, 2. Juni 1943

Gestern wurden dreitausendsechs Juden von Westerbork in das Konzentrationslager Sobibor in Polen gebracht; das ist der bisher größte Deportationszug. Anfangs fuhren die meisten Züge ins polnische Auschwitz, aber mittlerweile rollen die Viehwaggons mit Juden auch nach Sobibor und nach Theresienstadt in der Tschechoslowakei.

Endlich habe ich meinen gefälschten Personalausweis bekommen. Mein Deckname ist Elisabeth Petri. Das klingt auf jeden Fall nicht jüdisch. Er ist eine perfekte Kopie, nur dass darauf kein großes J prangt. Als meine Schwester Leni hört, dass ich ihn mit dem Schmuck von Grootje bezahlt habe, wird sie fuchsteufelswild. Sie wirft mir vor, dass ich mich viel früher darum hätte kümmern müssen; sie hat ihren gefälschten Pass für lediglich ein paar Hunderter gekauft. Grootjes Schmuck war laut Leni mindestens zehntausend Gulden wert.

Ich zucke mit den Schultern. »Was haben die Erbstücke noch für einen Wert, wenn wir alle tot sind?«, frage ich sie. »Ich hänge an nichts.«

Ich bin in der Schouwburg, vorgeblich um bei Doktor de Vries Robles Medikamente für die Kinder zu holen. Ich weiß allerdings, dass es keineswegs Lebertran oder Hustensaft, sondern Schlafmittel sind, die wir den Kleinen, kurz bevor sie abgeholt werden, in die Flasche träufeln. Damit schlafen sie länger als mit einem Schuss Branntwein.

Als ich aus dem Krankensaal gehen will, sehe ich linker

Hand Leo in seinem Arztkittel stehen. Ich habe keine Lust auf eine Begegnung mit ihm und biege sogleich rechts in Richtung Ausgang ab, aber Leo hat mich schon entdeckt.

»Hallo, Betty!«, höre ich hinter mir. »Betty!«

Ich muss den kindischen Drang wegzurennen unterdrücken. Mit einem gezwungenen Lächeln drehe ich mich um. »Hallo, Leo, was für ein Zufall!«

»Eigentlich nicht, denn ich arbeite die Hälfte der Zeit hier«, gibt er mit spöttischem Grinsen zurück. Sein hübsches Äußeres führt mich bei jedem spontanen Aufeinandertreffen erneut in die Irre. Wie ein griechischer Adonis steht er vor mir, doch mittlerweile weiß ich, wie arrogant er ist. Durchtrieben.

»Ach, das hatte ich fast schon vergessen«, gebe ich mit gespieltem Desinteresse zurück.

»Allerdings sehe ich dich hier fast gar nicht mehr.«

»Stimmt, ich habe viel zu tun.« Ich meide seinen Blick und schaue mich unruhig um.

»Und deshalb tust du so, als würdest du mich nicht sehen?«

»Das tue ich nicht!«, protestiere ich und fühle mich ertappt, während ich direkt in das hypnotisierende Blau seiner Augen starre.

»Hoho, ganz ruhig, ich ziehe dich nur auf.« Er berührt mich kurz vertrauensvoll am Arm, als wären wir gute Freunde. Dann tritt er einen Schritt zurück und betrachtet mich von Kopf bis Fuß. »Hast du abgenommen?« Ohne meine Antwort abzuwarten, fügt er bewundernd hinzu: »Steht dir gut.«

Ich spüre das Blut in meine Wangen steigen. »Das ist der einzig positive Nebeneffekt von wenig essen und viel arbeiten«, gebe ich zurück. »Ich muss wieder weiter. Schönen Tag noch!«

Eilig mache ich, dass ich wegkomme.

Für einen Moment werde ich vom grellen Sonnenlicht geblendet, sodass ich den Lastwagen nicht sehe, der von links kommt. Statt an mir vorbeizurasen, verringert er das Tempo und hält mit quietschenden Bremsen vor meiner Nase an. Der Wachmann, der mit Klingebiel vor der Tür steht, fragt, ob eine neue Ladung erwartet wird.

»Täglich. Bis keine mehr übrig sind«, versetzt Klingebiel, während er zur Rückseite des Lastwagens marschiert. »Ziel erreicht«, schreit er.

In einem Bogen laufe ich hinten vorbei und sehe, dass die Menschen auf der offenen Ladefläche einander in zwei Reihen gegenübersitzen. Klingebiel öffnet die Ladeklappe, doch niemand macht Anstalten aufzustehen.

»Hopp, aussteigen. Wir wollen hier keine Wurzeln schlagen!«, ruft Klingebiel. Ich trödle langsam weiter, etwas ist seltsam an dieser Situation. Noch immer steht keiner auf. »Seid ihr taub?!« Klingebiel schlägt mit seinem Gewehrkolben gegen das Metall und bellt noch einmal seinen Befehl. Ich will nicht länger Zeuge davon sein und beeile mich, auf die andere Straßenseite zu gelangen, wo ich sehe, wie der Direktor der Kweekschool, Herr van Hulst, gerade aus der Schule kommt. Er nimmt sein Fahrrad aus dem Ständer, klemmt seine Aktentasche hinten drauf, bereit, nach Hause zu fahren. Zu seiner Frau, die bestimmt schon das Essen fertig hat. Zu seinen Kindern, die ihm fröhlich um den Hals fallen. Dennoch weiß ich, dass Herr van Hulst tut, was er kann, um uns zu helfen.

»Schönen Abend, Herr van Hulst«, sage ich, als ich an ihm vorbeigehe. Er grüßt mich nicht zurück, sondern schaut an mir vorbei. Ich folge seinem Blick und sehe, dass die Menschen, die sich vorhin weigerten aufzustehen, unsicher auf der Ladeklappe nach vorne schlurfen. »Spring!«, wird jetzt befohlen. Ein Mann springt und klappt zusammen, sobald er den Boden berührt. Eine Frau versucht unsicher, hinunterzuklettern, aber Klingebiel befiehlt auch ihr zu springen. Erst dann begreife ich es: Sie sind alle blind. Einer nach dem anderen springen sie von der Ladeklappe in den luftleeren Raum, ohne zu erkennen, wo der Fall endet und der Boden kommt.

»Sie haben das Blindeninstitut geräumt«, bemerkt van Hulst

erschüttert. Die Schadenfreude der Deutschen ist makaber. Sie lachen jedes Mal, wenn wieder jemand fällt. »Monster sind das«, zischt van Hulst. Dann steigt er auf sein Fahrrad.

Den Blick auf den Bürgersteig gerichtet, laufe ich, so schnell ich kann, durch den Seiteneingang hinein. »Alles in Ordnung?«, erkundigt sich eine Kollegin, als sie mich sieht. »Nein, und bei dir?«, frage ich. Drinnen ertönt Kindergesang. Eine junge Kinderpflegerin ruft mit hoher Stimme: »Zum Donnerwetter, wenn du mich noch einmal erschreckst, versohle ich dir den Hintern!«, worauf ein kleiner Knirps sehr laut »Kuckuck!« ruft und quietschend vor ihr davonrennt.

Mittwoch, 9. Juni 1943

Am 6. und 7. Juni wurden sämtliche der knapp eintausenddreihundert Kinder von null bis sechzehn Jahren, die sich im Lager Vught befanden, mit mindestens einem Elternteil nach Westerbork abtransportiert, von wo aus sie sogleich nach Sobibor weitergeschickt wurden. Mit Entsetzen werden diese Fakten flüsternd von Mund zu Mund weitergegeben.

Ich habe versucht, Joop zu ignorieren, aber das habe ich nur ein paar Tage geschafft. Ich sehe ihn zu oft, und trotz allem mag ich ihn sehr. Also tun wir so, als wären wir einfach wieder Freunde.

»Wie koscher ernährst du dich?«, will Joop wissen, als er mir hilft, die Einkäufe auszupacken.

»So koscher, wie es mir gerade passt. Warum?«

»Ich habe etwas, das dir vielleicht gut schmeckt, aber nicht ganz ...«

»Her damit!«, fordere ich, noch bevor er seinen Satz beendet hat. »Was ist es?«

»Aal.«

Meine Augen weiten sich, und ich merke sofort, wie mir das Wasser im Mund zusammenläuft. »Das ist köstlich! Vater hat mal einen mitgebracht. Ich habe es Mutter nie erzählen dürfen.«

»Es gibt nicht mehr viele Fischhändler, bei denen wir noch etwas holen können, also halt auch jetzt die Klappe.«

»Meine Lippen sind versiegelt«, scherze ich und presse mit den Fingern die Lippen aufeinander.

Im Kinderhaus gibt es trotz aller Knappheit immer noch genug zu essen; kein Kind kann sagen, dass es hier Hunger leidet. Es ist nur alles so fad ... Gerstenbrei, Buchweizenbrei, Weizenbrei und was weiß ich noch für Arten von Brei. Daneben essen wir Bohnen in allen Arten und Größen, deren Namen ich nicht einmal kenne. Unsere Mahlzeiten bestehen zu neunzig Prozent aus Bohnen und Brei. Ansonsten gibt es Brot und dann und wann ein wenig Obst, Gemüse, Nüsse und Milchprodukte und nur sehr sporadisch Fleisch oder Fisch. Ob die kleinen Leckereien dann koscher sind oder nicht, ist das Letzte, worum ich mir Sorgen mache. Joop hat einen ganzen Aal für mich zurückbehalten, und dafür könnte ich ihn wirklich küssen. Unter Joops spöttischem Blick lege ich den Aal wie bei einem heiligen Ritual in eine Schale, entferne die schwarze Haut und schneide von dem langen Streifen fetten Fisch ein ganz kleines Stück ab, das ich dann mit einer Gabel aufspieße und mir in den Mund stecke. Es findet eine wahre Geschmacksexplosion statt, von salzigem, geräuchertem Fleisch, so weich, dass es sogleich an meinem Gaumen dahinschmilzt.

»Mhmm, als ob einem ein Engel auf die Zunge pisst«, schwärme ich.

Joop muss lachen. »Es ist ein Genuss, dir beim Genießen zuzuschauen.«

»Magst du auch ein Stück?«, frage ich. »Ich hoffe zwar nicht, aber wenn du darauf bestehst, bin ich bereit, dir einen Teil meines Schatzes abzugeben.«

»Ich hatte schon, danke.«

»Wann denn, eben erst?«

»Vor einer Stunde, wieso?«

Ich nähere mein Gesicht dem seinen an. »O ja, ich rieche es noch. Dann haben wir denselben Geschmack im Mund.«

»Äh, ja, kann sein«, sagt Joop.

»Darf ich mal probieren?« Ich verpasse ihm einen schnellen Kuss auf den Mund. »Ja, ist derselbe.«

Jetzt lacht er so laut, dass er sich mit bebenden Schultern nach vorne beugt.
»Was denn? So verrückt ist das doch auch wieder nicht?«
So albern wir noch ein bisschen herum, bis Sieny plötzlich in der Küche steht. »Na, ihr habt es aber lustig«, stellt sie in einem Ton fest, als wäre sie unsere Mutter. Seit unserem Streit ist zwischen uns noch immer nicht alles geklärt, aber ich habe keine Lust, als Erste mit dem Thema zu beginnen. Wenn sie so tun will, als wäre zwischen uns alles in Ordnung, mache ich fröhlich mit.
»Was ist denn so witzig?«, erkundigt sie sich.
»Ich habe ihr ...«
»Sch! Nichts sagen«, unterbreche ich Joop. »Er hat mir etwas mitgebracht. Das ist so göttlich, das musst du probieren.«
»Was denn?«, fragt Sieny heiter.
»Nein, das verraten wir dir nicht. Augen zu und Mund auf.«
Ich weiß, dass Sieny sehr wohl auf ihre Ernährung achtet und dass ihr kein nicht koscheres Stück Fleisch oder Fisch über die Lippen kommt. Ihre Eltern sind so konservativ, dass sie ihr weisgemacht haben, sie könnte von nicht koscherer Nahrung eine Bauchinfektion bekommen und dass – schlimmer noch – ihre Seele Schaden nehmen würde. Mal sehen, ob sie es merkt.
»Glaub mir, es ist köstlich.«
Joop schaut mich mit einem Blick an, der ausdrückt: Willst du das jetzt wirklich tun? Ich zwinkere ihm kurz zu und mache fröhlich weiter. »Na, dann los!« Sieny schließt die Augen, worauf ich ihr vorsichtig ein Stückchen Aal auf die ausgestreckte Zunge lege. Sie öffnet die Augen. »Mhmm, mhmm, das schmeckt speziell, aber ... köstlich. Was ist das?«
»Aal!«
Sienys Gesichtsausdruck zeigt ein herrliches Muster verschiedenster Emotionen, die sie gerade durchläuft. Zuerst ziehen sich ihre Augenbrauen zusammen, von wegen: »Habe ich das richtig gehört?« Dann bewegen sich ebendiese Augenbrauen ungläubig nach oben. Anschließend straffen sich ihre

Lippen, und die Augen werden groß vor Empörung, noch größer vor Fassungslosigkeit und schließlich vor Wut. Ihre Mundwinkel ziehen sich nach unten, sogar ihre Nase ist ein klein wenig daran beteiligt – sofern eine Nase dazu überhaupt imstande ist –, dann ruft sie aus: »Aal? Wie kannst du es wagen?!« Danach rennt sie aus der Küche. Ich kann mich nicht mehr halten.

»Das war echt gemein«, meint Joop zu mir, als ich endlich zu lachen aufhöre.

»Na und, du weißt nicht mal zur Hälfte, wie gemein sie zu mir ist.«

Er schüttelt missbilligend den Kopf. »Du bist merkwürdig, Betty.«

»Na, du bist gut!«, gebe ich zurück. »Jeden Tag mit mir flirten und trotzdem mit dieser reformierten Ziege verlobt bleiben.«

»Jetzt ist es aber mal gut, Betty!«

»Gut ist schon lange nichts mehr, Joop. Verstehst du das denn nicht? Oder willst du dich ernsthaft kastrieren lassen, wenn es dir überhaupt gelingt, sie zu heiraten. Alle Männer, die mit einer nichtjüdischen Frau verheiratet sind, müssen sich sterilisieren lassen, wenn sie nicht deportiert werden wollen, um so einer drohenden Entstehung von Halbjuden vorzubeugen. Clever, oder, diese Deutschen? Halbe Ratten sind nämlich trotzdem Ratten.«

Joop nimmt seine Jacke und will los. Ich weiß, dass ich zu weit gegangen bin. Viel zu weit, aber ich kann mich schon lange nicht mehr zurückhalten. »Lauf ruhig weg! Aber Joop, du weißt auch, dass es Lauterkeit schon lange nicht mehr gibt. Nicht in meinem Handeln und nicht in deinem.«

Er stellt sich vor mich hin, die Tasche über der Schulter, die leere Gemüsekiste vor der Brust.

»Ich muss nicht mehr hierherkommen. Wenn ich will, kann ich mich ganz leicht versetzen lassen.«

»Dann mach doch!«

»Ich denke wirklich, dass ich das mache.« Nachdem er diese Worte gesprochen hat, geht er.

»Ach, hol dich der Kuckuck!«, brülle ich ihm hinterher.

Noch bevor ich meiner Wut Herr werden kann und mein Herz wieder gleichmäßig schlägt, kommt Fräulein Pimentel in die Küche. »Betty, was du mit Sieny gemacht hast, das geht wirklich nicht!«

»Natürlich ist sie gleich zu Ihnen gelaufen«, bemerke ich zynisch.

»Ab in dein Zimmer!« Noch nie zuvor ist Pimentel mir gegenüber so heftig geworden.

»Sie sind nicht meine Mutter.« Meine entschlossen gemeinten Widerworte klingen schwach.

»Und zwar sofort!«

Ich laufe aus der Küche, renne einen Kleinen über den Haufen, sprinte die Stufen hoch, flüchte in mein Zimmer.

Erst als es Nachmittag ist und an der Zeit, die Kinder von der anderen Seite abzuholen, betritt Pimentel mein Zimmer. »Bist du zur Vernunft gekommen?«

Mein Kopf beugt sich ungewollt, und ich merke, dass mir Tränen auf die Hände tropfen. Das Zimmer füllt sich mit dem Geräusch meines Gewimmers, und ich hasse es. Der Klang meines Kummers ist unerträglich hässlich.

Ich spüre eine warme Hand auf meinem Haar. »Wir brauchen dich, Betty.« Pimentels Stimme ist sanft. »Die Kinder brauchen dich. Baby Aron, der mit jedem Tag stärker wird, dank dir.« Ich hatte Pimentel gebeten, Aron erst zu Kräften kommen zu lassen, bevor wir ihn in ein Versteck geben würden. Weil ich seine Mutter näher kennengelernt habe, fühle ich mich für ihn besonders verantwortlich.

Ich hebe das Kinn. »Stimmt das von den Kindern in Vught? Wurden sie alle abtransportiert?«

Die Direktorin sieht mich streng an und nickt dann kaum wahrnehmbar.

Joop hat sich nicht versetzen lassen, aber die frühere Vertraulichkeit scheint verschwunden. Auch der Streit mit Sieny ist noch immer nicht beigelegt. Ich habe versucht, meine Schwester Leni im Krankenhaus zu besuchen, um mit ihr zu plaudern und etwas von dem Familiengefühl zu bekommen, das ich so vermisse. Sie hatte keine Zeit für mich. Ich fühle mich einsamer denn je in diesem Chaos, in dem ich mich verfangen habe. Ich zwinge mich dazu, mich weiterhin auf meine Aufgabe zu konzentrieren, die aufgrund des hohen Drucks, den die Deutschen bei den Deportationen ausüben, immer größer wird. Die Maschinerie des Kinderschmuggels läuft auf maximaler Stufe; alle führen ihren Auftrag mit Präzision aus. Wöchentlich lassen wir zehn, zwanzig Kinder verschwinden, aber es braucht nur eine einzige Person einen Fehler zu machen, und wir sind erledigt. Die Anspannung schlägt mir auf den Magen, und mein Gedärm hat sich zu einem unentwirrbaren Knoten verschlungen. Es geht gut, solange ich in Aktion bleibe, aber wenn ich mich setze und nachdenke, stürmt zu viel auf mich ein. In den Nächten, in denen ich nicht von Babys, um die ich mich kümmern muss, abgelenkt werde, kostet es mich große Mühe, mir das Vertrauen auf ein glückliches Ende zu bewahren. Es sind die kleinen Dinge, die mich weitermachen lassen, so wie das Versprechen an Klara, dass ich ihren kleinen Sohn sicher unterbringen werde.

Montag, 21. Juni 1943

Das hohe Tempo, in dem immer mehr Kopfgeldjäger Juden fangen, führt dazu, dass die Schouwburg erneut überfüllt ist.

Es geht sehr schnell. Ich komme gerade mit Pimentels Hund vom Gassigehen zurück, als beim Kinderhaus ein Militärlastwagen vorfährt, aus dem zwei deutsche Soldaten steigen. Merkwürdig, meist halten sie vor der Tür der Schouwburg, nicht vor unserer. Ich trödle ein wenig bei dem Lastwagen herum, weil mir auffällt, dass der Fahrer, der sitzen geblieben ist, keine Uniform trägt, sondern einen Pullover in Militärgrün. Die Soldaten läuten, und fast zeitgleich wird von Pimentel geöffnet. »Wir kommen die Kinder holen«, verkündet der eine mit lauter Stimme. Ich merke sofort, dass der Mann einen holländischen Akzent hat. Die Direktorin wirft einen scheuen Blick auf die andere Seite, von wo die Wachmänner in aller Ruhe beobachten, was hier vor sich geht.

»Um welche Kinder handelt es sich?«, erkundigt sich Pimentel in formellem Ton.

Der Soldat überreicht ihr eine Liste. »Das sind die Namen.« Pimentel geht hinein, während die Männer die Ladeklappe öffnen. Fast im selben Augenblick kommt Virrie mit einer Gruppe Kinder nach draußen. Sie müssen schon bereitgestanden haben. Virrie hebt die Kinder mit einem der Männer auf die Ladefläche, während Pimentel vorgibt, die Liste zu überprüfen, und sie unterzeichnet.

Mir fällt auf, dass sich die beiden Wachmänner vor der Schouwburg besprechen, während sie in unsere Richtung schauen. Dann schlendert einer von ihnen mit dem Gewehr über der Schulter in unsere Richtung. Es ist Klingebiel. Auch die angeblichen Deutschen bemerken es und werden nervös. Der Mann mit den Papieren in der Hand rennt nach hinten, um seinem Kollegen beim Einladen der Kinder zu helfen. »Schneller«, zischt er. Ich fange einen kurzen Blick von Pimentel auf, die noch immer in der Tür steht. Auch ihr ist bewusst, dass das schiefgehen könnte. Ich muss irgendwie Zeit für sie schinden. Mit gekonntem Griff löse ich die Leine und verpasse dem Hund einen leichten Tritt. Das freche Tier geht regelmäßig auf die hohen, schwarzen Stiefel los, aber heute hat es keine Lust und bleibt ungerührt auf dem Bürgersteig stehen. »Hopphopp«, versuche ich es noch einmal, vergeblich. Die beiden letzten Kinder werden in den Laderaum gehoben, dann wird die Klappe geschlossen. Der eine Mann eilt nach vorne, um auf den Beifahrersitz zu klettern, der andere hievt sich zu den Kindern auf die Ladefläche. Der Motor wird angelassen, und die Männer heben die Hand in Richtung Pimentel, die rechts von ihnen steht. Sie tun einfach so, als würden sie den SS-Mann, der sich ihnen von links nähert, nicht bemerken. Ich beobachte, wie der bisher unbekümmert wirkende Klingebiel mit einem Mal wachsam wird. Der Lastwagen setzt sich bereits in Bewegung, doch Klingebiel ist ein kleines bisschen schneller und stellt sich davor.

»Guten Tag, darf ich erfahren, weshalb Sie hier sind?«, erkundigt er sich beim Fahrer durch das geöffnete Fenster.

Ich halte den Atem an. Wenn sie jetzt den Mund aufmachen, sind sie verloren. »Sie kommen die Kinder holen. Befehl von der Zentralstelle«, antwortet die Direktorin an ihrer statt.

Jetzt, da der Hund sein Frauchen reden hört, springt er plötzlich laut bellend auf sie zu.

»Ich habe mit denen da geredet«, erklärt Klingebiel mit erhobener Stimme, um das Gebell zu übertönen. Dann wendet er sich wieder an den Fahrer: »Wer hat euch geschickt?«

Der Chauffeur überreicht ihm die Namensliste. »Wir kommen von Sturmbannführer Lages«, antwortet er kaum hörbar.

»Was haben Sie gesagt?«

Pimentel wirft etwas auf die Straße, was Bruni sofort als Spiel auffasst. Kläffend rennt sie dem Gegenstand nach. Die Leiterin und ich fangen gleichzeitig an, den Hund zu rufen, sodass Klingebiel überhaupt nichts mehr versteht.

Nach einem kurzen »Heil!« setzt sich der Lastwagen in Bewegung und fährt weg. Klingebiel sieht dem mit Kindern voll besetzten Wagen nach. Seine Miene drückt vor allem Verwirrung aus; die Liste hält er noch in den Händen.

»Wer war das?«

»Herr Offizier, ich habe keine Ahnung«, entgegnet Pimentel, die ihren Hund wieder eingefangen hat.

Schimpfend über den Verlauf der Dinge begibt sich Klingebiel zurück auf seinen Posten.

Den ganzen Tag herrscht Jubelstimmung über die Widerstandsaktion, bei der auf einen Schlag siebzehn Kinder weggeschafft wurden. Es waren vor allem die etwas Älteren, die schon eine gewisse Zeit bei uns waren und für die es schwierig war, einen sicheren Platz zu finden. Ich hoffe, dass das jetzt geglückt ist und ich sie hier nie mehr wiedersehe. Es ist nämlich schon mehrere Male vorgekommen, dass wir ein Kind verschwinden lassen konnten und dieses dann ein paar Tage – oder mitunter auch Wochen – später wieder vor der Tür stand, weil es im Versteck erneut aufgegriffen wurde. Man könnte fast den Mut verlieren.

Die Direktorin teilt unsere Euphorie nicht. Sie ist mürrisch, weil ihre Lesebrille kaputt ist, der Gegenstand, den sie weggeworfen hatte, um Bruni auf die Straße zu locken. Sie wurde überdies mindestens eine Stunde lang von aus der Fünten verhört, der sich natürlich Bericht erstatten ließ. Selbstverständlich hat sie darauf beharrt, dass sie nichts davon wusste und ebenso erstaunt war wie alle anderen.

Um uns für den kleinen Sieg, den wir errungen haben, zu bestrafen und zu zeigen, wer hier der Boss ist, treten die Deutschen am Abend während des Abtransports besonders grob auf. Ich bin froh, als die mit Menschen beladenen Lastwagen abgefahren sind und wir wieder hineindürfen.

Sieny geht sofort ins Bett und wünscht mir eine gute Nacht. Ich finde es blöd, dass sie immer noch so distanziert tut, obwohl ich mich schon entschuldigt habe. Wie lange kann man wegen eines Stücks Aal böse sein?

Auch Mirjam, die tagsüber die Babyabteilung leitet, kündigt an, dass sie schlafen gehen will. Wir sind mittlerweile so gut aufeinander eingespielt, dass die Übergabe stets in ein paar Minuten erledigt ist. »Bett Nummer zwei wird sich bald melden und gefüttert werden müssen. Betten vier und sieben haben Probleme mit den Zähnchen; im Kühlschrank liegen Beißringe. Dann die nicht existierenden Nummern neun bis achtzehn«, fährt sie fort. Damit meint sie die Kleinen, die nicht registriert sind. »Nummer fünfzehn ist der Junge mit den Darmproblemen, für ihn steht Ziegenmilch im Kühlschrank.«

Damit ist der kleine Aron gemeint. Nachdem seine Mutter abgereist war, bekam ihm Säuglingsmilch abermals nicht mehr, aber Ziegenmilch, die verträgt er. Von allen Kindern kümmere ich mich am meisten um ihn. Manchmal fühlt es sich falsch an, dass ich ihn mehr im Auge habe als die anderen Babys. Wie bei dem Mädchen, das ebenfalls ohne Eltern hier ist und mich sofort anlächelt, wenn ich ihr auch nur einen Funken Aufmerksamkeit schenke. Aber ich muss meine Zeit nun mal einteilen. Dann wieder schreit ein größeres Kind so laut im Schlaf, dass ich es aufwecken muss, um zu verhindern, dass der ganze Saal davon wach wird.

Mirjam will gerade gehen, und ich wünsche ihr eine gute Nacht, als laut an die Tür geklopft wird. »Aufmachen!« Erschrocken sehe ich Mirjam an.

»Lenk sie ab«, zischt Mirjam mir schnell zu, während sie in den Babysaal zurückläuft.

»Wer ist da?«, rufe ich durch die geschlossene Tür.

»Hauptsturmführer aus der Fünten. Mach auf!«

Was tut er um diese Zeit hier?

»Kleinen Augenblick, ich zieh mir kurz etwas über.« So schnell ich kann, renne ich die Treppen hoch und rufe Sieny.

»Versteck die Kinder, aus der Fünten steht vor der Tür!« Hastig löse ich die Schleife hinter meinem Rücken, öffne die Tür und stehe aus der Fünten und Klingebiel gegenüber. »Entschuldigung, die Herren!«, sage ich noch etwas keuchend. »Ich kann schlecht im Nachthemd öffnen.« Aus der Fünten ignoriert mich und läuft mit Klingebiel an mir vorbei in den Flur. »Womit kann ich Ihnen dienen? Eine Tasse Kaffee für die Herren? Oder vielleicht etwas Stärkeres?« Ich muss es schaffen, sie aus der Babyabteilung wegzulotsen.

»Ist die Direktorin nicht da?«, erkundigt er sich bösartig. Pimentel war direkt nach dem Abtransport gegangen.

»Sie ist zu Hause. Soll ich sie holen?«

»Nicht nötig, ich bin mir sicher, dass du uns auch helfen kannst. Wir haben noch siebzehn freie Plätze im Zug, nicht wahr, Offizier Klingebiel?« Er wirft dem Untergebenen neben sich einen Blick zu.

»Ja, die müssen gefüllt werden«, bestätigt Klingebiel.

»Oh, aber ich weiß nicht, ob wir überhaupt noch siebzehn zusätzliche Kinder haben. So viele Waisenkinder sind hier nicht!«, beeile ich mich zu erklären. Kein Zufall, die Zahl siebzehn. Das ist pure Rache.

»Nicht? Ich denke, dass wir das besser selbst beurteilen können. Wo ist die Namensliste?«

Wenn er die offizielle Liste in die Hände bekommt, wird er sofort durchschauen, dass wir sie verschaukeln.

»Siebzehn, sagten Sie? Vielleicht haben wir vier oder fünf.«

»Die Liste!«, poltert er plötzlich knapp vor meiner Nase.

Vor Schreck springe ich rückwärts. »Es tut mir leid.« Meine

Stimme ist unsicher. »Frau Direktor Pimentel nimmt sie immer mit nach Hause. Wenn Sie wollen, kann ich ...«

»Lass mal«, erwidert er schroff. »Entweder du sorgst dafür, dass hier in zehn Minuten siebzehn Bälger bereitstehen, oder ich hole sie mir eigenhändig aus den Betten.« Wieder kommt er mir beängstigend nahe und schnaubt mir ins Gesicht. »Verstanden?!«

»Ja, ja ... Natürlich«, stottere ich.

»Was ist hier los?« Sieny kommt im Nachthemd die Treppe herunter.

»Da haben wir auch noch *das freche Weib!* Als ob mein Tag nicht schon zur Genüge verdorben wäre.«

Klingebiel lacht laut über den Witz seines Vorgesetzten.

Aus der Fünten wendet sich wieder an mich. »Zehn Minuten!« Dann stampft er aus dem Kinderhaus, gefolgt von Klingebiel, der ihm wie ein unterwürfiger Hund auf den Fuß folgt.

Wir haben hier noch sechsunddreißig Kinder, die nicht registriert sind. Welche Kinder sollen wir für die Deportation auswählen? Zehn Minuten, hat er gesagt; in zehn Minuten müssen sie bereitstehen. Das hat aus der Fünten absichtlich gemacht! Er hat gewartet, bis Pimentel weg war, und ist danach zu uns gekommen, um bis morgen Tatsachen zu schaffen, sodass Pimentel nichts tun kann, um das zu verhindern. Er weiß bestimmt auch, dass da Dinge hinter seinem Rücken ablaufen, es kann nicht anders sein! Er weiß, dass wir Kinder zurückbehalten, die nicht aufgespürt werden können und die manchmal einfach so verschwinden. Fieberhaft überlegen Mirjam, Sieny und ich. Dann läuft Mirjam über den angrenzenden Garten ins Haus *Frank* und holt Virrie. Sieny und ich gehen in die Kindergartenräume, um die Kinder aus ihren Betten zu holen, und ich bin erstaunt, dass Harry auch da ist. Ich wusste nicht, dass er heimlich bei ihr geschlafen hat. Ohne weiter darüber nachzudenken, beginne ich die Kleinen zu wecken, indem ich munter verkünde: »Jetzt darfst du doch noch mit in den Zug!« Ich wähle Kinder, die ich nicht kenne. Kinder, denen ich nicht in die Augen schaue, als ich erkläre, dass sie schnell ihre Sachen packen müssen und ihr Kuscheltier nicht vergessen sollen. Ich unterdrücke die Übelkeit im Magen, das Summen im Kopf, das Beben meiner Hände und handle. Als ich zu einem Mädchen komme, das mit großen, wachen Augen in ihrem Bett liegt, und sage, dass sie aufstehen soll, hält Sieny mich zurück. »Nein, sie nicht! Nimm besser ihn.« Sie deutet auf einen Jungen, der daneben schläft. Ein etwa vierzehnjähriges Mädchen bietet selbst an mitzugehen; sie will sich nicht länger verstecken. Ein Junge protestiert so heftig, dass wir statt seiner lieber ein braves, fügsames Mädchen auswählen. Die älteren Kinder wissen, wo sie sich in dieser Art Notsituation hinbegeben müssen, und hocken schon auf dem Dachboden. Sieny flüstert, dass sie zwei Kinder so lange im Sandkasten versteckt hat. Um die restlichen illegalen Kinder kümmert sich Harry. Er begleitet sie zum Zwischengeschoss. Mit neun Kindern kommen wir nach unten, Virrie und Mirjam haben in der Zwischenzeit fünf Babys in aus Obstkisten und Brotkörben improvisierten Reisebettchen fertig gemacht. Zu meinem Entsetzen stelle ich fest, dass Aron darunter ist. »Nehmt ein anderes Baby«, fordere ich entschieden. »Dieses kriegen sie nicht.«

»Wir haben erst dreizehn«, entgegnet Virrie, die dabei ist, die Namen der Kinder, die wir mitgeben, aufzuschreiben.

»Wir erzählen ihnen, dass es nicht mehr gibt, so ist es einfach«, entscheide ich, während ich Aron aus dem Kistchen hebe.

»Dann dürfen sie nicht in die Babyabteilung schauen, denn dort schlafen neben den offiziellen Babys auch noch drei illegale«, stellt Mirjam fest.

Mit dem kleinen Aron sind das dann vier. Wo, in Gottes Namen, verstecken wir vier Babys?

Es hämmert an der Tür. »Da sind sie schon. Lass mich mal«,

meint Virrie. Aron auf dem Arm, flüchte ich mit Mirjam in die Babyabteilung.
»Könnt ihr nicht zählen?!«, wird da geschrien. »Siebzehn hab ich gesagt! Muss ich die Scheißkinder denn selber rausholen?«
»Das sind alle Waisenkinder, da kann ich leider nichts machen«, entgegnet Virrie.
Das Adrenalin schießt mir durch den Körper. Wo kann ich ihn verstecken? Mit Händen, die derart beben, dass ich kaum noch handeln kann, ziehe ich die unterste Schublade der Kommode auf, hole eine der beiden Decken heraus, lege Aron mit einem Schnuller im Mund hinein und schiebe die Lade wieder zu. Dann schnappe ich mir noch ein winzig kleines Baby, das gerade mal ein paar Tage alt ist, und öffne den Mülleimer, der neben der Kommode steht, stopfe die Decke hinein, lege das Kindchen darauf und schließe den Deckel. Das Kind in Bettchen zwei fängt leise an zu weinen. Ich klatsche direkt neben seinen Ohren in die Hände, damit sich das Baby erschreckt, und sofort steigt die Lautstärke an. Die Tür fliegt auf. »Hier liegen doch noch genügend kleine Blagen! Los, holt die Kinder!«
Klingebiel läuft in das Zimmer, gefolgt von einem weiteren SS-Mann.
»Die Kinder sollen nächste Woche alle mit ihren Eltern deportiert werden«, wendet Mirjam ein. »Wenn Sie sie jetzt mitnehmen, werden Sie nächste Woche wieder freie Plätze im Zug haben.«
»Und wer soll die Babys alle tragen?«, füge ich hinzu. »Außer Sie wollen, dass ich auch mitkomme. Kein Problem!«, bluffe ich.
»Was sollen die klugen Sprüche, Rotznase!«
Mittlerweile sind mehrere Babys aufgewacht und schreien laut. Ich meine auch Geräusche aus der Kommode zu hören.
»Das ist auch noch ein Waisenkind«, bemerkt Mirjam und überreicht ihnen ein Baby. »Nehmen Sie es ruhig mit.«

Klingebiel nimmt ihr das Kind ab. »Dieses stinkt!«
»Dann braucht es eine frische Windel. Soll ich kurz?«
»Schluss jetzt, wir gehen!«, ruft aus der Fünten über das Babygeschrei hinweg. »Das ist das letzte Mal, dass ich mich verarschen lasse. Hört ihr, das letzte Mal!«

Durch den Vorhangspalt sehe ich zu, wie sie mit der Gruppe Kinder davongehen. Aus der Fünten voraus, seine Offiziere mit den Babys hinterher. Draußen stehen ein paar Jungs vom Rat bereit, um ihnen zu helfen. In einem von ihnen erkenne ich Joop. Mir scheint, dass er zu mir herschaut, aber er kann mich eigentlich gar nicht sehen. Die Kinder werden in den Lastwagen gehoben.

Als ich mich umdrehe, bemerke ich, dass Mirjam eine der Matratzen aus dem Bett nimmt und sich vorbeugt, um ein Mädchen herauszuheben. Sie hatte das fröhliche Kind unter der Matratze versteckt. Ich öffne den Mülleimer und hole das kleine Baby heraus. Dann ziehe ich die Schublade auf und befreie Aron.

Erst als alles wieder ruhig ist, als die übrig gebliebenen Kinder schlafen, meine Kolleginnen im Bett sind und ich meinen Nachtdienst angetreten habe, wird mir bewusst, welches Risiko wir eingegangen sind. Ich denke an die Kinder, die jetzt ängstlich im Zug sitzen, nicht wissend, wohin sie fahren und was mit ihnen passiert. Ohne eine erwachsene Person, die sie kennen und die sie begleitet und beschützt. Mein Körper bebt, als wäre mir eiskalt, dabei sind es draußen mindestens zwanzig Grad. Ein warmer Frühlingsabend. Ich muss mich zwingen, nicht wieder aufzusteigen und davonzuschweben. Ich weiß inzwischen, dass das da oben eine gefährliche Zone ist. Dort ist der Ort, wo ich meine Mutter wiedersehen kann und wo sie mir erklären wird, warum sie nicht in den Zug zurück nach Amsterdam gestiegen ist. Und ich werde es begreifen. Mir wird klar werden, warum der Mangel an Sauerstoff in der dünnen Luft dem Leben auf der Erde vorzuziehen ist. Weil mittlerweile jeder Ort besser ist als dieser hier. Ich muss mich ablenken mit Arbeit, mit Windeln wechseln, Fläschchen geben, Lieder singen, beruhigen. Denn wenn es still ist, wird mir vor meiner eigenen Tatkraft so bange, dass meine Hände eiskalt werden und sich mein Atem beschleunigt.

Montag, 28. Juni 1943

In der Utrechtse Courant *steht: »Im russischen Welikije Luki wurden mehrere von Panzerwagen unterstützte Angriffe der Bolschewisten durch massiven Beschuss oder in heftigen Gefechten Mann gegen Mann abgewehrt.«*

Am nächsten Morgen geht alles wieder seinen gewohnten Gang. Pimentel lobt mich für die Abwicklung des Dramas am vorigen Abend und fragt mich im selben Atemzug, ob ich die drei Babys, die wir gerettet haben, zum Kleidungsdepot bringen will.

Nachdem ich den Kleinen ein Fläschchen Milch mit einem Tropfen Schlafmittel darin gegeben habe, packe ich sie gut ein und lege sie auf einen Handkarren. Dann drapiere ich locker ein paar Laken über sie und laufe mit ihnen zu Nel. Falls ein SS-Mann von gegenüber, irgendein Polizist oder der Henker, der immer noch hier herumhängt – falls einer von ihnen mich aufhalten sollte ... Ich schwöre es: Ich werde ihnen die Augen auskratzen. Meine Angst ist weg, und mein Übermut ist in doppeltem Maße zurückgekehrt. Nichts und niemand kann mich noch aufhalten. Ohne Probleme gelange ich zu Nel, die die Babys kommentarlos nach hinten bringt, zuletzt Aron. Ich küsse ihn auf die Stirn und wünsche ihm eine gute Reise.

»Auf zu einem besseren Leben, lieber Junge!«

Harry stürmt ins Kinderhaus und blickt sich höchst euphorisch um. Als er mich bemerkt, fragt er nach Sieny.

»Hinten bei den Kleinen, glaub ich.«

Ohne etwas zu erwidern, läuft er ins Hinterzimmer. Keine

Ahnung, was er vorhat, aber ich habe das Gefühl, dass ich dabei sein sollte, also trabe ich ihm hinterher. Durch die geöffnete Tür werde ich Zeugin, wie Harry Sieny, die am anderen Ende des Raumes gerade ein Kind anzieht, zuruft: »Sieny, wir können heute heiraten!«

Sieny schaut sich verwundert nach ihm um. »Ist das ein Antrag? Das hatte ich mir eigentlich anders vorgestellt.«

Ich sehe nur Harrys Hinterkopf, kann mir seinen Gesichtsausdruck aber deutlich vorstellen – völlig perplex nach Sienys Reaktion.

»Äh, ja, das wollten wir doch machen?«, meint er betreten. Ich muss mir mit aller Kraft das Lachen verbeißen. Erst recht, als ich Sienys Blick erhasche, mit dem sie mir zu verstehen gibt: Das ist doch nicht zu glauben, oder?

»Auf die Knie, Harry«, helfe ich ihm.

Worauf er sofort in die Hocke geht und es gerade noch schafft, nicht umzufallen. Auf einem Knie sagt er dann feierlich: »Liebe Sieny, du bist die Frau meines Lebens, willst du mich heiraten?«

»Ja, das will ich«, antwortet Sieny. »Aber muss das jetzt sein?«

»Nein, nicht jetzt.« Er blickt auf die Uhr. »In zwei Stunden, um zwölf Uhr.«

Jetzt kann ich mich nicht mehr halten, und auch Sieny prustet los. Der Kleine, der bei Sieny auf dem Wickeltisch sitzt, hat natürlich keine Ahnung, um was es geht, aber er lacht fröhlich mit uns mit. Harry, der glaubt, dass wir uns über ihn lustig machen, sieht sich verärgert um.

Entschuldigend hebe ich die Hände. »Es tut mir leid, aber es ist einfach so lustig.«

»Aber doch auch romantisch, oder?«, versetzt Harry mit Rotterdamer Akzent.

»Sehr romantisch«, bestätigt Sieny, immer noch glucksend.

»Ich weiß nur nicht, ob ich freibekomme.«

»Das habe ich mit deiner Chefin schon geregelt«, erklärt Harry.

Ohne ein weiteres Wort zu verlieren, zieht Sieny das Kind fertig an. Harry wirft mir über die Schulter einen verlorenen Blick zu.

»Ich würde mich beeilen, ihr habt nur noch ein paar Stunden, um euch fertig zu machen«, stelle ich fest.

»Komm, geh schön spielen«, ermuntert Sieny den Kleinen, während sie ihn vom Tisch auf den Boden setzt. Dann wendet sie sich an uns. »Also gut, Harry. Wir machen es.«

»Juchhe!«, jubelt Harry. »Wir werden heiraten!«

»Willst du unsere Trauzeugin sein, Betty?«, fragt Sieny.

Entgeistert schaue ich sie an. »Ich? Ich dachte, du wärst immer noch böse auf mich.«

Sie hebt die Schultern. »Und ich dachte, dass du noch böse wärst, weil ich ...« Unvermittelt fängt sie an zu weinen. Ihr Gesicht verbirgt sie in den Händen. Harry sieht sich verständnislos nach mir um.

Ich laufe an ihm vorbei zu meiner Freundin. »Hey ... Ist alles in Ordnung?«

Sie hebt das verweinte Gesicht. »Es tut mir so leid, Betty, dass wir nicht zusammen weggehen können.«

»Ach je, Sieny, jetzt muss ich auch weinen«, entgegne ich mit erstickter Stimme. »Ich verstehe, dass du mit Harry gehen willst. Ich war nur eifersüchtig ...«

Weinend liegen wir uns in den Armen, als Harry hinter uns bemerkt: »Seht ihr das, Kinder? Das passiert, wenn sich zwei Menschen wieder vertragen. Dann weinen sie vor Freude. Schreibt euch das fest hinter die Ohren, für das nächste Mal, wenn ihr wieder mit jemandem streitet.«

»Wer hätte das je gedacht?«, meint Sieny, als sie kurz darauf vor dem Spiegel sitzt. »Dass ich in meiner Schwesterntracht heiraten würde, während der schlimmsten Phase unseres Lebens.«

»Gerade deshalb musst du froh sein«, gebe ich zurück, während ich ihr das Haar bürste. »Das beweist, dass in dieser Zeit voll des Hasses noch immer die Liebe blüht.«

»Aber ich heirate nur einmal, Betty, und ich hatte mir das immer im Kreise meiner Familie und Freunde vorgestellt, in einem wunderschönen weißen Kleid. Dass Harry mich dann in einer Kutsche abholen würde und ich ihm unter der Chuppa das Jawort geben würde.«
Ich beuge mich zu ihr und betrachte unsere Gesichter im Spiegel. »Das denken wir uns einfach dazu, Sieny.« Sie schlägt die Augen nieder. »Oder zweifelst du?«
Sie lächelt traurig. »Nicht wegen Harry«, meint sie. »Aber wegen des Zeitpunkts.«
Ich drehe mich zu ihr. »Du kannst noch Nein sagen.«
Erst jetzt blickt sie mich wieder an. »Was würdest du tun?«
»Was ist das denn jetzt für eine Frage, Sieny? Ich habe dir gerade erzählt, wie eifersüchtig ich auf euch bin ...«
»Wenn Joop dich fragen würde, würdest du dann Ja sagen?«
Ich richte mich wieder auf. »Das ist nicht fair. Du musst die Antwort in dir selbst finden, nicht bei mir. Und du weißt ebenso gut wie ich, dass Joop keine Option ist.«
»Und Leo?«
»Erst recht nicht. Süße, Harry würde Himmel und Erde in Bewegung setzen, um dich glücklich zu machen. Wie viele Frauen begegnen einem solchen Mann?«
Aber sie scheint noch immer nicht überzeugt. Was kann ich tun, um sie aus ihrer Untergangsstimmung zu befreien? »Ich sag dir was. Wenn du dich traust, Nein zu sagen, bekommst du von mir eine Torte«, provoziere ich sie.
Sie dreht sich zu mir um. »Hmm, das klingt verlockend«, meint sie spöttisch.
»Na dann, ich bin gespannt.«

Beim Kaufhaus V&D an der Weesperzijde steht auf dem Ladentisch ein kleines Schild: JUDEN KÖNNEN HIER HEIRATEN. Es ist niemand da. Nachdem wir ein paarmal auf die Tischklingel gedrückt haben, kommt ein geschniegelter Herr, der in seinem Frack wie ein Pinguin aussieht, von hinten angelaufen. »Wo ist das Brautpaar?«, erkundigt er sich bei der Gesellschaft, die vor ihm steht.

Sieny hebt die Hand. »Das sind wir.«

»Ah, klar«, schlussfolgert der Mann.

Er öffnet eine Mappe und beginnt, in wenig inspiriertem Ton die Trauformel zu lesen. Pimentel wirft mir einen Seitenblick zu und verdreht die Augen. Ich muss mich zwingen, ernst zu bleiben, vor allem als der Beamte Sieny, die offiziell Schoontje heißt, was sich vom niederländischen Wort »rein« ableitet, mehrere Male Schootje, also »Schößchen«, nennt. Kopfschüttelnd mustert die Direktorin den Mann, während sie ein paar Verwünschungen vor sich hin murmelt. Dann ist er endlich bei der Frage angelangt, um die es geht. Harry beantwortet sie sofort vollmundig mit Ja. Aber als der Beamte fragt, ob Schoontje Kattenburg Harry Cohen zu ihrem Ehemann nimmt, bleibt es still im V&D. Harry schaut beklommen zur Seite. Warum antwortet sie nicht?

Die Frage wird erneut gestellt, aber Sieny starrt immer noch schweigend vor sich hin, als hätte sie sie nicht gehört. Soll ich eingreifen?

»Was denn jetzt, Fräulein Kattenburg?« Der Beamte wird ungeduldig.

»Oh, Entschuldigung, ja ...« Sieny scheint wieder zur Besinnung zu kommen.

»Ist das Ihre Antwort?«

»Nein, Entschuldigung, aber ich will schon. Ich meine: Ja, ich will die rechtmäßige Ehefrau von Harry Cohen werden.«

Unbewusst hatte sie »Nein« und »Ja« gesagt, also komme ich nicht drumherum, eine halbe Torte zu besorgen.

»Mir ging kurz die Muffe, Sieny«, gesteht Harry hinterher. Jetzt, da alles in trockenen Tüchern ist, kann er schon darüber lachen. Wir trinken zur Feier der Trauung mit ein paar Kollegen Branntwein. Joop ist auch dabei. Nach zwei vollen Gläsern bin ich ziemlich angeheitert. Blöd, denn so habe ich noch weniger Hemmungen als sonst, und als Joop aufsteht, um zur Toilette zu gehen, kann ich mich nicht zurückhalten und folge ihm wenig später. Sobald er aus dem Männer-WC kommt, erschrecke ich ihn: »Halt!«, um dann über meinen eigenen dummen Witz loszuprusten. Joop lacht auch ein bisschen mit, was ich als Ermutigung interpretiere, woraufhin ich ihm um den Hals falle und ihn küsse. Erst nachdem er sich von mir losgemacht und eine Ausrede ersonnen hat, dass er jetzt wegmüsse, begreife ich, dass ich einen Fehler gemacht habe. Ich gehe zurück, um noch ein Glas Branntwein zu trinken. Virrie übernimmt meinen Nachtdienst, also kann ich ins Bett gehen, wann ich will. Ich stoße auf das Brautpaar an und stimme ein aktuelles Lied über die Verdunkelungsregeln an.

Wie ich in mein Bett gekommen bin, weiß ich nicht. Als ich mit schwerem Kopf aufwache, entdecke ich einen Brief, der unter meiner Tür durchgeschoben wurde. Mit ungutem Gefühl hebe ich ihn vom Boden auf. Vorsichtig setze ich mich auf den Bettrand und entfalte ihn.

Liebe Betty,
mit diesem Brief möchte ich Dir nochmals erklären, dass zwischen uns nichts werden kann. Vielleicht wäre es anders gewesen, wäre ich nicht bereits verlobt und hätten beide Elternpaare der zukünftigen Trauung nicht zugestimmt. Ich mag Dich mehr als gerne, das weißt Du, und am liebsten würde ich mit Dir befreundet bleiben. Aber wenn das zu schwierig für Dich ist, verstehe ich das, und Du brauchst mich nicht mehr zu sehen.
Alles Liebe
Joop

Sein Brief klingt, als hätte er sich nicht selbst für das reformierte Mädchen entschieden, sondern als wäre sie ihm aufgedrängt worden. Ich habe ihn im Zusammenhang mit ihr nie von »Verliebtheit« oder »Liebe« sprechen hören. Aber wenn das seine Entscheidung ist, bleibt mir nichts mehr zu tun. Wütend zerreiße ich den Brief in hundert kleine Fetzen.

Ich fühle mich so elend, dass ich Pimentel in ihrem Büro frage, ob ich heute freihaben könnte. Verstört blickt sie von der Buchhaltung auf. Sie setzt die Lesebrille ab und betrachtet mich verärgert. »Glaubst du, dass ich mich immer wohlfühle?«
Von ihrer Reaktion überrumpelt, murmle ich, dass ich nicht wisse, wie sie sich fühlt.
»Genau!« Sie erhebt sich und läuft um ihren Schreibtisch herum auf mich zu. »Es tut nämlich nichts zur Sache, wie ich mich fühle, ebenso wenig, wie es etwas zur Sache tut, wie du dich fühlst.« Sie nimmt mich am Arm und zieht mich zum Fenster. »Schau, all die Menschen da auf der anderen Seite interessiert es auch nicht, wie wir uns fühlen.«

Ich bereue längst, dass ich zu ihr gegangen bin, und kann meine Tränen kaum zurückhalten.

»Wenn du in mein Büro kommst, möchte ich, dass du zunächst genau darüber nachdenkst, was du mich fragen willst, bevor du mich von der Arbeit abhältst. Einverstanden?«
Ich nicke. »Natürlich. Es tut mir leid.«
Sie wendet sich mir zu. »Es tut mir leid, dass ich dir nichts anderes bieten kann als das hier, Betty, aber wir müssen stark bleiben. Wenn wir schwach werden und unseren Gefühlen nachgeben, werden wir verlieren. Verstehst du das?«
Ich beuge den Kopf. »Das verstehe ich, ja.«
»Ruh dich noch zwei Stündchen aus, und geh dann wieder an die Arbeit.«
Sie hat recht: Ich muss mich zusammenreißen. »Mach ich, Frau Direktorin.«
»Oh, und Betty«, fügt sie an, bevor ich zur Tür hinausgehe, »nenn mich doch Henriëtte.«

Freitag, 23. Juli 1943

Während des ersten Luftangriffs der Alliierten auf die Fokkerfabrik verfehlen die einundvierzig amerikanischen Bomber ihr Ziel und treffen ein Wohnviertel in Amsterdam-Noord. Jetzt, fast eine Woche später, liegt die Zahl der Toten bei hundertfünfundachtzig und die der Verletzten bei einhundertvier. Die Tragödien häufen sich.

Während wir die versprochene Torte verspeisten, die ich aus Buchweizen und dünnen Apfelscheiben gebacken hatte, tröstete mich Sieny. Sie meinte, dass ich Joop jetzt wirklich vergessen müsse. Ich könnte ihrer Meinung nach mindestens hundert Männer kriegen, die nicht so feige und viel netter wären. Ersteres konnte ich mir vorstellen, das Zweite nicht. Kurzum, als wüsste er Bescheid, stand Leo plötzlich wieder vor der Tür. Ob ich Lust hätte, etwas Nettes mit ihm zu unternehmen. Das Wort »nett« hatte ich seit Monaten nicht mehr gehört, und ich musste unwillkürlich lachen. Er betrachtete das als ein »Ja«. Damit war die Sache geregelt: Er würde mich in ein paar Tagen abholen kommen.

Leo nimmt mich mit in das Haus von Freunden, das einen schönen Garten im Innenhof hat, eine Art Oase, wie er meint, und mit allerhand Kunstwerken an der Wand besonders schön eingerichtet ist. Er hat recht: Sobald wir das Erdgeschoss der Wohnung in Amsterdam-Zuid betreten, ist es, als gelangten wir in eine andere Welt, wo die Eichenholzmöbel mit Sorgfalt und Liebe ausgesucht wurden und die Gemälde an der Wand von Geschmack und Bildung zeugen. Leo kocht mir Tee und zeigt mir eine Mappe mit Bildern des jüdischen Gebäudeeigentümers, eines Künstlers. Es sind Zeichnungen von Gesichtern, wunderbar detailliert ausgearbeitet, sodass in mir das Gefühl entsteht, dass ich die Porträtierten persönlich kenne. Leo sagt, dass er die Zeichnungen später sammeln will, um Bücher davon drucken zu lassen. Es überrascht mich, dass er so viel Interesse an Dingen zeigt, von denen ich sonst kaum jemanden reden höre. Während ich einen Schluck von meinem Kräutertee nehme, versuche ich herauszufinden, aus welchen Gründen es sich außerdem hier noch »anders« anfühlt. Plötzlich weiß ich es. Es ist, als wäre ich in die Zeit vor dem 10. Mai 1940 zurückversetzt. Ich werde hier nicht mit heimatlosen Kindern, Deportationen oder Krieg konfrontiert. Als wir unseren Tee getrunken haben, fragt mich Leo, ob ich Lust auf eine Partie Boule habe.

Auf dem gelben, vertrockneten Gras im hinteren Garten erklärt er mir, wie das Spiel mit den Stahlkugeln geht. Anfangs kann ich nichts daran finden – warum soll ich in solchen Zeiten alberne Spiele spielen –, aber ich bekomme tatsächlich Spaß daran, erst recht, als ich Leo besiege. Oder lässt er mich gewinnen, damit sich meine Stimmung bessert? Als wir hineingehen, um uns etwas abzukühlen, küsst er mich. Ich versuche, die Art und Weise, wie er den Mund auf meinen drückt und mit seiner Zunge eindringt, nicht damit zu vergleichen, wie es mit Joop war. Aber der Gedanke ist schon da. Mit Joop fühlte es sich so natürlich an. Bis unsere heißen Küsse aufhörten, weil sich sein Gewissen meldete.

Leo zieht mich zum Sofa. Er sieht mich nicht an, sondern ist nur auf meine Brüste fixiert. »Herrlich, herrlich, solche großen ...«

Das wäre der Moment gewesen, ihn abzuweisen. Es gelingt mir nicht.

Er küsst meine Brüste und fährt dann mit der Hand zielgerichtet an meinem Rücken nach unten.

»Oh, du ... du willst es auch, oder? Du willst mich.«
Ich weiß nicht, was ich will oder was ich fühle. Nicht viel. Tausend Gedanken schwirren mir durch den Kopf. Darüber, dass Sieny jetzt schon verheiratet ist und ich immer noch Jungfrau bin. Darüber, dass ich es »gemacht« haben will, bevor ich diesen Krieg verliere. Über meine Mutter, die mir stets eingeimpft hat, dass ich meine Blume nicht einfach so pflücken lassen solle. Über meinen Vater, der seine Töchter beschützen musste, bis eine »gute Partie« vorbeikäme. Über Japie und Kroon. Über SS-Männer, die mit jüdischen Frauen Sex haben. Über Henriëtte Pimentel, die wohl lieber Frauen als Männer mag. Über Remi und seine tiefdunklen Augen. Über alles, was verloren geht, und über den Tod. Über Grootje, die bedrängt wurde vom betrunkenen König und noch vielen anderen Männern, die sie nicht sah.
Arrête! Arrête! Arrête!
»Was sagst du?« Leos Gesicht hängt über mir. »Du hast irgendetwas gesagt.«
»Äh, ja. Ich weiß es nicht mehr.«
»Hat's dir gefallen?« Leo knöpft sich die Hose zu. »Und?«
»Ja klar.«

Leo spaziert bester Stimmung mit mir zurück, den Arm besitzergreifend um meine Schultern gelegt. Auf dem letzten Stück trennen sich unsere Wege. Er muss irgendwo hin. Wir verabschieden uns mit einem letzten Kuss. Die Magie ist dahin, falls es sie je gegeben hat. Es war nichts als eine Projektion meines Verlangens nach Liebe, immer schon.

Verwirrt und unglücklich komme ich im Kinderhaus an, wo der Hund laut bellend im Gang steht. Als ich ihn hochnehmen will, knurrt er mich böse an. »Hey, Bruni, ich bin's. Wo ist dein Frauchen?« Erst als ich es geschafft habe, den Hund zu beruhigen, merke ich es. Hier ist niemand. Kein Kind, kein Erwachsener. Niemand. Ich drücke die Tür zur Babyabteilung auf. Sämtliche Betten sind leer, aber sonst scheint alles unverändert. Auch in Pimentels Zimmer ist alles an seinem Platz. Im Hinterzimmer sind die Tische für das Abendessen gedeckt. Ich eile in den Garten, wo die Laufräder auf der Spielwiese verstreut liegen und die Förmchen im offenen Sandkasten. Eine übelkeitserregende Panik wallt in mir auf. Das kann nicht sein! Alle sind weg. Wo sind sie? Mit vor Angst starren Beinen stürme ich die Stufen hoch. Ich laufe in sämtliche Zimmer, eines nach dem anderen. Leer, alle sind leer.

Ich hyperventiliere, während ich anfange zu rufen. »Hallo, ist da jemand? Wo seid ihr?« Noch ein Stockwerk höher erreiche ich mein Zimmer, wo seit meinem Aufbruch heute Morgen nichts verschoben wurde. Genau so habe ich es zurückgelassen, als wäre die Zeit stehen geblieben. Ich erschrecke vor dem Schemen meines eigenen Spiegelbilds. Verzweifelt fange ich an, meine Sachen zusammenzuraffen. Das war's, ich muss hier weg. Erst dann höre ich jemanden meinen Namen flüstern. Zögernd trete ich hinaus auf den Flur, von wo das Geräusch kam. »Hallo?«

»Hier oben.« Zaghaft erscheint der Kopf einer jungen Kollegin über mir in der Luke zum Dachboden. »Bist du allein, Betty?«

»Ja, ich bin allein. Was ist passiert? Wo sind die anderen alle?«

Bevor ich eine Antwort erhalte, lässt die Kollegin eine Leiter herunter. Ich greife danach und ziehe kräftig an den Holzbrettern, wonach erst sie, dann eine weitere Kollegin und schließlich sechs Kinder nach unten klettern. Ihre Gesichter sind starr vor Angst.

»Was ist passiert?«, frage ich noch einmal.

»Der SD kam herein, und dann ...« Der Kollegin versagt die Stimme.

»Dann haben sie alle mitgenommen«, vervollständigt Sal, der älteste Junge im Kinderhaus. »Alle Kinder, alle Kinderpflegerinnen und Pimentel.«

»Jeden?«, frage ich ungläubig.

Die Mädchen nicken.

»Und Sieny?«, erkundige ich mich mit zugeschnürter Kehle.

»Es tut mir leid ...«, stammelt eine von ihnen weinend.

Ich höre Schritte auf dem Speicher. »Ist da noch jemand?« Dann ragen Männerbeine aus der Luke, und Harry klettert mit einem kleinen Mädchen auf dem Arm nach unten.

»Sienys Name war nicht auf der Deportationsliste«, erläutert er beherrscht. »Sie hatte durch mich die besondere Freistellung. Und Virrie musste wegen ihres Vaters natürlich auch nicht mit, aber weil diese beiden Trullas sich versteckt hatten ...«, er deutet auf die beiden jungen Kinderpflegerinnen, »... fehlten ihnen zwei Personen, und sie haben meine Frau und Virrie doch noch mitgenommen.«

War es das nun? Ist das das Ende des Kinderhauses? Und jetzt? Was passiert jetzt? Muss ich mit meinem gefälschten Ausweis flüchten, völlig allein? Oder soll ich mich einfach melden und mich zu meiner Freundin und Pimentel gesellen?

Niedergeschlagen sitzen wir im Personalraum, als Joop plötzlich im Türrahmen erscheint. »Ein Glück«, seufzt er, als er mich sieht. »Ich dachte kurz, dass du auch ...« Hinter ihm taucht Süskind auf. Der Mann mit dem ewig aufgesetzten Lächeln um den Mund blickt ernst.

»Das ist ein tieftrauriger Tag«, spricht er uns zu. »Ich tue, was in meiner Macht liegt, um sie alle zurückzuholen, aber ich weiß wirklich nicht, ob mir das gelingt.«

»Sieny hat eine besondere Freistellung!«, ruft Harry und offenbart seine Rotterdamer Kämpfernatur. »Sonst hole ich sie einfach selbst!« Nochmals wirft er den jungen Kolleginnen einen vorwurfsvollen Blick zu, die sofort wieder zu schluchzen beginnen.

Süskind setzt sich zu uns an den Tisch. »Die eine Person ist nicht mehr wert als die andere, Harry. Außerdem wussten sie nicht, dass deine Sieny und Virrie an ihrer Stelle würden gehen müssen.«

Mit geballten Fäusten steht Harry vom Tisch auf und tigert durch den Raum.

»Zumindest konnte ich dafür sorgen, dass das Kinderhaus geöffnet bleibt. Heute Nachmittag wurden schon wieder neue Kinder zur Schouwburg gebracht, daher ist aus der Fünten davon überzeugt, dass die Dependance noch nicht geschlossen werden kann.«

Es ist elf Uhr abends, als es an meiner Schlafzimmertür klopft. Ich schrecke auf; kommen sie jetzt auch noch wegen mir? Aber als ich sehe, wer da hereinkommt, springe ich sofort aus dem Bett. Es ist Sieny. Ich breite die Arme aus und drücke sie fest an mich. Ihr Körper zittert wie Espenlaub.

»Es war furchtbar«, weint sie leise. »Furchtbar.«

Mit dem Ärmel meines Nachthemds wische ich ihr die Tränen aus dem Gesicht und zwinge sie sanft, sich zu setzen.

»Ich dachte ... Ich dachte, es wäre vorbei ...«, stammelt sie. »Ich hatte mich schon damit abgefunden. Vielleicht würde ich Mutter und Vater wiedersehen. Wir lagen da auf der staubigen Erde, dicht gedrängt mit allen Kolleginnen und Kindern. Wir mussten unbedingt zusammenbleiben und durften uns nicht verlieren. Auf dem brach liegenden Gelände, gleich neben den Gleisen, lagen Hunderte, vielleicht auch Tausende Menschen, die auf die Züge warteten. Bis durchgesagt wurde, dass Frau Cohen sich melden sollte. Ich dachte, es ginge um Virrie, aber sie meinten das *freche Weib*. Ich war aufgestanden, um zum Kommandanten zu gehen, und dann erfuhr ich, dass sie mich zurück zum Kinderhaus schickten, wo ich als Direktorin angestellt werden sollte. Ich sagte, dass ich zu jung sei, um die Leitung zu übernehmen, dass ich Henriëtte Pimentels Hilfe bräuchte. Aber sie lehnten ab. Ich durfte mich nicht einmal von ihr verabschieden.«

»Henriëtte ...«, flüstere ich.

Im Kinderhaus lief alles ganz normal weiter, als wären Direktorin Henriëtte Pimentel, die leitende Kinderpflegerin Mirjam Cohen, sechzehn weitere Kinderpflegerinnen und zig Kinder nicht festgenommen und abgeführt worden. Nur Virrie Cohen kam am nächsten Morgen vom Rangiergebiet zurück, von dem die Züge abgefahren waren. Sie war älter als Sieny und zudem diplomierte Kinderpflegerin. Aus der Fünten hatte verfügt, dass sie fortan das Kinderhaus leiten sollte. Und so geschah es.

Dienstag, 28. September 1943

Es wird keine Verhandlungen des Judenrats mehr geben, sofern diese überhaupt je etwas bewirkt haben. Alle Freistellungen, die normalen, die besonderen und sogar die ganz besonderen der ranghöchsten Mitglieder, wurden jetzt für ungültig erklärt. Jeder wurde dazu aufgefordert, sich zu melden.

Man fragt sich, wo sie die Juden noch herholen, aber letzten Monat haben sie die Schouwburg weiterhin mit Menschen vollgestopft. Ihr Widerstand schien gebrochen, ihre Moral angeknackst. Wir kümmern uns weiterhin um ihre Kinder und schmuggeln sie weg, manchmal sogar dreißig pro Woche. Virrie setzt fort, was Henriëtte Pimentel so brillant aufgebaut hat. Die ganze Operation funktioniert wie eine geölte Maschine, wobei menschliche Gefühle so weit wie möglich ausgeblendet werden. »Wenn es darauf ankommt, sind dir deine Emotionen nur im Weg«, meint auch Virrie. Sie hat recht. Gefühle bringen es mit sich, dass man nachdenkt in Momenten, in denen man handeln muss, sie machen einen schwach, wenn man gerade Stärke zeigen muss, dass man weint, wenn man ein lachendes Gesicht aufsetzen muss. Das können wir nicht gebrauchen. Wäre das Ganze ein Musikstück, dann würden wir Kinderpflegerinnen für den Auftakt sorgen, die Studenten, welche mit den Kindern durch das Land reisen, die Kadenz bilden, und die Familien, die sie aufnehmen, den Schlussakkord. Das Thema bleibt immer das Gleiche, eine schöne Melodie fehlt in den meisten Fällen. Aber alles ist besser als das gewaltige Requiem, welches die Deutschen aufführen.

Der schrille Klang der Glocke hallt durch den Flur. Ich erschrecke. Nicht jetzt schon, wir sind noch nicht fertig! Beunruhigt stehe ich auf und blicke auf die schwere Haustür am Ende des Ganges. Wir wurden beauftragt, sämtliche Kinder für die Abreise fertig zu machen: Das Kinderhaus muss leer werden. Hauptsturmführer aus der Fünten hat uns höchstpersönlich informiert: »*Die verdammten Kinder*«, hatte er gesagt. »*Abtransportieren!*« Die Babys haben wir gestern schon in die Schouwburg gebracht. Die restlichen Kinder folgen heute.

»Betty, gehst du bitte kurz?«, ruft Virrie aus Pimentels Direktionszimmer.

Ich stecke den Kopf um die Ecke. »Was soll ich sagen?«

»Dass wir mehr Zeit brauchen.« Virrie schaut kaum auf von ihren Papieren; sie ist sehr damit beschäftigt, die offizielle Dokumentation stimmig zu bekommen. Wieder ertönt die Glocke.

Während ich nach Argumenten suche, um Zeit zu gewinnen, ziehe ich die schwere Tür auf. Ich staune, als kein SS-Mann vor der Tür steht, sondern eine Frau mit riesigem Busen. Das ist das Erste, was mir auffällt. Ein brauner Hut wirft einen Schatten auf ihr Gesicht. Schweißtröpfchen glänzen auf ihrer Oberlippe. Sie zerrt am Kragen ihres hochgeschlossenen Kleides und erwischt dabei auch ein dünnes Kettchen mit einem kleinen Kreuz daran.

»Kann ich Ihnen helfen?«

Nervös suchen ihre Augen nach etwas oder jemandem. »Wir können ihn nicht behalten.« Sie keucht fast bei den Worten, als wäre sie außer Atem. Dann erst fällt mein Blick auf den Picknickkorb, der neben ihren abgetretenen Stiefeln steht. Die rot karierten Bänder, mit denen der Deckel fixiert ist, tanzen fröhlich im Wind. »Das ist doch das Kinderhaus, oder?«

»Ja, aber wir schließen gerade.«

Trotz meiner klaren Botschaft scheint die Frau ihre Mission nicht aufgeben zu wollen und schiebt mit ihrem Fuß den Korb etwas weiter nach vorne. »Bitte, es ist ein unkompliziertes Baby.«

»Meine Dame, Sie müssen ihn wirklich selbst behalten. Hier ist kein Platz mehr für Kinder.« Ich sage es mit Nachdruck, in der Hoffnung, sie zu überzeugen.

»Aber wo kann ich mit ihm hin?« Ihre Stimme zittert. Und dann, während sie sich zu mir beugt, flüstert sie: »Er ist beschnitten, verstehen Sie?«

»Auch Christen lassen ihre Kinder beschneiden. Es tut mir leid, Sie werden ihn wieder mitnehmen müssen.« Ich hebe den rechteckigen Korb vom Bürgersteig hoch.

»Bitte sehr.« Ich will ihr den Korb geben, aber die Frau nimmt ihn nicht an.

»Nein, nein, es ist zu gefährlich.« Der Hut wackelt auf ihrem Kopf. »Für Sie ist es kein Risiko, Sie sind Jüdin, aber ich …« Sie beendet ihren Satz nicht. Ich spüre Ärger in mir hochwallen. »Bei mir ist es sowieso schon egal, ist es das, was Sie meinen?«

Meine Bemerkung verändert ihre Haltung. Sie stemmt die Hände in die Seite, schiebt das Kinn vor. »Ich habe dieses Kind gefüttert, als wäre es mein eigen Fleisch und Blut. Sie werden mir nicht erzählen, dass ich nicht gut zu solchen wie Ihnen gewesen bin. Aber meinem Mann ist das Risiko zu groß geworden. Mir nicht … Ich …« Für einen Moment greift ihre Hand nach dem Korb, doch bevor sie das Rohrgeflecht berührt, zieht sie sie zurück und dreht sich abrupt um.

»Warten Sie. Wie heißen Sie?«, rufe ich ihr nach.

»Das möchte ich lieber nicht sagen.«

»Und der Name des Kindes?«

»Es ist ein Kärtchen dabei mit allem, was Sie über ihn wissen müssen.«

Dann läuft sie eilig davon.

Auf der anderen Straßenseite starrt Klingebiel zu mir herüber. Lässig hänge ich mir den Korb über den Arm und gehe hinein.

Mit einem Seufzer fällt die schwere Tür zu. Jetzt, da die Geräusche von der Straße wegfallen, höre ich leises Gebrabbel aus dem improvisierten Reisebettchen. Ich haste in die leere Babyabteilung, wo noch immer der Dunst von Babypuder und vollen Windeln in der Luft hängt. Dort stelle ich den Korb auf einem der Wickeltische ab. Die leeren, weißen Bettchen um mich herum wirken wie stumme Zeugen.

Das Gejammer wird lauter. Ich fange leise an zu singen, während ich die Schlaufen löse und Tageslicht in den Korb dringen lasse. Sobald er mich sieht, beginnt er zu brüllen. Er rudert mit den Ärmchen und reißt den Mund so weit auf, dass eine Untertasse hineinpassen würde. Verflixt, das können wir nicht gebrauchen. Nicht jetzt. Mit einer Hand unter seinem weichen Haarflaum und der anderen unter seinem Hintern hebe ich ihn hoch. Der Stoff seiner Windel fühlt sich feucht an. Ich singe etwas lauter, um ihn zu übertönen. »Kommt ein Vogel geflogen, setzt sich nieder auf mein' Fuß, hat ein' Zettel im Schnabel, von der Mutter ein' Gruß.« Fest presse ich seinen angespannten kleinen Körper an die Brust, während ich sein Köpfchen sanft an meine Schulter drücke. Er schreit inzwischen so laut, dass mir die Ohren klingen. Stur singe ich weiter.

Ich verlagere das Gewicht von einem auf das andere Bein und wiege unseren kleinen Neuzugang. »Ganz ruhig, sch ...« Seine Muskeln erschlaffen, und mit Knopfaugen sieht er mich fragend an, als wolle er sagen: Wer bist du denn eigentlich?

»So ist's gut, mein Kleiner, so ist's gut.« Ich halte ihm den kleinen Finger hin, woran er sofort kräftig zu saugen beginnt.

Das Geräusch zielgerichteter Schritte auf dem Gang schwillt an. Die Tür fliegt auf. »Wer war an der ...« Virrie vollendet den Satz nicht, als sie mich mit dem Kleinen sieht. Die Schwesternhaube hängt ihr schief auf dem Kopf.

»Betty, wie bist du an ihn gekommen?«

Ich schaue sie hilflos an. »Von einer, die kalte Füße bekommen hat.«

»Wir können ihn nicht behalten! Sie holen gleich die Betten ab.«

»Das weiß ich, aber ich dachte mir: Vielleicht könnte ich ihn zu Nel bringen.«

»Dort sind bestimmt schon zehn Kinder versteckt, die auch noch wegmüssen!« Virrie rückt die Haube auf ihrem Kopf gerade. Als ob alles, was schief ist, damit wieder auf Vordermann gebracht wäre. Dann folgt ein Stoßseufzer. »Ich werde schauen, ob ich jemanden erreiche. Ist es ansonsten hier leer?«

»Ja, das haben wir überprüft.« Kinder können sich an Orten verstecken, wo es niemand für möglich hält. Auf dem Dachboden hinter den schrägen Wänden, zwischen den restlichen Kohlen im Keller, im Wäscheberg, der langsam verschimmelt, zwischen den Federn unter dem Sofa.

»Behalte ihn so lange bei dir, und sorge dafür, dass ihn niemand sieht. Oder hört!« Wie ein Wirbelwind verschwindet sie wieder aus dem Zimmer.

Das Kärtchen, von dem die Frau gesprochen hatte, ist nicht im Korb. Kein Name, kein Geburtsdatum, keine Adresse, nichts. »Hey, Kleiner, wer bist du denn?«, wende ich mich an das Baby, worauf mir dieses prompt ein zahnloses Lächeln schenkt. Sein breiter Mund glänzt vom Speichel. Seine Augen scheinen ebenfalls zu lachen. Urplötzlich überfällt mich ein Gefühl des Glücks, so tief, dass es fast schon schmerzt. »Liebes Kind, was sollen wir denn jetzt mit dir machen?« Seine Miene spannt sich kurz an, wird dann zu einem Fragezeichen, worauf erneut ein strahlendes Lächeln auf seinem Gesichtchen erscheint. War es vorherbestimmt, dass ich diesen kleinen Jungen annehmen sollte?, schießt es mir mit einem Mal durch den Kopf. Meistens öffnet Virrie die Tür, nicht ich. Ist das ein Zeichen, dass ich ihn behalten soll? Dieser Gedanke entsteht innerhalb des Bruchteils einer Sekunde: Und wenn ich versuche, gemeinsam mit ihm zu fliehen? Was habe ich zu verlieren? Er hat dieselbe dunkle Haarfarbe wie ich, dieselbe gerade Nase. Er könnte wunderbar als mein Sohn durchgehen.

Das Baby ist auf meinem Bett eingeschlafen. Die Unentschlossenheit, mit der ich vorhin noch meine Kleider für die Abreise gepackt habe, macht Tatkraft Platz. Ich suche etwas Unterwäsche zusammen, ein Kleid, Strümpfe, ein zusätzliches Paar Schuhe und den Schal, den ich von Grootje bekommen habe, und lege alles in meinen Koffer. Dann füge ich einen Stapel Baumwollwindeln hinzu, Babykleidung und ein Fläschchen. Meinen gefälschten Ausweis stecke ich, zusammen mit dem einzigen Paar Ohrringe, das ich nicht verpfändet habe, in das Futter meiner Schwesterntracht. Jetzt noch den richtigen Moment für die Flucht finden. Unten höre ich Schritte, das Herumschieben von Möbeln, Türen, die auf- und zugehen, Stimmen von Männern, Frauen und Kindern. Vorsichtig hebe ich das schlafende Kind von meiner Bettdecke und lege es zurück in seine Krippe.

»Bin gleich wieder da. Brav sein!« Ich schließe den Deckel und schiebe den Korb unter mein Bett. Bleibt nur zu hoffen, dass er nicht aufwacht. Ich streiche meine Tracht glatt und schlüpfe aus der Tür.

Wie geheißen, habe ich Sieny dabei geholfen, sämtliches Spielzeug in Jutesäcke zu stopfen. Nachdem wir endlich mit dem Aufräumen des Spielzimmers fertig sind, rase ich in die Küche, um eine Flasche mit Brei zu machen. Als ich dann zurücklaufe, sehe ich zwei SS-Männer mit Listen in den Händen in der Eingangshalle stehen. Ich verberge das Fläschchen unter meiner Schürze und haste die Treppe hoch zu meinem Zimmer.

Noch bevor ich es betrete, höre ich ihn schon. Schnell schließe ich die Tür und ziehe den Korb unter dem Bett heraus. Ich erschrecke wegen seiner violetten Gesichtsfarbe. Er ist völlig außer sich.

»Ist ja gut, Kleiner. Sch ...« Sobald er die Milch riecht, hört das Weinen auf, und er schnappt gierig nach dem Sauger. »Ganz ruhig. Langsam trinken ...« Mit den Händchen um das Fläschchen verschlingt er innerhalb weniger Minuten den ganzen Brei. Für einen Moment scheint er erschöpft von der heftigen Aneinanderreihung von Tief- und Höhepunkten in seinem erst so kurzen Dasein, doch dann fängt er wieder an, sich unruhig zu bewegen. Abwechselnd streckt und beugt er die Beinchen, zieht schmerzverzerrte Grimassen. Ich nehme ihn hoch und klopfe ihm sachte auf den Rücken. Gleich, nachdem das Bäuerchen, das ihn gequält hatte, heraus ist, fliegt meine Zimmertür auf. Nicht nur ich erschrecke, auch das Baby, das ich gerade erst beruhigt hatte, fängt wieder an zu brüllen.

Es ist Sieny.

»Virrie sagt, dass er sofort wegmuss«, erklärt sie gehetzt. »Es gehen zu viele Deutsche ein und aus. Na komm, ich bringe ihn schon.« Sie will ihn mir abnehmen.

»Nein, ich garantiere dir, dass man ihn nicht hören wird, wirklich.«

»Betty, das kannst du nicht garantieren.« Sie erhebt die Stimme, um das Gebrüll zu übertönen.

»Sch, ganz ruhig.« Ich drücke ihn noch fester an mich und versuche, die Geräusche zu dämpfen. »Ich habe ihm etwas Starkes in die Milch gegeben. Noch ein paar Minuten, und er ist durch nichts mehr wachzukriegen.«

Sieny sieht mich mitleidig an. »Ich musste Virrie versprechen, dass ich ihn mitnehme.«

»Nein, bitte. Ich kann ihn gut einpacken und unter das Dach legen.«

»Auch dort können sie ihn hören, wenn er laut schreit. Sei jetzt vernünftig, Betty.«

»Ein Baby in ein Konzentrationslager schicken, ist das vernünftig?«

»Aber was sollen wir denn machen?«, meint Sieny. »Wir haben getan, was wir konnten. Es ist vorbei.«

»Morgen ist es vorbei, jetzt noch nicht.«

Es ist, als würde der Kleine merken, dass wir über ihn sprechen, denn langsam wird er ruhiger. Sieny stellt sich neben mich. Anstatt das Baby zu trösten, legt sie den Arm um mich.

»Du hast recht, wir dürfen nicht aufgeben. Aber wo sollen wir ihn in Gottes Namen verstecken?«

Ich schaue durch mein Dachfenster in den Garten des Kinderhauses. Er ist verlassen, kein einziges Kind spielt dort mehr, es stehen lediglich ein paar Dreiräder, kleine Schubkarren und Spielgeräte herum. Der Sandkasten, in dem täglich Burgen gebaut wurden, ist noch offen.

»Kann er nicht nach nebenan in die Schule?«

Sieny schüttelt den Kopf. »Die Schule ist ausgestorben. Wolltest du ihn dort mutterseelenallein zurücklassen?«

Ich setze mich auf das Bett und blicke auf das Häuflein Mensch auf meinem Schoß. Noch kein halbes Jahr alt und schon in solchen Schwierigkeiten. Und wieder schenkt mir das Kind ein Lächeln, wobei es mich schielend ansieht.

»Ich kann mit ihm zusammen fliehen.«

Sie blickt mich ungläubig an. »Mit einem schreienden Kind?«

Das Babyköpfchen kippt nach hinten. Der Alkohol scheint seine Wirkung zu entfalten. »Sieny, wir müssen ihm bis morgen früh eine Chance geben. Vielleicht ist bis dahin ein Platz für ihn gefunden. Ich schwöre, dass er die ganze Nacht durchschlafen wird.«

Ich merke, dass sie zweifelt. »Aber Virrie ...«

»Ich werde für ihn einstehen. Wenn sie ihn finden, werde ich alle Schuld auf mich nehmen und schwören, dass ihr nichts damit zu tun habt. Ich kann ihn im Sandkasten verstecken. Das haben wir früher schon mal gemacht.«

»Mit ein paar Sechsjährigen, ja, das ist gerade noch mal gut gegangen.«

»Mit einem Baby wird es einfacher sein. Wenn alle Kinder weg sind und sie die Zimmer durchgesehen haben, hole ich ihn wieder heraus und lege ihn zu mir ins Bett.«

»Und wenn sie heute Abend unerwartet zurückkommen? Das Risiko besteht immer.«

»Das werden sie nicht tun. Leer ist leer.« Ich schaue sie flehend an. »Bitte, Sieny.«

»Na gut, dann stelle ich mich schon mal vor den Ausguck.« Sie erhebt sich vom Bett. »Ich gebe dir ein Zeichen, wenn du gefahrlos nach draußen kannst.«

Ich rieche, dass er die Windel voll hat. »Warte«, sage ich zu Sieny, die schon aus der Tür laufen will. »Gib mir noch zwei Minuten.«

Ich habe die improvisierte Krippe so gemütlich wie möglich hergerichtet, mit einer zusätzlichen Decke, einer Wärmflasche, die ich in der Küche mit Wasser aus dem Kessel gefüllt habe, und sogar mit einem kleinen Plüschkaninchen. Dann habe ich den Korb mit einem dünnen Tuch umspannt, sodass kein Ungeziefer eindringen kann. Als ich Sieny im Garten winken sehe, schließe ich den Deckel und laufe leichtfüßig mit dem Korb die Stufen hinunter. Sieny erwartet mich an der Hintertür. Nach einem kurzen Blickwechsel setze ich meinen Weg in den Garten fort, wo Sieny die Eimer und Schaufeln schon aus dem Sandkasten geholt hat. Mit den Händen grabe ich ein Loch, in das ich den Korb setze. Zum Schluss schiebe ich vorsichtig die Abdeckplatte über den Sandkasten. Während ich mir den Sand von den Knien klopfe und durch den Garten zurücklaufe, beschleicht mich das unangenehme Gefühl, dass ich gerade ein Kind lebendig begraben habe. Nicht daran denken.

In meinem Zimmer schrubbe ich mir den Sand unter den Nägeln weg und greife mir die volle Windel, um sie unten in die Wäsche zu werfen. Als ich nichts ahnend in den Keller mit dem Waschraum laufe, stoße ich beinahe mit Virrie zusammen. Ihr gegenüber stehen die SS-Männer, die ich zuvor in der Eingangshalle gesehen hatte. Erst als Letzten bemerke ich aus der Fünten. Ich erschrecke.

»Da haben wir Fräulein Betty.« Aus der Fünten, schweißglänzend, sieht mich spöttisch an.

»Ich erkläre den Herren gerade, dass diese Dampfkochtöpfe

vielleicht sehr praktisch sind, dass wir darin aber immer die Windeln ausgekocht haben«, beziet mich Virrie in das Gespräch mit ein.

»Ja, daraus würde ich keine Suppe mehr löffeln«, entgegne ich augenzwinkernd.

Aus der Fünten lacht laut über meinen Witz. Die beiden SS-Männer bilden sein Echo.

»Keine Sorge, wir haben daraus nie etwas gegessen«, erklärt Virrie beruhigend. »Hygiene wurde bei uns immer großgeschrieben. Aber vielleicht können Sie sie für etwas anderes verwenden. Auch der Kohlenofen ist noch zu gebrauchen, ebenso wie die vielen Tücher, die Wäscheständer und die Abfalleimer.«

Dann werde ich mir der schmutzigen Windel in meiner Hand bewusst, und mir wird klar, dass ich damit preisgeben könnte, dass noch ein Baby da ist. Einfach so tun, als ob nichts ist, und weggehen.

»Nun, wie ich sehe, kommen Sie gut zurecht«, bemerke ich freundlich. »Schönen Tag noch!«

»Warte mal, Betty«, höre ich hinter meinem Rücken. Mein Herz schlägt schneller.

Virries Augen schießen zu meiner Hand, in der ich die dicke, weiße Stoffkugel halte.

»Komm mal näher.«

Was will er von mir? Ist er wirklich so scharfsinnig, dass er irgendein beliebiges Stück weißen Stoff in meiner Hand als Babywindel erkennt? Eine Windel, die verrät, dass die Seuche jüdischer Kinder noch nicht komplett ausgerottet ist ...

»Geht es etwas schneller?«

Zögerlich, aber mit erhobenem Haupt komme ich näher, meine Hand halb hinter dem Rücken verbergend.

Als ich vor ihm stehe, legt er väterlich den Arm um mich und dreht mich zu seinen beiden Untergebenen. »Das ist das Mädel, in das Offizier Grünberg vernarrt war. So verwerflich das auch ist, ich kann Grünbergs Ansinnen irgendwie nachvollziehen, der Offizier hatte gar keinen schlechten Geschmack«, bemerkt aus der Fünten. Seinem Mund entweicht eine heftige Fahne. »Aber gut, es bleibt natürlich eine Jüdin.« Dann lässt er mich wieder los.

»Sie riecht auch wie eine Jüdin«, merkt einer der beiden Untergebenen sarkastisch an, während er mit der Hand vor seiner Nase wedelt. Die darauffolgende Lachsalve treibt mir die Röte in die Wangen. Nicht aus Scham, sondern vor Wut. Ich schaffe es, mich zu beherrschen.

»O mein Gott«, spiele ich kokett, »manchmal lässt man versehentlich einen fliegen.«

»Es tut mir leid, Herr Hauptsturmführer«, sagt Virrie beschämt, und dann streng zu mir: »Betty, husch, nach oben mit dir, du Stinktier!«

Während ich mit Sieny das Zimmer der größeren Kinder ausräume, höre ich aus der Fünten mit seinem Gefolge durch das Gebäude stampfen. Sieny und ich werfen uns einen vielsagenden Blick zu, als wir sie, begleitet von Virrie, in den Garten gehen sehen. Unauffällig versuche ich, durch das Fenster zu beobachten, was vor sich geht. Nachdem sie den Schuppen inspiziert haben, unternimmt einer der SS-Männer den spaßigen Versuch, auf ein Kinderfahrrad zu steigen. Aus der Fünten steht lachend dabei, während er sich eine Zigarette anzündet. Der andere SS-Mann hat einen Ball gefunden, kickt ihn ein paarmal mit dem Fuß hoch und schießt ihn schließlich über die Hecke in den Garten der Kweekschool. Dann schauen sie alle gleichzeitig in den Himmel. Es beginnt zu regnen. Sie flüchten ins Haus.

Das Gebäude ist mittlerweile vollständig durchsucht, aber die SS-Männer sitzen immer noch im Direktoratsbüro. Möglicherweise, um zu bechern, aber ich traue mich erst, das Baby aus dem Sandkasten zu holen, wenn sie wirklich weg sind. Draußen regnet es noch immer. Ich mache mir Sorgen, dass

Wasser durch die Abdeckplatte in den Korb getropft ist. Wie bin ich nur darauf gekommen, dass es klug wäre, ein Baby im Sandkasten zu verstecken? Was, wenn die Decken im Korb durchweicht sind und das Kind durch meine Schuld unterkühlt ist? Oder wenn es wegen mir eine Alkoholvergiftung hat infolge des kräftigen Schusses Branntwein, den ich in seine Milch gegeben habe? Oder wenn es an seinem Erbrochenen erstickt ist? Als ich zum dritten Mal an der verschlossenen Tür des Büros vorbeigelaufen bin, halte ich es nicht mehr aus. Ich muss wissen, ob es dem Kleinen noch gut geht. Eilig laufe ich hinaus und springe über die Pfützen zum Sandkasten. Mit vor Anspannung steifen Gliedern schiebe ich die Holzplatte zur Seite. Es ist alles trocken geblieben. Aus dem Korb dringt kein einziger Laut.

Als ich den Deckel abgenommen und das Tuch gelöst habe, erschrecke ich. Er liegt noch genauso da, wie ich ihn zurückgelassen habe, nur ist sein Gesicht jetzt bleich wie Milch. Ein Kind in seinem Sarg. Ich halte ihm meinen zitternden Finger unter das Näschen. Spüre ich da einen leichten Luftstrom, oder bilde ich mir das nur ein? Ich berühre seine Hand: normale Körpertemperatur. Dann verzieht sich sein Mund in einem kleinen Krampfanfall zu einer Grimasse. Er lebt noch. In meinem Kopf schwindelt es, als ich endlich wieder weiteratme. Sauerstoff, umgewandelt in pure Erleichterung. Es ist alles in Ordnung, es geht ihm gut. Vielleicht noch eine halbe Stunde, maximal eine Stunde, dann ist die Gefahr wirklich vorüber. Sobald die Moffen das Kinderhaus verlassen haben, hole ich ihn aus seinem Versteck und wärme ihn in meinem Bett.

In umgekehrter Reihenfolge führe ich sämtliche Handgriffe nochmals aus. Sehr vorsichtig, um ihn nicht zu wecken. Dann schiebe ich die Abdeckplatte wieder über den Sandkasten und bringe meine Kleider in Ordnung. Gedankenversunken stehe ich auf und will schon wieder hineingehen, als ich die Silhouette eines Mannes in Uniform in der Tür bemerke.

»Was machst du da?« Ich erkenne die Stimme von aus der Fünten.
»Ich räume den ganzen Krempel auf. Das sollte ich doch?« So lässig wie möglich gehe ich auf ihn zu, doch meine Stimme ist hoch und schrill: So klingt jemand, der seine Nerven nicht unter Kontrolle hat.
»Hast du die Sandkörner geordnet?« Er wirkt betrunken.
»Nein, Herr Hauptsturmführer. Ich habe die ganzen Spielsachen hineingelegt.«
Mein Schauspiel ist wenig überzeugend.
»Vielleicht sollte ich das kurz überprüfen, oder nicht?«
»Können Sie machen.« Ich räuspere mich. »Wenn Sie Kuchenförmchen und Schäufelchen mögen, dürfen Sie sie sogar mitnehmen. Es kommt doch niemand mehr hierher.«
»Hört dein frecher Mund jemals auf zu sprechen?«
»Nicht, solange Sie mir Fragen stellen. Schönen Abend.« Ich will an ihm vorbeigehen, wobei ich sogar den Mumm habe, ihm direkt ins Gesicht zu sehen und ihm freundlich zuzunicken. Aber dann werde ich am Arm gepackt. »Zeig mir, was du versteckt hast!«
»In diesem Sandkasten? Was soll man denn da verstecken?«
»Gehen wir nachschauen!« Aus der Fünten schleift mich in den hinteren Teil des Gartens. »Aufmachen!«
Flüchtig bemerke ich Sieny, die oben hinter dem Fenster steht, die Hand vor dem Mund.
»Kommt da noch was?«, sagt er mit schwerer Zunge.
Ich muss mich zusammenreißen. Es gibt noch eine Chance. Ich räuspere mich. »Könnten Sie kurz auf die Seite gehen?«, bitte ich. »Sonst schaffe ich es nicht.«
Aus der Fünten tritt ein paar Schritte zurück. »Beeilung!«
Anstatt den Deckel herunterzuschieben, ziehe ich ihn hoch.
»Was ist das?«, fragt aus der Fünten, als er den Korb sieht.
»Ein Picknickkorb, so etwas kennen Sie doch? Ich gebe es zu, ich habe ein paar Leckereien versteckt«.

»Ich will die Leckereien sehen«, fordert aus der Fünten und zeigt auf den Korb.

»Schauen Sie ruhig selber nach«, entgegne ich. »Ich habe keine Hand mehr frei.«

Er wirft mir einen misstrauischen Blick zu, beschließt dann aber doch, sich zu bücken. Noch ein paar Sekunden, und er kennt mein Geheimnis. Festgenommen, erschossen oder in ein Konzentrationslager deportiert. Das sind die Optionen. Es sei denn ...

Die Entscheidung ist bereits getroffen. So, wie eine aufgescheuchte Maus kein Pro und Kontra abwägt, bevor sie in ein Loch schießt, flüchte auch ich. Ich lasse das Brett los, und meine Beine beginnen zu rennen, bevor ich es wirklich begreife. Nicht ins Kinderhaus, sondern über die Hecke in den Garten der Kweekschool.

»Verdammt! He, wo läufst du hin?!« Die paar Gläser Genever haben die Reaktionszeit von aus der Fünten herabgesetzt. So schnell ich kann, rase ich über einen kleinen Pfad zwischen den Gärten hindurch auf die Rückseite der Kweekschool und ducke mich dort zwischen die Sträucher. »Komm sofort zurück! Das ist ein Befehl!«, donnert aus der Fünten.

Fieberhaft überlege ich, wo ich mich verstecken kann. Der Garten der Kweekschool ist ziemlich kahl, abgesehen von ein paar aufgestapelten Holzbrettern und zwei Birken. Ich sondiere meine Möglichkeiten. Ich kann die Feuertreppe zum ersten Stock nehmen oder über den Holzzaun in den nächsten Garten klettern, aber es ist kaum möglich, auf diese Weise ungesehen davonzukommen. Dann entdecke ich den Gitterrost zwischen den Pflastersteinen, gleich bei der Rückwand des Gebäudes. Gebückt laufe ich dorthin. Ich wuchte das Gitter mit einem Ruck zur Seite, tauche in das Loch und schiebe das Gitter so leise wie möglich zurück an seinen Platz.

Ich halte mir die Hände vor Mund und Nase, um meine schnelle Atmung zu beruhigen. Ich höre hohe Frauenstimmen, Geschrei, deutsche Schimpfworte. Noch mehr Lärm, ein harter

Schlag. Ein weinendes Kind. Mein Kind? Ein Schuss. Dann die Stimme von Virrie: »Betty, komm zurück, hörst du mich?!« Ich weiß, wann sie etwas ernst meint und wann nicht. Das meint sie nicht ernst.

»Sturmführer, lassen Sie sie ruhig, sie kann ja doch nirgends hin«, höre ich Virrie.

»Sie geht drauf. Dafür werde ich persönlich sorgen. Die Sau wird draufgehen.« Dann verstummen die Geräusche, und es wird langsam still. Durch das Gitter sehe ich die beiden Birken, die sich im Wind hin- und herbewegen. Ich bleibe in dem Loch sitzen, bis ich einen Krampf im Oberschenkel bekomme. Als ich meine Sitzposition ändere, spüre ich hinter mir eine kalte Glaswand. Ich schaue genauer hin und merke, dass es ein Fenster zum Souterrain ist. Ich versuche, den hölzernen Fensterrahmen aufzudrücken, aber er ist von innen verriegelt.

Mit den Schuhen trete ich die Fensterscheibe ein. Laut klirrend fällt das Glas zu Boden. Erneut krümme ich mich zusammen. Leise sein, jetzt nicht bewegen. Minutenlang sitze ich da totenstill in verkrampfter Haltung, horche auf jedes Geräusch. Dann wage ich es wieder, mich zu bewegen. Ich nehme das Kopftuch ab, wickle es mir um die Hand und ziehe so vorsichtig die Glasscherben aus den Fugen. Mein Tuch stopfe ich in die Schürzentasche, stecke den Kopf durch das kaputte Fenster und inspiziere das Zimmer. Unter dem Fenster befindet sich ein kleiner Schreibtisch. So vorsichtig wie möglich steige ich durch den Rahmen auf die Tischplatte. Ich nehme mir nicht die Zeit nachzusehen, ob ich mich geschnitten habe, und springe hinunter. Dann laufe ich zur einzigen Tür und drücke die Klinke. Die Tür führt auf einen dunklen Gang. Rechter Hand ist es heller. Da muss ich hin. Zögernd folge ich dem Gang, der um die Ecke biegt und in ein Treppenhaus mündet. Ob sie meinen Fluchtweg kennen? Warten sie oben schon auf mich?

Vorsichtig laufe ich die Stufen hoch. Das muss die Eingangshalle sein, sie scheint verlassen zu sein. Mit angehaltenem Atem taste ich mich an der Wand des großen, offenen Raumes entlang. Die Eingangstür ist nur wenige Meter von mir entfernt. Kurz erwäge ich, durch die Tür nach draußen zu rennen, in die Freiheit. Aber ich weiß, dass auch die Eingangstür von der Schouwburg aus zu sehen ist. Da könnte ich mich genauso gut gleich stellen. Nein, mir bleibt nichts anderes übrig, als mich hier zu verstecken.

Auf Zehenspitzen folge ich der breiten Treppe in der Halle nach oben. Ich ziehe irgendeine Tür auf und erschrecke von dem schauerlichen Quietschen, das die Stille durchbricht. Die geschlossenen Vorhänge machen es schwer, die Konturen im Raum zu erkennen. Ich bin an sich nicht ängstlich, aber in dem Gebäude herrscht eine gespenstische Leere. Jedes Mal, wenn ich eine Tür öffne, fürchte ich, auf etwas oder jemanden zu stoßen, das oder der mich zu Tode erschreckt.

Mir ist bewusst, dass die Zeit drängt. Aus der Fünten klang fest entschlossen, mich zu bestrafen. Die Kweekschool wird einer der ersten Orte sein, an dem sie mich suchen. Nervös irre ich durch das dunkle Schulgebäude. Ich muss ein gutes Versteck finden. Die Zimmer stehen voll mit Schultischen und -bänken, doch ansonsten sind sie leer. Die Einbauschränke sind zu schmal, um mich darin zu verkriechen. Das Lehrerzimmer ist abgeschlossen, ebenso die Vorratskammern. Die Toiletten stinken dermaßen, dass ich es dort nicht aushalte.

Mir fällt auf, dass es hier, ebenso wie im Kinderhaus, unter dem First einen Raum gibt. Einen besseren Platz werde ich nicht finden, und ich hoffe, dass er gut genug ist. Über die morsche Leiter klettere ich hinauf. Mit etwas Mühe ziehe ich das schwere Ding hinein und schließe die Dachbodenluke. Zum Glück gibt es ein kleines Dachfenster, durch das etwas Tageslicht dringt. Unter den Dachbalken liegt lauter Gerümpel: Baumaterial, Bretter, Farbe, ein paar Strohsäcke und Wolldecken. Ich will mich auf den Decken ausstrecken, aber sowie ich eine auffalte, fliegen Dutzende Motten auf. Dann eben kein weicher Untergrund. Ich krieche auf die andere Seite des niedrigen Raumes, wo ich mich mit Mühe in die Ecke hinter einem Stapel Bretter winde. Mit hochgezogenen Knien, den Kopf auf die Arme gestützt, spüre ich, wie etwas auf meinem Bein kribbelt. Ein dünner Strahl Blut sickert über das Schienbein nach unten. Zähe Tropfen färben die Holzbretter rot. Mit den Fingernägeln entferne ich einen Glassplitter aus der Haut unter meinem Knie und presse dann einen Zipfel meiner Schürze auf die Wunde, um die Blutung zu stillen. So bleibe ich sitzen.

Dienstag, 28. September 1943

Später Nachmittag

Ich weiß nicht, wie lange ich schon hier bin. Ob der kleine Junge, den ich im Sandkasten versteckt habe, wohl gerettet ist? Oder sollte ihm die Chance auf ein vollwertiges Leben durch meine Stümperhaftigkeit genommen worden sein? Meine saublöde Aktion, genau dann nach ihm zu schauen, als wir kontrolliert wurden ...
Mein Körper schmerzt von den harten Holzbrettern, auf die ich mich gelegt habe. Der kalte Wind findet seinen Weg durch die Dachziegeln und -balken, sodass ich völlig durchgefroren bin. Durch das kleine Kippfenster sehe ich, dass die Dämmerung hereinbricht. Daraus schließe ich, dass ich mich hier schon seit zwei, drei Stunden verstecke. Wenn ich noch länger warte, ist es stockdunkel, und die Ausgangssperre beginnt. Es gibt zurzeit zu viele Razzien, als dass ich ziellos durch Amsterdams Straßen irren sollte. Man würde mir Fragen stellen, so auf meine Verbindung zum Kinderhaus stoßen und ganz sicher feststellen, dass neben meinem Namen das »S« für »Straftäter« steht. Trotzdem entscheide ich mich, das Risiko einzugehen und aus dem Gebäude zu fliehen. Mit steifen Gliedern richte ich mich auf. Ich klopfe mir den Staub von der Tracht, drehe das Haar zu einem Strang und binde mir das Pflegerinnentuch um. Gerade als ich ganz leise die Dachbodenluke geöffnet habe und die Leiter nach unten gleiten lassen will, höre ich das Knarzen von Schritten, die sich nähern. So-

fort halte ich in meinen Bewegungen inne und warte mit angehaltenem Atem darauf, wer das sein mag.

»Hallo?«, höre ich eine Männerstimme flüstern. »Betty? Bist du hier irgendwo, Betty?«

Diese Stimme kenne ich. Vorsichtig krieche ich nach vorne und spähe durch das Loch, wo ich ein Stück eines dunklen Haarschopfes erkenne.

»Joop, hier bin ich.«

Sogleich legt er den Kopf in den Nacken, und ich blicke in seine erstaunten Augen. »Affen sind nichts dagegen«, murmelt er. »Wie bist du da jetzt wieder hingekommen?«

Ich schiebe die Leiter über die Luke. »Einfach damit.«

Kurz darauf spüre ich seine Hände auf meinen Beinen, während ich nach unten klettere. »Ich hab dich, nur noch ein paar Sprossen.«

»Du solltest besser die Leiter festhalten«, merke ich trocken an. »Wenn die umfällt, hast du wenig von meinen göttlichen Beinen.«

»Selbst jetzt kannst du deine Scherze nicht lassen«, grinst er.

»Wenn ich die nicht mehr mache, bin ich wahrscheinlich tot«, erwidere ich, während ich ihm gegenüber auf dem Boden zum Stehen komme. Mehr denn je verspüre ich den Drang, mich in seine Arme zu stürzen, aber ich halte mich zurück. Wie oft kann einen jemand zurückweisen? »Woher wusstest du, dass ich hier bin?«

»Harry meinte, dass du dich wahrscheinlich hier versteckt hättest. Und er hatte es wiederum von Sieny.«

»Ist das Kind in Sicherheit? Das Baby?«

»Ich glaube schon.«

Ein kleiner Zug um seine Augen verrät mir, dass es nicht so ist. Ich spüre die Tränen hinter meinen Augen brennen.

»Du kannst nicht zurück, Betty, das weißt du. Gibt es einen Ort, wo du hinkannst?«

Ich zucke mit den Schultern. »Ich glaube schon, und sonst lasse ich mir etwas einfallen. Du kennst mich.«

»Hier, ich weiß nicht, ob dir der noch etwas nützt.« Er überreicht mir meinen Ausweis. »Mehr konnte ich leider nicht mitnehmen.«

»Mehr besitze ich auch nicht.« Ich stecke das Dokument in die Tasche meines Kleids, zu meinem falschen Pass.

Joop läuft durch das Labyrinth von Gängen und Treppen voraus, bis wir endlich zu einer Seitentür gelangen, die uns hinaus in die kühle Luft entlässt. »Möchtest du meine Jacke haben?«, fragt er.

Ich schüttle den Kopf. »Danke, mir ist nicht kalt.«

»Sie sind so mit der Logistik rund um all die festgenommenen Personen beschäftigt, dass sie sich nicht mehr um dein Verschwinden kümmern. Aus der Fünten bewirbt sich um einen höheren Posten, bei dem es nicht um die Deportation einer einzelnen jüdischen Pflegerin geht, sondern um den Abtransport sämtlicher Juden, die sich noch in den Niederlanden befinden.«

»Was wirst du tun?«, frage ich.

»Ich werde Kampfpilot, das hatte ich doch schon gesagt«, antwortet er stur. »Also, solltest du noch einmal in Schwierigkeiten geraten, brauchst du mich nur anzurufen. Dann komme ich gleich herbeigeflogen.«

Er hat sich entschieden, mir nicht zu vertrauen und nicht zu erzählen, wohin er tatsächlich geht. »Ich verlasse mich darauf. Auf Wiedersehen, Joop, pass auf dich auf.«

»Leb wohl, Betty. Bis irgendwann mal.«

»Leb wohl. Und richte Sieny meinen Dank aus.«

»Werde ich machen.«

»Alles Gute beim Fliegen!«

»Auf Wiedersehen.« Dann geht er.

Von Scham überwältigt, lasse ich den Kopf sinken. Ich schäme mich für mich selbst und für alles, was ich getan und gelassen habe. Für all meine Fehlschläge und das, worin ich ver-

sagt habe. Selbst für scheinbare Erfolge und Siege schäme ich mich. Für meinen unangebrachten Stolz, meine falsche Eitelkeit, meine vermeintliche Intelligenz. Ich schäme mich meiner Witze, die ich dachte, machen zu müssen, und sämtlicher Bewegungen, die ich jemals ausgeführt habe. Für den Klang meiner Stimme. Um des Kindes willen, das ich hatte retten wollen.
»Hey, alles in Ordnung?«
Ich hatte geglaubt, Joop wäre bereits weg. »Ja, es geht schon«, antworte ich heiser.
Er drückt mich an sich. Seine Hand fährt mir über das Haar, sein Pulli kratzt an meiner Wange. Ich rieche Maschinenöl, Schweiß, Wolle und einen Hauch Rasierwasser. »Es tut mir so leid. Ich hätte gerne ... und vielleicht viel lieber ...«
Er beendet den Satz nicht.
»Ist schon gut, Joop.« Ich mache mich von ihm los. »Danke, dass du gekommen bist, um mich zu holen.« Ich zwinge mich, ihn anzusehen und meinen Mund zu einem breiten Lächeln zu verziehen.
»Ich habe mir überlegt, dass es besser wäre, wenn du als Erste gehst«, meint Joop. »Sollten sie dich sehen, kann ich sie immer noch ablenken.«
»Gut.« Dann breche ich auf. Zurück in den Krieg. In die Plantage Middenlaan, wo die Lastwagen mit Koffern beladen werden. Wo eine Reihe von Straßenbahnen der Linie 9 bereitsteht. Wo Scharen von Menschen auf ihre finale Bestimmung warten. Wo Hundegebell und deutsche Kommandos um die höchste Dezibelzahl wetteifern und wo sich Kinder zwischen den Beinen ihrer verunsicherten Eltern zu verstecken suchen. Ich zwinge mich, nicht hinzusehen, welche Kinder es sind und ob ich sie kenne, damit ich nicht aus Versehen stehen bleibe und Aufmerksamkeit auf mich ziehe.

Wie unglaublich dumm von mir, dass ich Joops Jacke nicht angenommen habe. Mir ist bitterkalt. Als ich abbiege in die Plantage Kerklaan und an Nels Kleiderdepot vorbeilaufe, kommt mir der Gedanke, ob ich hier vielleicht um etwas Warmes bitten sollte. Durch das Schaufenster dessen, was einst eine Reinigung war, kann ich niemanden entdecken. Der Laden wirkt wie ausgestorben. Ich drücke den Türgriff und merke, dass nicht abgeschlossen ist. Ich entscheide mich, es zu wagen. Als ich die Tür öffne, ertönt sofort die Glocke. Von hinten erscheint nicht Nel, sondern Virrie. »Betty, was machst du denn hier?«

Mein Pflichtbewusstsein ist so groß, dass ich mich ertappt fühle. »Ich ... Ich komme nicht mehr zur Arbeit.«

»Natürlich kommst du nicht mehr zur Arbeit. Sie suchen dich. Nicht nur wegen des Babys im Sandkasten, du stehst auf der Liste.«

Diese Information dringt kaum noch zu mir durch. Das Spiel ist für mich also sowieso vorbei. »Ich, äh ... Ich dachte mir, vielleicht hat Nel noch eine Jacke oder eine Stola.«

»Nel wurde gestern abgeholt.« Virrie beginnt, in den Kleidersäcken zu kramen, während sie weiterspricht. »In der Schouwburg geht es zu wie im Irrenhaus. Ich vermute ja, dass es ein Ultimatum aus Berlin gibt. Sie haben es eilig, und jeder muss dran glauben.«

»Du auch?«

Sie kommt mit einem grauen Wollumhang zu mir. »Ich auch, ja. Aber ich werde nicht gehen, ebenso wenig wie du. Jemand muss die Kinder später zu ihren Eltern zurückbringen, wenn die Welt wieder zur Vernunft gekommen ist.«

»Ich weiß nicht, ob das je geschehen wird«, bemerke ich resigniert. »Manchmal frage ich mich, welchen Sinn es noch hat. Warum soll ich mich nicht einfach melden?«

»Dann könntest du dich genauso gut sofort aufhängen.« Hinter ihrem runden Brillengestell blickt sie mich streng an. »Ich habe die Aufzeichnungen von Pimentel, in denen sie notiert hat, wo welches Kind untergebracht ist. Es wird ein Haufen Arbeit sein, die Kinder wiederzufinden. Du musst mir dabei helfen, Betty.«

Ich wusste nicht, dass es ein Schriftstück mit allen Unterschlupfadressen gibt. Also hatte Pimentel die Regie über die gesamte Organisation! Sie wusste demnach alles, auch, wo jedes einzelne Kind untergebracht ist.

»Du hast die Pflicht zu überleben, Betty!« Sie legt mir den Umhang um und packt mich an den Schultern. »Verstehst du?«

Ich nicke wenig überzeugend. »Der Junge im Sandkasten, wurde er ...« Ich vollende meinen Satz nicht.

»Mitgenommen. Nicht mehr daran denken. Oh, fast hätte ich's vergessen: Das habe ich über mehrere Ecken gekriegt, es kommt von deiner Schwester.« Sie reicht mir einen Umschlag.

»Ist meine Schwester entkommen?«, frage ich hoffnungsvoll.

»Das kann ich nicht mit Sicherheit sagen«, entgegnet Virrie. »Ich habe gehört, dass jemand sie noch nach der Räumung des Krankenhauses gesehen hat. Aber ob sie wirklich flüchten konnte, weiß ich nicht. Du musst jetzt weg, Betty, hier bist du nicht mehr sicher.«

Ich stecke den Umschlag in meine Schürze und laufe hinaus in das dunkelblaue Abendlicht.

Hier bist du nicht mehr sicher. Virries Worte hallen in meinen Gedanken nach. Unmissverständlich, mit klarer Botschaft. Sie scheint so einfach zu sein, doch was bedeutet »weg« in Bezirken, die umzingelt sind, in einer Stadt, in der Tag und Nacht Jagd auf uns gemacht wird? Natürlich muss ich hier weg, aber wohin? Ich bin allein, ich habe hier niemanden mehr. Zu Familie Baller schaffe ich es niemals vor der Ausgangssperre, falls ich nicht davor schon festgenommen werde. Auf dem Umhang ist kein Judenstern, aber auf meiner Tracht ist einer. Vorsorglich hatte ich ihn mit Druckknöpfen befestigt. Mit einer schnellen Bewegung ziehe ich den Stern ab und stecke ihn in meine Schürze. Unwillkürlich bin ich in die Van Woustraat gelaufen, zu meinem Elternhaus. Es ist mittlerweile stockdunkel draußen, und obwohl ich kaum noch sehen kann, wohin ich meinen Fuß setze, kenne ich noch jeden Pflasterstein, jeden Pfosten und jede Unebenheit. Selbst blind würde ich den Weg zu meinem Heimathafen finden. Von der anderen Straßenseite aus betrachte ich das Gebäude, in dem ich einst eine so sorglose, glückliche Kindheit und Jugend hatte. Die weißen Lettern auf dem Schaufenster, KOOT, sind allerdings nicht zu übersehen. Auch wenn es den Mond nicht gäbe und kein Fünkchen Licht mehr auf der Welt wäre, ich würde die vier hässlichen Buchstaben dennoch erkennen. Hat diese Geschichte nicht mit dieser abscheulichen Familie ihren Anfang genommen? Mit dem Tod von Koot.

Plötzlich weiß ich es. Meine Beine setzen sich in Bewegung, als hätte mein Körper die Idee noch vor meinem Kopf gehabt. *Ein Brera,* auf gut Glück.

Ich hole tief Luft und läute die Glocke. Über mir im ersten Stock wird ein Vorhang zur Seite geschoben. Das Fenster öffnet sich, und ein Frauenkopf kommt zum Vorschein. »Ja, wer ist da?«

»Betty Oudkerk«, antworte ich leise.

Sofort wird das Fenster geschlossen. Ich weiß nicht, ob das bedeutet, dass sie herunterkommt oder dass sie nichts mehr mit mir zu tun haben will. Zum Glück öffnet sich kurz darauf die Haustür, und unsere alte Nachbarin, Frau Overvliet, zieht mich hinein. »Hat dich jemand gesehen?«, fragt sie, als sie die Tür hinter mir schließt.

»Ich glaube nicht.«

»Was machst du denn hier, Mädel?«, erkundigt sie sich mit einer Miene, die verrät, dass sie die Antwort schon kennt.

»Ich kann nirgends hin, und weil Sie sagten ...«

»Ja, ja. Das war damals. Inzwischen haben wir auch einiges mitgemacht, Mädelchen.«

Ich habe das Gefühl, dass es nicht klug von mir war, hierher zu kommen, und würde am liebsten sofort wieder gehen. Das

Problem ist, dass ich keine Alternative habe. »Bitte, ich kann nirgends hin.«

»Nein, tut mir leid, Betty.« Sie macht die Haustür wieder auf, um mich mit sanftem Druck hinauszuschieben.

»Ich flehe Sie an, Frau Overvliet. War mein Vater nicht immer gut zu Ihnen? Hat er Ihnen nicht regelmäßig ein paar Sachen zugesteckt? Sie können das doch nicht vergessen haben?«

»Sei doch leise!«, zischt Frau Overvliet mit Panik in den Augen. »Sonst hören sie uns.«

Ich ergreife ihre Hand. »Ich verspreche Ihnen, dass ich leise sein werde, aber setzen Sie mich nicht auf die Straße. Zur Not schlafe ich im Keller.«

Meine inständige Bitte zeigt Wirkung.

»Na gut, komm mit nach oben, dann besprechen wir es mit meinem Mann.«

Sie geht vor mir die Treppe hoch in ihre Wohnung, während sie ständig wiederholt: »Kind, was für ein Chaos, was für ein Chaos.«

Der Nachbar blickt verstört von seiner Zeitung auf, als ich in das Wohnzimmer trete.

»Guten Abend, Herr Overvliet, kennen Sie mich noch?«

»Ist jemand krank?«, fragt er trocken.

»Na, du wirst doch wohl Betty noch erkennen? Sie ist Kinderpflegerin und sucht jetzt einen Platz... Wir können ihr doch helfen, oder?«

Es scheint, als erhoffe sie sich eine Antwort wie: »Nein, lass uns das besser nicht tun.«

Aber der Nachbar brummt, wenig interessiert: »Solange sie nicht in meinem Bett schläft, hab ich nichts dagegen.«

»Siehst du, hab ich doch gesagt, dass wir dir helfen«, ruft seine Frau jetzt triumphierend. »Hast du schon etwas gegessen?«

Nachdem ich ein Stück trocken Brot mit etwas Käse zu mir genommen habe, geht sie mir voraus in den Keller. »Hier ist das Licht«, erklärt sie, als sie eine Lampe anknipst, »und da liegen Decken. Eine Matratze haben wir hier nicht, aber zumindest steht hier ein Bett.«

Ich betrachte den stählernen Rahmen mit Spiralunterfederung und frage mich, wie ich darauf schlafen soll.

»Also, gute Nacht, und du weißt ja: Ganz leise sein. Morgen hole ich dich wieder raus.«

Alles in mir schreit, dass ich nicht in diesem dunklen Keller bleiben will. Aber bevor ich mich wehren kann, verlässt Frau Overvliet auch schon den Raum, um dann, zu meinem großen Entsetzen, auch noch die Tür hinter sich abzuschließen.

Mittwoch, 29. September 1943

Es gibt für niemanden mehr eine Ausnahme. Sämtliche noch verbliebenen Juden sollen auf direktem Weg nach Westerbork gebracht werden. Nur diejenigen, die in einer Mischehe leben, werden noch verschont, vorausgesetzt, sie lassen sich sterilisieren.

Ich habe kein Auge zugetan im Keller: Die Metallfedern hatten mich nahezu perforiert, und die Kälte war mir bis in die Knochen gedrungen. Aber das war noch nicht einmal das Schlimmste. Die Vorstellung, dass sie mich eingesperrt hatte, brachte es mit sich, dass ich mich fortwährend ablenken musste, Lieder singen, Gedichte aufsagen, damit ich nicht hyperventilierte. Die ganze lange Nacht musste ich die Plagegeister in meinem Kopf bezwingen, um die lauernde Panikattacke zu unterdrücken. Als wäre da eine Bombe, die jeden Moment hochgehen könnte, um meinen verbliebenen Vorrat an Mut mit einem Schlag hinwegzufegen.

Sobald Frau Overvliet die Tür öffnet, flüchte ich hinaus. »Kind, was bist du hektisch!«, ruft sie erschrocken. »Ich habe oben etwas zu essen für dich.« Obwohl ich vorhatte, sofort das Haus zu verlassen, überlege ich es mir anders. Ich sollte besser mit gefülltem Magen auf die Straße gehen.

Oben riecht es tatsächlich nach echtem Kaffee. Auch der Butterkuchen, den ich dazu bekomme, ist eine unerwartet luxuriöse Köstlichkeit. Offenbar geht es diesem Ehepaar noch nicht so schlecht.

»Kaum zu fassen, wie verrückt das ist«, plappert die Nachbarsfrau in einem Ton, als würde sie laut nachdenken, »dass wir früher die Mieter deines Vaters waren und du jetzt bei uns im Keller schläfst. Wer hätte das geahnt ...«

Ich hatte nicht gewusst, dass das Haus, in dem sie wohnen, meinem Vater gehörte.

»Dein Vater sowieso nicht. Er war ein guter Mann. Auch wenn er ein Jude war. Ich habe immer zu meinem Mann gesagt: Geschäfte machen, darin hat er Talent, dieser Oudkerk, davon könnten wir noch etwas lernen ...«

»An wen bezahlen Sie eigentlich jetzt die Miete?«, unterbreche ich sie.

»Weißt du das denn nicht, Betty?« Sie ist erstaunt. »An eure Verwalterin, Frau Koot.«

Allein beim Hören dieses Namens dreht sich mir der Magen um.

»Wusstest du, dass Frau Koot deine Familie noch einmal besucht hat?«

»Was haben Sie gesagt? Wo hat sie sie besucht?«, frage ich alarmiert.

»In Westerbork. Sie dachte, dass deine Mutter und Großmutter das Gold und den Schmuck mit ins Lager genommen hätten. Das war natürlich verboten.«

Ich verspüre einen schmerzhaften Stich in der Brust. »Was genau meinen Sie damit?«

»Nun, das Gold stand offiziell Frau Koot zu. Ja, nicht zu Recht, natürlich. Ich habe noch zu ihr gesagt: Ich kann mir nicht vorstellen, dass Jetje Oudkerk das heimlich mitnehmen würde.«

»Hat Ihnen das Frau Koot selbst erzählt?«

»Ja, wir trinken noch hin und wieder miteinander Kaffee. Also, nicht so oft. Auf jeden Fall wusste sie durch ihren Besuch genau, dass deine Familie nichts unterschlagen hatte. Frau Koot hatte damit gedroht, sie bei der Lagerleitung anzuzeigen, wenn sie ihr nicht alles geben würden.« Frau Overvliet schenkt mir noch etwas Kaffee nach. »Schon schade, dass sie sie trotzdem angezeigt hat, obwohl deine Familie nicht einmal mehr einen Groschen besaß. Sie sind wohl am nächsten Tag abtransportiert worden. Tja ...«

Ich stehe schwankend auf, mir ist übel.

»Kind, was machst du?«, höre ich Frau Overvliet fragen.

Über dem Waschbecken kotze ich alles aus, den Brei aus echtem Kaffee und Butterkuchen.

»Also wirklich, das ist aber nicht schön.«

Unten läutet es an der Tür. Die Nachbarsfrau rast zum Fenster.

Wie betäubt nehme ich meinen Umhang und will die Treppe hinuntergehen. Aber die Nachbarin hält mich zurück. »Nicht in die Richtung. Schnell, unter den Tisch!«, zischt sie mir zu. »Mein Mann kommt gerade mit seinen deutschen Kollegen.«

Sie drückt mich runter und drapiert das Tischtuch so, dass an der Unterkante nur noch ein kleiner Spalt Licht zu sehen ist. Dann höre ich sie die Stufen hinunterrennen.

So unter den Tisch geduckt, scheint es, als wäre ich in einer Posse gelandet. Inzwischen laufen in mir die immer gleichen Gedanken in Dauerschleife ab. Es ist meine Schuld, kann ich nur noch denken. Es ist meine Schuld, dass meine Familie umgekommen ist. Ich habe den Schmuck kurz nach ihrer Festnahme aus dem Haus geholt. Gold und Diamanten, die Frau Koot sonst sehr wohl entdeckt hätte. Nun hat Frau Koot nichts in unserem Haus gefunden und nahm an, dass meine Familie alles mit nach Westerbork genommen hatte. Aus Rache, weil sie unnötigerweise diese Zugreise hatte machen müssen, hat sie persönlich dafür gesorgt, dass Mutter, Grootje und Engel nach Auschwitz deportiert wurden. Koot hat sie wegen des Goldes ermordet, mit dem ich mir einen gefälschten Ausweis besorgt habe.

»Was darf ich den Herren einschenken?«, erkundigt sich die Nachbarsfrau gespielt munter, als sie zurück in der Küche ist. Dann wird das leichtfüßige Geklapper ihrer Damenschühchen von schweren Schritten überlagert.

»Ich nehme eine Tasse Kaffee«, höre ich die Stimme von Herrn Overvliet. Nun wechselt er ins Deutsche. »Was halten Sie von einer Tasse echtem Kaffee, Herr Schneider?«

Bevor ich sie von unterhalb des Tischtuchs sehe, rieche ich sie bereits: die schwarzen Lederstiefel des Deutschen. Es ist ein SS-Mann.

»Wenn ihr euch jetzt bitte ins Wohnzimmer setzen wollt, um euch zu besprechen, ich bringe gleich den Kaffee«, sagt die Nachbarsfrau.

»Ist gut, Hase!«, erwidert ihr Mann fröhlich, worauf sich die Stimmen ins Wohnzimmer entfernen.

»Ich wusste doch, dass das keine gute Idee war«, bemerkt Frau Overvliet, als sie das Tischtuch anhebt. Ohne noch etwas zu erwidern, laufe ich aus der Küche, renne die Treppen hinunter und flüchte ins Freie. So schnell ich kann, laufe ich die Straße entlang und biege in die Sarphatistraat. Nach der Brücke bleibe ich stehen und ringe nach Luft. Als ich wieder zu Atem gekommen bin, beobachte ich, wie in der Ferne Personen dazu gezwungen werden, ihre Häuser zu verlassen.

Abrupt mache ich kehrt und gehe auf den Amsteldijk.

Und jetzt? Wie soll ich aus diesem Ghetto nach Amstelveen gelangen? Ich folge der Amstel. Dann sehe ich eine Gruppe Juden vor mir laufen. Sie sind noch jung, Studenten. Ihre Mienen wirken teilnahmslos. Als wüssten sie schon lange, dass dieser Moment kommen würde. Sie werden von deutschen Soldaten mit der Waffe bedroht. Alle sind wir im selben Alter: die Studenten, die Soldaten und ich. In einer anderen Welt wären wir nicht aufeinandergehetzt worden, wären wir keine Feinde. In einer anderen Welt, die es nicht mehr gibt.

»Mitkommen! Wenn ihr mitarbeitet, werden wir keine Gewalt anwenden«, ertönt es. Wie ein aufgescheuchtes Reh schieße ich in eine Seitenstraße.

Ich irre durch Amsterdam, ohne zu wissen, wo ich hinkann. Elisabeth Petri, Elisabeth Petri, so übe ich meinen neuen Namen. »Wie heißen Sie?« »Elisabeth Petri, Herr Wachtmeister.« »Und was ist mit dieser Tracht?«, wird der Beamte wissen wollen. Ich werde ihn mit meinen Augen verführen müssen, mit meinem Lachen, mir einen Weg in die Freiheit ermogeln müssen, ins Leben, aber ich weiß nicht, ob ich das noch kann: schauspielern. Vortäuschen, vorgeben, dass es mir wunderbar geht. Es funktioniert nicht ... Nicht mehr. Ich bewege mich durch ein Labyrinth, aus dem es keinen Ausweg gibt, keine mögliche Lösung. Schwindelig, geschlagen, kaputt. Soll ich mich ergeben? So bin ich doch nicht? Betty gibt niemals auf. Ich weiß nur nicht, wo diese Betty geblieben ist. Das Mädchen, das behauptet, niemals Angst zu haben.

In der Schürzentasche taste ich nach dem Stern. Wenn ich ihn mir anhefte, ist es gleich mit mir vorbei. Dann ertaste ich noch etwas: den Brief, den mir Virrie gegeben hat. Ich hatte den weißen Umschlag völlig vergessen. FÜR BETTY, steht lediglich darauf. Ich reiße ihn auf und ziehe eine abgegriffene Postkarte heraus, auf der nur graues Bleistiftgekritzel steht. Dann bekomme ich noch einen Schock, der meine Beine schwanken lässt. In dem Gekritzel erkenne ich die Handschrift meiner Mutter. Halt suchend lehne ich mich an eine Wand und lese ihre Worte: LIEBE KINDER, IHR WERDET MICH NIE MEHR WIEDERSEHEN, DENN WIR WURDEN ABGEFÜHRT. WÜRDET IHR EUCH BITTE GUT UM JAPIE KÜMMERN?

Ich richte den Blick zum Himmel. Das war's. Mein Spiel ist aus, der Gewinner stand bereits vor Spielbeginn fest. Der Himmel ist vollkommen blau, abgesehen von einer kleinen Wolke, die sich vor die Sonne schiebt. Der aufkommende Wind bläst sie langsam davon, Sonnenlicht wärmt mein Gesicht. Ich denke daran, wie Kinder eine Sonne zeichnen, mit großen, gelben Zacken. Dann weiß ich, was ich tun muss. Ich hole den gelben Stern aus der Tasche und befestige ihn mit beherrschten Fingern an meiner Tracht. Danach lege ich den Umhang ab, sodass jeder es sehen kann: Ich bin eine Jüdin.

Es geht noch schneller, als ich es erwartet hatte. »Da läuft noch eine!«, höre ich einen Polizisten rufen, der wie mein kleiner Bruder gerade erst im Stimmbruch ist. Ich versuche, mich nicht mehr zu verbergen, renne nicht mehr davon. Ruhig bleibe ich stehen, bis der Polizist bei mir ist. »Ausweis!« Ich reiche ihm meine Karte und warte, bis er daraus folgert, was ich bereits weiß. »Mitkommen!«, befiehlt er mir. Wie von selbst gehe ich in der Gruppe auf und verschwinde.

Wir wurden zur Haltestelle Amstelstation gebracht. Wie im Rausch mache ich alles mit, als wäre ich selbst gar nicht dabei. Der volle Bahnhof, die Kakofonie der Stimmen, Hunderte Menschen, die darauf warten, in den Tod befördert zu werden. Stehend, sitzend und sogar auf dem kalten Boden liegend. Vorne im Saal stehen Tische, hinter denen sich die Organisation befindet. Die jüdischen Namen, die aufgerufen werden, hallen wider von den Kacheln des hohen Raums, worauf sich jedes Mal dünne Stränge von Menschen in Richtung ihrer Unterdrücker bewegen. Die Henker beim Schafott.

Neben mir sagt ein Kind zu seiner Mutter, dass sie endlich Papa wiedersehen werden. Nur Kinder haben hier die Hoffnung noch nicht aufgegeben. Nur Kinder. Mir ist so schwindelig, dass ich mich an einen Pfeiler lehnen muss, um aufrecht stehen zu bleiben.

Mein Name wird aufgerufen. Ich bin an der Reihe. Das war's dann. Wie betäubt begebe ich mich zu der Tischreihe. Gleich steige ich in den Zug in Richtung Katastrophe. Naiv kann mich keiner mehr nennen. Auch Mutter wusste, was sie dort erwartete. Doch hatte sie es vorgezogen, sich selbst das Leben zu nehmen – den Mut hatte sie.

»Sind Sie Betty Oudkerk?«, fragt einer der Untertanen dieses Systems von hinter den Tischen.

»Ja, das bin ich.«

»Papiere!«

Ich taste in meiner Tasche nach dem Ausweis und fühle zwei Karten. Woher soll ich jetzt wissen, welche die richtige ist?

»Wird's bald?«

»Ja, Entschuldigung.« Ich meine, dass der Karton meines richtigen Ausweises etwas weicher ist, und hole diesen heraus. Es ist tatsächlich der echte Pass.

Der Mann notiert meine Daten und händigt mir den Pass dann wieder aus. »Da, ganz links, müssen Sie Ihre Hausschlüssel abgeben.«

Ich werde zu einem anderen Tisch geschickt. In einer großen Kiste, die auf dem Boden steht, glänzen Tausende Schlüssel. Wie hypnotisiert starre ich sie an. »Frau Oudkerk, Ihre Schlüssel«, höre ich jemanden sagen.

Ich blicke auf. »Pardon?« Verrückt, das Gesicht kommt mir so bekannt vor.

»Kann ich bitte Ihre Hausschlüssel haben? Sie müssen sie hier abgeben.«

»Ich habe keine Hausschlüssel.«

Der Kerl sieht mich durchdringend an. Dann erst merke ich, wer es ist: Herr Pos, der Beamte, der nachts öfters zum Kaffeetrinken zu mir ins Kinderhaus gekommen ist. Der mit »kein Wort« und »das habe ich nie gesagt«.

Ich werde von den Schweißtropfen auf seiner Stirn abgelenkt. »Kann ich Ihren Ausweis sehen, Frau Oudkerk?« Achtlos gebe ich ihn ihm, während ich mich frage, wie es sein kann, dass Herr Pos hier ist. Er kommt doch jeden Abend zu mir ins Kinderhaus? Es ist, als wolle mein Gehirn nicht mehr arbeiten. Als hätte es sich an irgendeinem komplizierten, wissenschaftlichen Problem aufgehängt. Ich bemerke, dass die molligen Finger von Herrn Pos etwas auf meine Karte schreiben und er dann einen Stempel darauf drückt.

»Bitte diese Reihe«, sagt Herr Pos, während er mir die Karte zurückgibt.

Ein Labyrinth aus Tischen und Personalausweisen, so kommt es mir hier vor.

Ich schließe mich einer Gruppe von Menschen an. »Nicht diese Reihe, Frau Oudkerk. Dort!« Vor Schreck verliere ich fast das Gleichgewicht. Herr Pos hat eine laute Stimme. Ich lasse mich von jemandem in die richtige Richtung schieben. Über die Schulter sehe ich, dass Herr Pos sich schon der nächsten Person zugewandt hat.

In der kurzen Reihe bewege ich mich langsam immer weiter auf einen Mann hinter einem Tisch zu. Als ich direkt vor ihm stehe, meine ich auch sein Gesicht irgendwoher zu kennen. Ich habe das Gefühl, in einem Traum gelandet zu sein. In einem Albtraum, aus dem es kein Erwachen gibt, von dem ich dennoch weiß, dass er nicht real ist.

»Weitergehen!«, befiehlt der Mann. Keine Ahnung, ob er mich oder jemand anders meint. »Und was haben wir hier für eine hübsche Sau?« Ich bin erstaunt über das Stimmvolumen, das der schmale Körper dieses Mannes hervorbringt.

»Sie ist mit einem Nichtjuden verheiratet!«, ruft Herr Pos von seinem Tisch aus.

Hä, bin ich damit gemeint? Verheiratet? Ich war noch nie verheiratet, schon gar nicht mit einem Nichtjuden.

»Ausweis, bitte!«, ruft der Kommandant. Ich übergebe meinen Personalausweis zum dritten Mal und beobachte, wie der Kommandant einen herablassenden Blick darauf wirft. »Betty Oudkerk, in Mischehe lebend ... Na wunderbar.« Dann gibt er ihn mir zurück. »Sie können gehen.« Plötzlich erinnere ich mich wieder: Ich kenne ihn von den Fotos in der Zeitung. Ist das nicht der oberste Chef? Willy Lages, der Vorgesetzte von aus der Fünten. »Was stehst du hier noch herum!«, brüllt er mir ins Gesicht.

Ich werden von einem Unteroffizier hinausgeschoben. »Verschwinde!«

Verwirrt und benommen entferne ich mich vom Bahnhof. Noch immer scheinen meine Gedanken all diesen Schritten, der Chronologie der Ereignisse, nicht folgen zu können. Ich reibe mir das Gesicht in dem Versuch, dabei den dichten Nebel loszuwerden, das nicht zu ergründende Chaos in meinem Kopf. Was ist da genau passiert? Ich schaue mir meinen Ausweis an und sehe ein rotes J, das quer über das schwarze J gestempelt wurde. Die Erkenntnis sickert langsam durch. Herr Pos hat mich gerettet. Er hat sich an sein Versprechen gehalten, dass ich mich an ihn wenden könnte. Sollte es auf der anderen Seite tatsächlich gute Menschen geben? Ist das eine Chance? Oder ist das wieder eine Täuschung, die mich weiter von meinem Ziel abbringt, der Spur meiner Familie zu folgen? Ich bin so müde vom Kämpfen, erschöpft, mürbe. Könnte ich mich nur einfach hinlegen und die Augen schließen. Ewig ruhen. Schlafen, ohne zu träumen. Nichts. Ich denke an Sieny, meine beste Freundin, und an Harry. Hätte ich mich ihnen nur beizeiten angeschlossen. Sie hätten mich mitgezogen zu etwas Besserem. Zum Licht. Ich habe noch eine Chance. Nachdenken, Betty, jetzt nicht schwach werden. Ich muss in Bewegung bleiben, nur, wohin?

Umherirrend versuche ich, den Weg zu klarem Verstand wiederzufinden, zu Logik und Vernunft, und bin dabei, ohne es zu merken, über die Amstel erneut im Zentrum gelandet, auf dem Kloveniersburgwal. Auf einmal erinnere ich mich an etwas, das Tineke mir mal erzählt hat. Ihr Onkel soll hier eine Ofenschmiede haben. Ich suche die Fassaden nach Namen ab, von vorne bis hinten, aber ich kann auf dem ganzen Kloveniersburgwal keinen Ofenschmied entdecken.

Ich gehe auf die Brücke und sehe den Booten zu, die auf den Grachten fahren. Ein Vergnügungsboot, eines mit Altmetall, ein kleines mit angelnden Kindern darauf. Entlang des Ufers spazieren Fußgänger, und es fahren Pferdekarren und Autos. Dass unser Land besetzt ist, ist hier kaum zu merken. Die Menschen lachen, es ist ein schöner Tag. So soll es sein, und so wird es noch Jahre auch bleiben. Allerdings ohne uns Juden.

Eine charmante, vom Alter gebeugte ältere Dame, deren Haar silberweiß ist wie das von Engel, stellt sich neben mich. Sie lehnt ihren Spazierstock an das Brückengeländer und holt ein paar Brotränder aus einer Tasche. Sofort stürzen sich einige Vögel und Enten darauf. Der Brotbeutel scheint ziemlich voll zu sein, denn sie holt immer wieder eine Handvoll heraus. Mein starrer Blick lässt sie aufschauen. »Möchtest du vielleicht auch etwas Brot?«

»Das ist doch für die Vögel ...«

Sie kommt etwas näher. »Alles in Ordnung, Kind?«

Ich ringe nach Worten, bringe aber nur ein schwaches »Ich weiß es nicht« heraus.

»Du bist ganz bleich, geht es dir gut?« Sie greift in den Beutel und gibt mir ein Stück Brot. »Kau mal da drauf.«

Unwillkürlich nehme ich das braune Stück Rinde und stopfe es mir in den Mund.

»Bist du Krankenschwester?«, erkundigt sie sich und sieht mit geneigtem Kopf zu mir hoch.

Ich winke ab, nicht in der Lage, mit vollem Mund zu sprechen, und mache eine Geste in Hüfthöhe.

»Ah, Kinderpflegerin?«

Ich nicke.

»Das ist eine sehr schöne Arbeit«, meint sie zufrieden. »Dabei vergisst man nie, dass man selbst auch einmal ein Kind gewesen ist. Hier, Mädchen, nimm ruhig.« Sie drückt mir den Brotbeutel in die Hand. »Versprichst du mir, dass du auch alles aufisst?« Dann nimmt sie ihren Spazierstock vom Brückengeländer und will gehen.

»Entschuldigen Sie bitte. Wissen Sie vielleicht, ob es hier einen Schmied namens Baller gibt?«

Die Frau sieht mich verwundert an. »Ja, natürlich, du stehst direkt davor.«

Sie deutet auf den Kai, wo auf der Fassade des am nächsten gelegenen Gebäudes steht: FIRMA BALLER, OFENSCHMIEDE.

Unsicher stehe ich vor der Tür. Was, wenn ich wieder in einen Keller gesperrt werde? Die Frau, die mir den Beutel mit Brotrinden gegeben hat, winkt mir von Weitem mit ihrem Stock.

Es kommt mir vor wie eine Ermutigung. Ich greife nach dem ledernen Band und bewege den Schwengel. Die Glocke klingt lauter, als ich erwartet hatte. Automatisch schaue ich mich um, ob mich vielleicht jemand gehört hat. Wachsamkeit ist mir zur ersten Natur geworden, selbst in Momenten, in denen gerade keine Gefahr droht.

»Herein!«, höre ich jemanden rufen.

Unsicher, in welcher Katastrophe ich jetzt wieder landen werde, trete ich über die Schwelle.

»Kann ich Ihnen helfen?«, erkundigt sich der Mann in der Werkstatt, der Karel Baller gleicht wie ein Ei dem anderen.

»Ich bin Betty Oudkerk«, stelle ich mich vor, »eine Freundin Ihrer Nichte Tineke.«

»Wie nett«, reagiert der Mann herzlich. »Brauchst du einen Ofen?«

»Nein ...« Ich zögere einen Moment und füge dann hinzu: »Ich bin Jüdin.« Ich schiebe den Umhang zur Seite und zeige ihm den Stern. Der Gesichtsausdruck von Herrn Baller wird ernst. »*Meine Güte*«, entfährt es ihm auf Deutsch.

»Ihr Bruder hat immer gesagt, dass er mir helfen würde ... Aber ich kann auch wieder gehen.«

»Nein, natürlich nicht.« Hinter mir verschließt Herr Baller die Ladentür. »So, nur zur Sicherheit. Komm mal mit ... Betty heißt du, oder?« Er lächelt mich freundlich an und öffnet die Tür zum Treppenhaus. »Wir müssen zusehen, dass wir dich so schnell wie möglich herausbekommen aus dieser verkommenen Stadt. Folge mir einfach, ich werde dich meiner Frau vorstellen.« Er läuft auf der Treppe voraus.

Von oben hört man Gesang.

»Schatz, darf ich dir Betty vorstellen«, wendet sich Herr Baller an seine Frau, die wir in der Küche antreffen.

Ein wenig geniert blickt sie von einem Eimer auf. »Hallo Betty. Ich singe gerne beim Putzen.«

»Meine Mutter hat auch immer gesungen«, antworte ich,

obwohl die mollige Frau von Herrn Baller mich in keiner Weise an meine Mutter erinnert.

»Singen ist Balsam für die Seele«, merkt sie an, während sie sich die Hände abtrocknet. »Und wenn man gut darin ist, kann man auch noch wunderbar seine Brötchen damit verdienen. Aber das war mir leider nicht beschieden.« Sie sieht mich mit einem freundlichen Lachen an und reicht mir die Hand.

»Vera Baller, angenehm.«

»Betty ist eine Freundin von Tineke. Sie braucht Hilfe«, erklärt Herr Baller mit bedeutungsvollem Blick.

»Gutes Kind, was machen sie nur mit euch?« Frau Baller streichelt mir unerwartet über den Arm. »Aber erst werde ich dir etwas zu essen warm machen. Du bist bestimmt hungrig.«

Meine Atmung geht plötzlich so schnell, dass ich schwarze Flecken vor den Augen sehe. Ich will mich noch entschuldigen, aber es dringt kein Geräusch aus meinem Mund. Gerade noch rechtzeitig kann ich mich am Tisch festhalten.

»Hey, Kleine, nicht umfallen«, ruft Herr Baller aus, während er mich auf einen Stuhl setzt.

Wie es scheint, habe ich nicht verloren, noch nicht. Der Nebel zieht sich langsam aus meinem Kopf zurück, sodass ich wieder Ausblick habe. Herr Baller telefoniert mit Onkel Karel, während mir seine Frau einen Teller dicke Erbsensuppe gibt. Eine halbe Stunde später können wir in seinem Firmenauto losfahren, das nach Kohlen und Metall riecht. Ich schaue aus dem Fenster auf die Straßen, die uns langsam aus meiner einst so geliebten Stadt führen. Stein geht nach und nach in Weideland und Wald über. Die späte Herbstsonne überzieht die Landschaft mit oranger Glut, und in der Ferne fährt ein Zug. Vielleicht ist das der Zug, in dem ich hätte sitzen sollen. Wie kann es sein, dass ich jetzt hier bin und nicht dort? Ich verstehe das Leben immer weniger.

War es der Hass, der mir die Kraft gab weiterzumachen? Oder war es die Liebe zu den Kindern, durch die ich mich unangreifbar wähnte? Hat diese Komödie, die ich gespielt habe, mich bisher gerettet, oder war es pures Glück, dass ich schließlich den Personen begegnet bin, die mich in die richtige Richtung schickten, an die richtigen Orte zur richtigen Zeit? Zu viele widersprüchliche Gedanken gehen mir durch den Kopf, als dass ich ein Antwort finden könnte. Hin- und hergeworfen zwischen dem einen und dem anderen Extrem, begreife ich in diesem Moment nicht mehr, was wahr ist und was Wert hat. Das Einzige, was ich ganz sicher weiß, ist, dass ich die anderen, meine Brüder Gerrit und Nol, meine Mutter, Grootje und Engel, meine jüdischen Freunde, Kolleginnen, Henriëtte Pimentel, Remi und Hunderte andere Kinder ... dass ich all diese unschuldigen Menschen nicht habe beschützen können. Sie hatten doch ein ebenso großes Recht auf Leben wie ich? Ich schlinge die Arme um meine Schultern und lehne mich an die Autotür, während wir auf der holprigen Straße weiterfahren. So halte ich mich fest und versuche zu verhindern, dass ich doch noch falle.

Nachwort

Mein Interesse für das Thema dieses Buches wurde vor etwa zwei Jahren geweckt, als ich nach dem Tod des Widerstandskämpfers und Hochschullehrers Johan van Hulst durch Zufall von dem Jüdischen Kinderhaus und seiner Direktorin Henriëtte Pimentel hörte. Ich kannte diese Geschichte nur sehr vage, und von Henriëtte Pimentel hatte ich noch nie etwas gehört. Allerdings bin ich mit einem Regisseur befreundet, der fast denselben Familiennamen trägt: Pollo de Pimentel. Auf meine Frage, ob zwischen ihm und der Direktorin des Kinderhauses eine Verwandtschaft bestünde, erzählte er mir, dass Henriëtte Pimentel seine Großtante sei, eine Schwester seines Opas. Wir beschlossen, uns zusammenzutun und gemeinsam eine Dramaserie oder einen Film zu entwickeln. Je mehr ich mich mit den persönlichen Berichten der jüdischen Kinderpflegerinnen und Kinder im Kinderhaus beschäftigte, desto mehr berührte mich diese besondere Geschichte. Ich konnte nicht mehr loslassen. Großen Respekt hatte ich vor dem Netzwerk, das Henriëtte Pimentel im Geheimen ausbauen konnte, in ihrem Kinderhaus, das schließlich zur Dependance der *Hollandsche Schouwburg* wurde, dem größten Sammel- und Deportationsplatz niederländischer Juden. Über Umwege und nach langen Recherchen beschloss ich, einen historischen Roman über das Thema zu schreiben, in dem die Geschichte einfühlsam und vollständig erzählt werden sollte. Und schon bald wusste ich, dass die einzige noch lebende Kinderpflegerin, Betty Goudsmit-Oudkerk, die Hauptperson dieses Romans werden sollte.

Sie war mir während meiner Recherchen zur Geschichte des Kinderhauses am meisten ans Herz gewachsen.

Zwei Tage bevor im März 2020 die Pflegeheime aufgrund der Coronapandemie die Pforten schlossen, war ich mit Pollo de Pimentel bei ihr zu Besuch. Es war eine ganz besondere Begegnung, die mich tief beeindruckt hat. Auch wenn ihre Gedanken nicht mehr ganz klar waren, hatte sie immer noch so viel Humor, Stolz und Liebe. Vor allem sehr viel Liebe.

»Die Kinder«, sagte sie, »die darf man nicht belangen. Kinder können nichts für das, was die Erwachsenen anstellen.« Auch betonte sie mehrmals, dass sie schauspielern musste, um sich und andere zu retten. »Ich habe immer geschauspielert, und dass tue ich immer noch.«

»Schauspielerst du?«, fragte sie mich. Ich erzählte ihr, dass ich die Schauspielschule durchlaufen und danach viel gespielt hatte. Das hat ihr sehr gefallen. Sie selbst hatte es im wirklichen Leben gelernt, mit der Plantage Middenlaan als Requisite, im Herbst 1941, als sie als unbefangene siebzehnjährige Kinderpflegerin an diesem Ort zu arbeiten begann, der für viele Menschen die Vorhalle zum Tod wurde. Sie spielte Mut, Charme, Naivität, Unerschrockenheit und Durchsetzungsvermögen. Bis sie ab einem bestimmten Moment selbst an ihre eigene Rolle zu glauben begann.

Erst später entdeckte sie, dass sie viel verdrängt hatte, wie viele Verluste sie hat betrauern müssen. Die Gespenster, die ihr nachts den Schlaf raubten, trugen Kindergesichter. Voller Angst klammerten sie sich an ihr fest. Die Stimmen in ihrem Kopf hörten nicht auf zu singen. »Warum rettest du mich nicht, Betty? Und mich. Mich ...« Erst mit achtzig Jahren begann sie darüber zu reden, noch immer mit einem Hauch von Leichtigkeit und in unbeschwertem Ton, doch mit harten, eiskalten Fakten.

Im Juni 2020, während ich letzte Hand an die Geschichte des jüdischen Kinderhauses legte, erhielt ich die traurige Nachricht, dass Betty verstorben ist. Sie war kurz zuvor gestürzt, und ihr Leiden wurde unerträglich, sie war erschöpft. Betty war zu diesem Zeitpunkt bereits seit Monaten in meinem Kopf, sodass es sich anfühlte, als wäre sie ein Teil von mir. Kann man von Trauer sprechen, wenn man jemanden nur ein einziges Mal getroffen hat? Wenn man ihr nur ein einziges Mal in die so lebendigen Augen hat schauen können? Wenn man nur ein einziges Mal die Energie ihres klopfenden Herzens gespürt hat? Vielleicht nicht. Dennoch war ich niedergeschlagen und mürbe durch diesen Verlust. Eine Heldin ist gestorben. Auch die größten Seelen auf Erden haben nicht das ewige Leben.

Bettys Tod stärkte mich in meiner Überzeugung, dass der Roman veröffentlicht werden musste. Ihre Geschichte musste weitererzählt werden. Natürlich hat mich das mitunter belastet – ich bin nicht mit Betty verwandt, und obwohl meine beiden jüngsten Kinder einen jüdischen Familiennamen tragen, bin ich selbst keine Jüdin. Auch gibt es in meiner Familie keinerlei Verbindungen zum Widerstand, wer bin ich also, diese Geschichte aufschreiben zu dürfen? Dennoch hoffe ich, mit diesem historischen Roman aus den einzelnen Berichten, die es rund um das Kinderhaus gibt, ein komplettes Bild zu entwerfen und die Geschichte somit erfahrbarer zu machen. Das Thema ist zeitlos. Die Geschichte handelt von Mut, Hass und Ausgrenzung. Sie beschwört die Dilemmata herauf, vor denen jeder von uns irgendwann stehen könnte. Und was macht man dann? Entscheidet man sich für Angst oder für Mut, für Davonrennen oder Stehenbleiben, für sich selbst oder für die Gruppe?

Mit meinem Roman habe ich versucht, die Geschichte des Kinderhauses und die Personen, die mit ihr verbunden sind, zu ehren. Die Familiengeschichten und Dialoge, die ich beschreibe, gehen über das hinaus, was ich in Erfahrung bringen konnte. Die Romanform bot mir die Möglichkeit, dort selbst einzufügen, was hätte geschehen oder gesagt worden sein können, wo ich es selbst nicht zu ermitteln vermochte.

Die Geschichte von Betty und den anderen Frauen des Widerstands lehrt uns eine wichtige Lektion: Die Bündelung der Kräfte macht uns stark, vor allem, wenn es darum geht, unsere Kinder zu beschützen. Um es mit Bettys Worten auszudrücken: »Finger weg von den Kindern! Die können nichts für das, was die Erwachsenen alles anstellen.«

Nach dem Kinderhaus

Die Anzahl der Kinder, die durch das Kinderhaus gerettet wurden, wird auf sechshundert geschätzt. Das entspricht lediglich einem Viertel oder Fünftel aller Kinder, die zwischen Juli 1942 und September 1943 im Kinderhaus waren. Die Namen der meisten Kinder wurden aus Datenschutzgründen geändert, ebenso wie die Namen der beiden Jungen, in die Betty verliebt war. Ihre Figuren basieren jedoch auf echten Menschen und realen Ereignissen.

An den Namen jener Personen, die in dieser Geschichte eine wesentliche Rolle gespielt haben, wie zum Beispiel Sieny, Mirjam, Virrie und Henriëtte, habe ich hingegen festgehalten, um so ihre heldenhaften Taten lebendig zu erhalten. Damit sich die Tatsachen besser miteinander verbinden lassen, habe ich die Charaktere allerdings ein wenig ausgestaltet.

*

Nach einer sehr turbulenten und schwierigen Zeit im Versteck hat Betty sich sofort wieder um Waisenkinder gekümmert. Sie heiratete Bram Goudsmit und bekam mit ihm fünf Kinder. Am liebsten hätte Betty noch viel mehr bekommen. Zurückblicken auf das, was ihr widerfahren war, wollte Betty lange Zeit nicht; der Schmerz um all die Kinder, die sie nicht hatte retten können, war zu groß. Bis sie in hohem Alter auf dem Fest eines ihrer Kinder auf einen Mann traf, der als Baby von den Pflegerinnen des Kinderhauses gerettet worden war. Dass sich ihre Wege durch ihre Kinder wieder gekreuzt hatten, glich einem Wunder. Für Betty war diese Begegnung von großer

Bedeutung: Erst jetzt wurde sie sich der Auswirkung ihres Tuns bewusst, und sie schaffte es, über die Kinder hinauszusehen, die sie nicht hatte retten können. »Jetzt weiß ich, warum ich am Leben blieb«, sagte sie. Behutsam begann sie diese ihre Geschichte mit anderen zu teilen.

Während des Nationalen Totengedenktages am 4. Mai 2019 legte Betty im Namen sämtlicher Kinder, die nicht gerettet werden konnten, ihrer Familie und aller anderen getöteten niederländischen Juden vor dem Nationalmonument auf dem Dam einen Kranz ab. Nach der Kranzniederlegung bemerkte sie zu ihrem Sohn und ihrer Enkelin: »Jetzt kann ich es endlich hinter mir lassen.«

*

Gerrit und Lous wurden nach ihrer Festnahme in Frankreich über Tour nach Drancy gebracht. Einige Monate später erfolgte ihre Deportation nach Auschwitz. Nol und Jetty befanden sich bis Oktober 1943 in Vught, dann wurden sie über Westerbork nach Auschwitz gebracht. Nach dem Besuch der Witwe Koot wurden Bettys Mutter Jet Oudkerk, Grootje und Engel nach Auschwitz deportiert. Alle drei wurden gleich nach ihrer Ankunft vergast. Leni, Japie und Betty haben den Krieg überlebt.

*

Remi ist einen Monat lang in Westerbork geblieben, dann wurde er nach Sobibor deportiert, gemeinsam mit weiteren zweitausendfünfhundertzehn Juden, darunter sechshunderteins Kinder. Keiner von ihnen hat überlebt.

Greetje hat den Krieg überlebt und ist danach in einem Heim der Familienfürsorge untergekommen.

Henriëtte verfasste in Westerbork einen detaillierten Plan für die Erweiterung des Kinderhauses nach dem Krieg. Diesen schickte sie nach Amsterdam an die Verwaltung des Kinderhauses. Im September 1943 wurde sie nach Auschwitz deportiert, wo sie sofort nach ihrer Ankunft vergast wurde.

Virrie Cohen tauchte unter, nachdem das Kinderhaus geschlossen worden war. Sie überlebte den Krieg, ebenso wie ihre Schwester Mirjam, ihr Vater David Cohen, ihre Mutter und ihr Bruder. Als das Kinderhaus 1950 unter dem Namen *Huize Henriëtte* wiedereröffnet wurde, übernahm Virrie die Leitung. Ihre Schwester Mirjam hat die Kriegserfahrungen letztendlich nicht verarbeiten können und ist krank geworden.

Sieny und Harry überlebten den Krieg gemeinsam im Versteck und sind ihr ganzes Leben zusammengeblieben.

Neben den Hauptpersonen gab es noch weitere »Helfer« von Pimentel, darunter Fanny Phillips. Sie spielte ebenfalls eine große Rolle beim Überzeugen der Eltern und dem Wegschmuggeln der Kinder. Auch mehrere Jungs vom Jüdischen Rat waren daran beteiligt.

Die Kinderpflegerin Cilly Levitus hatte den SS-Mann Alfons Zündler darum gebeten, ihre jüngere Schwester Juta vor der Deportation aus dem Waisenhaus zu retten. Cilly ging davon aus, dass Alfons im Krieg umgekommen war, aber Zündler überlebte die Gefangenschaft und kehrte nach Deutschland zurück. Kurz vor seinem Tod hat sich Cilly noch persönlich bei ihm bedanken können. Eine Gruppe von ihm geretteter Niederländer hat versucht, Zündler für eine Ehrung in Yad Vashem vorzuschlagen, doch es gab zu viele Proteste dagegen.

*

Ferdinand aus der Fünten und Willy Lages gehörten zu den *Vier von Breda*, die im Kuppelgefängnis Breda eine lebenslange

Strafe verbüßten. Aus der Fünten starb 1989 kurz nach seiner Freilassung.

*

Walter Süskind wurde schließlich auch nach Westerbork bestellt, wohin er bereits regelmäßig gereist war, um mit der Lagerleitung über Gefangene zu verhandeln und um seine Frau und seine Tochter zu besuchen, deren Deportation er nicht hatte verhindern können. Obwohl er aufgrund seiner Kontakte zum Amsterdamer Widerstand die Möglichkeit gehabt hätte, sich und seine Familie frei zu bekommen, entschied er sich gegen eine bereits organisierte Flucht, weil er seine Mitgefangenen nicht in Gefahr bringen wollte. Am 3. September 1944 kam er auf einen Transport nach Theresienstadt und wurde von dort einen Monat später nach Auschwitz deportiert. Seine Frau und seine Tochter wurden dort sofort vergast. Süskind überlebte das Lager, starb jedoch schließlich während des Todesmarsches an Erschöpfung.

Der Ökonom Felix Halverstad war die rechte Hand Walter Süskinds; er konnte sehr gut zeichnen, malen und Personalausweise fälschen. Er ließ Kinder aus den Akten verschwinden und sorgte für neue Ausweise. Seine Frau, die als Sekretärin in der Schouwburg arbeitete, beteiligte sich aktiv daran. Gemeinsam mit ihrer kleinen Tochter überlebten sie den Krieg.

Hetty Brandel, die Sekretärin Walter Süskinds, wurde nach Bergen-Belsen deportiert, nachdem sie sich den Avancen des stellvertretenden Hauptkommandanten Streich verweigert hatte. Sie starb am 1. April 1945.

Karel Baller war aktives Mitglied des Widerstands und versorgte viele Juden mit Adressen, wo sie untertauchen konnten, darunter auch Betty, Leni und Jaap. Dafür wurde er nach dem Krieg in Yad Vashem geehrt.

Bettys große Liebe, die im Buch Joop genannt wird, ist wirklich Kampfpilot geworden. Betty blieb ihr Leben lang mit ihm befreundet.

*

Die Heldengeschichte über den Kinderschmuggel, ausgehend von der *Hollandsche Schouwburg*, spielt sich in diesem Roman rund um das Kinderhaus ab, wo die Pflegerinnen mit Unterstützung der Botenjungen des Jüdischen Rats agierten. Henriëtte Pimentel leitete diese komplexe Operation gemeinsam mit Walter Süskind. Darüber hinaus pflegten sie auch noch ein Netzwerk mit verschiedenen anderen Organisationen, die die Kinder nach ihrem Aufenthalt im Kinderhaus betreuten. So mussten die Kinder unbemerkt durch das Land befördert werden – eine sehr riskante Aktion, die meist von jungen Frauen durchgeführt wurde. Darüber hinaus waren sie fortwährend auf der Suche nach geeigneten Unterschlupfadressen – es war eine gewagte Entscheidung, jüdische Kinder bei sich aufzunehmen; auch alle Nichtjuden liefen in dieser Fluchtkette Gefahr, deportiert zu werden, sollten sie erwischt werden.

Bei den nichtjüdischen Widerstandsgruppen, die sich um die Rettung der Kinder kümmerten, handelte es sich um Vereinigungen, die spontan gegründet worden waren und aus den verschiedensten sozialen Schichten der Bevölkerung hervorgingen. Zu den Gruppen, welche die meisten Kinder aus dem Kinderhaus geholt hatten, gehörten:
— das *Utrechts Kindercomité* und die *Amsterdamse Studenten Groep*, junge Leute, die vor nichts zurückschreckten, angeführt von dem Studenten Piet Meerburg. Er arbeitete unter anderem mit Iet van Dijk und Mieke Mees zusammen.
— die *Naamlooze Vennootschap* aus der Arbeiterklasse, mit einem eher kommunistischen Einschlag. Joop

Woortman und seine Frau Semmy Glasoog leiteten sie von Amsterdam aus.

— die *Trouwgroep*, welche das Widerstandsblatt *Trouw* gründete, eine intellektuelle christliche Gruppierung unter der Leitung der Feministinnen Gezina van der Molen und Hester van Lennep, die über Johan van Hulst und die *Kweekschool* mit dem Kinderwerk in Kontakt kamen.

Dank

Mein besonderer Dank gilt Pollo de Pimentel, der sich mit mir auf diese Spurensuche begeben hat. Daneben bedanke ich mich bei Martijn Griffioen für sein Vertrauen in mich, Lenneke Cuijpers für ihre präzise Arbeit und ihre guten Vorschläge sowie bei Christine und dem gesamten Marketingteam für ihre Begeisterung. Marion Pauw hat das Buch mit einem ganzen Berg an konkreten Feedbacks einen enormen Schritt nach vorne gebracht. Danke, liebe Marion!

Die größte Stütze in diesem Prozess war mir Elco Lenstra, mein Verleger. Ich danke ihm für seine Anteilnahme, seinen Sachverstand und seine motivierenden Worte in jenen Momenten, wenn es um mein Selbstvertrauen nicht mehr gut bestellt war, wie zum Beispiel: »Elle, schreiben ist wie Rad fahren, das verlernt man nicht.«

Zum Schluss möchte ich meinem Mann und meinen Kindern danken, die wegen meiner Arbeit an diesem Buch so viele Stunden auf mich verzichten mussten.

Quellen

Zum Schreiben dieses historischen Romans habe ich folgende Quellen verwendet:

Bücher

Mein geheimes Tagebuch, Klaartje de Zwarte-Walvisch
Atlas van een bezette stad, Bianca Stigter
Betty. Een joodse kinderverzorgster in verzet, Esther Göbel und Henk Meulenbeld
Dag pap, tot morgen. Joodse kinderen gered uit de crèche, Alex Bakker
Harry & Sieny, Esther Shaya
Omdat hun hart sprak. Geschiedenis van de georganiseerde hulp aan Joodse kinderen in Nederland, 1942–1945, Bert Jan Flim
Onder de klok. Georganiseerde hulp aan Joodse kinderen, Bert Jan Flim
Ich sah die Toten, groß und klein. Eine Schauspielerin überlebt den Holocaust, Silvia Grohs-Martin
Walter Süskind. Hoe een zakenman honderden Joodse kinderen uit handen van de nazi's redde, Mark Schellekens

Artikel

»De helden van de Joodsche Crèche«, Anita van Ommeren und Ageeth Scherphuis, *Vrij Nederland*
»De Hollandsche Schouwburg. Theater, deportatieplaats, plek van herinnering«, Frank van Vree, Hetty Berg und David Duindam
»De kinderen van de Joodsche Crèche«, Harm Ede Botje und Mischa Cohen, *Vrij Nederland*

Weitere Quellen

NIOD, het Instituut voor Oorlogs-, Holocaust- en Genocidestudies (NIOD Institut für Kriegs-, Holocaust- und Genozidstudien), diverse Archive

Jüdisches Kulturviertel, Amsterdam, diverse Ton- und Filmaufnahmen

Shoah Foundation, diverse Interviews

Tonaufnahmen von Interviews Bert Jan Flims mit Virrie und Mirjam Cohen

De Hollandsche Schouwburg

Joods Monument (Jüdisches Denkmal, Webseite)

Niederländisches Widerstandsmuseum, Amsterdam

Diverse journalistische Artikel aus Zeitungen und Online-Quellen

Sie rettete das Tagebuch der Anne Frank

Agnes Imhof
Die Kastanien an der Gracht – Miep Gies und das Tagebuch der Anne Frank
Roman

Piper, 400 Seiten
ISBN 978-3-492-06427-9

1942. Als Otto Frank seine Sekretärin Miep Gies um Unterstützung bittet, zögert sie nicht: Sie hilft der Familie beim Untertauchen. Während die Franks sich verstecken, besorgt Miep heimlich Lebensmittel und leistet der Familie Gesellschaft. Vor allem die wissbegierige Anne löchert Miep immer wieder mit Fragen über den Krieg und schreibt alles in ihr Tagebuch. Doch es wird immer schwerer, den Anschein von Normalität zu wahren. Wie lange kann Miep die Menschen, die ihr vertrauen, noch beschützen?

Leseproben, E-Books und mehr unter www.piper.de